【新版】

黎明

上巻

葦原瑞穂

新版によせて

多くの方々の御協力を得て、平成十年末の地球上に送り出された『黎明』は、幾つかの章で専門的な情報を扱っていたにも拘らず、大勢の読者の方々から御評価と御支持を頂くことができました。ここに感謝の言葉を述べさせて頂きますと共に、地球人類の意識が着実に進化しつつあり、使命を担った魂の方々が待機しておられることを再認識して、大変嬉しく、また心強く思っております。

葦原瑞穂

編集部からのお知らせ

平成28年10月、本書上巻に引き続き、下巻の〔新版〕加筆・修正中に、思いもよらぬ事故に遭遇、著者葦原瑞穂先生が急逝されました。まことに痛恨の極みでございます。ここに心より哀悼の意を表し、先生のご冥福をお祈りいたします。

よって、既に見直しが終わっていた上巻は「増補新版」となり、下巻につきましては一部分の改訂にとどまることをお断りいたします。

天命

私に　想い出させてください
永遠の　時の中で
この美しい碧《あお》い星が　金色の光と成るときに
あなたに願って　この世界へ来たことを

あの頃は　すべての出来事が　そこに在ったけれど
来て見れば　気の遠くなるような歳月
ひたすら待ち続けた時が満ちて
今　あなたに出逢った

私に　想い出させてください
あなたが伴にはたらいてくださることを
無限の　愛と力と叡智《えいち》が
私たちの中には何時《いつ》も在ることを

この美しい碧《あお》い星が　平安と愛で満たされるように
どうか　私たちをお使いください

THE DAWN IS BREAKING

This book is dedicated to the people
who awake to their calling.

CONTENTS

目次

〔下巻〕目次

PROLOGUE

序章

自分とは何でしょうか
なぜ　意識というものが在るのでしょうか
どうしてあなたは　今ここにいるのでしょうか
人生には目的があるのでしょうか
私達の生活している　この世界の本質は一体何なのでしょうか
世界は何のために存在しているのでしょうか

本書では、これらの人類にとっての永遠のテーマに、真正面から取り組みます。この目的のために、様々な専門分野の多くの知識の中から、それぞれ単独ではほとんど意味を成さないでいたり、その背景を理解することが難しかったテーマを、分野を超えて関連させることから始めて、その背後に浮かび上がってくる、人間の意識と宇宙の驚くべき仕組みを探っていきます。

この目的のために本書では、これまでに為されてきた様々な試みと比べてみましても、遥かに大きな範囲にまたがって問題を取り扱っていきますが、本書で採り挙げる分野の中には、科学とは余り馴染《なじ》まないと思われてきたものや、多くの人にとっては、科学の対象とは全く考えられていなかったものも含まれています。

しかしながら、現在の地球人類の歴史の中で、比較的近代になってから、ヨーロッパを中心として発達してきた科学という手段は、ある側面での大きな成果を上げていることは確かですが、まだ宇宙全体に秘められている無限の未知の領域に比べれば、砂浜の砂一粒にも満たない細《ささ》やかな知識に過ぎません。このような状況の下で、現在我々の手にしている極めて限られた知識だけを根拠にして、有り得ることと有り得ないことを断定してしまうような態度は、決して賢明な選択ではないでしょう。ここではこのような見地から、できる限り先入観を排除して、取り扱う分野の中に含まれている情報を無視しないように、細心の注意を払っていきたいと思います。

本書では精神世界の様々な分野について、人間の知覚が世界をどのように認識しているのかという、基本的な問題から始めて、物質世界の科学的な探求が現在辿り着いている究極のところ、インドのヨガやヒマラヤの聖者達の到達している世界、日本神道や仏教、ヒンズー教やキリスト教といった宗教の側面からの考察、そしてニューエイジと呼ばれる比較的新しいアプローチや、地球外生命（Extra Terrestrial Life）に関する情報をも含めた、全体の関係を一望できる視点に立つための、幾つかのヒントを挙げていきます。

精神世界の様々な分野の情報はその性質上、これまでに私達の多くが用いてきた、問題を扱う通常の方法、すなわち西洋を中心として発達してきた物質科学の手段では、確認することも実証することも困難、もしくは不可能な要素が多いのですが、それにも拘《かかわ》らず、全体を理解する上では重要なヒントになる可能性を持っています。このことは物質科学の手段そのものが持っている限界と、これまで人間がそれとは気付かずに行ってきた精神活動の制約を開放する必要性を示唆していますが、ここではこうした背後の状況を明らかにしつつ、私たちの目的に使うことのできる様々な材料を広範囲にわたって提供させて頂き、著者を通した見解をいったん示した上で、後は読者の方々ひとりひとりの御判断にお任せするという形を採ることにしたいと思います。

本書の上巻の第一章から第三章までと、第六章の一部は、科学的な側面からも理解をしたいと思っておられる読者の方々や、目で見たり手で触れたりすることのできない世界の存在を全く理解しない人達に対して、敢《あえ》て説明をしなければならないような役割の方々に対して書かれたもので、かなり専門的な内容になっています。几帳面《きちょうめん》な読者の方々の中には、初めから一頁ずつお読みになる方も多く、この辺りで引っ掛かって先に進めないというお話も伺っていますので、この部分を難解と思われる読者の方々や、このような分野の情報を特に必要とはされない方々等は、適当に飛ばして読んで頂いても、他の章の理解に大きな妨げとはなりませんので、読者の皆様の興味に応じて、お好きなところを読んで頂き、必要なところを役立てて頂ければと思います。

この本の執筆に当って、様々な分野を関連させる作業を進める中で明らかになってきたことは、二十一世紀初めの頃までの人類が抱えていた数々の問題、例えば個人やグループ、民族や国家の間で生じる争い、病気、貧困と飢餓、経済の混乱、犯罪やテロリズム、教育の昏迷、そして環境の破壊や自然災害といった様々な不調和な現象は、その全てが、人間の内面的な問題に起因しているということでした。このような不調和な現象は、物事を宇宙全体との関係として把握するのではなく、表面的な幾つかの現象の間でしか捉えることができないという、二十一世紀初め頃までの地球人類の平均的な意識レヴェルと思考様式そのものに本質的な原因があり、その必然的な結果として、特定の目的を全体への影響を考慮せずに実現しようとしてきたこと、つまり個人や特定のグループ、一企業、一つの民族や一国家、もしくは人間のみの利益を、全体の調和よりも優先させてきたために生じたものです。

このような全体への配慮が欠けた、未熟な選択によって引き起こされた歪みは、二十世紀末から二十一世紀始めに架けての地球の大きな変動の時期に、一挙に表面化することが解っており、そのまま放置すれば、地球上に大きな混乱が生じる可能性もあります。その一方で早い時期に適切な対処さえ為すことができれば、スムーズに新しい時代の地球に移行することのできる状況に地球人類は置かれており、この重大な選択がこの時代の私たちのひとりひとりに委ねられているのです。

結論から先に言えば、私達が現象として抱えている問題の一切を消滅させるただひとつの方法は、私達のひとりひとりがこれまで主に使っていた肉体感覚や感情の意識レヴェル、そして論理的な思考の意識レヴェルを超えた、宇宙全体を一度に把握することのできる、本来の意識状態を取り戻すことにあります。詳しいことは本書の各章で随時述べていくことにしますが、こうした本来の意識状態への移行は、地球人類の進化の一過程として、既に始まっていることなのです。

この宇宙全体を一度に把握する意識のことを、本書では今後「普遍意識」と呼ぶことにします。この普遍意識は、これまでの数千年間の地球の歴史に限ってみても、人類の進化の魁と成った様々な人達を通して顕れてはいたのですが、周囲のほとんどの人達は、それを自分達の制約された意識状態に映して判断することしかできなかったために、普遍意識について理解することは勿論のこと、その存在についてさえ、なかなか知られることはありませんでした。普遍意識は、様々な分野で先駆的な仕事をした天才達の意識であり、宗教家の言う悟りの体験でもあります。

ニューエイジと称される時代や、アセンションと呼ばれる現象は、これまで一部の天才たちを通して顕れていた普遍意識が、地球上のほとんどの人達にとっても日常的なものとなっていく過程で起こる様々な現象を総称していますが、この言葉も大勢の人達によって色々な意味に使われるようになって、誤解を招き易くなりましたので、本書では「人類の意識の夜明け」という意味で、「黎明」という言葉を使わせて頂くことにしました。

真理は永遠普遍なものであって　新しい真理などというものはない
それを識《し》ることは　それぞれの魂の成長において　実在するものに気付く過程である

VISUAL WORLDS

第一章

世界という幻

（1）見ているもの

では初めに、私達の多くが世界として認識しているものについて、注意深く観ていくことにしましょう。

私達の大半は、自分の外側に「世界」が確かに存在していると、無条件に思い込んで毎日の生活をしていると思います。しかし、本当に世界は有るのでしょうか。

こういう質問は奇異に聞こえるかも知れませんが、私達の多くが、日常の感覚でそこに確かに存在していると思っているもの、例えば今お読みになっているこの本、少し視線を上げてあたりを見廻したとき視野に入ってくる、ひとつひとつの存在物、そうしたものはほとんどの場合、あなたの過去の記憶に基づいて、それが何であるかを判断しているということに気付いて頂きたいと思います。つまり過去のある時点でいったん「これは何々である」という観念を持つと、次にそれを見る時には、既に造られたそれについての観念を自動的に引き寄せて、それを通して見ていることになるわけです。これは結局のところ、過去に造り上げたものの見方を現在に再現しているだけであって、そこに有るものを在るがままに観ているわけではないということに注意して下さい。

更に気を付けて観ていくと、こうした判断の材料になっている様々な情報、つまり色や形等、具体的な感覚として心の中に知覚されている映像（表象《ひょうしょう》と呼びます）は、私達の身体に備わっている知覚器官が、外の世界から入ってくる光（ある範囲の波動を持った電磁波）に反応した結果として心の中に造り出したものであって、自然界に実際に存在するものではないという事実が解ってきます。つまり私達が日常の生活の中で、そこに有ると思っているもの、見ていると思っているもの、触っていると思っているもの、知っていると思っているものの一切が、実在しているものとは懸《か》け離れた出来事であるということなのです。

それではこのことをより深く理解するために、私達が外の世界（と思っている）を知覚するための窓になっている、五官を通して入ってきた情報が、どのようにして私達自身の世界観を造り上げているのか、そして私達の「見ているもの」とは実際には何なのかということを、順を追って観ていくことにしましょう。

初めに、眼に見える「色」を採り挙げてみます。私達の多くは日常の経験から「赤」とか「黄」とか「青」といった名前で示される色を知っています。さて、これらの色は実際に存在しているのかどうか、という点について、充分に注意を払って調べていくことにしましょう。

私達の多くにとっては、色を感じることは余りにも日常的な体験であるために、ほとんどの人が色を現実の存在であると思い込んでいます。しかし、自然界から眼に入ってくる光の実体は様々な波動の電磁波なのであって、色そのものではありません。では、どうして色が見えるのでしょうか。

眼球の網膜と呼ばれる部分には、外の世界の映像を神経の興奮に置き換えて脳に伝達する細胞が密集しています。これらの神経細胞には、色の識別に関して三つの種類があって、それぞれの種類が、特定の波動を中心とする、ある範囲の電磁波（光）に感じ易い性質を持っているのですが、これら三種類の細胞にとってそれぞれ知覚の中心になる特定の波動が、私達の多くにとっての主観的な感覚では、それぞれ「赤」「黄」「青」の、光の三原色に対応しています。

例えば、波長五百ナノメートル（一ナノメートルは、十億分の一メートル）の電磁波が、眼の水晶体と呼ばれるレンズの役目をする部分を通って、網膜の上に像を結ぶと、色を識別する三種類の細胞のうち、その波動に一番敏感な、赤に対応する神経細胞が一番強く興奮します。この細胞から発せられた信号は、脳の中の複雑な神経細胞の経路を伝わって処理され、その後の様々な過程を経て、最終的に「赤」と呼ばれている色を心の中の像として造り出しています。つまり、色とは自然界に存在するものではなく、私達の視覚の仕組みによって心の中に生み出された表象、すなわち主観的な映像の一種に過ぎないものなのです。

普通、自然界の光は様々な波動の電磁波が混在した状態で存在しているわけですが、もしも外界から人の知覚器官に入ってきた光が、ちょうど赤に対応する神経細胞と緑に対応する神経細胞を、両方共に同じくらいの強さで興奮させるような波動の分布（スペクトル）を持っていたならば、私達の心の中には「黄色」と呼ばれている色が造り出されます。

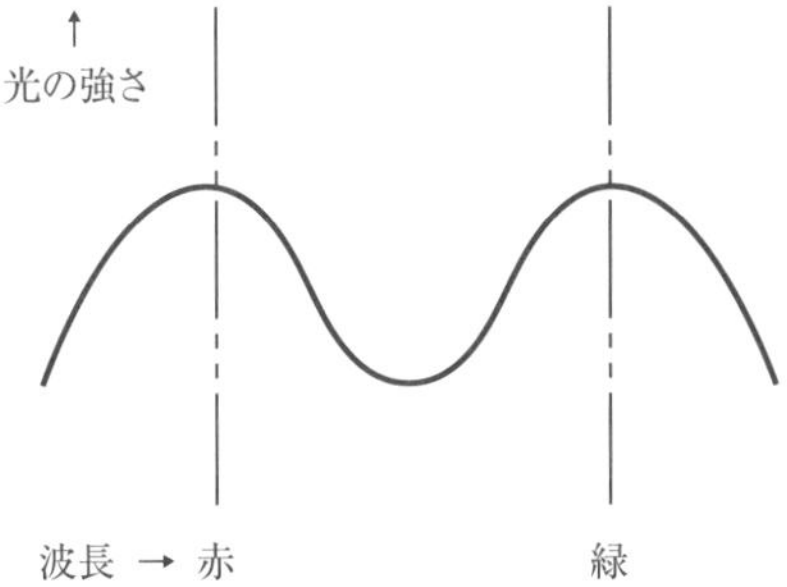

図1

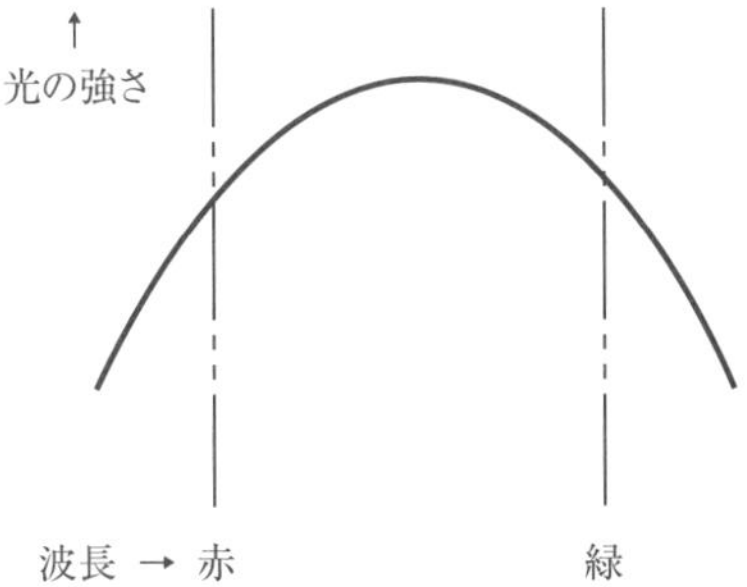

図2

図1と図2は、物理的には異なった波動スペクトル（横軸中央部分のエネルギーが違う）を持っている光の例ですが、赤に対応する波動の中心と、緑に対応する波動の中心とでは、エネルギーの強さが両方とも同じになっていますので、人間の視覚ではどちらも同じ黄色として知覚され、両者の区別はできません。つまり、物理的には全く違う波動スペクトルであっても、人間の感覚では同じに見えてしまう場合があるわけです。
また、太陽光線のように、知覚できる全ての波動にわたって均等な強さの電磁波が分布しているような光の場合には、色の識別に関する三種類の神経細胞を同等に興奮させますが、この時には、私達の心の中に「無色」の状態が造り出されるわけです。

この三原色に対応する神経細胞がそれぞれ持っている光の波動に対する感受性は、人によって微妙な違いがあり、その興奮のバランスから色が造り出されるわけですから、厳密《げんみつ》に言えば、ひとりひとりの見ている色というものは完全に同じではありません。この差は民族や住む環境が違うと（日照の差が原因のひとつです）かなり大きくなることがあり、例えば日本で生産されるカラー・テレヴィジョンやパーソナル・コンピュータのディスプレイ（画面）をヨーロッパに輸出するときには、三原色のバランスをかなり変えて、相手国の人達の平均的な感覚で正常に見えるように調整されています。また、絵や写真に詳しい方はヨーロッパのメーカーであるルフランの絵の具や、アグファゲバルトのフィルム等が独特の色調を持っていることを御存知だと思いますが、これらも民族による色彩感覚の違いが原因になっているわけです。

ここで人間から少し離れて、他の動物達にとってはどのように色が見えているのかという比較をしてみると、状況が更によく観えてきます。

蜜蜂の場合、赤に対応する波動の電磁波は見えませんが、黄色あたりから感じるようになり、紫を超えて、普通人間には見ることができない紫外線の波動領域まで感じ取ることが知られています。蜜蜂にとって、紫外線が実際にどのような色に見えるのか、また、私達人間が緑とか青とか呼んでいる色に対応する波動の電磁波を、彼らが人間と同じ様な色として知覚しているのかどうかは、通常の科学の手段では知る方法がありませんが、蜜蜂にとっての色の世界が、私達人間のうち多くにとっての色の世界とは、かなり違っているらしいということは、容易に察しが付くでしょう。このように色とはあくまでも相対的なものであって、知覚の仕組みによって造り出されているわけですから、私達が感じている色が即、自然界に存在しているわけではないということが、理解して頂けるのではないでしょうか。

それでは次に、物の形がなぜ見えているのかということについても考えて見ましょう。

もし、視界に入る一切のものからやってくる光がどれも同じ強さで、波動も均一に分布していたとしたら、私達に見えるのは一面が白一色の世界となって、形というものを眼で識別することはできません。ここで何らかの形態が映像として私達の心の中に生じるためには、色々な方向から入ってくる電磁波に強弱や波動の分布の偏《かたよ》り、すなわち明るい部分と暗い部分の差（コントラスト）や色の違い（彩度や色相の差）があり、しかも、それらを認識する知覚システムの発達がなされていることが前提になります。ところが、ここで明暗の差ひとつを採り挙げてみても、その感じ方は動物の種類によってかなり違っているのです。

ではここで人間と猫を比較して、物の形がどのように違って見えているかということを調べてみましょう。人間と猫では眼球の大きさが異なっていることと、人間の眼の網膜には、映った像を神経の興奮に置き換える細胞が、像の大きさに比べてかなり密集しているために、猫よりも細かな部分を見分けることができます。ここで注意して頂きたいことは、猫には人間が見ているような細かな部分がぼやけて見えるのではなく、全く知覚されないということで、見えている部分は全てがはっきりしていて、しかも細かな部分は見えないという状態になります。これはちょうど、肉眼では良好な視力を持っている人が、顕微鏡で見るような世界までは見えないことと同じで、ぼやけるという感覚は、近眼や乱視の状態でうまく焦点が合わない時のように、細かな部分を識別する細胞があるのにも拘《かかわ》らず、そこから正確な情報が入ってこないときにのみ生じます。また動物の中には、かなりの高度から地上を走る小動物を見分けることができる鷹《たか》のように、ある側面では人間よりも遥かに勝れた視力を持っているものもいます。

さて、細かな部分を見分ける能力では、猫よりも人間のほうが勝れているようですが、かなり広い範囲にわたって微妙な明暗の差があるような場合には、逆に猫のほうが有利になります。例えば、全体が同じ色に塗られた大きな壁面のように、人間には一様にしか見えないような平面に、猫は微妙な濃淡を感じ取って、模様を見ているような場合もあるわけです。

このように同じものであっても、見る側の知覚器官の機能や性能によって、全く違う様相に見えてくるわけですから、私達が見ている（と思っている）ものは、そこに存在しているものの実体ではなく、そこに存在するものと知覚器官との相互作用によって、心の中に造り出された映像（表象《ひょうしょう》）に過ぎないということがお解りになると思います。このことはある意味では、私達人間や色々な動物は、実際に存在しているもの（リアリティ

＝実在）が現象として顕《あらわ》している様々な表現のうち、どれかひとつの側面を見ている、という言い方ができるかもしれません。

私達人間は多くの場合、空間とか、物の形状という感覚が生じるのは、その大部分が視覚、すなわち可視光線と呼ばれる波動領域の電磁波に因《よ》っていますが、他の動物にまで範囲を広げてみますと、この他にも様々な空間の知覚様式があることが判ります。よく知られていますように、蝙蝠《こうもり》は十万ヘルツ（一ヘルツは一秒間に一回の振動を表します）に達する超音波を出して、その反射してくる音を捉え、それによって夜間や洞窟の中のような光のないところでも、障害物にぶつからずに飛ぶことができます。これはちょうど私達人間の多くが、外から入ってくる光を空間的な映像に置き換えて、外の世界を知覚しているように、蝙蝠は超音波に因って心の中に、空間的な映像を造り出していると考えることができます。

さて、ここで注意して頂きたい点は、光と超音波では対象の物理的な性質によって反射と吸収の仕方が違いますから、蝙蝠が超音波で見ている世界と、人間が光で見ている世界とは、幾らか異なっているということです。例えば透明なガラス板は、表面に対する角度や背後の明るさによっては、ほとんど反射光が見えない場合があり、建物の窓に鳥等がぶつかることがありますが、超音波はよく反射しますので、蝙蝠にとって窓ガラスははっきりと知覚できる対象になります。これと反対に、超音波を吸収するような軟らかいものは、可視光ではよく見えるものでも超音波では知覚しにくい、といったことが起こります。

「丸亀日記」（藤原新也　著　朝日新聞社）の中には、かつて蝙蝠の飛び交《か》っていた東京の芝浦周辺に、超音波を発生するコンピュータのインテリジェント・ビルが林立したために（一九九〇年代のコンピュータには、電源の安定化のために数十キロヘルツの発信器が使われていた事情があります）、蝙蝠が狂ったように、あちこちにぶつかって暴れまわる様が報告されていますが、元々自然界には存在しなかった種類の超音波の雑音が発生したために、蝙蝠の世界では、そこに有るものが見えなかったり、そこに無いものが見えたりする大異変が起こったわけです。これは人間が自分の耳には聞こえないという理由で何の注意も払わなかったために、他の生物の世界で惨事を引き起こした典型的な事例と言えるでしょう。

海豚《いるか》もまた、超音波を利用して外の世界を知覚する器官を持っていますが、障害物にぶつからずに泳いだり、餌《えさ》を獲ったりするだけでなく、仲間の体調や心の状態、少し前に何を食べたかまで知覚することができると言われます。

ところでこうした話を聞くと、私達の多くは無意識のうちに、自分達の五官を通して経験している世界を基準にして推測や判断をしてしまいがちで、例えば、医療分野で使われている超音波断層写真やレントゲンのような、視覚化された映像を海豚が知覚していると考えてしまったりするのですが、実際に海豚がどのような表象、つまり心の中のイメージによってそれを捉えているかは、色々な可能性があるということにも注意して頂きたいと思います。

それでは人間の五感による世界観が相対的なものに過ぎないということをもう少しはっきりさせるために、他の動物の知覚を更に幾つか採り挙げてみましょう。

ジャイアント・パンダ（アイルロポーダー・メラノロイカ）の舌には、人間のそれと比較してかなり緻密に、味蕾《みらい》と呼ばれる味を知覚する細胞が密集していますが、このためにパンダは、笹のような人間にとっては味気ない木の葉にも、美味《おい》しさ感じることができるようになっています。

また、犬は人間の数百万倍から数千万倍とも言われる鋭い嗅覚を持っていますが、犬はこの嗅覚によって、仲間や人間のひとりひとりを区別することができ、更に人間が興奮した時に発生する僅《わず》かな揮発成分を感知して、感情の動きまで読み取ることができると言われています。犬は近眼のために遠くがよく見えないこともあり、外界の認識には嗅覚がかなり大きな比重を占めていますので、彼らの感覚を通して外の世界を感じたときの様子は、人間のそれと比較してかなり違ったものになることが推測されます。

この他にも、ある種の水生動物の場合には、体から電気を発生して、その電流によって餌や敵、障害物などを判断する特殊な知覚器官を備えているものがありますが、当然その感覚は電流の性質に依存するわけですから、光の場合の空間認識とはかなり違ったものになることが予想されます。

エドワード・E・スミスの名作SF小説「ファースト・レンズマン」には、外界を可視光線よりも遥かに高い振動数の電磁波で知覚し、しかも音、すなわち空気の振動を全く感じないリゲル星人が登場して、彼らの自動車に乗せられた地球人が、窓の全然ない車体や、恐ろしくひどい騒音に閉口させられる場面が出てきますが、この本が書かれた時代（一九五〇年代以前）に、人間の五感の相対性をこれだけ見事に把握していた作者の洞察力には、脱帽せざるを得ません（日本語版　八十五〜八十七頁　川口正吉　訳　早川書房）。

これまでに述べてきましたように、同じ光であっても、知覚することのできる振動数の範囲や分解能力が異なれば、世界は全く違う様相に見えるわけですし、超音波や水中の電流等になればその反射によって知覚される世界は、もっと異なった光景（視覚化されていない場合もあり得ますので、表象と言ったほうが正確でしょう）になるでしょう。更には、私達人間がまだ知らない種類の知覚様式があるとすれば、それによって造り出される世界観というものは、私達の想像を絶したものであるかも知れないのです。

このように、地球上だけでも様々な生物がそれぞれの知覚様式を持っており、個々の感覚器官の機能と観察対象との相互作用に因って、それぞれの心の中に造られた世界観があるはずですが、ここで、ある生物の世界観が「正しい」とか「正しくない」という考え方には意味がないということをよく理解して頂きたいと思います。私達人間も含めて、肉体の感覚を通して見ている世界というものは、どれも相対的なものであり、それぞれが、無限にある自然界の側面のひとつか幾つかを知覚しているに過ぎないからです。

（2）聞いているもの

私達人間の多くは、日常聞いている音が単なる雑音であるとか、意味のある言葉だとか、美しい音楽であるというように、色々な区別をしていますが、物質的な世界に存在しているのは、どれも単なる空気の振動に過ぎません。この空気の振動には様々な振動数、すなわちヴァイブレーションの違いがあって単一の振動数は、基調となる音の高さとして知覚されますし、幾つかの異なった振動数の組み合わせは音色《ねいろ》として感じられ、これが時間的に変化すると心の中にもっと複雑な表象として、様々な意味を造り出すようになります。

人間が音として知覚できる空気の振動は、もちろん限られた範囲であって、個人差がかなりありますが、低いほうは十六ヘルツから三十ヘルツ位、高いほうは一万五千ヘルツから二万二千ヘルツ位が普通です。なお、一九九〇年頃に発表された研究によれば、音が一定ではなく変化を伴っている場合には、四万ヘルツから五万ヘルツ位までも聞こえるという説もあります。高い音を聞き取る能力は、一般に高齢になるほど低下する傾向にあり、特に女性より男性のほうが、この傾向が顕著に見られます。

犬は人間よりもおよそ一オクターヴほど高い、四万ヘルツから五万ヘルツ位まで聞こえますので、例えば一定の高さの三万ヘルツの音は、普通の場合人間には聞こえませんから、人間の音の世界には「実感のある音の高さ」としては存在していませんが、犬の音の世界では、はっきりとした「高さ」を持つ現実の音になっているわけです。

次に、単純な「音の高さ」や「音色」とは別に、私達が音、すなわち空気の振動に与えている、もっと複雑な意味（言葉や音楽）について考えてみましょう。

私達は自分にとって未知の外国語を聞いたときには、単なる音の高低や、強弱としてしか知覚されませんが（厳密に言いますと、話し手の感情や雰囲気が伝わってきますので、完全な雑音とは違います）、母国語を聞いているときには、単なる音としてではなく、そこに何らかのもっと複雑な意味を生じさせています。また、事故等で脳の言語中枢に損傷を受けたりすると、母国語でさえも、只《ただ》の音の高低や強弱としてしか聞こえなくなることが知られています。

そして、これは皆さんも日常よく経験されていますように、こうした母国語もしくは共通の言語の中で会話をしている場合でさえ、ひとつひとつの単語は正確に相手に伝わっているにも拘らず、話し手の意図する意味と、聞き手の感じた意味が異なってしまうことがあります。このことが起こるのは、意味というものは空気中に発せられた音の中にあるものではなく、それを意識した人間の心の中で造り出されるものだからです。ひとつひとつの単語や、ひと纏《まとま》りの話は、聞き手の意識の中で、その人の過去の経験の記憶や、ものの考え方等と作用しながら意味を造り出すわけですが、こうした過去の経験やものの考え方というものは、当然のことながらその人によって微妙に、あるいは大幅に異なっていますから。同じ単語や同一の話を聞いたとしても、それぞれの人の心の中に生じる意味には、共通の部分や異なる部分が出てくることになります。それでも文学作品の朗読を聞く場合のように、作家が書いた文章そのものが耳から入ってくるのでしたら、受け取る人の主観だけの問題で済むのですが、これが翻訳された外国の文章であったり、音楽であったりした場合には、作者と鑑賞する人との間に翻訳者や演奏者の意識が介在するわけですから、状況はかなり複雑になってきます。

音楽の場合、作曲家は自分のイメージとして持っている音楽を楽譜に表現しますが、譜は、発想標語等の僅かな言葉を除けば、音の高さとその組み合わせ、強弱と時間間隔、それに楽器の指定等による大まかな音色を決めているに過ぎません。

演奏家はこの楽譜を見て、作曲家の当初のイメージを自分の感じるままに置き換えて推測し、音すなわち空気の振動を使って、聴衆の心の中に同じイメージを再現させようと試みます。この時に現象界の物質的な領域（肉体にとっての外界）に生じている空気の振動は、音楽そのものではなく、それを表現するための手段でしかないことに注意して頂きたいと思います。音楽はあくまでも、外から入ってくる音の変化が主な引き金になって、聞く人の心の中に造り出されたイメージとして存在するのです。

ここでもう少し厳密に観ていきますと、音の高い、低いといった識別も心の中に生じた主観的な感覚であり、やはり表象であることが判ります。外の世界には、様々なヴァイブレーション（波動の違い）の空気の振動があり、前述した普通人に聞こえる範囲（可聴帯域）の中で、波動（ヴァイブレーション）の相対的に高いものに因って引き起こされる感覚が「高い音」と称され、波動の相対的に低いものに因って引き起こされる感覚が「低い音」と呼ばれているわけですが、私達が主観的に知覚している「高い音」「低い音」それぞれの感覚と、その感覚を心の中に生じさせている実際の空気の振動とは、全く異なるものであることに注意をして頂きたいと思います。

これは五官から入ってくるあらゆる情報について共通していることですが、私達が自分の外側の世界を意識しているとき、それは外の世界そのものを知覚しているわけではなく、五官を通して入ってきた情報が、知覚システムの基本的なはたらきや、過去に造られた認識の様式の影響を受けながら、心の中に無意識のうちに表象を造り上げていること、つまり、自分の心の創作物を知覚しているに過ぎないということを、注意深く理解するようにして下さい。


このような知覚の背景、すなわち私達が五官を通して入ってくる極めて限られた情報を基に、心の中で外の世界を創作しているという事実は、四世紀頃に仏教の唯識説《ゆいしきせつ》を唱えたアサンガやヴァスバンドウ、近代の現象学を築いたエドムンド・フッサールやミッシェル・フーコー等によって詳しく考察されていますので、特に目新しいものではありませんが、この事実が色々な宗教において、「この世は幻《まぼろし》（マーヤ）である」と言われていることの真意でもあります。この五官による表象の総体、つまり私達が眼で見、耳で聞き、鼻で嗅ぎ、舌で味わい、手で触れることによって知覚している世界が余りにも現実感を伴っているために、私達の多くは、それが外の世界として実際に存在しているものと思い込んでしまっているわけです。このような仕組みで造られる世界観は、当然のことながら知覚器官の機能や能力に影響を受けますし、心の中で造られるものである以上、個人差があり、また同一人物であっても、その時の意識の状態や、経験の積み重ねによって異なったものとなります。

このように世界観とは、ある面では極めて個人的で再現性の乏しい、主観的なものに過ぎませんが、その一方で、共同幻想とも言える、限られた範囲の中では一般性を持つようなものもあります。

例えば、机の上に置いてある一個の林檎《りんご》の存在は、人間に限って言えば、見る人の年齢や性別、民族の違いや主義主張等には余り影響されませんから、「林檎がある」という事実に関しては、多分反論する人はいないでしょう。

こうした一般性は、共通の感じ方や考え方をする人達の数が多ければ多い程、またそのことに関する確信の度合いが強ければ強い程、その表象にはっきりとした現実感を伴ってきます。

しかし、この「一個の林檎の存在」という一般性のある表象にしても、ある程度共通した意識状態において、似通《にかよ》った機能と能力の知覚器官から入ってきた、共通の情報を基に造り上げている共同幻想なのであって、そこに実在しているものを観ているわけではないのです。

次の章ではこの問題を現代物理学の見地から、もう少し深く掘り下げてみることにしましょう。

QUANTUM THEORY

第二章

物質の存在

私達が日常の世界の中で最もよく知っている（と思っている）物質をひとつ挙げるとすれば、水がよいかも知れません。では水とは一体何でしょうか。水という名前を聞いた時、私達の心の中にはどんなイメージが浮かぶでしょうか。

例えばコップの中に入っている水の風景とか、その外側に付いている水滴の形、口に含んだ時の感触や、風呂に入っている時のお湯に浸かっている感じ、森の中を流れているせせらぎの音、等々。温度を上げていけば水蒸気になって、肉眼では見ることができなくなり、温度を下げていけば氷になって、形を持つようになり、色々な違った表情を見せてくれます。そして、このようなイメージを通して、私達の多くは水というものを知っていると思っています。

しかしながら、これらの日常何気なく使っている「水」という概念の全て、水について考え付くことのできる一切のものは、注意深く観ていきますと、どれも五官を通して入ってきた限られた情報を、心の認識する作用でイメージ（表象）にしたものであることが解ります。そしてそれはほとんどの場合、過去に造られた心の創作物を、記憶から引き出して再現しているだけのことであって、そこに実際に存在しているものとは、根本的に違っているかも知れないのです。このような状況であってもなお、私達は水を本当に観ている、識っているると言えるのでしょうか。

それではこの問題を、科学的なものの見方を通して、よく調べてみることにしましょう。

水をこれ以上細かくすると水とは呼べなくなるところまで分けていくと、最後には「水の分子」と称される、最小の単位に行き着きます。水の分子が一個の酸素原子と、二個の水素原子からできていることはよく知られていますが、このうち最も構造の単純な水素原子は、中心に陽子と呼ばれるプラスの電気（電荷《でんか》）を持つ粒子が一個あり、その周りをマイナスの電荷を持つ一個の電子（電子には二〇〇八年現在、観測可能な大きさはないので、粒子と呼ぶ表現が適当かどうかという問題もあります）が周っているという説明が、現在の物理学における定説です。

さて、これは大変重要な点ですので、充分に注意して理解して頂きたいのですが、「陽子の周りを電子が周っている」というと、私達のうち多くは、心の中にちょうど、太陽の周囲を公転する惑星のような映像を思い浮かべて、「実際にそのような粒子が存在し、かつ円を描いて運動をしている」と考えてしまいがちになります。

しかし、これらの「粒子の存在」や「周回運動」という説明は、あくまでも様々な実験によって得られた、このスケールの情報を矛盾なく解釈するための、想念の中のモデルに過ぎないのであって、これらは人間の心の中に造られている表象、つまり心の中のイメージに過ぎないことを認識しておかなければなりません。つまり物理学を始めとする科学全般で用いている理論や概念は、そこに顕《あらわ》れている現象を人間が理解するための手段、あるいは説明のための方策として使われているのであって、実相としては精神的レヴェルの波動表現のひとつであり、実際に起きている現象（物質的レヴェルの波動表現）ではないということなのです。

それではこの辺の事情を、もう少し具体的な事例を挙げて観ていくことにしましょう。

「光」は、もともと日常の経験からきた言葉ですが、物理学では様々な波動の電磁波のうち、私達人間の通常の視力に感じられる、百五十～三百テラヘルツ（一テラヘルツは一秒間に一兆回の振動数）位までの範囲のものを、特に可視光線と呼んでいます。さて、この光には各種の実験によって、光子《こうし》と呼ばれる最小の単位があることが知られています。つまり、光は無数の粒子からできていると考えると、色々な実験の結果が上手《うま》く説明できるというわけです。ところが一方、別の実験によって、光が波であると考えたほうが都合のよいような結果も出てくるのです。では一体どちらが本当なのでしょうか。

実際、少し前の時代には、光は粒子であるのか、それとも波であるのかという問題で、物理学者達の間で大論争が繰り広げられていたこともあったのです。それは当時の物理学者達の多くが、「粒子」とか「波」とかいうものが単なる観念、つまり心の中の創作物であるということには気付かず、実体の在るもの、すなわち実際に存在しているものだと思い込んでいたために、どちらかに決着の付くものだと考えていたからです。

このように粒子のようなものが本当に在るとか、目に見えるような波が実際に存在しているとか考えてしまいますと、光の持つこうした二面性は、大変理解に苦しむ問題になります。それは林檎《りんご》であるのに、同時に蜜柑《みかん》でもある果物を想像するようなものだからです。この二面性の実相は、波とか粒子とかいう観念は、私達の心の中に映し出されている映像でしかなく、光としてそこに表現されているあるエネルギーの状態が、様々な実験結果を通すと、波と粒子の両方の概念を心に生じさせるような、観察する人と現象との関係を造り出しているということなのです。

こうした事情は、二十一世紀初頭の時点では、必ずしも全ての科学者に理解されていたわけではありませんでした。それは科学的な概念が事実そのものであると思い込んでいるような、初歩的な間違いをしている人もいましたし、このような認識論的な問題に深入りをすると、科学の存在基盤を根底から見直さなければならなくなるので、意図的に避けていた人達もいたからです。しかしながら光が波と粒子の性質の二つの側面を同時に持っているということは、今日では物理学者達の間で広く受け容れられている考えです。

それではこのような現象と理論との関係、すなわち自然界に起きている出来事と、私達がそれを心の中でどのような表象として受け止め、意味を与え、理解しているのかという状況について、もう少し例を挙げて説明してみることにしましょう。

原子を更に小さな構成要素から説明するための概念である、素粒子の世界では、エネルギーと質量とは本質的に同じものであって、それぞれ現象としては異なった姿（表現様式）を採っていると考えられています。このことは実験の中でも充分に検証されており、物質を構成する素粒子が、ある条件のもとでは非物質的なエネルギーである電磁波に変わることで、質量が空間から消滅したり、その反対に、充分なエネルギーが有れば、何もない（ように見える）空間から物質粒子が発生したりする現象が、日常的に観察されています。この物質とエネルギーの数量的な関係は、アルベルト・アインシュタインの有名な方程式 $E=mc^2$（Eはエネルギー、mは質量、c は真空中での光の速度）によって定義されます。

図3は「ファインマン図」と呼ばれる図形のひとつで、ここではよく知られている電子と陽電子（電子と同じ質量で、プラスの電荷を持っている素粒子）の相互作用を表しています。

初めにガンマ線（図中の記号γ）と呼ばれる波動の比較的高い電磁波が、図の右下方からやって来て、C地点で電子（e^-）と陽電子（e^+）の対を発生させます（実際にこの反応が起こる時には附近に鉛や、その他の重い原子核があることが普通です。なお、原子核とは原子の中心を構成する部分で、ひとつもしくは複数の陽子や中性子から成っています）。C地点で発生した電子（e^-）は、図の右上方のDの方向に飛び去ってしまい、もう一方の陽電子（e^+）は、図の左下方、Aの方向からやって来た別の電子（e^-）とB地点で衝突し、その結果、双方の質量が消滅して非物質的なエネルギーであるガンマ線（γ）に変わります。

この相互作用は、ここまで説明してきたような視点では、二個の電子と一個の陽電子、つまり合計三個の素粒子が関係しているように思えます。しかしながら、この相互作用には、次のようなもうひとつの見方があるのです。

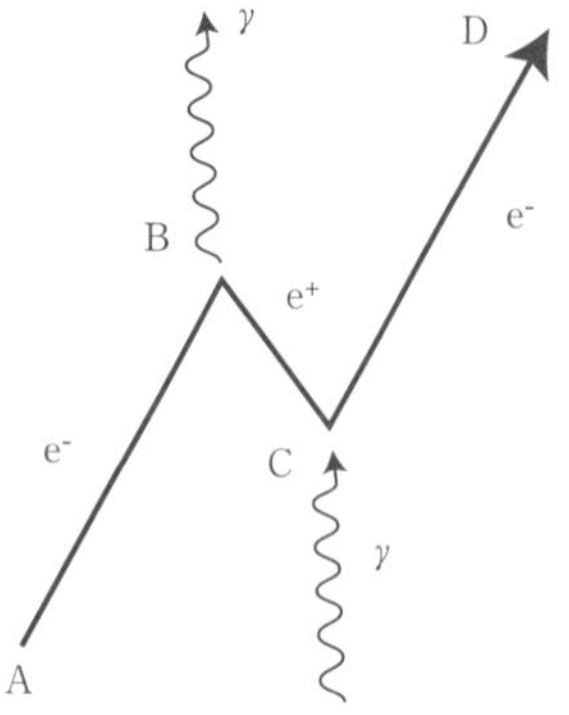

図3

初めに電子が図3のAの方向からやって来て、B地点まで行き、次にガンマ線を図の上方へ放出してから、時間に逆行してC地点まで戻ります。そしてC地点で図の下方から来たガンマ線を吸収してから、また時間に順行してDの方向へ飛び去ると考えます。つまり、ただひとつの電子が、この相互作用の全体を演じていると解釈するのです。この解釈の要である、電子が時間に逆行するという考え、すなわち電子が未来であるB地点から、相対的に過去に当るC地点まで戻るなどということが本当にあり得るのだろうかと思われる方もきっといらっしゃるでしょう。しかしながら、ここで疑わなくてはならないのは、私達の多くが時間に対して持っている固定観念のほうなのです。

私達のうち多くは、宇宙全体に一様な時間の流れがあって、その時間が絶対的な過去から、絶対的な未来に向かって動いているかのような思い込み（錯覚）を持っていますが、それはほとんどの人が、極めて似通った物差しの当て方によって時間を見ているという、地球上の特殊な事情によるのです。

私達の多くは日常の経験を、それが限られた世界でのみ通用しているという事実には気付かずに、まるでそれが宇宙のどこであっても当て嵌《は》まる真実であるかのように、無意識のうちに一般化してしまう傾向がありますが、ここで問題になっている、図3のB地点が未来で、C地点が過去であるという見方は、単に図の下から上に向かう時間の物差しを当てた時にのみ生じている、相対的な関係に過ぎないというのが、量子物理学における考え方です。ここで私達の使う物差しの当て方、つまり見ている人と対象との関係が変われば、過去と未来の関係も異なったものとなりますし、観察する人が対象を見る時間軸が異なれば、そこに観察される出来事も、違った形を採るようになります。

図3の相互作用では、「B地点とC地点の間を運動している粒子」という捉え方で見るなら、時間軸を図の上向きに取ればBC間にあるのは陽電子となりますし、時間軸を下向きに取ると（陰）電子となって、どちらを選んだとしても、この状態を記述する方程式を満足することが解っています。ここでもし、「BC間にあるのは果たして陽電子なのか、それとも時間に逆行している（陰）電子なのか」という判断をしようとすれば、前述した「光は粒子であるのか、それとも波であるのか」という問題と同じように、躓《つまず》くことになりますから、注意して頂きたいと思います。

ここで実際にBC間に表現されているものは、エネルギーのある状態なのであって、それを人間の心の中に造り出された「陽電子」とか、「時間に逆行して運動する電子」という概念（表象のひとつ）に投影することによって、人間はそれを「理解した」と感じるのです。この時、「陽電子」とか、「時間に逆行して運動する電子」という言葉によって引き起こされる概念は全て、人間の心の中で生じている出来事であり、外の世界を認識しようとする意識の働きによって、心に投影された想念の波動であり、自然界に実在しているエネルギー状態そのものではないことを、充分に注意して理解して頂きたいと思います。

再三繰り返しますが、素粒子物理学における「個別化した粒子」という概念は、あくまでも人間の心の中に造られた表象のひとつであり、現在の進化段階における私達人間が自然界を理解し、把握するための手段に過ぎないものなのです。これは別の言い方をするならば、BC間に表現されている同一のエネルギー状態に当て嵌めることのできる様々な解釈のうち、ひとつが「陽電子」という概念であり、もうひとつが「時間に逆行して運動する電子」という概念であったというだけのことなのです。

では次にもうひとつ別の例を挙げて、現象と、それを理解するための心のはたらきである概念との関係を、より深く観ていくことにしましょう。

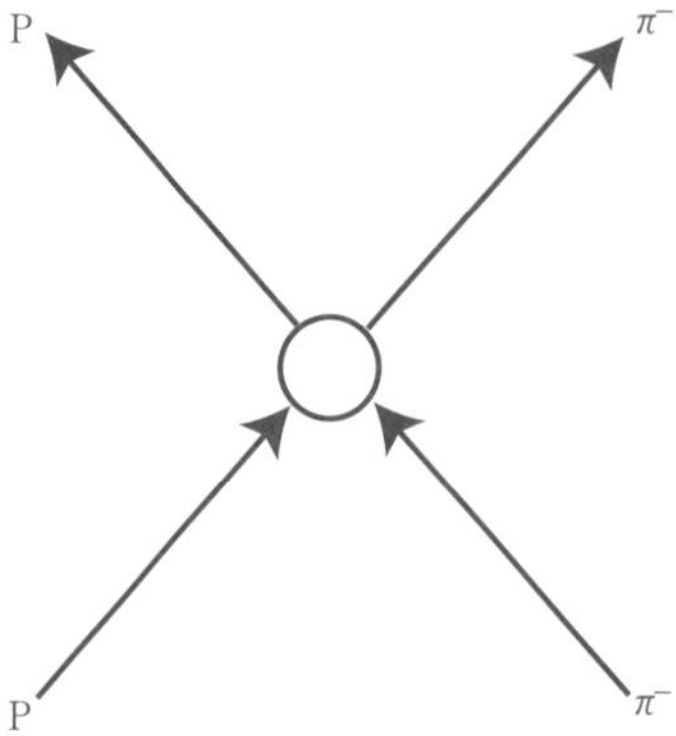

図4

図4は、素粒子のレヴェルにおけるエネルギーのある相互作用について表したもので、四つの矢印に付けられたそれぞれの記号は、ここに表現されているエネルギーを矢印の方向に運動する粒子として解釈した時にそれが何に当るかを示しています。

記号のPは陽子、π^-はマイナスの電荷を持つパイ中間子と呼ばれる粒子で、中央の円に囲まれた部分(後のほうで詳しく説明します)は、そこに幾つかの解釈ができる特定のエネルギー状態が存在することを示しています。そこで問題は、この円で示されている部分のエネルギー状態がどのような粒子として観測されるかということなのですが、こうした素粒子のレヴェルでは、見る人がどのような物差しの当て方をするかによって、粒子の種類が違って見えるという現象が起こります。

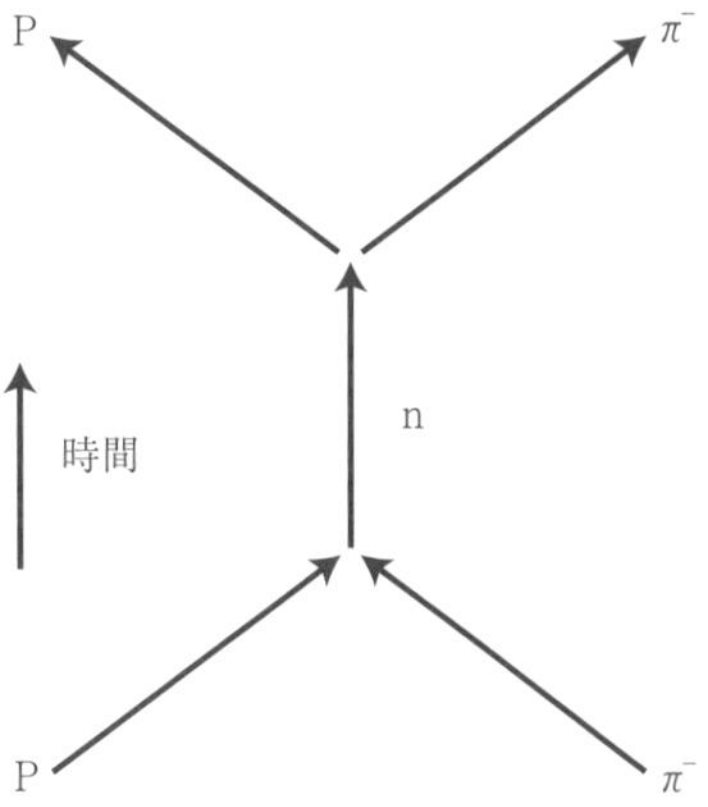

図5

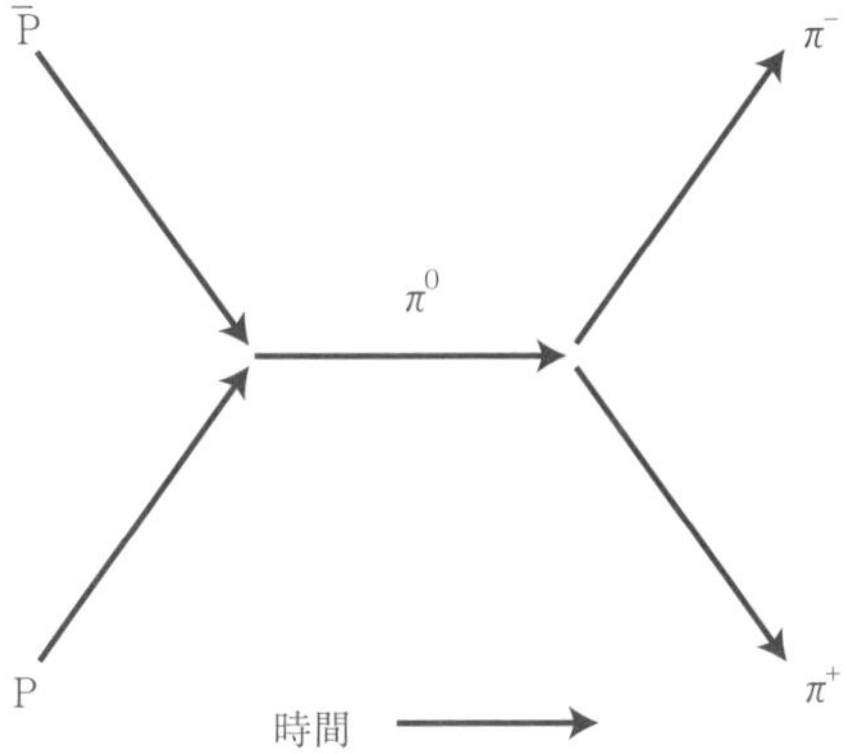

図6

図5は、図4の相互作用に対して、観察者の時間軸を下から上に向かって採った場合ですが（この相互作用を、図の下から上に進むように見る）、このような時間の流れに沿って見ると、図の左下方から来た陽子（P）と、図の右下方から来たマイナスのパイ中間子（$^{-}\pi$）が相互作用して中性子（n）となり、その後、元の状態と同じ、陽子とマイナスのパイ中間子に戻るという、一連の過程が観察されます。

次に同じエネルギーの相互作用について、図の横方向に時間軸を採ってみることにしましょう。図6は、図4の相互作用を図の左から右に向かって現象が進むように見た場合に、図4の円で表した部分が、どのような粒子として観測されるかを示したものです。

図6の左下から来る矢印で表されているエネルギーの表現は、時間軸を図の左から右に取った場合でも、時間の流れに順行していますから、図5の場合と同じように陽子（P）として観測されます。これに対して図6の左上から来る矢印は、図5の場合と逆向きになっていますが、これは時間軸を図の左から右に採った場合に、粒子が逆方向に運動しているように見えるためで、この時にこの矢印で示されるエネルギーの表現は、陽子の反粒子である、反陽子（－P）として観測されます。

同様に、図6の右上に向かう矢印は、図5の時間軸の場合と同じ運動方向になりますから、どちらも同じマイナスのパイ中間子（$^{-}\pi$）として観測されますが、図6の右下に向かう矢印で示されているエネル

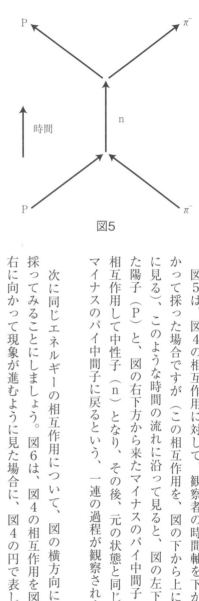

ギーの表現は、図5の場合とは逆向きに進行する形になりますので、図の左から右に採った時間軸の中では、プラスの電荷を持つパイ中間子（$\overset{+}{\pi}$）として観測されます。

さてここで図6のように、左から右に向かう時間軸の視点でこのエネルギーの相互作用を見ると、左上から来た反陽子（－P）と、左下から来た陽子（P）が相互作用して、中性のパイ中間子（$\overset{0}{\pi}$）となり、その後マイナスのパイ中間子（$\overset{-}{\pi}$）とプラスのパイ中間子（$\overset{+}{\pi}$）に分かれるという過程になります。このようにエネルギー状態としては（四次元的には）全く同一であっても、見る人、すなわち観察者の視点は色々な時間断面を採ることが出るので、その時間軸がどのように採られているかによって現象は違った意味を持ち、別の粒子とか、異なった反応過程として観察されるわけです。

こうしたエネルギーの表現されている状態の本来の姿は共時的なもので、例えて言えば図の全体が丸ごと同時に存在しているようなものなのですが、物質の世界では、肉体の脳で外の世界を認識する機能が、時間に伴ってはたらくという事情で意識が制約されているために、私達の意識が「現在の瞬間」という断面を造り出しています。この結果、「過去から未来に向かって流れている時間」という感覚が生じて、「運動する粒子」という概念が生れるのです。この状況の全貌《ぜんぼう》を、私達が時間の断面を造り出し、それに制約されている意識状態のままで想像することは、なかなか難しいことかも知れませんが、それはちょうど地球が球であることを、地上に立ったままで理解しなければならなかった時代の困難と似ています。

このように粒子という概念は、自然界に表現されている物質レヴェルの波動を、ある時間軸に沿った瞬間の断面で参照（観察の意識を向けること）していった時に観測される状態を、心の中に理解できるような形で投影した映像のひとつなのですが、人間がより高い波動の領域（より微細な構造）に関心を向けるにつれて、その領域のエネルギー状態を表現もしくは理解するために、更に「細かく、精妙な粒子」という解釈が造られ続けてきたという事情があります。実際、原子（Atom）という名称は、ギリシャ語で「これ以上分けることができないもの」という意味があり、当時はそれが物質の究極の単位だと思われていたわけですが、その後、原子には陽子や中性子によって構成される原子核と、その周囲を周る電子という内部構造があると考えられるようになり、更に実験を続けていくうちに、これらの陽子でも中性子でも電子でもない、様々な物質的表現を持つエネルギー状態が観測されるようになったので、これらを皆、新しい粒子であると見做《みな》して次々と名前を付けていったわけです。

こうした新しい粒子は実験を重ねるうちに次々と「発見」され、ついには「動物園」と呼ばれる程の種類に達して収拾が付かなくなってしまったので（数え方にもよりますが、三百種類以上になっています）、もう一段階細かなクォークという粒子を考えて、これらの「粒子の動物園」をクォークの組み合わせによって説明しようと試みていた物理学者達もいました。勿論《もちろん》このクォークも、自然界を心に投影したものであり、あるエネルギー領域の物質的な表現を、人間が理解するためのモデルであるわけです。

これは余談になりますが、このクォークという名称は、アイルランドの作家、ジェームス・オーグスティーン・アロイシャス・ジョイスの作品「フィネガンズ・ウェイク」の中の、カモメの叫び声から採られたものです。

ところで近代の物理学では、どのようなスケール（波動領域）が注目されていた時代にも、物質の最小単位を表現するモデルは、粒子という形を採ってきました。ところが一九八〇年代になって、物質的な表現を持つエネルギー状態を、粒子の代わりに運動する紐《ひも》によって表す、超紐《ちょうひも》（スーパー・ストリングス）理論というモデルが注目されるようになりました。超紐理論は幾つかの点で、物質を粒子として扱っている理論よりも自然現象を説明するのには有利な上、人間の意識に関係のある領域に橋渡しをする要素を含んでいますので、簡単に触れておくことにしましょう。

一九八〇年代の物理学者は、自然界における当時知られていた全ての力をひとつに纏《まと》めるという、大統一理《だいとういつ》論の完成を大きな目標のひとつにしていました。これは重力と電磁気力、強い相互作用と呼ばれる原子核の内部にはたらく力、そして弱い相互作用と呼ばれる粒子間相互にはたらく力について、これらの現象的には異なって見える四種類の力が、どれも皆、同じものの異なる側面であることを証明しようとするものでした。この理論を完成する上で最大の難関となっていたのが、電子やクォーク等の粒子を、大きさのない点であると見做したことから生じてきた問題だったのです。このことをごく簡単に説明しますと、粒子を点として扱った場合、一をゼロで割るようなことになり、数式の解が無限大になってしまって、意味のある答えが出てこないということが起こります。つまり現象としてどのような結果になるのか予測ができないわけで、これでは科学としては何の役にも立たないことになります。

ところで、これまで何度か注意を促してきましたように、科学で扱う概念は、日常生活におけるほとんど全ての思考と同じように、あくまでも自然界を人間の心に投影したものであり、「理解する」という意識のはたらきによって心の中に組み立てられた自然界のモデルであって、自然界そのものではありません。しかしながら、現象として顕れている自然界の様相が、適切に科学的なモデルに投影されていると、私達はこのモデルを使って結果をある程度まで予測することができたり、特定の目的のためには、どのような手段を講じればよいかの見当を付けること等ができます。このことが科学という方法において、自然界そのものを把握しているわけではないにも拘《かかわ》らず、適切なモデルさえ設定することができれば、TVや携帯電話、自動車等、実際に動作して日常生活に使える複雑な道具を作ることができる理由です。

このように科学的な手段は、自然界の様々な現象と人間が関わる上で大きな成功を収めてはいますが、あらゆる出来事は宇宙全体との関係から生じており、そのため無限の要素が絡んでくるのに対して、科学ではどのように正確に組み立てられたモデルを使ったとしても、特定の幾つかの現象の周辺、すなわち自然界の一部分を投影しているだけであって、しかもたったひとつの側面を見ているに過ぎません。従ってその性質上、捉えることのできる範囲は有限であり、宇宙全体との関係から決定される完全な答えから観れば、最善でもその近似値にしかなりません。こうした事情があるためにこれまでの科学では、ひとつの目的に向かって何かを行った時に、それから派生する全体への無数の影響は人間の理解から丸ごと抜け落ちてしまうことが多々あり、これらの当初は気付かなかった色々な作用が、新しい病気の発生とか自然環境のバランスを崩すといった、現在人間の抱えている様々な問題を生み出してきたわけです。

それではここで話を元に戻すことにしましょう。エネルギーの物質的な表現を、従来の点粒子というモデルのまま、何とか自然界の四つの力が統一されるエネルギー領域まで持ち込もうとしていた当時の理論物理学者達は、「繰《く》り込《こ》み」という手法を用いて、電磁気力と強い相互作用、そして弱い相互作用の三つの力を、ほぼ統一することに成功しました。この「繰り込み」の手法とは、粒子と粒子の間の距離を無限大に設定することによって、前に説明しました数式における分母のゼロを打ち消し、結果として有効な値を得るという一種の数学的テクニックなのですが、重力に関してはこの繰り込みが不可能なことが、最初から判っていました。

この他に、物理学者達の多くが、エネルギー保存則（エネルギーは決して観測される世界から消滅することはないという考え）を定言的に信仰していたために生じたアノマリーという問題もあって、大統一理論は大きな困難に直面していたのですが、こうした事情の中で当時脚光を浴びるようになっていたのが、「超紐」と呼ばれるモデルなのです。

「超紐」とは、それまでの物理学では「大きさのない点」として扱われていた色々な粒子モデルを、大きさのある（といっても、「プランク長」と呼ばれる極小の寸法ですが）の紐の運動として表現することによって、「発散」すなわち方程式の解が無限大になることを回避しようとするものでした。超紐の理論では、解を適当な値に設定することによって、それまでの素粒子物理学が抱えていたほとんど全ての問題が、自然に解決されるという特徴があったために、がぜん当時の研究者の注目を集めることになったのです。

さて、この超紐理論の持つユニークな点の中でも特に際立っていたのは、紐の運動する空間が二十六次元（後に、もう少し次元の小さなモデルも作られました）も必要だったということです。

では先に進む前に、次元の考え方について簡単に説明しておきましょう。

私達の多くが、通常の意識で知覚している物質の世界は、上下、左右、前後というように、互いに直角な三つの方向を任意に採れるため三次元空間と呼ばれています。物理学では普通、この三次元空間に時間の方向（過去、未来）を加えて、私達の世界は四次元であると定義していますが、私達の多くの日常の感覚では全く別なもののように感じられる時間と空間も物理学の世界では、前に述べた相互作用の例のように、「基本的には同じものが、観察する人の物差しの当て方によって異なったもののように見える」という扱い方をしています。

三次元空間が、互いに直角な三つの方向を任意に採れるということから、そう呼ばれているように、互いに直角な二つの方向を任意に採れる平面を二次元と呼んでいます。一次元になるともはや、ひとつの方向しかありませんから直線を意味し、零次元は点を表します。

これらとは逆に、四次元以上の「超空間」は、私達の多くにとっての日常の経験の中には存在しませんから、ほとんどの方にとっては想像することさえ困難かも知れませんが、この場合でも、次元数は互に直角な方向を幾つ採れるかによって定義され、直線の中に点が含まれ、平面の中に直線が入り、空間の中に平面が収まる、というように、高次元の表現の場の中には、相対的な低次元の表現の場の全体を容れることができるという、基本的な関係があります。

なお、精神世界の分野で、意識の様々なレヴェルや、それに伴って現象化される表現領域の階層を、次元数で表しているものがありますが、色々な人達が自分流の解釈で様々に異なった意味で使っていますので、混乱が起き易いという問題がある上、後の章で詳しく説明しますように、そのような分類にはほとんど根拠がありませんので、ここで述べたような、本来の次元の定義とは全く無関係であることに注意して頂きたいと思います。

超紐理論が登場した当初、特に問題にされたのは、私達の多くが日常の生活で知覚している世界が、三次元の空間に時間を加えた四次元であるのに、なぜ二十六次元もの高次元空間を扱わなければならないのかということについてでした。そしてこの問題が生じたことによって、私達人間の多くがこれ迄はごく当り前のこととして見過ごしていた点、すなわち私達の多くが通常知覚している物質世界が、なぜ他の次元数ではなくて四次元であるのかという、より根源的な問題に気が付いたわけです。

ここまで通してお読みになられた読者の方々は、私達の知覚している「三次元の空間と時間」に対する感覚そのものや、それについて造られた概念もまた、自然界そのものの状態ではなく、私達人間の五官が、自然界の極めて限られた側面と関わることによって、心の中に造り出した像（もっと正確に言えば波動）に過ぎないことを、既に察知しておられるかも知れません。実際、私達の多くが持っている時間と空間の感覚を、より大きな視野からはＴＳＩ（Time and Space Illusion ＝時空間幻想）と呼ぶことがあります。

このような、日常私達の多くがほとんど疑問を持つこともなく、外の世界だと思っているものの実相を識るためには、私達人間の心の中で、世界の映像がどのようにして造られているのかという状況を、明確に把握しておかなければなりません。この目的のためのひとつのヒントとして、私達の多くが知覚している外の世界の映像が、ちょうど三次元空間と時間に感じられるような、自然界のモデルを考えてみることにしましょう。

第一章でも触れましたように、私達の多くが肉眼を通して知覚できる光の範囲は、通常、僅《わず》か一オクターヴ（知覚できる一番波動の高い光が、知覚できる一番波動の低い光のちょうど二倍の振動数になる）位しかありません。そして私達人間が、自分の肉体の周囲に空間を認識できるのは、そこに何らかの物質が、五官で捉えることのできる大きさの空間的配置を採って表現されているからであり、なおかつ、その物質を構成している原子が、可視光線に相当する電磁波を放出したり、反射もしくは吸収したりしているために、それが肉眼を通して知覚できるということが、非常に大きな要素になっています。

それでは物質がなぜ見えるのかということについて、もう少し詳しく説明してみましょう。

原子には、中心の原子核から外側に向かって、徐々にエネルギーの高くなる電子の軌道が段階的にあって、この軌道によるエネルギーの違いを「エネルギー準位」と呼んでいます。このエネルギー準位の高いほうの軌道から、低い軌道に電子が移動すると、その電子が持っていた運動エネルギーのうち、不要になった分が電磁波となって原子の外へ放出されます。この時、電子が移動した軌道間のエネルギー差が大きければ、放出される電磁波の波動は高くなり、エネルギー差が小さければ波動は低くなりますが、この波動がちょうど可視光線の範囲にあるときに、私達の多くは、その原子から放出された電磁波を光として知覚するわけです。

これとは反対に、外から入ってきた電磁波が原子に吸収されると、そのエネルギーに等しい軌道間で電子の移動が起こりますが、これが可視光線の範囲で生じると、吸収された残りの波動が反射して見えるために、私達の多くには、白色光からその波動に相当する色を差し引いた状態、つまり、その色の補色（赤と緑、燈《オレンジ》と青、黄と紫のような関係）を知覚することになります。従って、可視光線に相当する範囲の波動を持った電磁波を放出したり、反射および吸収したりするような原子の状態が、三次元の空間的拡がりを採って表現されていれば、世界は三次元空間として見えることになるわけです。

それではここで、このような三次元の物質原子の表現に重なって、もっと高いエネルギーの領域（波動領域）に、相対的に微細な粒子が、より高次元の空間（五次元とか六次元のような）に対して表現されているような、自然界のモデルを考えてみることにしましょう。

このような高いエネルギー領域に表現されている粒子は、物質原子よりも遥かに高い波動領域で相互作用するのが普通ですから、この微細な粒子が表現されている高次元空間には、可視光線のような相対的に低い波動の電磁波は存在しないことになり、そのためにこの微細な粒子で構成される世界は肉眼では見えないことになります。更に気を付けて考えて頂けばお解りになりますように、我々が科学の手段として用いている測定機器は、当然のことながら物質原子でできているわけですから、こうした世界を構成する粒子とは普通は相互作用をしないわけで、その結果として私達の意識の物質的レヴェルでは、このような高次元空間が仮に存在していたとしても、認識されないという状況が生じているわけです。

実際のところ、私達の五官では感知できないエネルギーの表現領域は無限に続いているのですが、ある程度以上高いエネルギーの表現領域（「ヴァイブレーションが高い」という表現をします）になると、原理的に時間と空間が存在できないという、私達の多くにとっての日常の感覚では、想像することが困難な事態が生じてきます。この問題については後のほうで説明することにして、ここでは物質レヴェルでは当り前のように経験されている時間の感覚が、どのような仕組みで生じているのかということを明らかにしておきましょう。

睡眠中や、後述するような特殊な意識状態を除けば、私達が日常経験している時間の感覚は、私達の肉体の支配を受けています。もう少し詳しく言いますと、私達の肉体に属する眼や耳等の知覚器官やそれを伝達する神経、そして情報処理を行う脳といったもの全ては物質によって構成されているために、物質にはたらく自然法則によって規定されている、これらの器官が機能する過程そのものが、ひとつの時間の参照方向、つまり物差しとなっているわけです。地球上では全ての人が、物質からできている肉体という共通の媒体を持っていますから、肉体が機能する過程で、これを通して知覚される時間の感覚は、必然的に似通ったものとなります。

このようにして、現在という瞬間の断面によって参照される「過去から未来に向かって流れる時間」という、地球人にとっては共通の感覚が造られているわけです。このことに加えて第十章「メンタル・レヴェル」で詳しく述べますように、大勢の人達が遥か古代から、この共通の感覚を意識し続けて（チャネルして）きたために、強力な想念のエネルギーが地球の精神階層に時間感覚という固定観念を造り出しており、こうした事情のために、私達の多くにとっては、時間が実際にあるものであるかのような、確固とした現実感を生み出しているわけです。

ではここで、本論に戻ることにしましょう。一九九〇年頃に考えられていた初期の超紐理論では、私達の多くが当り前のこととして、確かめることもなく信じていたのと同じように、物理学者達の多くも「三次元の空間と時間」という世界観を、無定義に前提としていました。当時の物理学者達の多くは「そのような世界観がなぜ生じているのか」という、根源的な問題については余りよく把握していなかったために、「時空のコンパクト化」という考え方で、二十六次元もしくはもう少し少ない次元から、私達に馴染《なじ》みのある三次元空間と時間が生じるという説明を試みていました。

この「時空のコンパクト化」の考え方は、物質宇宙創成の際に生じた高エネルギーの表現領域（ヴァイブレーションの高い世界）が、現象面における過去だけではなく、現在でもなおかつ存在しているという事実を見落としていたために、自然界の適切なモデルにはなり得ませんでした。

本書ではこの自然界の表現領域（現象世界）に対して、原子を表現するようなスケールまでは、三次元空間および時間という表現様式を持ち、私達がこれまでに持っていたような、物質的な検出手段では把握するのが難しいスケールでは、高次元の表現様式を持つ可能性があり、更にプランク長（通常の時空概念が成立しなくなる限界）以下のスケールでは、時間と空間の表現されていない高エネルギーの表現領域が無限に続いているような、宇宙のモデルを設定して、話を進めることに致します。

超紐理論の初期の試みにおいては、時空間の存在を前提にしない、自然界の正しいモデルを扱う方法の見当が付かなかったために、背景空間を先に設定しておく妥協的な方法が用いられましたが、超紐理論の本来の考え方では、現象の背景となる時間や空間は、初めから存在しているものではなく、運動するエネルギーの「紐」それ自身から発生するという、自己充足的な関係を持っています。つまり、「時間や空間は紐自体の運動に因《よ》って、様々な物質的表現（素粒子等）と同じ様に、ある波動（ヴァイブレーション）を持ったエネルギーとして表現されている」という意味になります。

一九九〇年頃の超紐理論では、紐の寸法をプランク長の近辺に採っています。プランク長とは、具体的には十のマイナス三十五乗（一の後にゼロが三十五付いた数で、一を割った値）メートルで、大抵の方は見当すらつかれないと思いますが、物質を構成している素粒子の大きさでさえも、このプランク長と較べますと、私達の日常見ているスケールと素粒子の大きさを比較している位の差があります。このような極微のスケールにな

ります と、不確定性原理によるエネルギーの「ゆらぎ」が、もはや時空間を維持できなくなるほど大きくなるため、それ以上のエネルギー領域では、時空間という概念は意味を成さなくなります。

こうした高エネルギー領域の存在や、それが一体どのような世界であるのかを想像することは、私達の多くの日常の感覚では、大変難しく感じられるかも知れませんが、それは私達の多くが、時空間を基準にした世界観を強固なまでに造り上げていて、この世界観を通して世の中の現象を見ることが、日常生活の全てになっているからです。

ここで大きな発想の転換が必要とされるのですが、本来は時空間の存在しない状態こそが、より根源的なものであり、超紐の運動もしくはある種の素粒子の表現と、人間の肉体を通した意識との関わりによって、時空間が現象化されている状態のほうが、むしろ極めて特殊な出来事であるということを、是非とも理解して頂きたいと思います。

それではここで、この本の中でこれから頻繁に用いることになる、「物質的ヴァイブレーション」という言葉について、少し説明をさせて頂きたいと思います。本章の初めのほうで、「光は波としての側面と、粒子としての側面を併せて持っている」と書きましたが、物質を構成するあらゆるレヴェルの粒子もまた、粒子としての表現の他に、波としての表現という、二つの側面を持っています。このうち波動の表現は、「物質波」とか、「ドブロイ波」という名前で呼ばれていますが、物質波は私達が日常の生活の中で経験しているような、水面に拡がっていく波とか、空気の振動（音）のようなものとは違って、空間にその粒子の存在する確率を表す方程式が、ちょうど波を表す方程式と同じ形になるのです。しかも物質波は、単なる概念的な波というわけではなく、電子等を使った実験では、二つの波の山と山が重なった部分や、谷と谷が重なった部分では互いに強め合い、山と谷が重なった所では、互いに打ち消し合って弱くなる「干渉《かんしょう》」という現象が生じることや、波長に比較して狭い隙間を物質波が通過する際に、障害物の背後の空間に波が廻り込んでいく、回折《かいせつ》という効果を示す等、波としての一般的な性質をきちんと備えています。

エネルギーの表現による現象世界の創造は、ゼロから無限大に至るまでの、あらゆる波動領域にわたって行われており、そのうち粒子としての性質を併せ持つようなエネルギーの表現については、それぞれの時代の観察者が参照するヴァイブレーションと、そのエネルギーの表現様式を説明するのに都合のよいモデルが造られて、それぞれ水分子とか水素原子、陽子とかクォークといった名称で呼ばれてきたわけです。

このような粒子としての解釈ができるエネルギーの表現は、更に高い波動領域においても存在しているのですが、二十一世紀初め頃までの、西洋を中心として発達してきた科学の分野では、このような高エネルギー領域の実態については、ほとんど知られていませんでした。これは測定機材の性能の限界というよりも、あらゆる現象が、観察されるもののエネルギー状態と、観測者の意識状態との相対的な関係においてのみ成立している状況の中で、ほとんどの科学者が、観測者の意識を物質から構成されている肉体の五官と、それから生じる精神活動（論理的思考）だけに限定しており、それに因って造られる世界観が、唯一絶対の正しい認識であると思い込んでいた錯覚があったからです。

このような世界観は、二十一世紀初め頃までの地球人類の平均的な精神的発達段階と、肉体やその他の媒体の特性に因って生じているものであって、単純に観察者の問題であるということを知っておいて頂きたいと思います。本来、自然界の現象面には、無限に続く波動領域が重なって表現されているだけで、境界のようなものが存在しているわけではないのですが、二十一世紀初め頃までの科学で取り扱ってきたような、人間の五官を通して通常の意識（この「通常」という考え方も、本来は相対的なものですが）で知覚している範囲を、本書では便宜上「物質的ヴァイブレーション」と呼ぶことにします。

私達の多くは「物質」というと、何か恒久的な存在であるとか、確かな実態があるものというイメージを思い浮かべがちなのですが、これまで詳しく述べてきましたように、これらのイメージは心の中で造り上げた只《ただ》の固定観念に過ぎないということを、よくよく理解して頂くことが重要です。また、一口に物質と言っても、肉眼で普通に物や風景を見ている時と、それを構成している原子のレヴェルで考えている時には、心の中に生じているイメージ（表象）は全く違っています。このことを「参照波動が異なる」と言いますが、前者は可視光線と呼ばれている電磁波のある波動領域に表現されている世界を、肉体の眼を通して知覚しているのに対して、後者は電子線とか、γ（ガンマ）線といった、もっと高い波動領域でなければ観測できないエネルギーの表現を、観測器材を通して五官で知覚できる情報に変換し、こうして得られた様々な実験データを基にして考えられたモデルを、ひとつの概念として、心の中に映像化しているわけです。

なお、微細な粒子構造は、大きなエネルギーを持つ電磁波で観測しますと、そのエネルギーに因って状態が変化してしまいますが、通常は粒子構造が小さくなればなる程、観測にはヴァイブレーションの高い、より大きなエネルギーを使わなければならなくなりますので、通常の科学的手段による高い波動領域の観測には、限界があることを覚えておいて頂きたいと思います。

人類の進化に伴って、エネルギーのより一層高い波動領域を理解しようと試みると、途中の過程では「超紐」のような概念も造られたわけですが、このことは、景色や原子や超紐が別々に存在しているというわけではなく、同じエネルギー状態をどの波動領域で看《み》るかによって、それぞれ違った現象に見えるというだけのことなのです。例えば超紐も、少しヴァイブレーションの低い波動領域では粒子と同じ様に振る舞うので、こうした波動領域に物理学者が注目していた時代に、陽子や中性子、電子といった素粒子として、エネルギーの物質的表現を取り扱う方法が一般的になったわけです。

このように「陽子や中性子がひとつもしくは幾つか組み合わさって原子核を構成し、その周囲をそれに応じた数の電子が周っている」というように解釈するならば、それは「物質原子」という、心の中に造られたモデルになりますし、全く同じ状況を、人間の眼を通して知覚される可視光線の波動領域で、しかも相対的にマクロ（巨視的）なスケールで看るならば、水や雲、石や建築物、紙や書籍、牛皮やソファ、そしてひとりの人間やサッカー場の群衆といった、複雑な表現を持った存在物として認識されるわけです。またこのスケールの近辺だけでも、森、一本の木、ひとつの枝、一枚の葉、一個の細胞、というように、色々な認識のレヴェルがあることにも注意して頂ければと思います。

次の章では、ヨーロッパを中心として発達してきた科学の分野では、これまでほとんど把握されていなかった、物質的ヴァイブレーションよりも高い波動領域について、観察者の意識と現象との関係に注意しながら、観ていくことに致しましょう。

PRAKRITI

第三章　表現媒体

これまでの章で説明してきましたように、二十一世紀初め頃までの平均的な意識の発達段階にある私達人間の多くは、自然界の膨大《ぼうだい》な表現領域の中から、物質的ヴァイブレーションというごく限られた側面を、五官の小さな窓を通して見ているに過ぎないわけですが、こうした日常的な世界と、二十一世紀初め頃までの地球上の大部分の人達にとっては、直接知覚することのできていなかった広大な未知の表現領域とは、決して隔絶しているわけではなく、常に色々な影響を互いに与え合っています。従って、もし日常的な世界から視点を離さずに見るのであれば「この世界と一体であり、なおかつ、この世界を成立させている、大いなる背景が存在する」という考え方が適切ではないかと思います。このようなほとんどの方々にとっては未知であった表現領域においても、私達の多くには想像すら及ばない様々な現象が、そのレヴェルの自然法則に従って展開し、宇宙全体として調和した創造活動が営まれています。

こうした未知の表現領域における創造活動に際しても、エネルギーが現象として何らかの表現を行うためには、ちょうど物質的ヴァイブレーションでは、エネルギーの物質的表現が原子というモデルで理解される形を採って、我々が五官で知覚できる存在物となるように、それぞれの波動領域に応じた表現様式を採る必要があり、本書ではこれらを総称して「表現媒体」と呼びます。

現象として生じている色々な波動の世界で、個々の存在物になっている様々な表現形態は、最も低い波動領域に表現されている媒体（下限媒体）から始まって、無限大のヴァイブレーションに至る様々な波動領域に、それぞれの表現に応じたスペクトル分布（色々な波動の集まり方）を持った媒体を有しています。そして個々の存在物は、その媒体内の異なる波動領域の間や、（現象として外界との分離が生じる波動領域においては）媒体と外の世界との間で、複雑な相互作用を行っています。

夜空を見上げると、そこには無数の星が瞬《またた》いていますが、電波天文学の分野ではX（エックス）線や、その他の様々な波長の電磁波を使って、私達の肉眼や光学式望遠鏡では見えない星々が、また数多く存在することを明らかにしています。この他にも、通常の手段では観測に掛《か》からない天体が、まだまだ宇宙にはたくさんあるのですが、このような天体の中には、下限媒体が物質体ではなく、もっと高い波動領域に属しているものがあり、これらの天体は二十一世紀初め頃までの西洋を中心として発達してきた現代の天文学や、生物学では知られていない、宇宙における生命と、その表現のひとつである星々の進化の、様々な段階に位置しています。

「日の栄光があり、月の栄光があり、星の栄光がある。また、この星とあの星との間に、栄光の差がある」（聖書　コリント人への第一の手紙　第十五章　四十一節）。

二十一世紀初め頃までの天文学では、宇宙の創成当時に存在していたはずの膨大なエネルギーの大半が行方不明になっていて、観測されていた天体の質量の合計だけでは辻褄《つじつま》が合わないことが大きな謎とされていましたし、渦巻き型銀河が回転する速度と、その質量が理論的に一致するためには、銀河の質量は観測されていた値の十倍程度の大きさが必要であるために、計算が合わないこと等が問題になっていました。これらの矛盾は、前に述べましたような、物質より高い波動領域に媒体として表現されているエネルギーを認知していなかったことが、原因のひとつになっています。様々な波動領域に表現されている媒体のうち、比較的物質に近い波動領域に表現されているものは、僅《わず》かな質量を持っていますが、これが高次元空間に表現されているために、総計では三次元空間よりも大きな質量になるのです。

これはあらゆる物質について共通していることですが、人間の場合にも、物質的ヴァイブレーションに物質原子の集合体として表現されている、下限媒体としての肉体の他に、個的表現（本書では、意識がひとりの人間としての表現をするときに、このように呼びます）としての意識の進化に正確に対応した、スペクトル分布（波動の混《ま》ざり方）を持つ高次媒体があります。前のところで少し触れましたように、二十一世紀初め頃までの科学における方法では、意識の参照波動を物質的ヴァイブレーションに固定したまま、つまり肉体の五官によって造られている表象《ひょうしょう》を通した世界観を、何ら疑うことなく基準にして観測をしていたために、このような高次の媒体の存在についてはほとんど知られていませんでした。

その一方で、インドのヨガやチベットの密教等では、訓練によって観察者の意識を自らの高次媒体の様々な波動領域に合わせて、その意識状態で世界を知覚するという方法が昔から行われていて、長い歴史の間に、数多くの先達《せんだつ》の努力によって得られた、高エネルギー領域についての膨大な情報の体系が、既に存在しています。なお、ここで言うヨガは「宇宙との合一」を意味する本来のヨガであり、巷《ちまた》に氾濫している美容体操の延長のようなものとは、全く異なりますので注意をして下さい。

ところで、実際にこのような高次媒体に意識を移す訓練をされて、ある程度の成果を修められた方や、生まれつき、もしくは何らかのきっかけで、特別な努力をしなくても、そのような能力を持っている方は別にして、私達の多くは、日常見慣れている物質世界の他にも、様々なエネルギーの表現領域があり、かつ、それを知覚することのできる意識の状態があると言われても、なかなか納得がいかれないかも知れません。

しかしながら既に観てきましたように、私達の多くが「確かに存在しているはず」だと思っていた物質的表現世界さえも、私達の肉体に備えられた知覚器官すなわち五官の仕組みと、外側の世界に表現されているエネルギーとの相互作用に因《よ》って、心の中に造られた映像のひとつに過ぎないわけです。この肉体の五官に意識が全面的に依存している「正常」だと思われていた状態から離れて観ることができるようになりますと、様々な波動領域の媒体に焦点の合った意識の状態が、外側の世界のエネルギーと関わることに因って、ほとんど無限とも言える「外側の世界」をそれぞれの心の中に現象化しており、そのどれもが相対的なものであるという事実が明らかになります。これらの中で物質レヴェルの世界認識だけが唯一、正しいように感じられていたのは、これが二十一世紀初め頃までの地球人類の平均的な意識の進化レヴェルであって、多くの人達にとって共通の感覚であったために、それが恰《あたか》も普遍的なものであるかのような錯覚が生じていただけなのです。

では、こうした状況を解り易くするために、次のような譬《たと》えをしてみましょう。

もしも人類のほとんど全部が全盲であって、視力を持つ人が百万人に一人位しかいなかったとすれば、このような人達の社会では、視力というものが存在していること自体、世の中に認知されることは極めて困難でしょう。つまり、多数決の原理がはたらくわけです。これと同じ様に、地球上に生活する人々の中にかなりの割合で、高次媒体の知覚能力が生じてくるようになれば、高次の表現世界の存在が当り前のこととして理解されるような時代になります。

それでは、人間の表現媒体を、ヴァイブレーションの低い方から高い方へと、順に看《み》ていくことにしましょう。

まず初めに、私達の多くが日常の意識で焦点の合っている物質的ヴァイブレーションには、人間の下限媒体としての肉体（ヨガで言うアンナ・マヤコシヤ）が物質原子の集合体によって表現されており、特定の時空間を占有して、可視光線の波動領域を眼の知覚器官を通して見たり、可聴帯域の空気の振動を耳で拾って音として聞いたり、同じ物質的ヴァイブレーションに表現されている「肉体の外側にある物」に触れたりして、この波動領域における現象としての外界を知覚し、同時に、物を手で掴んで動かしたり、声を出したり、その他の所作をすることによって、この波動領域（物質世界）の外界に対して様々な表現を行います。

物質よりも少しヴァイブレーションの高い、肉眼では見えない波動領域には、自律神経として呼吸や内臓器官のはたらき、心臓の鼓動等をコントロールして、肉体を統一した全体として機能させるための、補助的な役割を果たす媒体が表現されています。この媒体が潜在意識としてはたらくことによって、私達が肉体の全機能を自分の意識下に置いて直接コントロールしなくても、日常の生活が支障なく営めるような仕組みになっているわけです。

ヨガの行者《ぎょうじゃ》等は、顕在意識の範囲を拡大する訓練を行って、このような物質よりも高い波動領域まで自分の顕在意識下に置く技術をマスターすることにより、この波動領域の媒体を肉体の手足を動かすのと同じように操《あやつ》って、呼吸や脈拍、更には体温まで自分の思い通りにコントロールすることができます。この波動領域の媒体をヨガではプラーナ・マヤコシヤ、神智学ではエーテル体と呼んでいますが、エーテルという言葉を本書では、この特定の波動領域と、その領域での媒体を指すものとして用いることにします。

この他にエーテルという言葉は、宇宙全体に遍満《へんまん》していて、あらゆる波動領域の媒体（物質はそのひとつ）を表現する唯一の普遍原質（エネルギーの表現媒体としての側面）という意味で使われることがありますが、近代の物理学者がこのエーテル（後者）を、絶対空間を規定する光の媒体であると誤解して名前を引用したために、一八七七年にA・A・マイケルソンとE・W・モーレーの行った有名な実験によって、その存在が否定されたという経緯があります。

この背景について少し解説をしておきますと、普遍原質としてのエーテルは、物質的ヴァイブレーションの表現である素粒子のうち、後述するフェルミオンという特殊な表現様式を除けば、通常は時空間を表現しないので、ボソンという別の種類に属する光子《こうし》のヴァイブレーションでは空間を規定しないという事実や、もともと絶対空間等というものは、物質世界の特殊な状況によって造り出された観念であって、実在するものではないということを、当時の物理学者の多くは識《し》らなかったために、幾つかの間違った前提のもとに実験が行われて、その結果エーテルは存在しないと結論されてしまったわけです。

しかしながらこうした事情は、二十一世紀初め頃までの時点では、一般の科学者の間ではほとんど理解されていませんでしたので、エーテルという言葉をこの普遍原質の意味で用いる場合には、科学に携わる人達にとっては誤解を招き易い要素を含んでいるという点に、特に注意を払って頂きたいと思います。

本書ではこれから説明の都合上、現象の表現領域を色々な名称の波動領域に分けて扱い、それぞれの波動領域における表現媒体にも「〇〇体」というような名前を付けて区別しますが、実際には幾つもの表現媒体があるわけではなく、様々な波動に表現されているひとつの表現媒体（普遍原質の表現）が、その表現の目的に応じた色々な波動スペクトルを持っていると言った方が、より正確です。しかしながら、肉体からより高次の媒体が抜け出るというような、ひとつの個的表現が異なる波動領域に複数の媒体を保有して、それぞれが別の場所で独立した表現を行うといった現象も、物質に近い波動領域では存在しますので、この問題の取り扱いには、かなり複雑な要素があることも承知しておいて頂きたいと思います。

また現象の表現領域についても、実際にはあらゆる波動スペクトルが重なって表現されているだけで、別々の次元や、異なった時空間等の、色々な世界があるわけではありません。ただ、個々の現象について説明を行う場合には、通常の意識レヴェルでは有限のものしか扱うことができませんので、一定の波動領域に限定して話を進める必要があり、便宜上、似通《にかよ》った性質を持つ波動領域を区切って、それぞれに名前を付けて取り扱うことにしています。

このことはちょうど、自然界にはゼロから無限大までのあらゆるヴァイブレーションの電磁波が、何の境界もなく存在しているにも拘《かかわ》らず、人間が理解する都合で、Ω（オメガ）波とか長波、中波や短波、ＶＨＦ、ＵＨＦ、ＳＨＦ、ＥＨＦ、マイクロ波とか赤外線、可視光線や紫外線、そしてγ（ガンマ）線等に区別している事情と同じです。

エーテル体には、生命エネルギー（プラーナ）の流れる通路があり、これを東洋医学（漢方）では経絡《けいらく》と呼んでいますが、この経絡はエーテル体の他の部分に比べて電気抵抗が小さいために、雷《かみなり》に打たれた時などのように大きな電流が流れると、経絡に沿って、肉体に電紋と呼ばれる網目状の火傷痕（やけどの跡）が生じることがあります。

エーテル体は、通常は肉体と同じ空間に重なって表現されており、それ自体が外界を知覚し、かつ外の世界に対して表現する機能を持っています。このことが表現媒体と言われるゆえんであり、エーテル体以上の媒体には共通した性質なのですが、唯一肉体だけは、物質が余りにも鈍重なために、意識が肉体を使って直接外界と作用することができないので、複雑な知覚器官と脳の神経細胞を経由して、外の世界を知覚し、反対に脳から肉体の発声器官や手足などを操って、外界に表現を行う仕組みになっています。

エーテル体の視力は、基本的にはX線やもう少し高い波動の電磁波で物体を見ている状態であり、物体の空間的配置は物質レヴェルと同じですが、対象が透明で輪郭だけが見え、様々な波動の電磁波が、可視光線を超えた種々の色として認識されます。このレヴェルでは、内臓器官の内部をレントゲン写真のように観察できる上に、肉体に近い波動の生命エネルギー（プラーナ）が、光として見えますので、後述するようなエネルギー・ヒーリングを行う人がこのレヴェルの視力を持っていますと、病巣の状態や、エネルギーの滞っている場所が視覚的に判りますので、大変便利です。

このエーテル体よりも高いエネルギーの表現領域には、ヨガで言うマノ・マヤコシヤ、神智学ではアストラル体と呼ばれている表現媒体があります（厳密に言いますと、マノ・マヤコシヤは、神智学における下位メンタル体まで含みますので、同義ではありません）。アストラルという言葉は「星のような」という意味ですが、この波動領域の視力を持つ人には、煌《きら》めく星のような輝きが見えることから、この名前が付けられたものです。

一般に表現媒体をある範囲の波動領域に限って看《み》た場合に、ひとつの機能として、より高い波動領域のエネルギーや情報を下位の波動領域に伝達するという役割があり、アストラル体も、後述するメンタル体や、その他の高次媒体からのエネルギーや情報を、下位媒体であるエーテル体や肉体に伝達する機能を果しています。

一例を挙げますと、物質レヴェルの肉体が生命を保っていられるのは、宇宙の根源からくる生命エネルギーが、様々なレヴェルの高次媒体で波動変換されて、最終的に肉体に供給されているからです。また、動物の胎児や植物が成長する時の形態形成に関する情報も、物質レヴェルのＤＮＡが持っているものと、高次媒体からくるものとが相補的な役割を演じています。

この他にもアストラル体には、感情を知覚し、かつ表現するという重要な機能があり、その人の個性や意識の発達状態、後述する過去生での経験や、今生の地上での役割等に応じて、比較的幅広い波動領域にわたってアストラル体が表現されている人もいますし、狭い帯域に限られている人や、幾つかの帯域に分散して表現されている人等、色々なタイプがあります。

アストラル体の波動領域では、自然界の様々な現象間や、自然界と人間との間、そして人間同士で、物質レヴェルとは異なった相互作用を行っていますので、アストラル体を顕在意識の下で、肉体とは独立した媒体としてはたらかせることができるようになりますと、肉体の五官には感知されない、外界についての情報を知覚したり、外の世界に対して、様々な影響力を行使したりすることが可能になります。

アストラル体やその他の高次媒体の機能は、未開発の潜在能力としてあらゆる人が持っており、決して奇蹟等ではなく、あくまでもそのレヴェルの自然法則に基づいて発現されるものですが、二十一世紀初め頃までの、西洋を中心として発達してきた科学の分野では、前述しましたように、物質的ヴァイブレーションの中だけで現象を説明するような理論体系しか出来上がっていませんでしたので、その枠組みの中では説明不可能な要素も多く、そのために認知されるのが遅れたという事情があります。

媒体の名称については、文献のジャンルや情報源の違い、その他の個人的な好みにより、特殊な呼び方をしたり、同一の名称を異なる波動領域の媒体に用いている場合がありますので、高次媒体について言及される場合には、名称だけで判断せずに、それが具体的にどのような概念で使われているかということに、充分注意を払って頂きたいと思います。

アストラル体よりも更に高い波動領域には、人間の理性的な思考を表現するメンタル体と呼ばれる媒体があり、このうちの抽象的な思考に関係する波動領域の媒体を、上位メンタル体もしくはコーザル体（ヨガのグニャーナ・マヤコシヤに相当します）と呼んでいます。

二十一世紀初め頃までの、平均的な地球人類の精神活動に関係する媒体はこの辺りまでですが、この上にはブッディ体（ヨガのアーナンダ・マヤコシヤ）と呼ばれる表現媒体があり、媒体の構成要素を超紐《ちょうひも》理論で表すなら、プランク長以下の紐《ひも》になります。このレヴェルは、エネルギー的には時空間の表現される以前の状態、逆に言えば時空間を発生させる原因レヴェルに相当し、自他の分離のない、普遍意識《ふへんいしき》が初めて顕現されるヴァイブレーションでもあります。

こうした現象の表現領域には上限がなく、これまでに述べてきましたような、地球圏での様々な生命活動の媒体を表現している波動領域の更に上にも、遥かに精妙なエネルギーの表現世界（現象面）が無限に続いており、そこでは私達の日常の意識からは想像を絶する、高度な精神活動が営まれています。

私達のひとりひとりは、誰でも潜在意識《せんざいいしき》の奥底にこのような超越的な表現領域を持っているのですが、これらの潜在意識下で表現されている大いなる生命の営みを顕在意識《けんざいいしき》のもとに表し（顕在意識の範囲の拡大）、各波動領域にわたる表現媒体を通して、測り知れない潜在能力を発動させていくことが、大いなる生命の個的表現形態である私達人間の進化であり、宇宙全体の進化でもあるわけです。

地球圏（地球生命系）では、個的表現（個々の人間）における意識の進化には個人差が大きく、同一人物でも常に進化しつつありますから、単純な意味での線引きができるわけではありませんが、二十一世紀初め頃までの旧世代における、平均的な進化のレヴェルでは、生命エネルギーや各種の情報を下位媒体に伝達するという基本的な機能を除けば、アストラル体やメンタル体は単純に感情や想念の表現および知覚を行っているだけで、他の潜在能力はほとんど眠っている状態にあります。

これは人間の意識が五官から入ってくる様々な物質レヴェルの情報のために、物質的ヴァイブレーションの外界を知覚する作業に専念させられていることと、肉体を構成する物質から生じる濃密なオーラが障害物になって、高次現象界において、外界から入ってくる情報に対する高次媒体の知覚能力を、著しく制限、もしくは沈黙させているからです。

なお、オーラというのは、総《すべ》ての表現媒体がそれぞれの波動領域に応じて外界に放射している、様々なヴァイブレーションのエネルギーのことで、その波動領域の視力を持った人には、オーラは太陽を取り巻くコロナのように見え、熟達するとそのオーラの発生源に関するあらゆる情報を知覚することができるようになります。

前述しましたように、物質世界の出来事に意識のほとんどが向けられているような人の場合には、肉体のオーラは高次媒体の外界に対する障壁になっています。私達の多くが、肉体という牢獄に空けられた五官という小さな穴から、辛うじて外を見ているに過ぎないと言われるのは、こうした理由からなのです。

しかしながら意識の発達に伴って、後述するチャクラやシルヴァー・コード（玉の緒《お》）等の媒体間の連絡通路が開かれていくことや、高次媒体が発達することによって、障壁となっている肉体のオーラの外側に高次媒体やそのオーラがはみ出してくること、更には肉体とそのオーラが精妙化されて、高次媒体の機能を妨げなくなってくること等が重なって、高次媒体の持つ各種の潜在能力が発現されるようになります。なお、顕在意識の範囲がどのような発達状況にある人でも、ブッディ体以上の高次媒体は時空間を超越していますので、潜在意識下では総てを認識しています。このことが「真実においては、あらゆる人が悟っている」という言葉の意味なのです。


これまで看てきましたように、地球では最も進化を遂げていると思われている私達人間は、まだまだ進化の途上にあり、宇宙全体から観れば「生命として最低の表現形態を採っている」と言っても過言ではありません。しかしながらこの最低の表現形態が、宇宙全体の進化においては極めて重要な役割を果たすことに成っており、そのためにこそ、地球生命系という特殊な進化の場が創造されたのです。

この話題につきましては、後の方の章で詳しく説明することに致したいと思います。

HUMAN BEING

第四章　人間

私達の多くは、日常その意味については余り深く考えることなく「人間」という言葉を使っていますが、人間とは、そしてその本質とは一体何なのでしょうか。物質的ヴァイブレーションでの表現媒体である肉体が人間なのでしょうか。感情や想念を表す心こそ人間の本質でしょうか。または潜在意識の奥底に隠されている、より高次の精神活動こそが、人間なのでしょうか。人の魂《たましい》というものがもしあるとすれば、そのことを指しているのでしょうか。それともこれらの全部でしょうか。

この問いについては、神智学《しんちがく》の創始者のひとりである、C・W・リードビーターが"Science of the Sacraments"の中で用いた、とても良い比喩《ひゆ》がありますので、これを現代向けの表現に意訳してみましょう。

電線をまず電気ヒーターに結び付け、次に電球に繋ぎ、それからモーターに接続します。これらの三種類のエネルギー変換装置（表現媒体）に共通した電流を流した時、ヒーターからは熱が、電球からは光が、そしてモーターからは力が、それぞれ表現されます。つまり、そのままでは眼に見える性質を持たない電気が、それぞれの表現媒体の性質に応じて、五官で知覚することのできる三種類の現象を生じさせたことになります。

しかしながら電気そのものは、これらの三種類のエネルギーが表現された状態のどれでもなく、あるいは全部を合わせたものでもなく、これらの現象の背後に在る共通した本質であるわけです。これと同じ様に人間も、肉体や心、あるいは高次の精神活動や、更にまたほとんどの方々にとっては抽象的な概念である魂のどれでもなく、またこれらを全部合わせたものでもなく、こうした現象の背後に在るものこそが人間の本質なのです。

古代の聖典には、これとはまた違った側面から、「最高の神と最低の物質が、智慧《ちえよ》に因って結び付けられた存在」という、見事な人間の定義をしたものがあります。

さて、この章では人間の本質という奥深いテーマを扱うわけですが、この問題は幾つかの合意のできている考えから、論理的に筋道をたてて証明していくという、多くの方々にとっては馴染《なじ》みの深い方法では扱えないということが初めから分かっていますので、最初に結論を述べることから始めたいと思います。

無限のエネルギーが共時的に遍満《へんまん》する状態、すなわち私達の多くにとっては過去から未来に向かう時間の流れとして見えているものの全体が「永遠の現在」として一望の下に見降ろすことができ、かつ、あらゆる宇宙の総《すべ》ての場所、ゼロから無限大に至る一切の波動領域の表現世界が渾然一体《こんぜんいったい》として視野に収まり、しかもそれらが実在ではないことを認識できる状態。これこそが生命の実相であり、あらゆる出来事の真の原因で在り、私達自身の意識の本来の状態でも在るのです。

ところで、このような日常慣れ親しんでいる世界の概念を遥かに超える言い方をした時、直感的にすっと理解される方もいらっしゃるかも知れませんし、何となく解るような気がすると思われる方もおられるかと思いますが、全く訳が解らないとおっしゃる方もいらっしゃるでしょうし、「エネルギーと生命と意識とは全く別のものではないか」と、反論される方もおられるかも知れません。

ここでこの最後の疑問についてはお答えしたいと思いますが、このような反論をされる方にぜひ確かめて頂きたいことは、なぜエネルギーと生命と意識とは別々のものであると感じるような考え方が出てきたのかということです。

私達の多くは、日常あまり深くは考えずに、エネルギーとか生命、あるいは意識という言葉を使っていますが、これらの言葉の本当に意味するもの、実相については、宗教や哲学の分野はもとより、科学の各分野における専門家の間でさえも、統一された見解は存在していないということを、まず思い起こして頂きたいと思います。

エネルギーに関して言えば、物理的に観察されている光や熱、物を動かす力、物質として表現されている質量等が直ちにに思い浮かべられると思いますが、これらはエネルギーそのものではなく、エネルギーの現象世界での表現を見ているということに、まず注意して下さい。しかもこうしたエネルギーという概念を無意識のうちに形成してきたもの（エネルギーの色々な表現）のうちほとんどは、エネルギーが採る無限の表現様式のうち、私達の五官、もしくはその延長線上にある測定機材を用いて、物質的ヴァイブレーションにおいて知覚することの可能な、ごく限られた側面に過ぎないということも識っておいて頂きたいことのひとつです。また、残された厖大《ぼうだい》な未知の側面をひとつひとつ明らかにしていくことが仮にできたとしても、それらはどれも現象に属するものであって、それらの一切を表現している実相（根本原因）を識《し》ったことにはならないのです。

それでは生命についてはどうでしょうか。ここでも私達は物質的ヴァイブレーションという限られた視野の中で、生命そのものではなく、生命の表現を見ているという点は全く同じであると言えます。このことは次のよう譬《たと》えをしてみると解り易いかと思います。

では読者の方々に質問をさせて頂きたいと思います。「春」とは一体何でしょうか。「春」について厳密な定義をしてみてください。

「『春』とは何か」という問題を調べていくと、木の枝から新芽が伸びるとか、梅や桃、桜といった開花時期が微妙に異なる花が順を追って咲き始めるとか、三寒四温と言われるように、気温が上がったり下がったりしながらも少しずつ上昇していくとか、色々な現象を思い浮かべることができます。しかしながらこれらのひとつひとつ、現象として特定できる一切のものは、どれを採ってみても「春そのもの」ではないことは明らかです。

これと同じように、エネルギーとか生命、あるいは意識といっても、それが現象として特定できるものである限りは「エネルギーそのもの」、「生命そのもの」、あるいは「意識そのもの」ではないということを充分に注意して理解をして頂きたいと思います。私達は現象を追い掛けている限り、決してその背後に在るものを把握することはできないのであって、現象に対して漠然と持っている観念と、実相を表す言葉とを、無意識のうちに混同している場合があることを、よくよく識別しなければなりません。

二十一世紀初め頃までの、西洋を中心として発達してきた科学の分野では、自然界には生命のあるものと生命のないもの、すなわち生物と無生物があるという間違った区別を無条件で前提にしていたために、生命の発生という、厄介《やっかい》な問題を説明しなければならない破目《はめ》に陥《おちい》ってしまったわけです。これは、生命という本来は定義のできないものについて、経験的に「鉱物には生命がなく、植物や動物には生命がある」という断定をしてしまったところから生じた間違いなのですが、状況を明らかにするために、この問題をもう少し掘り下げて看《み》ることにしましょう。

物質地球の創成当時、これまでの科学で生物と呼べるものは、地球上にはまだ存在していなかったことになるわけですが、低分子（分子を構成する原子の数が相対的に少ないもの）の有機化合物が徐々に高分子（原子の数が相対的に多いもの）の有機化合物を形成していき、蛋白質、核酸、多糖類、脂質など物質レヴェルの生命体を構成できる材料が揃うと、ある時点でアメーバのような最初の単細胞生物が出現したというのが、アレクサンドル・イワノヴィッチ・オパーリンによって提唱された学説です。

ここには「生命の誕生」という歴然とした境界があるように感じられるかも知れませんが、状況はそれ程単純ではありません（実際の地球上で起きた出来事としては、地球上の物質レヴェルでの生命の媒体を進化させるために、後述するより高い波動領域の存在が関わっている他、他の天体からやって来た生物なども関連し合っているのですが、ここでは生命の発生という概念自体を扱っていますので、こうした背景については深入りしないでおきます）。

ではここでひとつの例を挙げて、この問題を観ていくことにしましょう。

ウィルスの一種に、バクテリオ・ファージと呼ばれるものがあります。このバクテリオ・ファージは他の細菌に寄生すると寄生した細菌の生命維持システムを利用して自分自身のＤＮＡを複製し、増殖するという行為をするので、その点からは（科学の視点における）生物と言えないこともありませんが、構造的にはＤＮＡと

DNAを含む表皮だけなので、ただの化合物に過ぎないとも言えるわけです（DNAは生物体の遺伝情報を持つ遺伝子で、二重螺旋《らせん》の帯状の構造をしており、二本の線状に繋がった分子の間に橋を渡すようにアデニン、チミン、シトシン、グアニンの四種類の化合物のうちいずれかが並んでおり、この四種類の並ぶ組み合わせによって情報を伝えます）。

またこれまでの科学の世界では無生物と考えられている鉱物も、結晶を創る時には、その鉱物に特有の決まった構造を採りながら成長を続けますので、植物の細胞が成長する過程に似ているとも言えます。

更にスケールを変えて天体のレヴェルでの進化を看てみますと、水素原子が集まって来る初期の状態から、恒星になって光の要素を放つようになり、最後には超新星となって爆発したり、内部に崩壊して中性子星やブラックホールになる等、現象における誕生から死への大いなるドラマを演じています。

さてここで少し視点を変えて、原子的なレヴェルから物質的ヴァイブレーションの表現媒体を看てみましょう。地球上に物質として表現されているものは、最も単純な構造を持つ水素原子から、複雑精妙な有機体である人間の肉体に至るまで、全てが陽子や中性子、あるいは電子といった素粒子から形成されている（超紐《ちょうひも》理論の見方で言うなら、高速で運動するエネルギーの紐から創られている）という、共通の基本構造を持っている点に注目して頂きたいと思います。

つまり、生物と無生物の区別ができるということを無定義に前提にしてしまうと、ミクロなスケールでは全く同一の素材であるのに、それが集まってある程度の集合体になると、突然に生命が登場するということになってしまい、その説明を強いられることになるわけです。

前にも考察しましたように、生命を現象として特定することは不可能ですから、このような試みは不毛とならざるを得ませんが、これは生命の実相が現象に属するものではないにも拘《かかわ》らず、私達の多くの日常の意識では、現象を通してしか物事を知覚できないという仕組みから生じた困難なのです。

これまでにも繰り返し説明してきましたように、私達の多くが世界に対して持っている観念の大半は、物質的ヴァイブレーションという、極めて限られた波動領域に焦点の合った意識によって、長い歴史の間に日常生活の経験を通して造り上げられてきたものですが、生物と無生物という境界もまた、物質という生命の表現媒体が高次媒体に比較して余りにも鈍重《どんじゅう》なために、外側から生命活動が知覚されるためにはかなりの活発な表現が必要とされ、それが多くの人達に共通して認識できるレヴェルとして、生物と無生物という観念上の境界ができてしまっただけのことなのです。

生命は生き生きと活動し、生成し、発展し、消滅するというサイクルを現象として顕していますが、私達のそれぞれが持っている感覚でそのとき知覚できるレヴェルにあれば、私達はその中に生命の息吹《いぶき》を感じるわけです。ところが物質レヴェルでは、例えば鉱物のこうした変化は非常に微妙なものであり、多くの人達が気付く程の変化をするためには、極めて長い時間を要するので、「鉱物には生命がない」という、誤った観念が造られてしまったわけです。

ところが、物質レヴェルより精妙なある程度以上の波動領域になると、物質レヴェルの原子や素粒子に相当する（寸法的には遥かに小さい）それぞれの波動領域の媒体を構成する素材が、ちょうど一個一個の細胞のように生命体としての表現様式を持っているために、鉱物でさえも生命があるという感覚が、この波動領域では一般的なものとなります。

それではこの波動領域の知覚を用いて観察すると、具体的に鉱物はどのような姿に見えるのでしょうか。

例えば机の上に一個の水晶の塊《かたまり》が置いてあったとして、その前で一人の音楽家がヴァイオリンを弾いていたとしましょう。物質的ヴァイブレーションでは、せいぜいその水晶がヴァイオリンの音に共鳴して振動するくらいで、生命としての表現を知覚することはほとんど期待できないでしょう。比較的敏感な方であれば、演奏の前と後では、何か水晶の感じが変わっているような気がされるかも知れませんが、何がどう変わったのかという点になると、抽象的、感覚的な域を出ないわけです。

ところがアストラル・レヴェルの波動領域でこの場面を見ると、演奏に反応して水晶や周りの存在物の色彩がどんどん変化していく様子が視覚的に観察できるのです（第一章で、色は心の中で造り出されるものだということを説明しましたが、物質レヴェルやアストラル・レヴェルだけでなく、人間のあらゆる波動領域の媒体が外部の波動を色として知覚することができ、その種類はヴァイブレーションが高くなるほど多彩になります）。しかも単に色が変わるというだけではなく、そこには生き生きとして活動している生命の実感や、音楽に魅了される心のような側面があって、それは物質レヴェルで動物や植物から感じられるものよりも、遥かに現実感を伴っているのです。

このこともまた、物質レヴェルの現象からは想像し難いことかも知れませんが、鉱物や植物の意識の波動に同調できる人は、自分の意識の波動でそれを参照することによって、ちょうど人と人が言葉で会話をするときのように、鉱物や植物とコミュニケーションを行うことが可能です（実際に植物とコミュニケーションを取る方法については下巻、第二十二章「日常の生活」で扱います）。これはもちろん植物や鉱物が日本語を話すというわけではなく、実際に植物や鉱物から発せられているのは、アストラル・レヴェルの単なる波動なのですが、受け取る人の波動で参照すると、その人の潜在意識の中で翻訳が行われて、その人の主観が反映した言葉になって聞こえる場合があります。このことは御自分でそのような体験をされたことのない方には信じ難いと思いますし、精神階層では本人の思い込みがそのまま現象になって顕れるという厄介な仕組みがあるので、充分に注意する必要があるのですが、樹がすぐ近くで焚《た》かれていた火を熱がったり、楽器が元の所有者のところに帰りたがっていたり、というような意識を感じ取れる人が実際にいます。また、山の中にあった大きな岩から「自分はもうここに長くはいられない」という意味の波動が伝わってくるので不思議に思っていたところ、一年ほど後に、道路工事のためブルドーザー等の重機が入り、その岩を二つに割って運び去ってしまったという、客観的な状況を伴った報告もあります。

私達が時折、無生物だと思い込んでいたものの中に生命を感じるのは、潜在意識になっているアストラル体のはたらきによって、このような情報をキャッチしている場合がよくあります。

　このように、あらゆるものに生命が在るということになれば、誕生や死という現象があるのはなぜかという疑問が当然出て来るのではないでしょうか。なるほど物質的ヴァイブレーションにおいては、その厳密な境界については微妙な部分があるものの、生命体と死体とは明らかに区別することができます。この問題を理解するためには、私達が生命体とか死体として見ているものは一体何なのかという点について、注意深く観ていく必要があります。


　あらゆる存在物は、その本質においては宇宙に遍満する唯一の生命で在り、同時にその生命を表現する媒体は、様々な波動領域に表現されている各種の表現様式の集合体から成っていますが、普通、私達の多くが生命体とか死体とか呼んで区別しているものはこの表現媒体の方であって、しかも物質的ヴァイブレーションの部分だけなのです。

　例えば多くの人間の場合、物質的ヴァイブレーションの表現媒体である肉体の寿命が尽きると、エーテル体から上の高次媒体が肉体から離れるので、それまで肉体から一人のパーソナリティを表現していた意識の個的表現（魂《たましい》）は、物質レヴェルでの表現を終えて、エーテル体を纏《まと》う過渡的《かとてき》な状態を経てから、アストラル体を下限媒体とする新たな波動領域への表現を開始します（この一連の過程については第八章「誕生と死」で詳しく説明します）。

　この時に物質的ヴァイブレーションで、その魂の使っていた肉体を外側から観察すると、それまで確かに有った、その人の意識の表現がなくなってしまったように見えますし、肉体を構成している細胞も徐々に活動を停止して、色々な化学変化も生じ、通常私達が死体と呼んでいる状態になるわけですが、この状態になっても、死体の物質を構成している原子そのものは振動を続けていて、全く変化していません。

　また物質レヴェルへの意識の表現がなくなった後にも、過渡的な状態として肉体の細胞が活動を続けている期間があり、場合によっては数秒にも満たない僅かな時間であったり、時には植物人間（この表現の仕方は余り適切ではないのですが）と呼ばれている状態のように、数カ月から数十年にわたることさえあります。

こうした誕生と死という現象を外側から見るのではなく、内側、すなわち宇宙に遍満する唯一の生命の側から観れば、原子としての表現は長期間にわたって物質の波動領域に留まっており、また、肉体を構成する細胞としての表現は、受精の瞬間から形成され始め、地上での全表現期間（一生）にわたって更新され、肉体から生命が引き揚げると活動を停止して分解されます。そして魂すなわち意識の個的表現は、表面意識となる下限媒体を様々な波動領域の表現世界に移し換えながら進化して往くというように、それぞれの媒体の表現領域と表現様式が変化しているだけで、実相としての生命には、始まりとか終わりとかいうものは存在していないのです。

「アブラハムの生まれる前から、私（普遍意識）は居るのである」（イエス大師）（ヨハネによる福音書　第八章　五十八節）。

人間は生命の表現様式として看た場合、非常に複雑な媒体構造をしています。肉体を構成する個々の細胞は、常に新陳代謝を繰り返して新しいものに代わっていきますが、身体全体としては一つの統一体として機能しますし、腸内細菌等は、ある意味では彼ら自身の目的を持った個体なのですが、彼らの働きがなければ人間の体内での食物の消化という過程は機能しませんから、人間の一部であることも確かなのです。これと同じ様に、人間の心の媒体として感情や想念を表現するアストラルおよびメンタル・レヴェルの表現媒体も、物質レヴェルの鉱物になる以前の生命の表現様式の集合体から構成されており、神智学では、エレメンタル・エッセンスという名前で呼ばれています。このエレメンタル・エッセンスは、彼ら自身の進化のために、外部の刺激（波動）に対して敏感に反応するという性質があり、この性質のために、人間として表現されている意識が充分に進化して、各波動領域の媒体に対する主権を完全に確立するまでの間は、エレメンタル・エッセンス自体の活動によって、心が外部の出来事に影響されて揺れ動くという現象を造り出しているわけです。

意識についても、二十一世紀初め頃までの科学における事情は似たようなもので、大脳生理学の分野でも、ほとんどの科学者が物質的ヴァイブレーションの現象にのみ関心を払っていたために、まだ脳の中に生じている電気的、もしくは化学的な反応をもって意識を説明しよう等という、成果の期待できない試みも延々と続けられていました。このような研究も、物質的レヴェルの現象では意識を説明することはできないという結論を得ることや、肉体の脳がどのような役割を果たしているのかという機能が明らかにされることによって、それ以外の機能を果たしている物質以外の媒体の存在にも関心が向けられるようになったわけですから、それなりの必要性と価値はあったことになります。

肉体の脳は、基本的にはニューロンと呼ばれる神経細胞の集合体からなっており、ニューロンの種類にもよりますが、普通一個のニューロンは千近い他のニューロンと繋がっています。この経路を伝わってあるニューロンからは神経細胞を興奮させる信号が、別のニューロンからは神経細胞を鎮静させる信号がパルスとして次々に送られてきて、全体としてある一定の興奮度にそのニューロンが達すると、今度はこのニューロンが繋がっている他のニューロンにパルスを送ります（普通は千近い入力系統に対して、出力は一系統）。

この基本的な過程が組み合わさって情報処理を行っているわけですが、この一つの単位となるニューロンの数が人間の場合およそ百四十億もあり、しかも一つの細胞の変化が全体に影響を及ぼし、全体の細胞が一つの細胞に影響を与えているという、いわゆる相補的な関係になっているために、実際に脳がどのような機能を果たしているのかという解析を行うためには、最新のコンピュータをもってさえも、厖大《ぼうだい》な要素を扱う量的な困難と、適切なモデルのヴィジョンがなかなか立てられないという、質的な困難が立ちはだかっていました。従って、記憶には大体どの部分が関係しているらしいとか、視覚や言葉の認識にはどのあたりがはたらいているのかというような、漠然《ばくぜん》とした地図が判りかけていただけで、脳と意識との関係についてはほとんど何も解っていなかったというのが、二十一世紀初め頃までのこの分野の状況でした。

このようにエネルギーとか、生命とか、意識とかいうものは、私達の多くが日常生活の中で漠然と持っているような曖昧《あいまい》な観念に基づいて語られることが余りにも多いのですが、一度厳密に追求して観ますと、現象を論理的に解析していく西欧的な科学の手段では、把握することも定義することもできない対象であることが判ってきます。

これに対してインドのヨガやチベットの密教等では、生まれ付きの能力や各種の訓練方法に因《よ》って意識の焦点を肉体より精妙な高次媒体に移し、生命や、そのひとつの側面である意識自体の実相を直覚知《ちょくかくち》する方法が採られてきました。こうした手段に因って得られた生命や意識についての認識はその性質上、体験以外のいかなる方法によっても理解することはできませんから、そのような体験に至る可能性のある幾つかのやり方を下巻、第二十三章「霊的向上の方法と瞑想」で紹介することに致します。

本書では、新しい時代に適した表現の必要と、使い古された言葉から来る先入観や固定観念の影響を避ける目的で、新しい言葉をその都度定義しながら使っていく方法をなるべく採るようにしていますが、その一方で、古くから有る言葉の本来の意味を掘り起こすことも、必要に応じて行っていきます。

歴史的に長く続いているような宗教の場合には、その創始者の認識においては、ある適切な意味を持っていた言葉も、後継者がその意味を内観《ないかん》に因って識《し》るのではなく、外側から得た知識（観念）として自己流に解釈したり、組織が巨大になっていく宗教団体が免れることの難しい、自己保存の意図《いと》といった、様々な地上的、人間的事情で、真理が人工的な夾雑物《きょうざつぶつ》で埋もれていくという、共通の経過を辿ります。

特にイエスや釈迦を始めとする偉大なる先達《せんだつ》は、当時の人達の用いていた言葉の表現力の乏しさを補うためや、聞き手の理解力の程度に合わせる目的で譬え話を多用したために、その本来の意味が長い歴史にわたって誤解されてきたという事情が多々ある点に注意して頂きたいと思います。

一つだけ例を挙げるとすれば、ヒンズー教の「モクティ」（解脱《げだつ》）仏教の「悟り」、キリスト教の「聖霊が降りる」等の言葉は、いずれもひとりひとりの肉体を通して、宇宙の叡智《えいち》を顕《あらわ》す普遍意識《ふへんいしき》が自覚に至ることを意味していています。このことについては第五章「普遍意識」で詳しく解説を致しますが、それはあらゆる問題を窮《きわ》め尽くし、総ての答えを手中に収めた状態ですから、これをまた学問の研究対象にして、観念の世界であれこれ推測する等というのは、まさに迷妄《めいもう》そのものであるわけです。

仏教に関して言えば、釈迦《しゃか》大師が識っていた真理と、弟子たちが持っていた理解は別に扱わなければなりませんし、釈迦大師が何ら経典を書き残さなかったのにも拘《かかわ》らず、後世の人達が自分達の個人的な解釈で経典を造り上げたこと、それがインドから中国、日本へと伝播《でんぱ》する間に更に別のものに変化していったこと、日本に入ってからも、鎌倉時代に仏教哲学の巨大な観念体系が造り上げられたこと等々、様々な変容を経ています。

この辺りの事情につきましては、第二十五章「宗教」（下巻）で詳しく説明をしたいと思いますが、今日仏教として扱われている考え方のほとんどや、キリスト教として受け取られている教義のかなりの部分が、釈迦やイエスの教えとは、甚《はなは》だしく異なっているという事実を、まず知っておいて頂きたいと思います。

個人的解釈、すなわち偏見（ディッティ）として築かれてきた仏教の周辺について触れることは、本章では目的から外れますので避けますが、仏教の本質である宇宙（十方無限世界《じゅっぽうむげん》）と人間との関係について、適切な表現がなされているものに焦点を当ててみることにしましょう。

仏教では総《すべ》てのものが仏で在ると教えています。ここで言う仏とは、後の分類で大日如来《だいにちにょらい》（マハー・ヴァイロチャナ・ブッダ）もしくは阿弥陀仏《あみだぶつ》に相当するものですが、善人も仏で在り、悪人も仏で在り、山川草木《さんせんそうもく》魚禽獣類《ぎょきんじゅうるい》の一切が仏で在るという真理です。

曹洞宗《そうとうしゅう》の開祖、道元《どうげん》は、若い頃この教えに対してひとつの疑問を持っていました。「総てが仏で在るなら、この自分もまた仏で在り、すでに自分が仏そのもので在るならば、修行によって仏に成る等ということはないはずだ。ならば、なぜ修行をする必要があるのか」と。

なかなか鋭い視点ですね。彼は色々な人に会ってはこの質問をするのですが、誰からも納得のいく答えを得ることができないまま、やがて中国に渡って行きます。道元自身は、あるとき座禅の最中に、隣に座っていた修行僧が居眠りをしていて警策《けいさく》で叩かれ、「大事な修行の最中に居眠りをしている者があるか！」と叱られている言葉を聞いて忽然《こつぜん》と悟ったというのですが、その理由については説明をしていません。

これは、悟りそのものは普遍的なものであるにも拘らず、ひとりひとりにとっての悟りというものは個人的な体験であり、そこに至るきっかけというものは、その人にとってのみ意味があるものだということや、悟りは通常の思考活動を超越した意識状態であるために、悟っていない人には、どのように説明したところでそれを体験させることはできないし、既に悟りの体験をしている人には、説明をする必要等あるはずがないという当然な原則を、道元は完全に理解していたからです。これは確かに正しい態度ではあるのですが、それでは普通の人には取り付く島もありませんから、余計な御世話になることは承知の上で、道元の記した正法眼蔵弁道《しょうほうげんぞうべんどう》話《わ》の中から、ヒントになるような興味深い話をひとつ採り挙げてみましょう。

昔の中国に則公という名の若い修行僧がいて、法眼という先生のところへ勉強に行っていました。ある時、法眼は則公に「お前は私のところに来てからもう三年にもなるというのに、仏法について何も質問しないのはどういうわけか」と尋ねました。則公は「私は前に附いていた先生（青峰）のところで仏法の真髄《しんずい》を窮めましたから、特にお聞きするようなことはございません」と答えると、法眼は「一体どういう事情でそのようなことになったのか」と質問します。そこで則公は前の先生に「修行中の人間とはどういうものですか」と聞いた時の答え「丙丁童子《びょうじょうどうじ》きたりて、火を求むるに似たり」という言葉で悟ったのだと答えます。

丙丁童子とは、仏教で火を司る仏のことをいうのですが、これを聞いて法眼は「良い言葉じゃが、お前さん、その意味を本当には解っておらんじゃろう」と言います。そこで則公は説明を始めて、火の仏が火を求めるというのだから、自分自身をもって、自分自身を求めるということが修行というものでしょう」と答えると、法眼に「やはり何も解ってはおらんな、そんなことでは仏法は伝わって来なかっただろう」と、一蹴《いっしゅう》されてしまいます。

則公は、すっかり気分を害して法眼の寺を出てしまうのですが、五百人もの弟子を擁《よう》し、天下の善知識《ぜんちしき》と言われる法眼の言葉だけに、もしかしたら何か、自分の間違っているところを諫めてくれたのかも知れないと思い直して寺に戻り、謝ってから、改めて法眼に「修行中の人間とは、一体どういうものでしょうか」と尋ねます。するとと法眼は「丙丁童子きたりて、火を求むるに似たり」と、則公の初めの答えをそのまま返してきます。普通の人でしたら、何という人を食った答えだと怒るかも知れませんが、流石《さすが》に則公は準備ができていたようで、その言葉を聞いた途端に悟ったのです。

ここでも道元は解説を一切してはいませんが、この話を紹介している「放てば手に満てり」（余語翠巌　著　地湧社）という本の中で次のような意味の説明がされています。


ここで最初に則公が答えた「自分自身を求める自分自身」というのは、「自我」つまり個人を表すパーソナリティの意味で使われていたので、法眼はテストに不合格の採点をしたわけです。そして二度目に法眼から同じ言葉を返されたまさにその時、仏智《ぶっち》が顕れて則公は、この「自分自身」が「個人」すなわち「小さな自己」ではなく。「大いなる自己」「天地の生命」「宇宙そのもの」で在るという真理に気が付いたのです。

ここからは本書の説明になりますが、宇宙そのものが自分自身を認識するために、現象界に形を採って顕れてきたもの、それが修行中の人間の姿で在るというわけですから、修行とは、宇宙の大いなる意識が現象世界で自分自身を認識する行為（自覚）であり、宇宙全体の偉大なる創造活動と一致する御技《みわざ》であるということに成ります。なお、修行という言葉はサンスクリット語の原義では「気付く」という程度の意味であり、努力を伴うというニュアンスはないことを知っておいて頂きたいと思います。


さて、ここで充分に注意して頂きたい点があるのですが、「真理を悟る」という言葉の意味は、私達人間の本質が、この宇宙全体を創造している「大いなる生命」そのもので在るという真理を、意識の体験として識ることであって、知識として理解するのではないということです。悟りの体験は現象的に看れば、意識がブッディ体（後の章で説明します）の波動領域を参照している状態であり、物質世界から見れば、ひとりひとりの人間が後述する普遍意識の状態を自覚した時の内部感覚として生じるもので、外側にあるどのような手段を使ったとしても、この体験を証明することはもちろん、説明することさえできません。

従って、こうした状況は個人の外側から見る限りでは、客観性がまるでないように思われるかも知れませんが、実際は全く逆なのであって、これまで観てきましたように、私達の心が外側の世界という虚像を造り上げて、それに囚われている（現実だと思っている）様子を、ちょうど空から見降ろすように客観視できる意識の状態が、人類の次の発達段階としてあり、この本来の意識状態（普遍意識）に因って初めて、実際に在るもの（真理・実相）と心の創作物（仮相）との識別が成されるのです。

多くの人々、特にヨーロッパの伝統文化の中で育ってきたほとんどの人達にとっては、論理的に物事を考えるということが余りにも日常的なものになってしまっているために、論理的に物事を考えている時に、実際に自分の心の中で起きている出来事を客観的に観察するという作業は、極めて困難な状況になっています。彼ら彼女らにとっては、論理的証明法は信仰とも言えるものですが、そもそも論理的な証明に用いる観念や、考え方の筋道そのものが心の中の創作物であり、ある側面から看るなら精神的レヴェルのひとつの波動表現に過ぎないもので、この本来実体のないものを、心の持つ性質によって、真実であるかのように見せ掛けているという事実に、まず気付かなければ話が進みません。つまり、私達が論理的に物事を考えている時には、真実を扱っているわけではなく、自分の極めて限られた経験と、僅《わず》かな知覚できているものから心で造り出した虚像を、あれこれ弄《もてあそ》んでいるに過ぎないのです。

実際、論理的証明法は、ある状況についての、内部に矛盾のないモデルを与えるという点で、現象世界での用事にはかなり役立つものですが、実在については全く無力です。ソレン・キェルケゴールがいみじくも指摘したように、論理的証明法というものは、既に確かであると合意のできているものを根拠にして、証明したいこととの間に矛盾が生じないように筋道を立てることが基本ですから、総てのものの本源、唯一の確かものである実在もしくは真理（キェルケゴールは「神」と表現しています）を、創造された結果に過ぎない現象から証明しよう等というのは、話がまるで逆様になっているわけです。

真理は真理自らをもって真理ならしめるものであって、外側にあるものから証明できるようなものは真理ではありません。

OMNIPRESENCE

第五章　普遍意識

二十一世紀初め頃までの地球人類の平均的な意識は、ほぼ物質的ヴァイブレーションの世界と、それに関わることで生じる、感情および想念の精神活動に集中されていて、地球生命系という、生命の表現の場としては、宇宙の中でも極めて特殊な世界を構成していました。ここで「特殊」という言葉を用いた背景には幾つかの理由があるのですが、その中のひとつの要素として、地球の精神階層では現在把握されている歴史を超えた遥かに長い期間にわたって、「ほとんどの人が普遍意識《ふへんいしき》を自覚していない」という現象が起こっていたことが挙げられます。この現象を別の言い方で「分離感を持つ」とも表現しますが、具体的には、ひとりひとりの人間が自分と他人（この言い方そのものが、分離という迷いを表現しています）や自分と外の世界とが、全く別々の存在であると信じ込んでいるような意識の状態が造り出されていたことを指しています。

このような言い方をしますと、奇異に感じられる方もおられるかと思いますが、「周囲から独立した個人」という感覚が生じるのは、私達のうち多くが、物質世界という幻影の枠組みの中にどっぷりと浸かっていて、ひとつの肉体によって制限された意識の状態で外の世界を認知していたためであり、更にはこのようにして造られる世界観が、肉体の五官から入ってくる情報に支配されているために、本来の状態からは大幅に制限されている特殊なものの見方に過ぎないにも拘《かか》らず、それ以外の視点に立った経験が意識の表面には全く上がってこないために、客観的な把握ができなくなっていたからです。この辺の事情をはっきりと理解できるのは、私達のひとりひとりが普遍意識を自覚したときであり、かつ、その時に限るので、本書による説明は単なるヒントに過ぎないことを予《あらかじ》め承知しておいて頂きたいと思います。

そもそも意識というものは、ひとりの人間の肉体の脳を構成する細胞や、そこに生じている電気的もしくは化学的変化等の、物質的レヴェルの現象に起因しているものではなく、宇宙の一切の原因を生ぜしめている唯一の生命のひとつの側面であるということを、まず理解して頂かなければなりません。つまり個体のひとつひとつに独立した生命や意識が生じているのではなく、唯一の生命が様々な個体の中に同時に顕《あらわ》れているのであり、この生命のひとつの側面である意識もまた、ただひとつの意識が色々な個体を通して同時に表現されているのです。このように説明をしても、恐らく多くの方は面食《めんく》らわれるでしょうし、現実にひとりひとりの意識は別々ではないかと反論される方もきっとおられるでしょう。

「俺とお前とは別の人間だよ。早い話が、俺が芋食ってお前が屁《へ》をこくかい」(フーテンの寅さん)。

このような感覚が生じるのは、物質的ヴァイブレーションとその近辺の波動領域においては、宇宙全体でもあるただひとつの意識が、様々な個的意識の媒体に焦点を合わせる特殊な事情のために、それぞれが独立した意識であるかのように知覚される錯覚が生じ、本来は自分自身であるものを、独立した他の存在として、現象化した外部に見るような関係を造り出しているからです。本来の精神階層には、このような分離した意識状態というものは実在していないのですが、後の章で説明する地球のメンタル・レヴェル迄の波動領域においては、物質的ヴァイブレーションの世界観が絶えず想念として反映され続けているために、時間と空間や、他から分離した個体が恰《あたか》も実際に存在しているかのように見える、地球圏独特の表現世界が生じています。このような正しくものを観ていない意識状態で知覚される世界のうち、物質レヴェルを除いたものを一般に幽界《ゆうかい》と呼んでいます。それではこのような意識の分離した状態が、なぜ造られるのかという仕組みについて、もう少し詳しく観ていくことにしましょう。

前述しましたように、意識の本来の状態においては、個人とか、個体としての意識というものは存在していないのですが、物質レヴェルでは肉体の脳細胞(ニューロンのネットワーク)に浸透した生命が、感情のレヴェルではアストラル体に浸透した生命が、想念のレヴェルでは下位メンタル体に浸透した生命が、それぞれの媒体に生じる波動に因《よ》って行われる精神活動を営むように創られています(生命と媒体との関係は、第四章の「電流とエネルギー変換装置」の譬《たと》えを思い出して下さい)。このため物質的ヴァイブレーションとその世界観が反映されている波動領域では、現象として生じている外側の世界から、個々の肉体の知覚器官を通して入ってくる様々な情報によって、肉体やエーテル体、アストラル体からメンタル体に至る各波動領域の媒体に、反応としての波動が生じます。この時、個人もしくは個体を表現している媒体には、その個的表現媒体が外界との関係で経験してきたあらゆる出来事が、既に波動として刻印《こくいん》されていますから、新しく外界から入ってきた情報は、その個的表現媒体の過去の経験によって参照されて、主観的な意味を持つことになります。

この反応の過程を、参照している意識の側から見れば、身体的感覚や感情の動き、あるいは想念の働きが統合されて、恰もそこにひとりの人間、つまり「個人」が存在しているかのような感覚が生じます。このような個的表現媒体に意識の焦点が合っている状態では、五官から入ってくる物質レヴェルの情報が極めて粗雑なために、分離の生じていない本来の精妙な意識は、五官の雑音に掻《か》き消されるように潜在意識の奥底に埋もれてしまい、表面の「個人」という制約された意識状態のみが、現象として知覚されるようになるわけです。

この仕組みはちょうど、映画がスクリーンに投影された映像でしかないにも拘らず、映画に夢中になっているときには物語に巻き込まれて、主人公と同じ様に喜んだり、泣いたり、はらはらしたりさせられて、スクリーンに映された世界が現実であるかのように感じられることとよく似ています。

この現象的に個人を表現している制約された意識の状態を、パーソナリティもしくは現象我、自我（エゴ）または低我（ローワー・セルフ）等の名称で呼びます。パーソナリティとは、ラテン語で「仮面」を意味するペルソナから来た言葉ですが、語源の意味通り、パーソナリティは物質的ヴァイブレーションとその近辺の波動領域で、ただひとつの意識を他の個的表現と分離、区別するための特殊な表現様式なのであって、参照する波動領域が異なれば別の様相を見せる、相対的な現象に過ぎないものであることを、心に留めておいて頂ければと思います。

日常、私達の多くが経験しているように、この「他から独立した自分」という感覚が余りにも現実的に感じられるのは、単純に個人として、その場に現象化している意識の状態だけによるのではありません。これは二十一世紀初め頃には六十億人を越えた地球人類が、歴史を遥かに超えた何十万世代にわたって、あらゆる表現を「他から分離独立した個人の存在」を前提にして行ってきたために、地球上で行われた精神活動の大半の感情や想念は個人という分離の波動を含んでおり、これらの分離感が地球圏の精神階層に形成し続けてきた強力な固定観念のエネルギーに、地球上のほとんどの人間の心が支配されていたことが、最大の原因になっています。

このような分離意識は、地球上で他の世界では体験することのできない特殊な経験を得るという、地球生命系が創造された当初の目的に限って看《み》れば、必要以上の成果を収めることになりましたが、個別化された意識がそれぞれにとって必要な地上および地球圏の幽界での生活を完了して、本来の普遍意識の状態に還《かえ》っていく地球生命系の卒業の時期になると、今度はこの長い歳月にわたって培《つちか》った分離感が最大の障壁になるのです。

この分離感から個人や社会、民族や国家、あるいは地球人類共通の多様な固定観念が派生してくるわけですが、こうした様々な制約されたものの見方から本来の自分を解放し、外の世界に単純に反応しているだけの心の動きの一切から離れると、その瞬間に自分自身が宇宙全体に遍満《へんまん》する唯一の生命そのもので在り、あらゆるものを創造している主体であるという真理を、絶対的な確信をもって実感できる、本来の意識状態に戻ります。

この状態は、個人の意識が外側の世界から来る情報を知覚しているのとは全く違うことを、くれぐれも強調しておきますが、この体験こそ普遍意識（真我《しんが》）が自分自身を自覚するという状態で、地球人類の次の進化段階にあたり、自我の心によって造り出した迷妄《めいもう》に振り回されていた幼児期から、あらゆる物事を正しく観ることのできる本来の意識状態に目覚める、意識の夜明け、人類の黎明《れいめい》を迎えたことを意味しています。

人類の精神的進化の魁《さきがけ》のひとりである釈迦《しゃか》大師が、「十方無限世界《じゅっぽうむげんせかい》即《すなわ》ち我《われ》の身体也《からだなり》」つまり「宇宙は私自身である」と言ったのは、普遍意識が釈迦を通して自覚に至り、真理を悟っていたからに他なりません。なお、「十方」とは、東、東北、北、北西、西、南西、南、南東の八方向に上下方向を合わせたもので、拡がりを意味しており、また「世界」とは華厳経《けごんきょう》から来た言葉で、漢訳の意味は「世」が過去、現在、未来の時間を表し、「界」

が空間を指しています。

ヒンズー教で言うアートマンは「我《が》」と訳されたために、我の存在を否定する仏教とは対立する概念として扱われてきた経緯がありますが、これは解釈上の誤りであって、アートマンは本来、宇宙そのものの意識であるブラフマン（普遍意識）が個人の内に顕れてきたものを指す言葉であり、仏教で否定する我は「自我」すなわちパーソナリティの意味で使われているものですから、普遍意識が実相で、自我はそのように見えているだけの現象に過ぎないという同一の真理を、両者は異なる表現で示しているだけなのです。

これと同じ様に、キリスト教で用いる「愛」という言葉は、仏教で言う「慈悲《じひ》」に相当しますから、仏教では利己的な執着の意味で使われる「愛」とは区別しなければなりません。また日本神道では、前者を「命《いのち》」という言い方をする場合がありますが、これらの言葉は受け取る人の先入観によって様々に異なった意味が生じてきますし、単に言葉の真の意味を理解していなかっただけで、異なる宗教間の対立を引き起こしたような事例も数多くありますから、このような形而上《けいじじょう》の言葉を用いる際には、充分に注意を払う必要があることを理解しておいて頂きたいと思います。

これらの中でも特に「神」という言葉は、その実相については誰ひとりとして識《し》っている者はいないにも拘らず、あらゆる人がこの言葉を自分の勝手な考えでもって使うので、様々な混乱が生じてきたわけです。

本書ではこうした事情を配慮しつつ、無限の側面を持つ同一の実相を表すために、その場の状況と微妙なニュアンスの必要に合わせて「神」「真理」「愛」「叡智《えいち》」「生命」「霊」「大いなる心」「実在」「エネルギー」「摂理《せつり》」「法則」「宇宙」といった言葉を使い分けていますが、これらの言葉が出てきた時には、読者の皆様には、自分の心で造った観念をただ引き寄せるのではなく、心を透明にして、その言葉の最初の響きを感じ取ることができるようになって頂きたいと思います。

伝統的な宗教は、それが創始者から弟子達に伝わっていく過程で、あらゆる人に本来は内在している叡智に因って真理そのものを悟るのではなく、人間の心の中に造り出される観念によって解釈するようになったために、数多くの間違いを生み出すこととなりました。

ではここでキリスト教の聖書の中から、そのような歴史的背景を辿った一節を採り挙げてみることにしましょう。「ヨハネによる福音書」に、イエス大師が「もしあなた達が私を識っていたならば、私の父（天の父なる神）をも識ったであろう」（第十四章　七節）と語っているところがありますが、この箇所を表面的に解釈すると、個人としてのイエス、つまり彼のパーソナリティ（現象我）が、天の父なる神と特別な関係を持っているかのように受け取れます。しかしイエス大師がこの言葉の前に、「私は道であり、真理であり、命である」（第十四章　六節）と言っているように、イエス大師が「私」と言うときには、パーソナリティとしてのイエスを指している場合と、彼の肉体を始めとする個的表現媒体を通して、現象世界に表現されている普遍意識、すなわち唯一の実在である生命を意味している場合があることに注意して頂きたいと思います。

つまり彼が言ったことは、「人々がそれぞれの人の心の深奥《しんおう》に内在する普遍意識の自覚に至って、イエスの実相である生命を識ることができた時、それは天の父なる神を識ることと同じである」という意味になります。インドに肉体を置いていたラヒリ・マハサヤは、自分に直接会いたいという遠方の弟子に、「私は何時《いつ》もお前達の霊的視野（クタスタ）の中にいるのに、どうして私の肉や骨を見にきたがるのだ」（あるヨギの自叙伝）と諭《さと》したそうですし、イエスもまた「あなた達が見て（認識して）いるものは何か、ただの人間である」（心身の神癒《しんゆ》）と注意を促しています。

（"Autobiography of a Yogi" P10, L8-L10, Paramahansa Yogananda, Self-Realization Fellowship, 3880 San Rafael Avenue Los Angeles California 90065 U.S.A.　日本語版「あるヨギの自叙伝」八頁　森北出版）。

（"Divine Healing of Mind and Body" P141, L3-L5 Murdo Macdonald Bayne, L.N. Fowler Co. Ltd. 1201/3 High Road, Chadwell Heath, Romford, Essex RM6 4DH England　日本語版「心身の神癒」三百四十五頁　第十話　百二十九節　仲里誠桔　訳　霞ヶ関書房）。

（引用文は本書の著者が原典から翻訳しましたので、日本語版とは表現が異なっている部分があります）。

このことは別の言い方をしますと、全ての人がその共通の生命を観ることができる普遍意識においては、あらゆる存在が天の父と一体であり、イエスと何の違いもないということを示しているわけです。

キリスト教の幾つかの宗派では、イエス個人を「神の唯一の息子」という聖書の記述によって、特別視する解釈をしていますが、この文章は西暦三二五年に開かれたニケーア公会議で付け加えられたもので、本来は全ての人間に内在する共通の普遍意識を指して、「神の唯一の息子」と呼んでいたのです。

この普遍意識は、地球生命系における個的意識の特殊な進化の仕組みの中で、物質的ヴァイブレーションの世界観に完全に囚《とら》われてしまった個人意識を導き、解脱《げだつ》させるための完璧《かんぺき》なはたらきを行いますから、その意味においては「神が人間を愛するが故《ゆえ》に遣《つか》わした、人類への最大の贈り物」という表現は正しいのですが、前述しましたように「キリスト」とは特定の個人（イエス）を指すものではなく、彼を通して表現された普遍意識のことですから、それは同時に全ての人の心の内に常在しているという真理を識っていないと、イエス一人を神の座に祭り上げて、その幻影を盲目的に崇拝するという、多くのキリスト教徒が陥《おちい》ってきた間違いを繰り返すことになります。

イエス大師と迷っている人との間に何か違いがあるとすれば、表現世界において、イエスは自分が神で在ることを自覚しており、迷っている人は自分が神で在ることを識らないでいる、というだけのことなのです。イエス自身が「あなた達は私よりも、もっと大きな御業《みわざ》を成すであろう」と言ったように、全ての人々が自らの内に在る普遍意識に目覚めることに因って、彼と同じく、もしくはそれ以上に、宇宙の持つ無限の知恵と力を発動させることができるようになります。

キリスト教徒が他の宗教を排斥《はいせき》する誤解のひとつになっている、「何者も私に因らずして父の御許《みもと》に往《い》くことはできない」（ヨハネによる福音書　第十四章　六節）というイエス大師の言葉も、彼が自分の実相である普遍意識から語っていたために、このような表現になったわけですが、ここで言う「私」もまた、決して個人、すなわち現象我としてのイエスを指している一人称代名詞ではないことに注意して下さい。ここまで読んでこられた方には充分理解して頂けると思いますが、この言葉の真意は、誰であろうとその人に内在する普遍的な生命、つまり普遍意識に因らなければ、神と一体であることを自覚することはできないというものであり、全ての人に内在する普遍的生命こそが、その人と神との接点であり、キリストの実相で在ることを言っています。

「私が内在する生命から語っているために、私の言葉（複数）は誤解されてきた。私が生命から語っているときには（イエスという）人間を意味しているわけではない。（イエスという）肉体は、この時に示しているものとは一切無関係である（イエス大師 "Divine Healing of Mind and Body" P69, L-25-27, Talk 5 Verse 26　日本語版「心身の神癒」百五十頁　第五話　二十六節　引用文の訳は著者）。

再三繰り返しますが、キリストとはナザレのイエス個人を指している言葉ではなく、彼を通して顕された唯一の生命で在る普遍意識のことなのであって、これが「油を注がれし者」という原義から転じて「普遍意識が自覚した人」「真理に目覚めた人」の意味を持つ一般名詞として用いられるようになったものです。従って「イエス・キリスト」とは、「真理に目覚めた人　イエス」という意味になるわけです。

それでは次に、仏教の中からも、同じような意味の言葉を採り挙げてみましょう。

「ブッダ」という言葉はサンスクリット語から来ていますが、釈迦大師の個人的な尊称《そんしょう》として用いられるようになったのはずっと後になってからのことで、インド古代の「ウパニシャド」（奥儀書）の中では、単に「真理を悟った」というだけの意味で使われていましたし、ジャイナ教の古い経典ではいかなる宗教の人でも、聖人、賢者を全て「ブッダ」と呼んでいました。またパーリ語で書かれたものとしては恐らく最古の仏典であろうと考えられている「スッタニバータ」には、「ブッダ」という言葉が複数で出てきますが、それは様々な種類の仏を考え出すようになった、大乗《だいじょう》仏教思想の登場する以前の時代のことですから。真理をただひたすら求めて修業している人達や、真理を実践している人達を「ブッダ達」と複数で呼んでいたのです（「バウッダ」　中村元

三枝充悳　共著　小学館）。つまり、サンスクリット語のブッダとギリシャ語のキリストは「真理を悟った人」という。全く同じ意味の言葉であり、釈迦とイエスは、同一の普遍意識が異なる現象我（パーソナリティ）を通して表現されたもの、ということができるわけです。

仏教の天台宗《てんだいしゅう》や真言宗《しんごんしゅう》では、人間が肉身のままで仏《ほとけ》に成ることを即身成仏《そくしんじょうぶつ》と言いますが、この言葉本来の意味は覚者《かくしゃ》、すなわちひとりの人間の身体を通して普遍意識が表現されるようになった状態のことを指しており、一般に誤解されているような、断食《だんじき》してミイラになることではありません。後者の場合には肉体を離れても、その人がそれまで囚われていた地上的なものの考え方から自由になるわけではありませんし、真理に対する理解力が増すこともありませんから、解脱する等ということはあり得ないわけで、「他から独立した自分」という分離意識を持っている限りは、幽界に留まることになります。このような結末を選んだ魂は、いずれ再び肉体を纏《まと》って地上に生れ出てくるだけで、その行為は、間違った経典の解釈をするとどういう結果になるのかという、魂の学びをする以外には全く不毛なものとなります。

ここまで読んでこられた多くの読者の方々は「真理を悟る」とは一体どのようなことなのか、当然興味をお持ちになっておられることと思います。このテーマを扱うことは、思考を超えたものを思考によって捉えようとする、よくある間違いに陥る可能性が大きいので、慎重に話を進めたいと思います。

私達の個的意識が進化して、自らの内に在る本質が顕れていくと、顕在意識の上限が或る特定の波動領域に達した時に、「自分は宇宙そのもので在り、宇宙を創造した主体で在る」という真理が、疑う余地のない実感を伴って体験されます。この強烈な実在の体験をいったん通過してしまうと、地上で喜びや幸福と思われているものの一切が、色褪《あ》せたガラクタ同然のものとなり、それまでの人生で造り上げてきたものの考え方や、最高の認識だと思っていた知識の全てが、間違ったものの見方であり、極めて制約された意識の中で造られたものであったことに気付きます。

この意識状態に達した時、彼もしくは彼女は（この意識状態では、性別は意味を持ちませんが）時間と空間の制約を受けた物質世界特有の意識構造や、地球生命系の長い歴史の中で造り上げられてきた、あらゆる固定観念から解き放たれて、もはや物質的ヴァイブレーションという、意識の牢獄《ろうごく》の中での限定された表現に留まることなく、自由自在、融通無碍《ゆうずうむげ》である生命の本来の状態に戻ります。この意識状態を普遍意識と呼ぶわけですが、ここで非常に重要な点は、或る時点から個人意識が普遍意識に変化するのではなく、初めから普遍意識の他には何もなかったことに、或る時点で気付くのだということです。

賢明な読者の方は既に気付いておられるかも知れませんが、更に正確に言えば、「ある時点」というのも時間の存在している現象世界にのみあることですから「気付いている状態しか、本来は存在しない」というのが真理です。ただここで誤解しないで頂きたいのは、「迷っている個人意識は存在していない」という真理は、実在について言っているのであって、「現象世界において個人意識の存在を否定しているのではない」という意味であることをしっかりと踏まえておいて下さい。

モーリス・メーテルリンクの「青い鳥」は実に象徴的な物語ですし、禅で「牛の背中に乗って牛を探すようなもの」と言われ、「首まで川に浸《つか》かって水を欲するようなもの」とも言われるのはまさにこのような意味合いなのですが、この言葉を取り違えて、普遍意識の自覚がないのに、個人意識の幻影に囚われたままの意識状態で、認識していることの一切を「在るがまま」として肯定してしまうといった事実関係の誤認が、これまでにも多くの人達の間にあったことには注意して頂きたいと思います。

詳しいことは後の方で述べますが、この普遍意識が自覚される波動領域においては、意識の媒体は物質原子のように特定の時間や空間を規定する波動を持っていないので、肉体の場合のように、意識を特定の個体内に制約する(閉じ込める)ような効果を持ちません。

従ってこの波動領域よりも高いヴァイブレーションでは、個人や個体という境界が存在しなくなるために、総《すべ》ての個的表現形態の意識が初めてただひとつの意識の中に統合され、またこのただひとつの意識が総ての個的表現形態、すなわち私達のひとりひとり、鯨《くじら》や桜の木、ダイヤモンドから一個の原子に至るまで、その内なるヴァイブレーションの領域に浸透します。

華厳経で「一切即一《いっさいそくいつ》、一即一切《いちそくいっさい》」と言われるのは、あらゆる現象の背後にある、こうした実相について述べているわけです。またアメリカ合衆国の国章（The Great Seal）に書かれているE Pluribus Unum（多数は一つ也）も、これと同義のラテン語です。

普遍意識は色々な意味においてひとつのゴールであり、この波動領域では、普通の人が日常の生活で感じるような不安、恐怖、憎しみ、怒りといった、あらゆる否定的な想念が、自我意識によって造り出された幻影であることが客観視できるので、一切の不調和な現象に囚われなくなります。「天国は汝《なんじ》の内に在り」という、有名な言葉がありますが、これはどこかに天国という特別な場所があるのではなく、総てのものが完全な姿で観える（しかもそれのみが真実である）意識の状態が、私達ひとりひとりの心の奥底に実際に在ることを言っているわけです。

自分自身が宇宙そのものであったことを識ると共に、宇宙の創造者であったことを悟り、「事成《ことな》れり」という想いに至った時、それまでの気の遠くなるような転生《てんせい》（生れ変り）の経験の全てが、迷っていた意識の造り出した幻影であり、同時に、これから必要な能力を身に付けるためのトレーニングであったことを悉《ことごと》く理解することができた時、それからが生命としての本当の表現が始まるのです。

余談になりますが、普遍意識は、初めて個人意識から解放されて全体を自覚するレヴェルが最終的な到達点というわけではなく、現象世界においては、意識の進化に対応した様々なヒエラルキー（階層構造）があって、より深い全体との一体化、より大きな力と、より深い叡智の顕現《けんげん》という、意識の進化の過程が無限に続いています。

ここで本来の（実相における）普遍意識はひとつなのですが、本書では現象面における進化を扱う上で、意識の及ぶ時間的、空間的、波動的範囲に対応した普遍意識のヒエラルキーに名前を付けて区別し、「地球レヴェルの普遍意識」「太陽系レヴェルの普遍意識」「恒星系レヴェルの普遍意識」「天の川銀河レヴェルの普遍意識」「無数の銀河を表面に擁《よう》する泡《あわ》構造レヴェルの普遍意識」「宇宙レヴェルの普遍意識」「四つの宇宙を含むレヴェルの普遍意識」というように、意識の高度な進化レヴェルを示すことにします。とは言え、普遍意識の表層でさえも体験しないうちに、それ以上の意識状態について、不完全な自我意識の論理的思考レヴェルで詮索《せんさく》することは、時間とエネルギーと貴重な森林資源を無駄にすることになりますので、ここでは、それが存在していることを述べるに止《とど》めておきます。

ここで少し補足的に説明しておかなければならないことがあるのですが、神智学《しんちがく》の分野において表現領域の分類が行われた十九世紀末から二十世紀初頭に架けての地球人類の進化レヴェルにおいては、分離感が消滅し、全てが一体で在るとの自覚に至るブッディ・レヴェルと、地球レヴェルの普遍意識（地球全体が意識の中に収まるヴァイブレーション）であるアートマー・レヴェルとは、それぞれ別の波動領域を指していました。しかしながら、その後の百年程の間に人類の意識が進化したために、その反映である地球圏の精神階層のヴァイブレーションも変化して、二十世紀の終わり頃には全一体感を実現するレヴェルが地球レヴェルの普遍意識に相当するようになり、神智学の分類でいうモナド意識や地球ロゴス意識という概念も既に意味を持たなくなっています。

また二十一世紀初め頃から、地球のヴァイブレーションは更に大きく変化していますので、やがては地球レヴェルの普遍意識が現在の太陽系レヴェル、そして恒星系レヴェルの普遍意識の波動領域まで進化する時代がやって来ます。このように普遍意識のヒエラルキーは決して恒常的なものではなく、常に進化を続けており、こうして宇宙全体も進化していくわけです。

普遍意識の境地における、永遠の平安と至上の喜びについては、この地上世界には表現する手段も想像をする手掛りも全くありませんが、ヒンズー教の聖典の中にひとつの説明の仕方がありますので、それを引用してみたいと思います。なお、喜びのレヴェルの分類方法については、他にもタイトレーヤ・ウパニシャド等、色々あるのですが、余り本質的なことではありませんので、ここでは一例だけを示しておきます。

まず、世界中の全てのものが自分の所有物となって、それらの一切の支配権を手にしたとして、この地上的な喜びをマヌシャナンダと呼びます。感覚というものは数値化できるようなものではありませんので、説明のためのひとつの方便として考えて頂きたいのですが、このマヌシャナンダの百倍に当ると言われるインドラナンダという喜びのレヴェルがあり、それをまた百倍したところのディヴェンドラナンダという喜びのレヴェルがあります。その上にまた百倍という指数的な関係で、デーヴァナンダ、プリハスパティアナンダ、プラヤパティアナンダという喜びのレヴェルが続いた後、更にその百倍、つまり地上的な喜びの一兆倍に当る至福がブラフマナンダ、すなわち普遍意識の喜びというわけです。

この譬《たと》えは日常の寸法から宇宙の大きさを説明するようなもので、（実際、その通りなのですが）実感としては捉え切れないと思いますので、もっとスケール比を圧縮した具体的な話で説明してみましょう。次の譬えも、二十一世紀初め頃の自動車に興味のない方には意味が伝わらないと思いますので大変恐縮なのですが、ひとつの試みとして読んで頂ければ幸いです。

初めて車を運転する人にとっては、たとえ軽自動車であっても、結構乗っていて面白いものです。しかし、運転技術が向上して車の良さが判るようになってから、一度でもラ・フェラーリとかブガッティ・ヴェイロン16・4スーパー・スポーツ、あるいはアロイス・ルーフCTRといった車に乗ってしまうと、その後では得して、普通の車には喜びを感じなくなってしまうこともあるわけです。

ここで車に余り興味のない方ですと、普遍意識＝全体との調和＝エコロジーといったような簡単な図式しか思い浮かばず、ガソリンを浪費するスポーツカー等には批判的な考えを持たれるかも知れません。しかしながらいかなる分野であっても、その世界には長い歴史の中で培ってきた人の営みがあり、佳《よ》いものを生み出すための真摯《しんし》な努力があるのであって、それを評価できる人が、そこには愛を観出せるのです。

ところで、本当に腕の良いドライヴァーであるなら、どんな車であっても、その性能を最大限に発揮させて楽しむことができるものですが、普遍意識を一瞬覗《のぞ》き見した状態（サヴィカルパ・サマーディ）ではなく、二十四時間普遍意識の中に在ることができる状態（ニルヴィカルパ・サマーディ）にまで進化した魂にとっては、この地上における表現もまた、至福の中で行うことが可能に成ります。勿論《もちろん》このような魂《たましい》であれば、地上の出来事に一喜一憂することはなく、外界の出来事が何であろうと、内なる喜びしか感じられなくなるのです。

ひとりの人間（もう少し正確に言えば、ひとつの魂）は、その意識の進化の程度に応じて、それよりも低いヴァイブレーションの世界を支配している自然法則から解放されていきますが、普遍意識のレヴェルでは、地球生命系という宇宙の中では比較的特殊な表現の場を形成し、魂の進化に必要な環境を現象化するために、地球上を支配している物理的および精神的な自然法則から完全に自由に成り、逆にこの自然法則を自ら決め、司る側に移ります。つまり、普遍意識は地球レヴェルの神としての位置に在るわけで、この意味では、キリスト教で言う「神の唯一の息子」という表現は実質のある言葉なのです。

詳細につきましては、それぞれの項目のところで説明することにしますが、転生（生れ変り）や、自分の行ったことが自分に返ってくる、所謂《いわゆる》カルマを現象化している法則も、この意識のレヴェルでは消失し、物質世界という迷妄の視点、すなわち自分を肉体に限定された個人であると思い、外側の出来事に反応して心が造り出した、様々な感情や想念の動きを事実として誤認していた状態から離れて、総ての状態を正しい視点から眺めることができるように成ります。

お寺などにある三猿《さんえん》、すなわち「観ざる、言わざる、聴かざる」の像は、このような自我意識の状態を表しているもので、解脱していない人間は「見ても正しく観ることはできず、言っても正しく言うことはできず、聞いても正しく聴くことはできない」ということを猿の所作によって表しています。時折、「見ても見ない振りをし、言いたくても言わず、聞いても聞かない振りをする」といった処世訓《しょせいくん》のような説明がなされることがありますが、これは勿論、全くの誤りです。

宗教の開祖になった人に限らず、歴史上の様々な分野で活躍した人達の中には、この普遍意識が自覚していたのではないかと思われる形跡が観られることがあります。下巻、第二十二章「日常の生活」で詳しく説明致したいと思いますが、常時悟っている人（覚者）ではなくても、ひとつの仕事に真剣に打ち込んでいる人には、時折自我が消え去って、普遍意識が顕れるということはよくあります。映画「ライム・ライト」の中では、チャールズ・チャップリンの演ずる主人公のカルベロが、失意のバレリーナに対して「宇宙に在る、地球を動かし、木を育てる力が君の中にも在るのだ」と励ます場面を始めとして、意味深い言葉がキラ星のように出てきます。「銀河鉄道の夜」等で知られる宮澤賢治は「農民藝術概論綱要」の中に、次のような一文を載せています。

「世界が全体幸福にならないうちは、個人の幸福はあり得ない。自我の意識は個人から集団、社会、宇宙と次第に進化する。新たな時代は、世界が一の意識に成り、生物と成る方向にある。正しく強く生きるとは、銀河系を自らの内に意識して、これに応じていくことである」

また画家のヴィンセント・ファン・ゴッホは、弟テオに宛《あ》てた手紙の中で次のような言葉を述べています。

「宗教思想の伝道者となるものは、その思想以外の祖国を持てない。人が幸福に浸るのは地上においてではないし、正直になるのさえ地上においてではない。人が人間にとって何が偉大であるかを識り、高貴に到達して、ほとんど全ての個人の卑俗《ひぞく》を超越するのは、彼岸においてである」

そしてバレエの名手、ヴァスラフ・ニジンスキーは、彼の手記の中でこう語っています。

「この本が出版されれば、あなたは鳥のように自由に成るでしょう。私はニジンスキーと署名したい。だが私の名前は神です。私はナルシズムではなく、ニジンスキーを神として愛します。ニジンスキーには欠点がありますす。だけどニジンスキーの言うことは神の言葉を話しているのだから、聴かねばならない。私は神だ。ニジンスキーは神なのだ」（「ニジンスキーの手記」市川雅　訳）。

では最後に、ヨハン・ヴォルフガンク・フォン・ゲーテの作品から。

「あれ（ファウスト）は、今のところは何が何やら解らぬままに、私（神）に仕えているが、やがては明澄《めいちょう》の境地へ導いてやろうと思っている。植木屋だって苗木が緑の葉を出せば、花や実が来るべき年月を飾ることを識っているではないか」（天上の序曲）。

「常に己《おのれ》自身と一致しているものは、常に他人とも一致している」（箴言《しんげん》と省察《しょうさつ》）。

（「人生について」　関祐　訳　社会思想社）。

ここで読者の皆様に、情報の判断に際しての重要な注意点を述べさせて頂きたいと思います。本書ではこのことに関して、第十八章「光と影の識別」（下巻）という章を特別に設けてありますが、そこまでお読みになる前に、最低限の説明をしておきました方が、途中の章で間違いが起こることを、或る程度まで防げると思います。

これはあらゆる状況の判断に際して共通していることですが、情報はそれが書物であれ、人の意見であれ、あるいはインスピレーションのような形を採って心に生じたものにしても、決してそのまま鵜呑《うの》みにせず、それまでに得たあらゆる知識や直感を総動員して、自分の内側、つまり宇宙と繋がっている心の深奥《しんおう》から識別することが非常に大切です。そして、もし自分で確かめることができないものであれば、「その問題については判《わか》らない」ということを明確にすべきです。単なる好みで、確かめていないことを自分の考えにしたり、安易に受け売りをして、人に伝えたりした場合には、後でそれなりの責任を取らなければならなくなることを覚悟して下さい。

このような態度が必要なのは、本書の理解についても全く同じで、最終的には読者の方々のひとりひとりが、御自分の内側ではたらく普遍意識の展開に因って識別されることが、絶対に必要である点を特に強調しておきたいと思います。本書はそれなりの理由があって著《あらわ》されたものではありますが、これを情報として受け取る読者の皆さんにとっては、他の本をお読みになられたり、誰かの意見をお聞きになる場合と、状況としては区別が付かないわけですから、御自分で確かめられないことについては、肯定も否定もせずに、態度を保留しておかれることが賢明です。

このような注意をするのは、本書の記述に対しても主体性を放棄《ほうき》しないで御自分の判断をして頂きたいという理由の他に、理解ということの本質に関わる問題が含まれているからです。

心は未体験のあるものについて外部から情報が提供されると、それについての何らかの心象や観念を造り出すはたらきをします。この観念はその人の限られた経験の中で組み立てられた推測に過ぎないもので、智慧《ちえ》、すなわち普遍意識の展開に因る正しい認識とは全く異なるものですが、いかにも真実であるかのように、その人の識別心を幻惑する作用を持っています。或る段階までの意識レヴェルにおいては、人と人が異なる見解で言い争うことはよくありますが、これはどちらも自分の考えの方が正しいと感じているからです。ところが普遍意識は、偽物《にせもの》、すなわち心の中で造り出された一切の心象や観念が消え去った状態でのみ顕現されるものですから、或ることについて説明する行為は一見親切なようでも、真実がその人の内から顕れるのを妨げる障害物をわざわざ築くような、お節介になってしまうことがよくあり、そのことに対する注意を促しているわけです。

観念は言わば地図のようなものです。地図は行ったことのない場所の状況を知るのには大変便利な道具ですし、地図を持たずに旅に出れば、自分のいる場所や目的地の見当が全く付かずに、途方に暮れてしまうかもしれません。しかし同時に地図はあくまでも一枚の紙切れですから、地図を見ることと、実際にその場所に行って地図が表している世界を体験する行為とは、全く違った出来事であるわけです。つまり、普遍意識の理解については体験が総てに優先するものであって、自我意識によるどんな推測も、その代用には成り得ないのです。観念は心の中で造り出されるものであって、それ自体は影のようなものであり、中身のない殻《から》のようなものに過ぎませんから、真理、すなわち内なる生命が宿っていない観念には、何の存在の基盤も力もないことを、よくよく理解しておいて頂きたいと思います。

本書をお読み頂くにあたっても、自我意識がいつもやるように、自分の過去の経験と関連させて心の中に何らかの観念を造り出しただけであれば、それは単なる知識であり、あなたの魂にとっては、はた迷惑な制約をひとつ増やしただけに過ぎません。しかしながら本書の内容がきっかけとなって、あなたの内なる自己、遍在《へんざい》する普遍意識の展開を促す心の変容を起こすことができたのであれば、本書の書かれた目的は成就《じょうじゅ》されたことに成ります。

本書では扱う問題の性格上、同一の事柄について、普遍意識の視点から観た実相と、制約された意識から見える現象の両側面から解説を行う場合がありますが、読者の方々は個々のテーマについて、それが普遍意識の観点から言っていることなのか、現象について特定の視点から言っていることなのかという識別を、いつも怠《おこた》らないで頂くことが大変重要です。

普遍意識の顕現を目指している魂にとっては、常に実相のみに意識を向け続けていることがその目的を成就《じょうじゅ》しますから、現象は非実在であり、幻影（マーヤ）に過ぎないことを、あらゆる場合に自覚していなければなりませんが、地上には様々な進化段階にあり、別々の目的を持った魂が表現されていて、それぞれが現象の中で生活することによって学んでいるわけですから、現象についてもそれぞれの世界の中での基本的な仕組みと、それを司っている様々なレヴェルの自然法則を理解しておくことは、地上での生活をスムーズに運ぶ上でとても大切なわけです。

本書ではこのような視点から解説を進めていきたいと思いますが、普遍意識が実相に向けられた時には、その状態を描写することは原理的に不可能であることを御承知おき頂きたいと思います。現在の地球人類の平均的な意識の進化レヴェルにおいては、説明するという作業には、日常的な意識の中で制約された観念を用いる以外には方法がないわけですが、どのような観念であれ、それはひとつの枠組みを造って、それ以外のものを排除することになりますから、そのような限定された意識の状態が「無限」とか「総てが在る」実相を把握できるはずがないからです。

その一方で、普遍意識が現象に向けられたときには、意識の中に識別のできる多様な現象が生じており、私達の多くが日常的に接している物質レヴェルの出来事の他にも、高次現象界とでもいうべき、様々な波動領域にわたる生命活動が知覚されています。この意識状態においては、神、すなわち真実の自分が創造している世界と、偽物の自分である人間の自我の心が造り出した世界（幽界）との関係も明確に観えていますが、これらの高次現象界についても、私達の多くが日常で用いている言葉や観念をもって説明することには、かなり厄介な問題があります。

ではこの辺の事情を解り易くするために、次のような譬え話をしてみましょう。

洞窟の中で暮らしている人達の集団があったとしましょう。彼ら、彼女らは日常の生活は勿論のこと、一生の間、一度もこの洞窟の外へは出ることのない人生を、先祖代々にわたって続けていたとします。このような生活の中で発生し、使われる言語は、当然のことながら洞窟の中での必要に見合った、最低限のものとなるでしょう。真っ暗ですから、色とか光とかいう観念もないわけです。このような洞窟の中の世界の他は何も知らない人達に、彼ら、彼女らの使っている極めて制約された語彙《ごい》だけを用いて、外の世界の事情を説明することがどんなに困難であるかを想像してみてください。例えば、沈みゆく夕日や、ニューヨークのような大都会の様子を、一体どのようにして理解させることができるでしょうか。

高次現象界について、物質世界の観念や言葉を使って説明をしようとするときにも、これと全く同じ問題が生じるのです。私達の多くが、肉体の牢獄に閉けられた五官という小さな穴の窓を通して、辛うじて外を見ているに過ぎないと言われ、昔から多くの先駆者《せんくしゃ》が、高次現象界や実相について口を閉ざしてきた理由のひとつがここにあります。

イエス大師が「私が地上のことを語っているのに、あなた達が信じないならば、天上のことを語った場合、どうしてそれを信じるだろうか」（ヨハネによる福音書　第三章　十二節）と言ったのも、彼に質問をしたユダヤ人の教師のその時の意識では、とても高次現象界を理解できるような状況ではなかったからです。

多くの導師達は、観念によっては説明のできないものを弟子に伝えるという問題に際して、幾つかの伝統的な手段を用いました。比喩はこのような手段の中でも、よく使われるもののひとつですが、既に識っている者に対しては適切な表現であっても、まだ識らない者に対しては、実際とは掛け離れた観念を心の中に造り出すだけで終わってしまう危険も孕《はら》んでいます。

例えば、キリスト教の聖書の中には、イエス大師が譬え話をする場面が数多くありますが、その場では相手の意識を観察しながら、誤解の起きないように話していた場合でも、それが書物になって不特定多数の人々に読まれるようになると、色々な意味の取り違いが生じてきて、二十一世紀の初め頃まで見られたように、たくさんの宗派が個人的解釈で対立し合う、といった混乱の原因になることがあるわけです。

もうひとつ例を挙げてみますと、第四章の則公と法眼の問答の話では、「丙丁童子《びょうじょうどうじ》きたりて、火を求むるに似たり」という言葉の則公の解釈が、初めと後では異なっています。則公も最初はそうであったように、真理を表す言葉も伝える相手が自我意識の中で、過去の経験を寄せ集めて造り上げた観念（迷妄）によって受け取った場合には、その真意が伝わらずに、むしろ躓《つまず》かせることになりますから、諸刃《もろは》の剣《つるぎ》であるわけです。「丙丁童子」については、読者の方はその意図するところを既に理解しておられるわけですが、このことを知識（観念）として知っていることと、実際に普遍意識を体験してその真意を識ることとは、全く別の問題である点を繰り返し注意しておきたいと思います。

禅問答にはこの他にも、「両手を叩くと音がする。では片手ではどんな音がするか」とか、「あなたは何処《どこ》から来て何処へ往くのか」というような設問があり、それに対して相手が何らかの答えをするという形式を持っています。この問答には、言葉では表現できないものについて、弟子がちゃんと理解しているかどうかを確かめる答え合わせのような側面があって、どの設問にも、真理を理解している人にとっては、なるほどと思わせるような答え方ができるものです。この答えはひとりひとりによって異なり、また同じ人であっても、一瞬一瞬その内容が変わってしかるべきものです。

こうした目的を取り違えて、設問に対する模範解答集のようなものを丸暗記するといった、全く無意味なことをする人もいるようですが、答えは叡智から出てくるものであって、他の人の口から出た答えを幾ら蓄えておいても、悟りとは何の関係もないということを、明確に理解しておいて頂きたいと思います。

この他、禅問答にはもうひとつの仕掛けが含まれていて、自我意識によって造られる考え、つまり個人の過去の経験や知識から論理的に答えを導く方法では、絶対に答えの出ない設問について考えを巡らせているうちに、自我意識が思考を停止して空白の状態になることがあり、その瞬間に普遍意識が顕現して悟るという、実体験のための手段にもなっているのです。

この方法は偶然に期待するようなところがありますので、本書では特にお勧めするつもりはありませんが、自我意識の粗雑な波動が静まった時に、それに覆《おお》い隠されていた本来の精妙な波動が知覚されるという、基本的な原理は理解しておいて頂くとよいでしょう。それは嵐の最中には湖の表面には波しか見えていないけれども、凪《なぎ》の時の鏡のような水面《みなも》には、月がくっきりと映し出される関係に似ています。それではこの仕組みを、もう少し具体的に説明してみることにしましょう。

肉体に激しい苦痛のあるときには、私達の多くの意識はそのほとんどが肉体に向けられるために、日常の精神活動さえ行うことが困難になりますが、これは肉体の苦痛という粗雑な波動が雑音になって、より精妙な感情や想念の波動に焦点を合わせることが難しくなるからです。

これに対して肉体が充分にリラックスしているときには、私達は自由に色々なことを感じたり、考えたりすることができますが、リラックスとは不調和な波動が生じていないという意味で、必ずしもソファに横たわっているときのような、肉体が何もしていない状態のことを言っているわけではありません。例えば、楽器を早いパッセージで演奏したり、スポーツをしている最中のように、激しい運動を伴っているときでさえ、肉体の動きに無理がなく、感情や想念のはたらきとも調和の取れた連携プレーが行われているときには、その人はリラックスの状態に在ると言ってよく、この状態が周囲の状況をも含めて高度に調和すると、普遍意識が顕現されて、文字通り「神技《かみわざ》」が成されることがあります。

アストラル体の波動領域においても、激しい感情の動きがあると、この粗雑な波動に妨げられて、それよりも精妙な波動領域で表現される精神活動、例えば理性的な思考ができなくなることは、読者の方々も経験されたことがお有りなのではないでしょうか。またこれとは反対に、想念の表現領域の媒体である下位メンタル体が雑念を起こしていない状態で、なおかつ、アストラル体に崇高《すうこう》な感情が生じて昇華《しょうか》されると、普遍意識のヴァイブレーションと一致することがあります。後者のような解脱のパターンは、アストラル体の発達している人、すなわち論理的に物事を考えるよりも、感覚的に行動することを得意とする人に多く看られます。

一般に西欧（ヨーロッパ）を中心として発達してきた文化の中では、感覚的な判断よりも、論理的な思考によって自らの行為をコントロールすることの方が、より勝れた対応のように考えられてきました。このため女性が重要な物事を決める立場に就くことが、なかなか難しかった時代もありましたが、こうした西欧流の論理的な思考の結果として、地球上に様々な不調和が生じていたことは、二十一世紀初め頃までの世の中を看れば明らかでしょう。ですから感覚的な判断といっても、それが全体を観通《みとお》している普遍意識から来る直感的な判断である場合には、個人意識の限られた視野の中での論理的な結論に較べて、判断の正しさが逆転することも理解しておく必要があります。

勿論、人間の意識の発達の或る段階においては、理性的な思考にも意味があるのであって、粗雑な感情に振り回されて混乱した生活をするよりは、慎重に考えて行動する方が幾分ましであることは確かです。しかしながら、長期間にわたって（今生だけとは限りません）論理的な思考を中心とした精神活動を続けていますと、あらゆるものを既成の概念というフィルターを通して見るような習癖《しゅうへき》が出来上がってしまい、その世界観が唯一絶対であるかのような錯覚が生じるようになります。いったんこのような状態に心が陥ると、元々は自分の心で造り出している観念に、自分自身が支配されるという自縛の罠《わな》が完成し、その人はそれ以外のものの見方が全くできなくなって、本来は完全な自由を持っている意識を限定し、固定観念という迷妄の檻《おり》で囲った牢獄に閉じ込めて、真実を観えなくしてしまいます（これは感情の領域でも、同じことが言えます）。

思考は後述するグニャーナ・ヨガのように、それを解脱へ向かう手段として積極的に用いる場合もあるのですが、通常は自我意識が実体のないものを恰も真実であるかのように見せかけるために、普遍意識を顕現する上では障害物となることがほとんどです。従って真実を見極めるためには、思念の勝手な動きを静めることが、肉体の感覚や感情の統御《とうぎょ》の次に来る重要な課題になるわけです。

前にも述べましたが、普遍意識は私達の多くにとっては日常的な精神活動を超越したものであるために、それについて具体的な説明をすることは原理的に無理がありますし、また慎重に言葉を選んだ記述を通したとしても、それが普遍意識の実体験を伴っていない限りは、実際とは懸《か》け離れた観念を心の中に造り出して、それで解ったつもりになってしまい、却《かえ》って混乱を招く可能性があるわけです。従ってここでは、状況について充分に警告した上で、普遍意識についての糸口を提供させて頂き、後は読者の方々ひとりひとりの識別心にお任せするという形を採りたいと思います。普遍意識が実相に向いている時、すなわち総ての本源、実在としての生命については、前にも述べましたように直接の説明ができませんので、状況に関する間接的な解説を次章で扱うことにして、ここでは普遍意識が現象に向けられた状態で、世界がどのように観えるかということについて、次のようなヒントを挙げてみましょう。

映画の技法で、ひとりの登場人物の視点にカメラを置いて撮影するやり方があります。主人公が歩くときにはカメラが目の高さを歩く速さで移動し、相手役はカメラに向かって語り掛け、主人公は決して画面には登場しないという手法です。もしこの映画の登場人物毎に、このような撮影方法を用いたとすれば、登場人物の数だけの本数の、違った視点をもつ映画ができることになります。凝《こ》り性の監督であれば、全体の中での共通の出来事が、登場人物ひとりひとりの受け取り方によって全く違うような演出をするかも知れません。

さて編集の終わった後で、これらの映画を時間的に同期させて、全部をひとつの部屋で上映したとしましょう。部屋の中のたくさんのスクリーンには、それぞれ別々の登場人物の視点によって描かれた、共通の物語が同時に進行していきます。私達の多くが日常の意識状態でこのような映画会に参加したとしても、全部のストーリーを一度に追うこと等は到底できませんが、普遍意識ではその総てを把握することができるのです。

ここに挙げた例では、スクリーンの数は登場人物、すなわち人間の数だけしかありませんが、実際の普遍意識においては、映画に登場するあらゆる存在物、例えば猫とか植木、自動車や建物から道端の石ころひとつに至るまで、それぞれが主役のスクリーンが存在します。しかもそれぞれのスクリーンが、あちこちに点在する独立した断片として見えるのではなく、統一した全体としての、ひとつの巨大な立体的ヴィジョンの色々な側面を構成しているのです。

この立体的ヴィジョンの中では、全体の中心である内側から外側を観る視点であるために、単なる光景だけではなく、感情や想念といった、ひとりひとりの表面意識や潜在意識の奥底にあるものまで丸見えに成りますし、後述するアストラル・レヴェルやメンタル・レヴェルといった精神階層の波動領域に表現されているものも、総て観ることができます。更には、時空間を超越している波動領域の視点であるために、その個的意識の発達段階に対応して、地球全体、太陽系全体、銀河系全体がそれぞれ視野に収まり、過去から未来にわたる無限の時間のうち、個的意識の進化に対応する範囲（その意識が表現を始めてからの時間）が「永遠の現在」として、ちょうど上空からパノラマを見降ろしているように、一望できる視点を持つのです。従って普遍意識の視野の中では、地球の裏側で木の葉一枚が地に落ちるのはもとより、数億年前に何百万光年も離れた星で起こった出来事の一切に至るまでが明確に観えているという、文字通り全智《ぜんち》の状態が在るわけです。

「神が観賜《みたまう》が如《ごと》く私も観るのである」（イエス大師）という言葉はまさにこの普遍意識において真理と成るのです。普遍意識の持つ様々な側面のうち、視覚的なものについて極めて大雑把《おおざっぱ》に説明するとすれば、こんな感じでしょうか。

「その日を境に、私には、私自身の無形の自己と異なるものは何も観えませんでした。そしてその自己の中には、全宇宙が小さな泡のように存在しているのです」（マータ・アムリターナンダマイ大師／アンマ）（"Mata

Amritanandamayi A Biography" Chapter 8, P144, L11-L14 Mata Amritanandamayi Mission Trust Amritapuri P.O., Kollam Dist Keralam, INDIA 690 525 日本語版「『アマチ』マータ・アムリターナンダマイの伝記」第八章 百二十九頁 鈴木由利子 稲垣奈穂子 訳 日本MAセンター)。

これまで述べてきましたように、意識というものは、宇宙全体がひとつで在る普遍意識こそが真実の姿ですから、日常私達の多くが自分と他人とを区別し、個人個人を独立したパーソナリティ(現象我)として知覚している意識の状態というものは、この地球上で特殊な体験を得るために生じている、一時的な現象として存在しているものです。なお、ここで一時的と言いましたのは、場合によっては数億年にわたることさえあるのですが、永遠の時間に較《くら》べて、このような表現をしているわけです。

本質的には誰でも、表面の個人的な意識から、実相である普遍意識に至るまでの様々な波動領域が、常に自分の内側に存在しています。しかしながら本人にとっては、その時に意識を向けている媒体の波動に因って外の世界が参照され、現象化されますので(この仕組みについては次章で扱います)、意識の焦点の合っている波動領域だけが、その人にとっての世界として知覚されることになります。特に地球生命系においては、現象としての余りにも長い期間にわたって、極めて大勢の人達が物質的ヴァイブレーションの出来事に意識を向け続けていたために、強大なエネルギーを持った物質世界の想念形態(固定観念)を精神階層に造り上げてしまい、その影響から離れることが難しくなっている事情があります。

この地球生命系の Time and Space Illusion(時間と空間が存在するという幻想)や「硬さを持った物質があるという幻想」等の、物質世界特有の世界観や、それぞれの民族が長い歴史の中で形成してきた強力な固定観念は、その内部で表現を行っている意識にとっては極めて囚われ易い制約になり、普遍意識への解脱を妨げる一種のエネルギー障壁《しょうへき》になっていて 地球生命系全体が、真実ではない或る種の想念のエネルギーが集約された、ブラックホールのような世界(幽界)を造り出していました。

従って、この地球生命系の内部における特殊な進化の過程を選んだ私達の多くが、地球生命系の重力圏ともいうべき迷妄の精神的エネルギーの場から、自由に外へ出ることのできる意識の状態に戻るためには、私達のうち多くの魂にとっては、現象世界の中で気の遠くなるような長い時間にわたって影響を受け続けてきた、地球上、すなわち物質的ヴァイブレーションとその近辺に表現されている世界の、あらゆる固定観念から自由に成らなければなりません。このことは理解するのは易しいかも知れませんが、実践してみると大変難しい課題であることがお解り頂けると思います。

しかしながら、地球生命系という強大な暗黒のエネルギーの場にいったんは埋もれ、その場に繰り広げられている厖大《ぼうだい》な時間を費やして、終《つい》に帰還《きかん》した（普遍意識を自覚した）魂達は、他の多くの生命系では決して到達することの不可能な、偉大な存在へと成長を遂げることができるのです。

それは他の恒星系の個的表現や集合意識（地球外生命、宇宙人）にとっても憧憬《どうけい》の的《まと》となる素晴らしい瞬間です。個的意識から解脱して七つのチャクラが解放されると（チャクラについては後述します）七色の光線が完全に調和してオーラは白色に成りますが、真昼の明るさでさえも闇と見紛《みまか》うばかりに光輝く、雪のような純白のオーラを全身から放ち、荘厳《そうごん》な波動で周囲を圧倒しながら、瞬《また》く間に視界から消え去っていく（もっと高いヴァイブレーションに移る）地球生命系の卒業生に出逢《あ》う体験をすると、感動の余り「私もあの人（魂）のように成りたい」と、量り知れない困難の待ち構えている地球生命系での進化を望むようになった他の恒星系の人達さえもいたのです。

キリスト教の聖書には、「放蕩息子の譬え《ほうとう》」という、有名な話があります（ルカによる福音書　第十五章十一節〜三十二節）。金持ちの息子が放蕩生活をして、父親から譲り受けた財産の分け前を使い果たし、無一文になって困り果てたあげく、息子としてではなく、一僕《いちしもべ》（召使）として使ってもらおうと、父親の許《もと》に還ってくると、父親は喜んで肥えた子牛を屠《ほふ》ってお祝いの御馳走《ごちそう》を並べ、一僕としてではなく、息子として迎え入れるというものです。

仏教に詳しい方は、法華経《ほけきょう》にこれと非常によく似た話があることを御存知かと思います。還って来た息子を見付けた父親が、使用人を行かせて捕まえようとさせると、息子は奴隷《どれい》にされてこき使われるのではないかと思って必死に逃げ回り、最後は恐怖の余り気絶してしまうという微妙な違いはありますが、話の筋は大体同じです（信解品《しんげぼん》　第四）。

この話は一般には、「好き勝手なことをして生活をしていた人間が、反省して神（仏）の教えに従うようになる」というだけの意味に取られることが多かったのですが、本来の放蕩息子とは、地球上で長い間生活をしているうちに、物質世界の様々な現象に心を奪われてしまい、いつの間にか自らの本源を忘れてしまって、自分は他から独立した存在であると信じ込んでしまった、自我意識の状態を表しているのです。

この分離意識をいったん持ってしまうと、魂によっては物質とそれに近い波動領域に留まったまま、地球上では大変な時間に相当する期間、迷妄の生活を続けることになり、極端なケースでは何十万転生という長期間にわたって、地球生命系に滞在することがあります（更には、後述する地球の波動変化に付いていくことができずに、より進化の低い段階の進化系に転生していく場合すらあります）。そしていつかは、自分の周りで起きている様々なことに疑問を感じるようになって、自らがどこから来たのかという、本源を探し求める時期がやって来ます。これが父親の許に還る時です。つまりこの話は、当時の人達にも表面的には理解できるような譬えでありながら、地球生命系での進化の仕組みについて語っていたものなのです。

ところで聖書の放蕩息子の話の中には、もう一人の息子が登場して、自分は何年も父親の許から離れずにいて、一度も父親の言い付けに背《そむ》いたことはなかったのに、自分のために子牛はおろか、子山羊《こやぎ》一匹もらったことはないと不平を言う場面があります。一般には、この兄は義人《ぎじん》（正義を守る人）の譬えとして解釈されているのですが、どんなに良いことをしていても、普遍意識を忘れて、現象としての外界に自我意識で反応しながら生活している限りは、人間はほぼ全員が放蕩息子なのであって、この兄は、現在の地球人類の大半の人達よりも遥かに昔に誕生（個別化）し、物質レヴェルには直接の表現領域を持たない、人間とは別の進化系列に属す個的表現のことを暗示しています。

彼らは人間と違って自由意志がなく、自然法則に従って行動しますので、自然法則に反した時にそれが自分に還ってくるカルマを造ることがありませんが、その分経験のできる範囲も限られています。彼らはキリスト教では天使、ヒンズー教ではデーヴァ（神々と訳されることが多い）等の名前で呼ばれています。

さてこの譬え話には、この他にも幾つか示唆《しさ》されていることがあります。放蕩息子が戻ってきた時、まだ家からは随分と距離があるうちに、父親が彼を見付けたと、聖書には書かれていますが、これは私達が自らの内に在る本源に意識を向けるようになって、たった一歩でも近付くための努力をするならば、その何倍、何十倍、何百倍もの援助が、私達の多くの識らないレヴェルで行われることを意味しています。また息子が還ってきた時に父が用意してくれた御馳走というのも意味があるのですが、それが何であるかは、皆さんのひとりひとりが本源で在る普遍意識を自覚した時のお楽しみということにしておきましょう。

その時は全ての人にいつか必ずやって来ますが、それを早くするか遅くするかは、本人の熱意と努力、過去生を含む愛の表現の程度、それにどれだけ素直な心の状態に成れるかに掛かっています。これはお父さんが厖大な遺産を残してくれたようなもので、あなたがその事実を知らなければ、ないのと同じですし、どこの銀行に口座があるのかを知り、そこにあなたが出向いて、必要な手続きをして初めて、自分のものとして使えるようになるわけです。

普遍意識の顕現は普遍意識が自ら行うのであって、私達の多くが日常自分だと思っている個々の意識（現象我）が行うのではありません。従って、どのような手段を採るにしても、解脱を目標に掲《かか》げてそのための努力に執着すると、自分では気が付かないうちに自我意識をはたらかせていて、努力をすればする程、自我をますます強化する作業になり、結果として却って解脱を妨げてしまうという、多くの人達が陥ってきた罠に嵌《はま》ってしまう危険があります。ですから当面の私達にできるのは、普遍意識が外界に顕現する邪魔《じゃま》をしないこと、ただそれだけであることを充分に理解して頂きたいと思います。

そのひとつの方法は、心をはたらかせることを放棄して、完全なる沈黙の中に自らを置き、一切を成すのは内なる生命で在ること、自我は幻影であり、自我の中で造られるあらゆる想念、感情、感覚は実在するものではないという真理を、徹底的に理解することです。これは決して目新しい方法ではなく、あらゆる時代において、それを求める人達には内側から常に啓示され、真の指導者からは教えられてきたことなのです。このような普遍意識が顕現することを手助けするような幾つかのヒントについては、下巻、第二十二章「日常の生活」および第二十三章「霊的向上の方法と瞑想」の章で詳しく説明することにしたいと思います。

様々な民族に伝承されている色々な物語の中には、解釈の仕方によっては、これまで解説してきた普遍意識をテーマに扱っているのではないかと思われるものがたくさんあります。

真理について述べる聖典の場合とは違って、物語の解釈は主観でなされるものですから、個々の人生の場合と同じ様に、ひとつの物語には読む人の数だけ違った解釈があっても良いことになりますし、それぞれの人にとっては、その時に気付くべき学びがそこから得られるわけですから、個人的なレヴェルにおいてはどんな解釈も価値があるのですが、こうした状況とは別に、それぞれの物語が書かれた時に作者もしくは精神階層の人々によって、或る意味が意図《いと》されるような場合があります。ここでは日本の代表的な古典の中から、このような仕掛けを持っているものをひとつ採り挙げてみることにしましょう。

かぐや姫（「かくや姫」と発音する説もあります）の登場する竹取物語は、童話としても広く親しまれていますが、この話を地球生命系の人間のこれまでの意識状態という視点で捉えて観ますと、なかなか興味深い要素が含まれています。

物語の作者は、歴史的には不詳とされているのですが、ほぼ九世紀後半から十世紀前半に書かれたものというのが定説で、かぐや姫に求婚する五人の皇子《みこ》のうちの三人は、実在の人物の名を借りて書かれています。

かぐや姫は五人の求婚者にそれぞれ難題を出して、それを叶えたものと結婚するというのですが、このひとつひとつの課題と、それぞれの求婚者の対応の仕方が、解釈によってはなかなか象徴的なものとなるのです。

それでは本文の内容を観ていくことにしましょう。

かぐや姫はまず石作皇子《いしづくりのみこ》に「仏の石の鉢」を持ってくるようにと求めます。仏の石の鉢とは、釈迦大師が修行した霊鷲山《りょうじゅせん》に安置されているという石鉢で、大師がそれを食器として用いたことがあるために、その波動を受けて青紺の光（オーラ）を放っていると言われます。

石作皇子は「天竺《てんじく》（インド）へ仏の石の鉢を取りに行く」と言ったのですが、三年程して、大和の国（今の奈良県）の或る山寺にあった、真っ黒に煤《すす》けた鉢を取ってきて錦の袋に入れ、造花の枝に付けて持ってきます。つまり何の努力もせずに、全くの偽物を持ってきたわけで、かぐや姫が診ると光が出ていないので、その場でばれてしまいます。この後で、かぐや姫の光の前では鉢の光も消え失せるという、言い訳の歌を石作皇子がかぐや姫に贈る場面があります。

車持皇子《くらもちのみこ》は、蓬莱《ほうらい》の玉の枝を持ってくるようにと求められます。蓬莱とは、中国の東方の海にあると言われる伝説の島で、そこの山には、銀の根と金の茎とを持った、真珠を実に付ける木が生えているというのです。

車持皇子は一計を案じ、玉の枝を採ってくると宣言して、部下達の見守る中を難波《なにわ》（現在の大阪市附近）の浜から船出した後、三日目にこっそりと帰って来て腕の良い六人の鍛冶《かじ》職人と隠れ家にこもり、姫の言った姿に似せて玉の枝を造らせます。車持皇子が優曇華《うどんげ》（三千年に一度、金輪王《こんりんおう》が世に現れる時に咲くと言われる花で、ここでは蓬莱の玉の枝の意）を携えて帰って来たという噂《うわさ》を聞いたかぐや姫は、もはや皇子に負けてしまったのかと嘆き悲しみ、車持皇子はかぐや姫の養父である翁《おきな》を相手に、玉の枝発見に至る大冒険物語をでっち上げて、滔々《とうとう》と語ります。

ところが、この車持皇子の大掛かりな計略は、玉の枝を造った職人達が、報酬をまだ貰っていないとかぐや姫のところに陳情してきたために、たちまち発覚してしまいます。このエピソードでは、頭も使い、手間も掛けたけれども、皇子の努力はかぐや姫を偽ることだけに向けられていたということが、ひとつのポイントになっているわけです。

余談ですが、優曇華の木は植物学的に看ると花に当る部分はあるのですが、外側からは見えない構造になっているために、一般には花がないと思われています。仏教ではこれに、理想の帝王である金輪王が世に現れると言われる周期を掛けて「三千年に一度咲く花」という意味を持たせているのですが、ここで言う三千年とは象徴的な意味に過ぎず、具体的な時間を言っているわけではありませんので、注意して頂きたいと思います。

また金輪王とは、即位の時に天から輪法《りんぽう》を感得し、それに因って国を治めるという転輪王《てんりんおう》の最高位に当るもので、「広辞苑」によれば、感得する輪法によって金輪王、銀輪王《ごんりんおう》、銅輪王、鉄輪王の四輪王があるとされています。


三人目の挑戦者、右大臣阿部御主人《うだいじんあべのみむらじ》は、かぐや姫から唐土《もろこし》（中国）にあると言われる、火鼠《ひねずみ》の皮衣《かわぎぬ》を持ってくるようにと注文されます。火鼠は野火の中に生れると言われ、その皮は火に焼けないため、汚れたら洗濯の代わりに火に焼いて綺麗《きれい》にすることができるというものです。阿部の御主人は財産があったので、その年にやって来た唐土の船主の王卿《おうきょう》という人に手紙を書いて、火鼠の皮衣を買い求めてくれるように依頼し、代金と共に自分の部下に届けさせます。王卿は大変難しい注文だけれども、ともかく探してみようという返事をよこし、しばらくして、昔、天竺の高僧が唐土に持ってきたものを西の山寺で見付け、朝廷に願い出て買い取ってきたことや、予算をかなりオーヴァーしてしまったという内容の手紙を添えて、使いの者が皮衣を持って阿部の御主人のところに戻ってきます。阿部の御主人はたいそう喜んで追加のお金も支払い、かぐや姫のところに届けるのですが、試しに火の中に放り込んでみたところ、めらめらと燃えてしまいます。

このエピソードでは、お金に頼って自分の仕事を人任せにしたことと、他人の言うことをそのまま受け売りにしたことが失敗の原因になっています。もう少し奥儀的《おうぎてき》な読み方としては、火鼠の皮衣というかぐや姫の与えた課題が、「火の洗礼を通り抜けることができる者」という意味を表していて、普遍意識に至る関門を象徴している、という解釈もできるでしょう。

大伴《おおとも》の御行《みゆき》の大納言《だいなごん》は、龍《りゅう》の頸《くび》にある「五色の光ある玉」を持ってくるように言われます。龍は一般には架空の生物と思われていますが、もう少し適切な表現をするならば、物質的ヴァイブレーションよりやや精妙な、ある波動領域を参照した時に現象化される生命の個的表現形態で、様々な時代において、その波動領域の視力を持った、比較的少数の人々に目撃された情報が、集合的に伝説になっているものです。こうした龍についての情報の中には、「南総里見八犬伝《なんそうさとみはっけんでん》」の中で、里見義実《さとみよしざね》が龍について語る件《くだり》とか、南方熊楠《みなみかたくまぐす》の「十二支考」のように、詳細にわたって具体的な記述をしているものもあります。「五色の光ある玉」については、十二支考に「頷《あぎと》の下に明珠《めいしゅ》（透明で曇りのない玉）あり」と書かれているものを指しているとか、竜王の脳の中から出た玉で、これを手に入れれば何でも願い事が叶うとされる摩尼宝珠《まにほうじゅ》のことを言っているとか、色々な見方があるようですが、後で述べますように、人体のエネルギーの中枢であるチャクラの、それぞれの色を象徴しているとする解釈も面白いかも知れません。

歴史上の大伴氏は朝廷に仕える武士であったことから、龍の頸から玉を獲ってくる等という設定に使われたようですが、物語の中の御行《みゆき》の大納言は、まず部下達に命じて、五色の光ある玉を獲りに行かせます。ところが部下達は、幾ら主《あるじ》の命令とはいえ、「そんな無体《むたい》なことはやってられないよ」とばかり、旅費その他を山分けして自分の家に帰ったり、好きな所へ行ってしまいます。いつまで経っても音沙汰がないので、御行の大納言は自分で龍を捕まえに行くのですが、船に乗ってあちこちに行くうちに、筑紫《つくし》（現在の九州）のあたりで暴風雨に遭遇《そうぐう》します。散々な目に遭ったあげく、命からがら播磨《はりま》（兵庫県の南西部）の明石《あかし》の浜に辿り着いた大納言は、暴風雨は龍の怒りだったと考えて、恐ろしさの余り頸の玉を手に入れることを諦《あきら》めます。このエピソードでは、初めは人任せにしていたのを改めて、自分で努力したことや、武勇に勝れた人であっても挫折《ざせつ》してしまったことで、人間（自我意識）の力だけでは達成し得ない課題であることが読み取れるかと思います。

霊性開発に関心のある人達の中には、正しい知識を欠いているために、肉体や幽体が充分に浄化される前に、脊椎と空間的に重なっているエネルギーの通路（スシュムナ・ナディ）に、クンダリーニと呼ばれる生命エネルギーを通して、肉体と幽体その他の媒体との間を連絡するエネルギーの中枢であるチャクラを解放しようと試みて、非常に危険な目に遭う人達がいます。

天に登って飛翔《ひしょう》し、地に降りて潜《ひそ》む龍をこのエネルギーと見なし、五色の光ある玉をそれぞれのチャクラとして捉えると、こうした無謀な霊性開発が、御行の大納言に与えられた課題と重なってくるわけで、結果として生じる精神的、肉体的混乱を暴風雨が象徴していると考えるのも、なかなか面白いのではないでしょうか。

なお、基本的なチャクラの色は七色ですが、古代の日本ではエネルギーを五つに分けて、五色としていたことを知っておいて頂ければと思います。


中納言石上《ちゅうなごんいそのかみ》の摩呂足《まろたり》は、燕《つばめ》の持っている子安貝《こやすがい》を持ってくるように言われます。石上の摩呂足は人気者だったらしく、周囲に色々とアドヴァイスをしてくれる人がいて、燕をたくさん殺してみても、腹の中に子安貝はなかったとか、卵を産む時に散らばるのだとか、人が見ていると消えてしまうとか、色々なことを教えてもらいます。そして燕が卵を産む時には尻尾の羽根を持ち上げて七回くるくると廻すというので、籠に人を乗せて待機し、そういう様子が見えたら綱で巣のところに引っ張り上げて、子安貝を採ろうという計画になります。

摩呂足は初め部下にやらせるのですが、何も見つからないのに腹を立てて自分で籠に乗り、様子を見ていると燕が尻尾を上げたので、巣の中に手を入れてみると何か手応えがあります。摩呂足は成功したと思って喜びますが、早く降ろそうとした弾みに綱が切れて、八島《やしま》の鼎《かなえ》の上に落ち、腰の骨が折れてしまいます。おまけに、しっかりと握った手を開いてみると、そこにあったのはただの燕の糞《ふん》、摩呂足は子安貝を手に入れられなかった落胆よりも、人から嘲笑されることを気にしてだんだん衰弱し、そのまま死んでしまいます。

その話を聞いて、かぐや姫は少しばかり心を動かされますが、これは他の皇子達には見せなかった反応です。このエピソードでは、本人が真剣に努力し、命さえも失ってしまったけれども、それでも目的は果たせなかったというところがポイントになります。五人の皇子達のかぐや姫から与えられた課題への対応は、偽りであったり、真面目であっても間違っていたり、努力をしても達成できなかったりと、いずれも地上的な自我意識（現象我）の限界を表しており、天の意識を象徴するかぐや姫との結婚（普遍意識の顕現）には無力であることが仄《ほの》めかされています。

この後、帝《みかど》の求婚という話になって、帝がかぐや姫を無理やり連れて行こうとすると、かぐや姫の姿が消えて影になってしまうという、興味深い場面があり、それからいよいよかぐや姫が月の世界に還る件となります。

かぐや姫は竹取の翁に、自分が月の都の者であることや、前世からの因縁《いんねん》で地上にやって来たのだけれど、八月十五日（旧暦）の満月の日には迎えが来るので、還らなければならないこと等を話します。この中で「月の都では、ほんの片時と思っていたことが、地上では長い年月を過ごした」と、かぐや姫が語る場面がありますが、このことは、本来時間のない普遍意識と、時間の流れが表現されている物質世界に肉体を持って化身したときの意識の、感覚の差を表していると考えるとしっくりとします。

かぐや姫に月の世界から迎えが来ると聞いた帝は、二千人の軍勢を翁の家に派遣して、これを阻止しようと謀《はか》るのですが、いざ大空より天人達が降りてくると、皆、戦意を失ってしまいます。

ここで天人が竹取の翁を「汝、幼き人」と呼ぶ象徴的な場面がありますが、この言葉は、地球上の様々な固定観念に制約された、自我という幻影に囚われている未熟な意識状態を指しているとも考えられるわけです。この前後では、月の都の人は美しくて年も取らず、心配事もないとか、かぐや姫は罪を犯したので、その償《つぐな》いのために地上に化身した、等々の意味深い言葉が語られていきます。

この後、天人が天の羽衣と不死の薬を持ってきて、かぐや姫に薬を舐めさせ、羽衣を着せようとしますが、かぐや姫は、羽衣を着ると心が変わってしまうので、その前に一言残しておきたいと帝に手紙を書き、歌を一首詠《よ》んで、壺の薬と一緒に使いの者に渡します。そして天人が羽衣をかぐや姫の肩に懸《か》けると、その瞬間に翁に対する心残りは跡形もなく消えてしまいます。

不死の薬とは、永遠不滅の生命そのものである普遍意識が自覚することを表していると考えると、まさにぴったりとしますが、普遍意識においては地上のあらゆる価値観や、自我意識で造り上げた一切のドラマが幻影であったことに気付くので、こうした地上生活の執着から解放されることが天の羽衣を着るという行為に象徴されています。

皇子や帝の求婚をかぐや姫の側から観れば、地上のどんな誘惑にも負けずに、永遠の平和の住処《すみか》（プラサンティ・ニラヤム）に還ることができたという物語に成るわけです。かぐや姫が不死の薬の入った壺を帝に贈ったのは、地上の人もまた、天上へ還るべき存在なのだというメッセージであると考えられますが、帝はその真意を解することができずに、

「逢《あ》ふことも涙に浮かぶ我が身には、死なぬ薬も何にかにはせん」

と詠んで、天に一番近いと言われる駿河《するが》の国（静岡県）の山の頂上に、歌を書いた紙や壺の薬を並べて火を付けさせます。

物語はここで終わりますが、地球上に幾つかあるエネルギー・センターの中で、人間の頭頂にあるサハスラーラ・チャクラ（肉体を通して普遍意識が顕現する際に、この経路が用いられる）と同じ種類のエネルギーが強く表現されている場所が登場するのもなかなか興味深いところです。また天人がかぐや姫を迎えに来る日が旧暦の八月十五日であるのも、満月の日には太陽と地球と月が一直線上に並び、太陽から月に流れるエネルギーの一番密度の高い位置に、地球が入ることを踏まえています。

古《いにしえ》の賢者達は、重要な情報を親しみ易い物語の中に隠して伝承させ、人々の潜在意識の中、あるいは民族の集合意識の中に眠らせておいて、将来それを必要とする人が現れた時に、本人の理解力がパスワードになって、本来の意味を引き出せるように仕組んだとも考えられるわけです。この方法は、奥儀の紛失を防ぐ忠実な管理者を、長い歳月にわたって継承させたり、未熟な人達に知識を誤用されることを避けるために機密の保持をしたりする必要がないわけですから、実に巧みな手段ではないでしょうか。

童謡の「籠目籠目《かごめ》」や、「通りゃんせ」も、このような視点で観ると大変面白い要素を含んでいますので、御興味のおありになる方は、歌詞を研究されてご覧になられるとよいでしょう。

日本語の創成の一部には覚者が関わっていて、例えば素《す》という言葉は、あらゆるものが現象化する大元で在る、常在の生命を表していて、この「素」から生じた「素晴らしい」という言葉は、雲があってもその上には必ず太陽が輝いているように、自我の造り出した迷いがどんなに混乱した現象を引き起こしていたとしても、その背後には、無限の叡智であり、完全な平安である普遍意識が常に在ることを示しています。また「素直」という言葉も、「素《もと》から直《じか》に」、つまり「普遍意識から直接」というのが本来の意味であって、一般に誤解されているように、自我意識の人間のいうことを何でもハイハイと聞くような性質のことを言っているわけではないのです。

イエス大師が、パリサイ人の律法学者に対して一歩も譲らなかったのも、彼が真の意味で素直だったからですが、このことと、単に我を張る行為とは、文字通り天と地の差がありますから、混同しないようにして頂きたいと思います。

この他、「息子」という言葉は「神の息（生命）の子」という意味を持っていますし（「娘」も同じ意味で「息女」と書きます）、「観光」という言葉も、本来は「光（実相）を観る」という意味であって、物見遊山《ものみゆうさん》に興じることではなかったのです。源《みなもと》からの表現は、当然のことながら、完全な調和をこの地上にもたらしていました。日本人が「和」を大切にするのはこうした古き佳《よ》き時代のエネルギーが民族の集合意識の中に残っているからですが、このような成熟した魂達が地球生命系から卒業していった後に、新たに若い魂達が地球圏に転生してきたり、後述するカリユガの時代に入って地球全体のヴァイブレーションが低下してくると、分離感を持った自我意識が生じて全体的な視野を持てなくなったので、社会生活を上手くやっていくための決まりを外側に設けて、皆がそれに合わせて生活することが和であると考えるようになったのです。

こうした社会生活上の慣習という暗黙の了解は自我意識の狭い視野で形式的に適用されるわけですから、様々な状況の中では不合理な制約にもなり、普遍意識の自在な表現を窒息させて、個人の内部に様々なストレスを蓄積することになります。このような不調和なエネルギーは、何らかの機会に解放されないと社会を維持することが困難になりますから、日本では祭りとか、酒席とかの無礼講《ぶれいこう》の場が、安全弁の役割を果していたわけです。

これに対してヨーロッパを中心とした文化圏では、自我意識が各自の狭い意識の中で自己主張をする、という形で社会が発展してきました。このような文化の展開の仕方では、個人対個人、個人対国家、民族対民族、人間対自然というように、個人の外側にストレスを造っていきます。これらは意識の未発達な段階では必然的に起こる現象ですから、どちらが善いとか悪いとかいうような問題ではありませんが、日本文化とヨーロッパの文化圏とでは、それぞれ違った道程《みちのり》を辿ってきたということ。日本は明治維新と第二次世界大戦をきっかけとしてヨーロッパのやり方をも学び、両方の意識構造を理解できる立場にあることを理解して頂きたいと思います。

普遍意識の顕現は、過去の多くの時代においては、進化した魂の表現するほんの一握りの天才が、超人的な努力の結果として可能ならしめたものでしたが、地球人類の意識が進化していることや、二十世紀末から二十一世紀初めに架けての地球自体の大いなる変容の影響で、次第に普通の人達が普遍意識を顕すような現象が起こり始め、やがては生まれて来るほとんどの子供達が、初めから普遍意識の中に在るように成って、それに伴い地球人類の意識構造は全く違う段階に移行することに成ります。目覚めた魂が地球圏を卒業していく過程は、地球生命系が、後述する二万五千七百六十四年周期の二分点のひとつに当る、魚座(パイシス)の時代から水瓶座(アクエリアス)の時代に移る過渡期《かとき》には必ず起こってきたことなのです。

「その時、水瓶を抱えた人が天の曲がり角を横切って進み、人の子の印《しるし》が東天に顕れるであろう。この時、賢きものは頭を挙げ、世の救いの近いことを識るであろう」（イエス大師）。

更に今回はそれだけに留まらず、地球の下限媒体としての表現が、物質的ヴァイブレーションから、より高い波動領域に移行する、相対的に長い周期（およそ五十六億年）の過渡期にも一致しているという、際立った時期に当っているのです。これは人間と地球は共に進化を続けており、人間にいつかは肉体を離れる時期があるように、地球もまた地球上に生息する人類が普遍意識に目覚めていく反映として、人類の意識の変化に対応する、より高い波動領域での表現が中心に成るように自然法則がはたらいているからです。

この地球人類の意識の大いなる変容と、それに伴って起こる地球上の現象的な変動（マハー・クランティ）は、私達の多くが今回地球上に生命を表現している間にかなりの規模で行われ、本書が著された時点で既に始まっていましたが、この光に至る変容を、象徴的に「黎明《れいめい》」という言葉に託してあります。

GENESIS

第六章　創造の原理

これまでの章では、私達が外側に存在していると思っている世界が、一体どのようにして心の中で造り出されているかということの背景を詳しく観てきました。そして、世界として表現されている様々なものも、実際に存在しているのは光や物質等の本質的な部分、すなわち波動に過ぎないということも、ある程度理解して頂けたのではないかと思います。

本章では、こうした世界を構成している様々な波動が、いかにして創造されたのかという、宇宙創成の仕組みについて、私達の扱える言語や概念の制約の中で、できる範囲の説明を試みてみたいと思います。

これまでにも詳しく観てきましたように、眼に見える光景を造り出している形や色、耳に聞こえる様々な音、そして体で触れた時に感じる感触というように、外の世界に存在しているものの性質として、私達が五官で知覚している一切の感覚は、感情や想念といった精神的な表象と同じように、心、すなわち私達の高次媒体に生じた波動に因《よ》って映し出された主観的な映像であり、実際に存在しているものではありません。

唯一の実際に存在しているもの（実在＝リアリティ）とは、これら一切の現象を生じさせている原因であり、それと同時に、これらの出来事を認識している私達の実相なのであって、両者は本質的に同じものなのです。

実在とは遍満《へんまん》する無限のエネルギーで在り、時間がなく、空間的な距離もなければ方向もなく（時空間は、現象の一側面に属するものであることを思い出して下さい）、形もなければ色もなく、総《すべ》てがそこに「ただ在る」状態のことです。この状態を仏教では「無」とか「空」とかいう言葉で表現しますが、これはこれらの言葉から想像されるような「何もない」という意味ではなく「総てが在る」という状態を示しているのです。

このことを理解するためには、私達の多くが日常の感覚で「何かがある」という時には、そこには何らかの形で制限されているもの、つまり全体ではなく、一部分に意識の焦点を合わせて見ているということに注意して下さい。私達の多くが日常の意識で様々なものを認識することができるのは「他のものと区別をすることができる部分」すなわち個性を見ているからなのであって、それは全体から色々なものを削除していった時に初めて顕れてくるものなのです。

「無限なるものに個性はありません」とは、シルバー・バーチの至言《しげん》ですが、それはちょうど、プリズムを使って太陽の光を分けた時に、赤とか黄とか緑とかいうように識別できる個性を持つのに対して、全部をひとつにすると無色に成ることと似ています。この完全な無色の状態、総ての波動を持っているために識別することのできない、現象として表現される以前の実際に在るもののことを、本書ではその場の状況に応じて「実在」「生命」「愛」「真理」その他の言葉で表すことに致します。

（"Silver Birch Anthology" Edited by William Naylor, Psychic News Bookshop, 20 Earlham Street, London WC2H 9LR England　日本語版「シルバー・バーチの霊訓」第四巻　六十二頁　近藤千雄　訳　潮文社）。

読者の方々の中には、このような本書特有の言葉の使い方について、当初は違和感を覚える方もおられるかも知れません。しかしながら、本書を最後までお読み頂ければ、日常私達の多くが余り注意を払わずに使っていたこれらの言葉が、本来は何を意味していたものであるのか、そしてこれまでいかに間違った意味で使われていたのかということが、お解り頂けるのではないかと思います。ここではひとつだけ採り挙げておきますが、例えば「真理」という言葉は、一般によく誤用されているような「正しい考え」という意味で用いると色々な混乱が起こってきます。

これまでの章で詳しく観てきましたように、「考え」とか「概念」とかいうものは、自然界に生じている様々な現象や、人間の心に生じる多様な心象を人間が理解するための手段、つまり知覚作用の表現様式なのであって、それが譬《たと》えどんなに真実味を伴っていたとしても、心の中で造られた映像に過ぎず、真実に存在するもの、すなわち自然界そのものではありません。

真理とは、元々が自然界の実相を示す言葉であって、本来の意味での「神」と同義の位置に置かれるものです。真理とは唯一であり、常在普遍《じょうざいふへん》なるものですが、これに対して真理の表現である自然界の現象（波動表現）や、それが人間の五官によって知覚され、心の中に造り出される感覚の表象《ひょうしょう》と、それから更に生み出される感情や想念の表象は無限に存在するわけですから、人間の論理的思考レヴェルの理解において、真理を具体的な観念として定義することはできません。もし定義してしまえばそれはひとつの制約になりますから、それ以外のあらゆる可能性を排除するようになるわけで、無限なるものを自分達の未熟な意識状態まで引き摺り降ろして、有限の枠に閉じ込め、分かったつもりになるという愚《おろ》かな行為になり、論理的な思考を好む人達が慎《つつし》むことの難しい典型的な間違いを犯すことになります。

人がいったんこのような枠組みを造ってしまいますと、その人はあらゆることをこの枠組みを通して判断するようになりますから、それに阻《はば》まれて真理の無碍自在《むげじざい》な表現がその人の心に展開できなくなり、より深い理解に進むことが妨げられるのです。

「神は愛で在り、愛は神で在る。しかし、この言葉が何を意味するかを識《し》っているものはまだ誰もいない。ただ我々（普遍意識《ふへんいしき》）だけがその意味を識っている。あなた達はきっと、神や愛について色々な理論を造り出してきたであろう。しかし、そのようなことをしてはならないのである。外部からの様々な意見に影響される事無く、あなた達は真理を顕《あらわ》していくべきであり、また、こうであると最終的な結論を出してしまってはならない。断定してしまえば、真理に至る道が閉ざされてしまうからである」（イエス大師 "Divine Healing of Mind and Body" P17, Talk 1, Verse 1 日本語版「心身の神癒」二十五頁 第一話 第一節 仲里誠桔 訳 霞ヶ関書房）（引用文の訳は著者）。

このように本書で扱う真理という言葉は、本来この言葉が示している、遍在する唯一の生命そのものを意味しており、それは同時にこの生命が表現しつつある一切のものですから、それは宇宙の創造活動の全体であり、自然界そのものであると言えます。従って真理は、人間の限られた視界の中でそれぞれが造り出している様々な観念、すなわち実際には存在していない単なる心の映像とは、光と影の関係のようなものです。

このような事情があるために、自分の心の中に幻影でしかない観念がどのようにして造られているのかという実相を観ることができなければ、真理を把握することは不可能ですし、もしそうでなければ、真理についてどんな推測をしたところで、それは自我意識の限られた過去の経験の中から、生命の宿っていない抜け殻のような「観念」を造り出して、それを事実と思い込んでしまう可能性が高いのです。

従って、現に生きつつ在る生命そのものについて、論理的な思考のレヴェルで追い求めることは、後述するグニャーナ・ヨガのような内在の叡智《えいち》の発現に結び付かない限りは、真理の自覚にとっては却《かえ》って妨げになるような固定観念をたくさん造ってしまうことになりかねません。しかしながら、このような困難な状況に対して口籠《くちごも》るだけでは、これから学んでいこうとされる方々は途方に暮れてしまうばかりでしょうから、ここではこのような問題の生じる背景の詳しい説明をした上で、陥《おちい》りやすい罠《わな》についても警告しながら、敢《あえ》て、この世界を成立させている創造の仕組みについて、ひとつのモデルを作ってみることにしたいと思います。

それではここで図7のような、エネルギーの回転運動を考えてみて下さい

初めにお断りしておきますが、このエネルギーの回転運動は、波動を表現するための、ひとつの観念上のモデルに過ぎませんから、実際にこのような回転運動が自然界に存在しているわけではないことを、充分に注意して理解して頂きたいと思います。

この回転運動は、回転軸に垂直な横方向から見れば往復運動となり（図8）、更にこの往復運動を時間軸に沿って展開すれば、サインカーヴ、つまり波の基本的な形になります（図9）。

この世界に表現されているあらゆる波動は、それがどんなに複雑なものであっても、総てこのサインカーヴが集まったものとして表すことができます。この操作は少し専門的になりますが、波動を表す方程式をラプラス変換して、フーリエ級数に展開すると、全体の波動を構成する個々の成分がひとつひとつの項に分れて示されます。これらのひとつひとつの振動数や振幅の組み合わせに因って、表現に無限の変化が生じてくるのです。

それでは原初のエネルギーの波動を、このようなひとつの回転運動として看《み》てみることにしましょう。再三

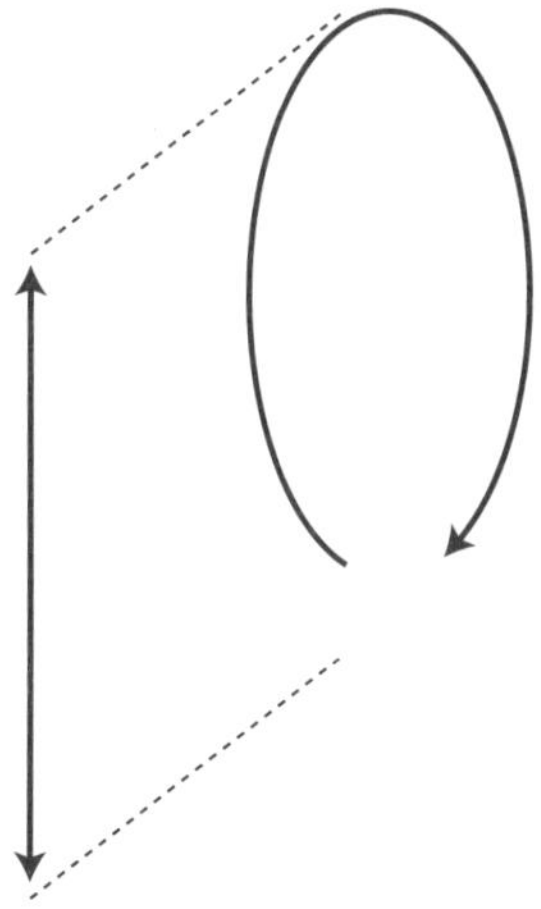

図8

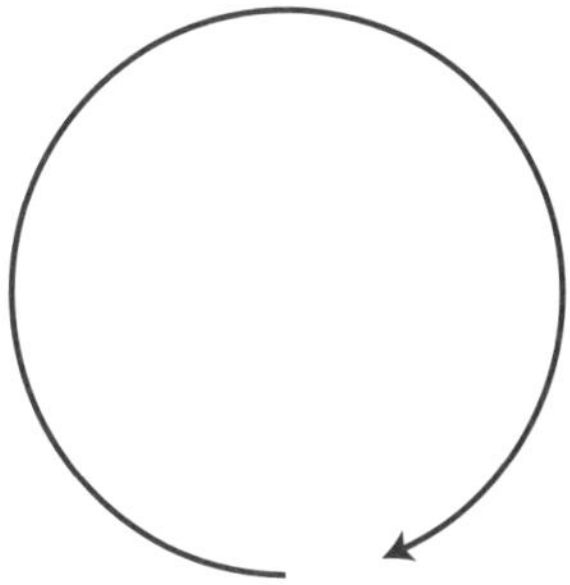

図7

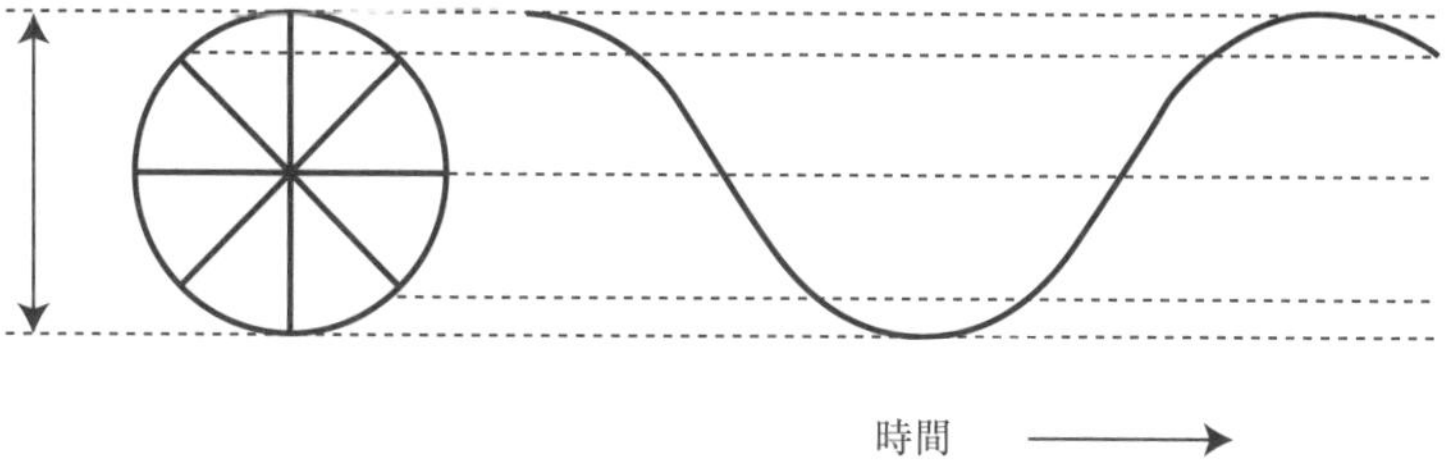

図9

注意しておきますが、原初の状態というのは時空間さえも表現されていないわけですから、回転運動等という概念は意味を成さないのですが、意識の及ぶ範囲が物質世界の出来事に制約されている私達の多くがこの問題を扱うためには、このようなモデルを使わざるを得ないということを理解して頂きたいと思います。

この原初のエネルギーの波動、すなわち宇宙の創造音は、発音「ア」継続「ウ」終止「ムまたはン」を一周期として「アウーン」とか「オーム」のように表現されますが、現象面からはこの単声音が幾つも重なった音（様々な周波数の混在するホワイト・ノイズ）になるので、主観的には雨や滝の音のように聴えます。ここで原初のエネルギーは単声音、つまり前述のモデルを使うならばただひとつの回転運動として観念上は表現されるものですが、それがあらゆる波動を均等に含むホワイト・ノイズとして聴えるのには、次のような理由があります。

この原初のエネルギーには無限大の大きさがあるので、もしも時空間が絶対的に存在しているものであれば、その波動も無限大に成るわけですが、前に述べましたように、時間と空間は物質的ヴァイブレーションとその近辺の波動領域に表現されているひとつの現象に過ぎませんから、時空間の表現されていない本来の状態でのみ実在している原初のエネルギーは、私達の多くが日常の感覚で知覚している時空間の表現されている現象面から逆さに見ると、不確定性原理による揺らぎの幅が無限大になってしまうので、エネルギー的には、現象面に対してどのような表現をすることも可能な状態にあります。つまり、元々はただひとつの波動で在るものが、あらゆる時空間を表現する波動を現象面に生じさせることができるために、全ての時間、一切の空間が世界として表現可能になり、同様にこの世界の中での形や色、力としてのエネルギーの表現も、ゼロから無限大までのどのような値でも採ることができるのです。

実際に在るものとしては、このただひとつの原初のエネルギーだけであり、同時に現象としては、あらゆる表現様式（様々な波動の組み合わせ）を創り出せるので、ありとあらゆるものに成れるわけです。ただここで原初のエネルギーという言葉を用いますと、無機的な物理学上の概念という感覚に受け取られ易く、実在の体験における、底識《そこし》れない愛の深さや無限の叡智、躍動《やくどう》する生命の喜びや一切を照らし出している至上の光というような、実相の様々な側面を表現するニュアンスをほとんど欠いてしまいますので、ここで特に注意をして頂きたいと思います。

この原初の波動が宇宙の創造原理であり、キリスト教の聖書に出てくる「言葉」の真意なのです。この日本語で「言葉」、英語で“Word”と訳されている聖書の言葉は、原典ではギリシャ語の“Logos”に当りますが、元の単語には「意志」とか「表現」、(全体との)「調和」等の意味もあることを覚えておいて頂ければと思います。「ヨハネによる福音書」の冒頭の部分に、「初めに言葉があった」と始まる有名な一節がありますが、この文章が書かれた当時、既に普遍意識を自覚していた若い弟子のヨハネ(バプテスマのヨハネとは別人)が、彼の内的意識で直覚知《ちょっかくち》した、この原初のエネルギーの波動とその創造原理を、彼の時代の限られた表現を用いて秘め記したのが、この名文と成ったわけです。

「初めに言《ことば》在り、言は神と偕《とも》に在り、言は神なりき。この言葉は初めに神と偕に在り、萬《よろず》のもの之《これ》に因りて成り。成りたるものに之に因らで成りたるはなし。之に命あり、この生命は人の光なりき」

それではここで二元論という幻影が生じる原因について説明しておきましょう。

物質的ヴァイブレーションと、その近辺に表現されている波動領域では、元々ただひとつである生命が対立する二つの側面を現象化することに因って、私達が目《ま》の当りに見ているような、光と闇、善と悪、上と下、エネルギーと物質、過去と未来、男と女、暑さと寒さというような、二つの対立するものの間で認識されるような世界が表現されています。例えば憎悪は、愛とは対極に置かれるような表現と思われていますが、本来は「絶対愛」としての共通のエネルギーが在るだけで、その最も未熟な、最低の表現が憎しみという形を採っているに過ぎません。

私達の多くがそこに恰《あたか》も存在しているかのように感じている否定的な要素というものは、実際には存在しているものではなく、実在の反射であり、反響であり、光に因って生じている影のようなもので、この実相を正しく認識できることが、普遍意識に至るキーポイントのひとつに成ります。

こうした二項対立という幻影が基礎になっているものの見方は、地球生命系という魂の当初の進化目的に合わせて創造された表現様式で、宇宙全体から観ればむしろ特殊なことなのですが、その中にどっぷりと浸《つ》かっている私達の多くにとっては、この状況を客観的に観るためには大きな意識の転換を必要とします。

それでは二項対立が生じる状況を理解するためのひとつのヒントとして、前述した物理的なモデルを使って説明してみることにしましょう。

本章の始めに述べた原初のエネルギーの回転運動はただひとつのものですが、物質的ヴァイブレーションとそれについての観念が生じる（精神階層の）波動領域においては、時空間が表現されているために、回転運動と見る人との関係が生じて、同一の回転運動が片側から見れば右廻り、反対側から見れば左廻りという異なった現象に見えます。これがプラスとマイナス（陰と陽）になって、本来はひとつのものから、二項対立の世界を現象化させる基本原理になります。

日本神道の中に、国を産む（物質世界を創る）ために、男神の伊弉諾尊《いざなぎのみこと》と女神の伊弉冉尊《いざなみのみこと》が、天御柱《あまのみはしら》の周りを廻る話がありますが、ホツマツタヱに拠《よ》れば、最初は男神（天のエネルギーを象徴している）が柱を右廻りに、女神（地の物質を象徴している）が左廻りに廻ったので流産してしまい、二回目に男神が左廻りに、女神が右廻りに廻って国産みが成功したと言われています。

古事記および日本書紀では同じ話が書き変えられており、男神と女神の廻る方向が逆様になっているのですが、この出来事の詳しい背景については、下巻、第十八章「光と影の識別」で説明することにいたします。

ここで左廻り（反時計廻り）の回転運動が、男性、天、火、エネルギー、太陽等で象徴される能動原理を表しているものであり、右廻り（時計廻り）の回転運動が女性、大地または海、水、物質、月等に象徴される受動原理を表しているということを前提にしますと、この話の意味や、なぜ改竄《かいざん》されたのかという理由が明確になってきます。また、バガヴァン・シュリ・サティア・サイババ大師が、第十四章「潜在能力」で説明する物質化現象を行う際に、手を右廻りに回転させるのも、こうした原理に倣《なら》っているわけです。このように男性とは必ずしも言葉通りの意味ではなく、天のエネルギー、生命、万物を司る力の象徴としてしばしば用いられ、女性という言葉も大地、物質、受動原理といったものを表す言葉として、よく使われます。

キリスト教の聖書に「女性は教会の中では黙っていなさい」というような表現があるのも、受け取り方によっては女性解放運動の槍玉《やりだま》に挙げられそうな内容ですが、この言葉の真に意味するところは「神を意識する時（教会の中）には、物質的な五官に反応して生じる自我意識（女性）を沈黙させなさい」ということにあるのです。この他にも聖書の中では、当時としてできた精一杯の譬《たと》えとして、神で在る生命の能動的な側面を「火」、表現媒体としての物質の受動的な側面を「水」と呼んでいますが、日本神道における男神、女神それぞれの尊称である神漏岐命《かむろぎのみこと》と神漏美命《かむろみのみこと》も、それぞれ火の玉と水の玉を指しており、その語源においては同じ意味を持っていました。

またヒンズー教で言うプルシャとプラクリティも、ほぼこれらと同義であると考えてよいでしょう。なお、これは大変重要なことなのでぜひ覚えておいて頂きたいのですが、ヨーロッパを中心とした西洋の文明圏では、能動原理であるエネルギー（霊生命）がプラス、受動原理である物質や、その他の波動領域の表現媒体がマイナスと定義されているのに対して、日本神道や中国の漢方等、東洋の奥儀では陰陽の指しているものが反対になっており、能動原理が実相の陰（隠されているものの意）、受動原理が表現の陽（顕れているものの意）としてそれぞれ示されますから、充分に注意して頂きたいと思います。日本語で「お陰様で」と言うのも本来は眼に見えない神の加護を感謝する言葉で、相手にお礼を言っているわけではなかったのです。

それではここで、私達の多くがほとんどの場合、制約された意識で物事をどのように捉えていて、それは実相とどのような関係にあるのかという背景について、簡単に述べておくことにしたいと思います。

私達の多くは、日常の生活では、ひとりひとりの人間は他から独立した存在であるかのように知覚され、現象として生じている外側の世界には、様々な動物や植物、山や海、太陽や銀河といった個々の存在物があるかのように感じられています。ところがこうした現象として顕れている外界についても、注意深く観てみますと、木が集まれば森になり、森はひとつの生態系として、それを構成している大小様々な木や草、小動物から虫、そして土壌から微生物に至るまでが、それぞれが必要なものを互いに与え合って、全体の調和を生み出していることが解ります。

そして森もまた存続していくためには、空気や水、日光や適切な範囲の温度等が必要ですから、地球上のその場所からは決して切り離して存在することはできません。

これとは反対にスケールを小さくしていけば、一本の木にはたくさんの葉があり、一枚の葉は個々の細胞からなっていることが看えてきますが、この一枚の葉や一個の細胞もまた、木から切り離してしまえば、その本来の役割を全うすることは不可能になってしまうことが解ります。更に細かく看ていくならば、個々の細胞は様々な化合物の集合体の複雑な相互作用によって維持されていますし、その先にある原子や素粒子、超紐等のレヴェルで看てさえも、全体との必然的な関係をもって存在しています。

このように日常何となく「ある」と思っている、恰も他から独立しているように見える個体というものは、全体が様々な波動の集合体に因って表現されているひとつの状態を、私達が自分自身の波動で参照し、五官で知覚した表象として任意に区切ってそれぞれに意味を与えているために、そのように見えているわけです。つまり個々の存在物というものは、そのように見えるように意図されてはいるものの、実相としては、私達の心の中に造られた観念によって現象化されているに過ぎないものなのです。

「そして主なる神は、野の全ての獣《けもの》と、空の全ての鳥とを土で創り、人のところへ連れてきて、彼がそれにどんな名を付けるかを観られた。人が全て生き物に与える名は、その名となるのであった」（聖書　創世記　第二章　十九節）。

しかしながら、私達の多くが心の中で造り出している「個々の存在物のある世界」という観念は、日常の生活で余りにも慣《な》れ親しんでいる感覚ですし、また地球上ではほとんどの人にとって共通の感覚を生じさせる「共同幻想」であるために、この世界観を大多数の人達が疑いを持つ事無く受け容れてしまっています。こうした感覚が生じている一番の原因は、物質レヴェルおよびその近辺の波動領域では、自分自身の意識が外界から独立したひとつの個体であるかのように感じられるからですが、これは、地球生命系においては、外の世界から分離独立しているかのように知覚される、意識の個的表現のひとつの側面（パーソナリティ）を敢えて現象として生じさせることによって、分離意識のない他の生命系では決して得ることができない特殊な経験をすることが可能になるため、こうした環境で個々の魂として必要な成長進化を遂げさせることが、魂自身および宇宙全体の進化の目的のひとつとしてあるからです。

この目的を果たすために、遥かな昔、地球生命系の物質的ヴァイブレーションが生命の表現領域として設定され、特定の空間を占有する肉体と、その肉体に附属した知覚器官から入ってくる物質レヴェルの情報に、意識の焦点が拘束されるような仕組みが造り出されて、今日私達が目の当たりにしているような「外の世界から分離独立した自分」という、自我意識が生じるようになっているわけです。

ここで、地上（物質レヴェル）とその影響下にある波動領域で知覚されている、ただひとつの生命の様々な個的表現形態、例えば一人の人間は私達の多くにとっての日常的な感覚では、宇宙全体の一部分であるように見えますが、実在においては「彼（彼女）自身で宇宙全体である」という点が最も重要な理解のポイントです。このことはブッディ・レヴェル（仏眼）と呼ばれる波動領域においては、媒体を構成する素材（エネルギーがこの波動領域で表現を行うための様式）が時間や空間を表現する要素（波動）を持たないことと密接な関係があります。これまでに繰り返し述べてきましたように、時間や空間が表現されていない状態こそが世界の本来の姿であり、私達が馴《な》れ親しんでいる、時間や空間が表現されている物質的ヴァイブレーションの方が余程特殊な状態なのですが、この本来は存在していない時空間が、どのようにして私達の心の中に造られているのかを洞察するためのひとつのヒントとして、物理学的な側面から考察してみることにしましょう。

では、私達が肉体の手でコップを掴むという単純な状況について考えてみましょう。普通、指はちょうどコップの表面に接したところで押し止められて、それ以上中に入り込んでいくことはありません。このことは、私達が日常の生活の中で経験している現象ですので、疑問を持たれる方はほとんどいらっしゃらないかも知れません。しかしながら、この現象を原子的なレヴェルで看ると、なぜそうなっているのかという仕組みは、かなり複雑な問題になってくるのです。

原子の内部構造を、寸法比を保ったままで日常的なスケールにまで拡大してみると、だいたい野球場くらいの広さの中心にピンポン球を集めたような原子核があり、野球場のあちこちを幾つかの粟粒《あわつぶ》のような電子（正確に言うと、電子には観測されるような大きさはありません）が飛び回っているだけで、その他は（物質的には）完全に空っぽなのです。従って私達の多くが日常の感覚で想像するように「指の原子とコップの原子が、互いにぶつかり合って停《と》まる」というようなことが起こるわけではありません。

それではなぜ、指はコップの中に擦《す》り抜けてしまわないのでしょうか。この現象は物質を構成している素粒子の特殊な性質によるのです。

素粒子にはちょうど、地球の自転に似たような一種の回転状態の表現があり、これをスピンと呼んでいるのですが、このスピンの大きさによって、それぞれの粒子に特有の性質が生まれてきます。大きく分けてこのスピンの値が整数のもの（0、1、2、……）をボソンと呼び、スピンの値が半整数のもの（1/2、3/2、5/2、……）をフェルミオンと呼んでいますが、ボソンが現象面での力の表現に関わるのに対して、フェルミオンは電子や陽子、あるいは中性子のように、エネルギーが物質的な表現を顕す時に採る表現様式になります。

ここでボソンとフェルミオンには決定的な表現の違いがあるのですが、それはボソンが光子《こうし》に代表されるように、表現された時空間の特定の座標（同じ場所）に幾つも重なって存在できるのに対して、フェルミオンはエネルギー的に異なった状態に分散して存在するということです。これを専門的には（統計が異なる）と言いますが、もう少し具体的な例を挙げて説明してみることにしましょう。

例えば二つの光源から出た光をある一点で交差させた場合に、ボソンである光子は決して互いにぶつかることはなく、何の影響も与え合わずに擦り抜けていくことができますし、細いビーム状に光を絞って、強力なレーザー光を生み出すことも可能です。これに対して、エネルギーの物質的な側面を表現するフェルミオンでは、基本的に同一の座標（空間上の一点）には二つの粒子が存在できないという性質があります。例えば、プラスの電荷を持つ陽子が、その直径に比較して小さな空間の中に幾つも集まって原子核を構成するためには、電気的な反発力に打ち勝って近くに留まるためだけでも強力な核力（強い相互作用とも言います）を必要とします。そして原子核の外側には、原子核に近い側から外側に向かって徐々にエネルギー状態の高くなる電子の軌道があって、それぞれの軌道に入ることのできる電子の数が厳密に決まっています。これを「パウリの禁制律《きんせいりつ》」と言いますが、この法則が冒頭に挙げた、物質と物質が同じ空間には重なっては存在できない仕組みを創り出しているのです。

指でコップを掴もうとする時、ミクロなレヴェルでは、指の細胞を構成している原子と、コップのガラスを構成している原子が近付くということになりますが、二つの原子がある程度の距離まで近付くと、まず両方の原子の外郭《がいかく》（一番外側の電子の軌道）の電子の間の電気的な反発力が増大して、それ以上は中に入っていかないという状況が生じます。もしも、この反発力に打ち勝つ大きさの力で二つの原子を更に接近させていったとすると、双方の原子の電子軌道が外角から重なり合うようになって、互いに相手の電子を自分の様々なエネルギー順位の軌道に受け容れていくことになります。

原子は普通、原子核に近い軌道ほど「満員」の状態にありますから、あるところまで二つの原子が重なり合うと、互いにそれ以上の低いエネルギー順位の軌道には、もはや相手の電子が入り込む余地がないという状況が起こります。この時には、そのエネルギー順位に入ることのできる電子の数を規制する更に大きな力がはたらいて、原子と原子の反発力になり、マクロなスケールでは物と物との間ではたらく抗力になって、指がコップの内側に入り込んでいかないという、地上では当り前の現象を成立させているのです。この現象が成立するのは、双方がある波動領域で共通のヴァイブレーション（振動数）を持ったエネルギーであることが前提なのですが、このような「個々の粒子がエネルギー的に異なった状態を占める」というフェルミオン特有の性質が、物質的ヴァイブレーションに空間的な位置関係を生み出す要素のひとつになっており、固体という性質を現象化してもいるのです。

なお、特殊な例としては、非常に高い圧力の下では原子自体が崩壊して、電子が軌道を取らない中性子の塊《かたまり》になることが知られており、更に高い圧力が掛って臨界点《りんかいてん》を超えると、もはや空間を表現して物質的な表現を採ることができなくなり、一点に質量が集中して、際限なく呑《の》み込まれていくような、ブラックホールと呼ばれる現象が生じます。

この他に単体の素粒子の場合には、それが幾つも空間的に組み合わさって構成された物質とは、色々な意味で異なった性質を表現します。例えば、波長に対して充分に近接させた二つの隙間《すきま》（スリット）が平行に並んだ遮蔽板《しゃへいばん》を置いて、板の直角方向から光を当てると、光子は二つの隙間のうちのどちらかを通り抜けて反対側に出ると、昔は考えられていました。そこで二つの隙間の両方にそれぞれ検出器を設けて、どちらの隙間を光子が通ったかが判るようにしておいてから、一個の光子だけを送り込むと、どちらの隙間でも光子を捕まえることができるのです。

実際の実験では、片方の検出器が光子を捕まえてしまうと、光子一個分のエネルギーが出ていってしまうので反対側の検出器には勿論《もちろん》掛からないのですが、片方の隙間だけに常に検出器を設けておくと、それがどちらの隙間だったとしても百発百中で光子を捕まえることができるのです。つまり、ひとつの粒子が同時に二つの隙間を通り抜けているという、言い換えれば、ひとつの粒子が同時に二つの場所に存在しているような現象が起きているわけですが、このことを日常的な空間と時間の枠組みの中で、通常の物質の振る舞いと同じ様に解釈しようとすると訳が解らなくなります。

私達の多くが日常生活の中で、特定の場所とか特定の時間として考えているものは、フェルミオンによって構成された物質の特殊な表現の仕方を「世界」として四六時中見慣れているために、心の中に造られた強力な固定観念なのであって、これが限定されたものの見方に過ぎないことや、なぜそのようなものの見方をするようになったのかという原因に気付いて、こうした固定観念から自由になることが、普遍意識を自覚するための重要なステップになります。

では次に、フェルミオンによって表現されている、三次元空間と時間の物質的ヴァイブレーションの世界の中で、ボソンである光が見せる、興味深い現象についても観ていくことにしましょう。

光を始めとする電磁波は、互いに慣性《かんせい》運動（速度の変化を伴わない運動）をしている全ての観測者に対して、一定の速度（C＝光速　真空中では毎秒約二十九万九千七百九十二・五キロメートル）を表現します。もう少し具体的に言いますと、太陽に向かって光の速さの十パーセントで接近しているロケットから観測しても、反対に光の速さの十パーセントで太陽から遠ざかりつつあるロケットから観測しても、太陽の光がそれぞれのロケットに届く速さは全く同じで、光の速さの百十パーセントとか、九十パーセントとかの値には決してなりません。このことは相対性理論の重要な基盤のひとつで、実際の現象としてもそうなることが、各種の実験によって確かめられています。

ボソンである光が、このような一見奇妙に思える振る舞いをするのは、光が得体の知れない存在であるというわけでは決してなく、私達の多くが持っている視点、すなわち物質に因って造り出されている空間と時間という枠組みを、無意識のうちに基準にしている状態で現象を見ているところに原因があるのです。

光は本来、時間も空間も表現されていないこの世界の実相に属するものであって、この本来の状態では光は速度を持たず、ただ遍在しています。つまり、あらゆる時間における一切の場所、物質レヴェルから超高次階層に至るまでの総ての表現領域を、ただひとつの光源（仏教でいう「超日月光」）が遍《あまね》く照らしているのですが、時間と空間が表現されている物質的ヴァイブレーションの中では、それぞれの観測者が造り出している個々の時間の枠組みに対して、一定の速さを持つような、光子という表現様式を採って顕れてくるのです。

私達の多くにとっては、もはや逃れる術《すべ》もないかのような固定観念になってしまっている「特定の時間」とか「特定の空間」とかいうものは、物質原子を構成するフェルミオンの持つ波動に因って、物質的ヴァイブレーションに現象化されている一種の映像のようなものに過ぎず、超紐《ちょうひも》の考え方によるならば、紐自身の運動に因って生じる背景空間として現象面に表現されているのであって、実際に在るものではないということを識っておいて頂きたいと思います。

前にも述べましたが、高次階層のあるレヴェル以上、すなわち媒体を表現する超紐の長さがプランク長以下になる超高エネルギー領域では、現象面から見た「揺らぎの幅」が時空間を維持できる大きさの限界を超えますが、これはこのレヴェルに現象化されている生命の表現媒体（物質レヴェルの原子に相当する）が、フェルミオンのような時空間を表現する波動を元々持っていないことと表裏の関係にあります。この本来の「時空間が存在しない状態」を、時空間の現象化されている物質世界から、表現された幻影に過ぎない時空間の枠組みを基準にして反対に見上げようとしたときに、これまでに述べてきたような「ボソンの奇妙な振る舞い」として観察されるわけです。

あらゆるものの本来の状態に近い高次階層では、総てが渾然一体《こんぜんいったい》としたエネルギーがただ在るだけで、地上の言葉を用いて敢えて表現するなら「全体の中に部分があり、部分の中に全体が在る」という状態のみが実在しています。

物理学者のディビッド・ボームは、自然界を表すモデルを設定するに当って、現象の背後に隠れていて、直接は観測することのできない「暗在系《あんざいけい》」というものの存在を仮定していました。この暗在系は全体が部分であり、部分が全体で在るような性質を持っており、このような状態を説明する概念が、レーザー・ホログラフィーと呼ばれる立体写真の技術の原理に似ているところから「ホログラフィック・パラダイム」という名称が付けられています。

ボームのホログラフィック・パラダイム自体は、高次階層に対するひとつのヒントを投げ掛けるに留まりましたが、彼が着目したホログラフィーの仕組みは、現象世界を創造し、かつそれを認識する原理と極めて似通ったところがありますので、本論に入る前に、簡単に説明をしておきたいと思います。

レーザーというのはヘリウムやアルゴン等の電子が当ると特定の波長の光を放出するガスを封じ込めたガラス管や表面に部分的に異なるメッキ（金属の薄い被膜《ひまく》を表面に附着させる）を施《ほどこ》した人工ルビーの結晶、あるいは半導体などを使って、単一の波長で位相《いそう》の良く揃《そろ》ったエネルギーの大きな光を発生させる装置です。

ここで「位相が揃っている」というのは、光の波と波を重ねた時に、波の山と山の部分、谷と谷の部分がきちんと揃っている状態のことで、このような状態にあるものを「コヒーレントな光」と呼んでいます。

レーザー・ホログラフィーでは、このレーザー光を被写体に当てて、この被写体から反射してきた光と、レーザーから直接くる光とを、レンズやハーフミラー（半透鏡＝入射光の半分をガラスのように通過させ、残りの半分を鏡のように反射させるもの）などを組み合わせて干渉《かんしょう》させます。このようにすると、被写体から反射してきた光は、その伝達距離の違いのために、最初のレーザー光から様々に位相がズレてくるので、直接光と反射光の山と山が重なった部分、谷と谷が重なった部分はお互いに強め合って明るくなり、山と谷が重なった部分は弱め合って暗くなるために、その結果として干渉縞《かんしょうじま》と呼ばれる縞模様が生じます。

この縞模様を写真フィルムに記録しておき、それを現像してから撮影に使ったものと同じ波長のレーザー光（参照光《さんしょうこう》）を当てると、撮影した元の被写体の立体像が空中に現れて見える、というのが、レーザー・ホログラフィーの基本的な原理です。この時フィルムの上に記録された縞模様は、必ずしも全体が必要なわけではなく、譬えフィルムの一部分を切り取ってそれにレーザー光を当てた場合でも、元の全体像を完全に再現できることが知られています。このようなホログラフィーの性質が、全体が部分に含まれ、部分は全体に含まれているという状態を上手《うま》く表現できるモデルになっているために、ボームがホログラフィック・パラダイムと名付けたわけです。

「沫雪《あわゆき》の中に顕《た》ちたる大三千界《おおみちお》　またその中に沫雪ぞ降る」（良寛）。

さて、ボームが提案した暗在系については、ここでこれ以上深入りすることはしないで、本書では別の方法で、ホログラフィーの原理を参考にした自然界のモデルを作ってみたいと思います。

本書の初めの方で、世界とは、人間の心の中で造り上げられているものだということを繰り返し述べてきたことを思い出して下さい。そしてそれは意識があって初めて成立するものであるということが理解して頂けると思います。そして物質レヴェルという比較的特殊な状況を除けば、想念で造り出した世界を同じ意識で認識するという単純なプロセスで、世界が存在しているという点に気が付いて頂きたいと思います。

まず唯一の実際に在るもの、すなわち遍在《へんざい》する無限のエネルギーの状態を、ホログラフィーの光源であるレーザー光としてみましょう。このあらゆる波動領域にわたって遍満するエネルギー、すべての階層の宇宙が表現される以前の、実相としての生命の中で、生命の意識としての側面を顕す大いなる意志がはたらいて、今回の宇宙の全歴史を創造する設計図に成る、原初のイメージ（原因想念）を表現します。

ここで原因想念が表現されるというのは、あらゆる波動が均一に混在している状態の無限のエネルギーの中で、宇宙を表現する特定の幾つかの波動（といっても、厖大な範囲に及ぶものですが）に、宇宙全体の意識的側面が集中されることを意味しています。この結果として現象面では原因想念の対象になっている、特定の範囲に制限、制約された波動スペクトルを、これもまた自分自身の、制約されていない全波動領域のスペクトルに因って参照するために、様々な波動領域にわたって干渉を起こした状態が生じます。この波動が干渉を起こした状態が創造されたものの実相であり、ホログラフィーのモデルでは、フィルム面に記録された縞模様に当ります。

さて、現象として表現されたエネルギーの干渉状態は、見る人が関わることによって、つまり観察者の心の中に表象が造られることで何らかの意味が与えられることは、これまでの章で詳しく説明した通りです。ここで用いるホログラフィーのモデルでは、フィルム面に記録された干渉縞が宇宙の表現領域である現象面を表していて、フィルム面に照射されるレーザー光（参照光）は、観察者の実相である宇宙全体としての生命が、観察者の心と体（個的表現媒体）を通してはたらく意識に当ります。

この意識の光（波動）に照らし出されることに因って、原因想念の中に含まれている様々な側面が、観察者の「見るもの」として、観察者の心の中に映像もしくはその他の表象として再現されるわけですが、この再現される表象は視覚的なものに留まらず、聴覚、嗅覚、味覚、触覚等の五官や、感情、思念等の精神活動、そして高次媒体による霊的体験等の一切が含まれています。これが現象化された世界であり、私達がエネルギーのある状態を、実感のある外の世界として認識する仕組みになっているわけです。そして本来の意識状態（普遍意識）においては分離というものは存在しませんから、世界の創造主と観察者は同一である、つまり、自分の想念に因って創り出した世界を、自分自身で体験していたのだという真実に気が付くことになります。

ここで観察者の実相（意識の最も深いレヴェル）には、「無」すなわち総てのエネルギー状態を包含《ほうがん》する、あらゆる波動が存在しているのですが、私達の多くの通常の意識では、外の世界に起きている様々な現象に心を奪われている状態がほとんどで、肉体とエーテル体、それにアストラル・レヴェルおよびメンタル・レヴェルの媒体のうち、物質世界の現象に関わる比較的低次の表現媒体に意識の焦点が合っているために、これらの媒体を通して表現される参照波動も比較的低いヴァイブレーションのものに限られ、結果としてそれに対応した波動領域のみが、その人にとっての外界として心の中に現象化されることになります。

こうした機能は、エーテル・レヴェル以上の媒体では、媒体と（分離の生じている波動領域では）外の世界から入ってくる波動の直接干渉に因って果たされますが、物質レヴェルだけは、肉体の知覚器官を介して変換された波動を高次媒体によって参照することで、間接的に外の世界を認識するような仕組みになっています。

この時、人間を表現する各波動領域の媒体は、創造の目的と過去の経験に基づく、ひとりひとり異なった波動スペクトルを持っていますので、それらを通して表現される参照波動もひとりひとり違ったものになり、それに因って現象化される世界もひとりひとりが微妙に、あるいは大幅に異なった側面を知覚することになるわけです。

また解脱《げだつ》に至る以前の個人意識の状態では、日常の表面意識を含めた様々なレヴェルの精神活動が、地球上の物質的な状況や社会的な背景によって形成された多様な固定観念に制約されており、現象的にはアストラル・レヴェルやメンタル・レヴェルの媒体に、そのような定常的な波動スペクトルを引き起こしています。更にこのような発達途上の意識状態では、外の世界の出来事にその人自身が与えている意味を、実際に存在しているものと思い込んでいるために、外界の現象から様々な影響を受ける反射（周囲の出来事に心が反応すること）が起こって、観察者の表現媒体に本来の創造活動にはない波動の乱れを生じさせます。

このような各種の制約や雑念がフィルターになるために、観察者の実相に在る無限の波動領域のうち、現象面を参照する波動はごく一部分の比較的粗野な領域に焦点が合うだけでなく、外の世界の出来事に反応して、本来は存在していない波動まで造り出している観察者の媒体は、原因想念の在りのままを観る全スペクトルの波動の代わりに、自分の心（自我意識）で造り出した参照波動によって外界を現象化して、それを見ることになります。従って発達途上の様々な意識の状態においては、原因想念の全体が（創造主の観るように）顕在意識の中に再現されることは決してなく、その観察者の心が囚われている限定された参照波動スペクトルに因って、再現もしくは変形された、極めて僅かな側面を知覚しているに過ぎません。

私達の多くが日常見ている世界や、それについて感じたり、思っていることの一切、そして様々な種類のサイキックな能力（これについては第十四章「潜在能力」で説明します）を持っている人達が知覚している世界の全ては、このような限定されたものの見方をした結果なのであって、この意味では、地球上では最も高度に進化していると思われている私達人間でさえも、何ひとつ正しいものの見方はできておらず、宇宙の偉大なる創造活動のうち、その最低のレヴェルを覗《のぞ》き見しているに過ぎないのです。

さて、無限のエネルギーで在る唯一の実在（リアリティ）は、現象面から反対に見上げれば、あらゆる波動領域に分散したホワイト・ノイズのスペクトルに過ぎませんから、そのままでは何かを表現したり、自ら表現したものを知覚したりすることはできません。

従って総てが一体で在る本来の状態を、実相である内界と現象面である外界に区切り、現象化した外の世界に対して何かを表現したり、このようにして外界に表現されている波動を何らかの意味として知覚するためには、特定の波動領域の中で外界と相互作用することのできる機能を備えた、適切な表現媒体を現象化する必要があります。しかしながら元々在るもの（実在）としては、遍満する無限のエネルギー以外には何もないわけですから、様々な波動の干渉状態を創り出すことに因って、エネルギーがその質量的側面を現象化して自分自身の媒体になり、その媒体固有の波動領域を通して自らを表現し、自分が表現したものを知覚するという方法を採ります。

「神は自ら創り賜《たま》いしものの内に、自らを留め給《たも》う」

なお、ここでいう質量的側面とは、物理学で定義している質量ではなく、純粋なエネルギーや、その力としての側面とは対極をなしている、表現媒体を構成する性質のことを指しており、ヴェーダ（インド哲学。本来は自然の摂理、真理の意味）でいうプラクリティや、キリスト教や日本神道で「水」と呼ばれているものに当りますので、注意して頂きたいと思います。

唯一のエネルギーが自ら表現したものの中に留まるということを、より良く理解して頂くためには、気体の水蒸気と液体の水、そして個体の氷のそれぞれと、水の分子との関係を考えて頂くのが解り易いかと思います。

　水の分子は気体の水蒸気の状態では肉眼で見ることはできませんが（湯気が見えるのは、分子の密度が液体に近いためです）、ヴァイブレーション（この場合には分子の熱運動の大きさ）が下がって分子間引力に拘束されるようになると、液体の水になって眼に見えるようになります（水にはたらく分子間引力は、水素結合、双極子《そうきょくし》能率、ファンデルワールス力等が主体で、万有引力のはたらく割合は無視できるほど小さいことを附記しておきます）。

　更にヴァイブレーションが下がって固体の氷になると、今度は眼に見えるだけでなく一定の形を取るようになり、硬さという性質も現れてきます。

　このように水蒸気も水も氷も表現の様式はそれぞれに異なっており、性質もまた違ってはいますが、どれも水の分子だけで構成されており、その本質は全く同じものであるという点に注目して頂きたいと思います。

　エネルギーもまた同じように、自らの（前に定義した意味での）質量的側面を、様々な表現様式を採りながら各波動領域に現象化していますが、これらの創造されたあらゆる種類の表現媒体（このうちの幾つかが、物質を構成する素粒子や超紐に当る波動を持ちます）も、その本質においては唯一の遍満する無限のエネルギーそのもので在り、それ以外のものは何ひとつとして実在してはいないわけです。つまり顕れているもの（結果である、物質その他の各波動領域の表現媒体）と、顕しているもの（原因である、遍在《へんざい》する無限のエネルギー）とは、実相においては全く同一のものなのであって、このことが般若心経《はんにゃしんぎょう》の「色即是空空即是色《しきそくぜくうくうそくぜしき》」（形のあるものはすなわち無であり、無はすなわち形あるものである）という言葉の真意なのです。

　このようにして遍在する無限のエネルギーは、現象世界を創造するための土台として、あらゆる波動領域にわたって自らを表現し、また表現したものを自ら知覚するための媒体を波動干渉に因って現象化します。これらの表現媒体はその実相においてはただひとつの普遍原質から成っているのですが、現象面においては無限の表現様式を採ることが可能で、その波動領域特有の様々な性質を現象化することになります。

表現媒体は一般にヴァイブレーションが高くなるほど物質としての性質が薄れて、生命としての側面が多く顕れ、媒体も精妙化されて極めて制約の少ない環境を創り出していますから、このような波動領域では、地上的な視野からは想像を絶する高度な精神活動が、光輝く至福の世界の中で展開されています。

反対にヴァイブレーションが低くなると、物質的な側面が多く顕れるようになり、媒体も鈍重になって、粗雑な表現も屢々見られるようになりますが、これらの表現領域の中の言わば最低のレヴェルに相当する、ある限られた範囲のエネルギー領域を、私達は物質世界として知覚しているわけです。

しかしながらこの物質世界というものは必ずしも物質原子の表現だけで成立しているわけではなく、物に触れた時の触覚や嗅覚はエーテル・レヴェルの波動を伴っていますし、音楽を聴いた時に生れる感動は、アストラル・レヴェルの波動からメンタル・レヴェルの解釈、そしてもっと高い霊的な波動領域にまで及ぶことがあります。またコップや薔薇《ばら》といった個々の物についての表象は、それを見ている人間の心の作用に因ってアストラルおよびメンタル・レヴェルにも造り出されているものですし、それとは別にその物質の高次媒体も様々な波動領域に存在しています。更には原子や素粒子、あるいは超紐というような概念上のモデルについて考えているときには、メンタル・レヴェルに観念としての波動が生じています。このように人間の精神活動の領域まで含めて、私達の多くが日常経験している物質世界の表現領域が形造られているわけです。

ところで私達の知覚している現象としての世界が、宇宙全体としての自分自身の想念のひとつの側面であるということは、個人として表現されている私達の意識が、初めて宇宙と一体で在ることを自覚する普遍意識のレヴェルにおいては、自分の想ったことが世界と成る、つまり自分の想念を物質世界やその他の意識下にある波動領域に現象化できることに成ります。この創造力を備えていることが人間と地球上に表現されている他の動植物、あるいは鉱物との決定的な違いであり、「神は自らの姿に似せて人間を創り賜う」（聖書　創世記　第一章　二十三節）という言葉が示唆《しさ》しているものです。

イエス大師が行った数多くの奇蹟の物語も、この普遍意識のレヴェルで宇宙の創造力と一体に成って想念をはたらかせたために、この原因となる想念が各波動領域に反映されながら瞬時にヴァイブレーションを下げていき、最終的に物質世界に彼（正確には普遍意識）の意図通りの現象が起きたものです。このような超常的に見える現象は、二十一世紀初め頃までは一般には識られていなかった、高次の自然法則に因って生じた必然的な結果だったのですが、人々の理解を超えた出来事であったために奇跡と呼ばれたわけです。

EARTH

第七章　地球生命系

宇宙に遍満《へんまん》する唯一の生命は、自ら現象化した様々な波動領域の世界の中に、自分自身を内に留めた多種多様な無数の創造物（個的表現形態）を、互いに関係を持たせながら生活させて、その総ての体験を通してそれぞれの個的表現形態の媒体を進化させ、そこから得られる様々な経験を採り込みながら、現象面に自らを展開していきます。こうした宇宙の様々な表現の場の中でも、極めて特殊な体験を積むために、物質的ヴァイブレーションと、その近辺の波動領域に創造されているユニークな生命の表現の場が、私達の所属している地球生命系なのです。

本書の分類では第四進化系と呼ばれる、今日までの比較的長い期間における地球生命系の特徴は、何といっても物質体があること、つまり個的表現としての下限媒体（一番ヴァイブレーションの低い媒体）が物質レヴェルに表現されていることでした。前に述べましたように、エネルギーが物質を表現するために採る様式であるフェルミオンは、時空間を一定の波動領域に現象化するため、そこには時間と空間、そして堅固な物質からなる特殊な表現世界が創られます。

これまでにも何度か説明してきましたように、このような世界では、生命が個的表現を行う媒体である肉体が、現象化された特定の時空間を占有する物質原子の集合体によって構成されるために、肉体の五官から入ってくる感覚に主な焦点が合っている意識は、外の世界から独立したひとりの人間という、特殊な意識の表現様式（現象我＝パーソナリティ）を造り出します。この現象我は、物質世界の粗雑な波動表現に反応しているうちに、地球圏特有の世界観に囚われていくようになるので、常に存在している普遍意識《ふへんいしき》の精妙な波動は、それに伴って雑音に埋もれるように潜在意識の奥底に沈んでいって、現象我が沈黙しない限りは意識の表面には上がってこなくなります。

従って地球圏では、生命が個々の肉体および幽体《ゆうたい》を通して表現を行っているほとんど全ての期間にわたって、意識は全体との分離という錯覚の中にあって、空間的には自分と外の世界という区別を行い、時間的には肉体の誕生から死までが、その他の表現期間から区切られてしまう上に、地球上に現象として生じている時間の過去から未来に向って、ほとんどの人が共通する時間の断面で自分の内外の出来事を参照していくという、他の生命系には滅多《めった》に看《み》られない表現様式を採ります。

このように、個別化された人間が未来の観えない時間の流れの中で、それぞれ独立した各自の人生を生きるという状況においては、人と人との触れ合いや孤独、争いと和解、誤解と理解、出逢《あ》いや別れ、成功と失敗、友情と裏切りといった数々のドラマを、それぞれの役割に成り切って演じることができますから、こうした地球圏ならではの体験を通して、分離感のない他の生命系では決して得ることのできない、魂の特別な成長と進化を遂げることが可能に成るのです。キリスト教の聖書の中に「人間はいつかは、天使さえも支配する地位に就く」という意味の言葉があるのは、このような地球圏で培《つちか》った能力が、宇宙の創造活動の中での特別な役割を担うために用いられることを意味しているのです。

「あなた(神)はしばらくの間、彼を御使い《みつか》(天使)達よりも低いものと為《な》し、栄光と誉《ほまれ》とを冠《かんむり》として与え、万物をその足に服従させて下さった」(聖書　ヘブル人への手紙　第二章　七節)。

物質レヴェルに下限媒体があることのもうひとつの特徴は、異なった波動領域の幽体《ゆうたい》を持つ、進化レヴェルの異なった魂達が、肉体という共通した波動の表現媒体を持つことによって、一緒の世界で生活できるという点にあります。精神階層では、ヴァイブレーションの低い方から高い方を看ることはできませんから、二つの魂がそれぞれの表現媒体を通して互いに認識することができるのは、双方の表現媒体が共通のヴァイブレーションを持っているときに限られます。従って肉体を持たない表現世界における、普遍意識に至る以前の魂の表現は、自分と似通った性質や傾向を持つ人達だけと接触することになって、自分の状態を客観的に看るような比較対象ができ難《にく》く、魂《たましい》の成長にとって必要な刺激も、どうしても少なくなります。

これに対して地上では、意識の進化段階としては本来地球にやって来る必要のない高度な魂から、初めて地上を体験する若い魂、ようやく地上に戻ってくることのできた、たくさんのネガティヴなカルマを抱えた重い魂まで、あらゆる意識レヴェルを表現するパーソナリティが、肉体という共通の波動領域の衣を纏《まと》うことによって、自由に出逢うことができるようになります。このため偉大な大師から貴重な教えを受けたり、未熟な人間から散々な目に遭《あ》わされたり、といった顕著《けんちょ》な体験をすることがここでは可能になっており、短期間に大きな成長を遂げようとする魂にとっては、絶好の環境が用意されていたわけです。

さてここで地球生命系に特有の現象である転生（生れ変り）について触れておくことにしましょう。具体的な転生の説明については第十一章を参照して頂くことにして、ここでは地球生命系の理解に必要な、魂とその表現である人間の意識の構造について採り挙げることにします。

転生は現象としては存在していますが、それをどのように解釈するかは、それを看る人の意識の発達段階に応じて様々に異なってきます。

まず初めに注意して頂きたいことは、転生という現象が一般によく誤解されているように、今ここで自分として感じている表面意識と同じものが、そのまま過去のある時点にも存在していた（別の肉体を通して表現されていた）とか、未来のある時点にも存在するようになる、というような実例はほとんどないということです。第五章で、現象我（パーソナリティ）とは大いなる生命が地上およびその近辺で、他の個的表現形態とは別個の存在であるかのように知覚するための、特殊な意識の表現様式であることを述べましたが、肉体から表現されているパーソナリティは、物質的ヴァイブレーションとその感覚が反映される波動領域よりももう少し高いレヴェルから看れば、より大きな、やはり自分自身と呼べる意識の個的表現（魂）のひとつの側面になっていて、残りの大部分は、日常生活では潜在意識の奥底に隠れたままになっているという状態が、二十一世紀初め頃までの地球上に肉体を通して表現していた人達の平均的な意識構造です。

ここで言う大きい方の意識（魂）は時間を超越したレヴェルに在って、現在、特定の肉体を通して地上に表現されている意識のひとつの側面の他にも、数多くの側面を持っていますが、この今地上に表現されているものとは別の側面が、相対的に見た過去生、もしくは未来生に相当します。従って私達の多くの場合、意識が肉

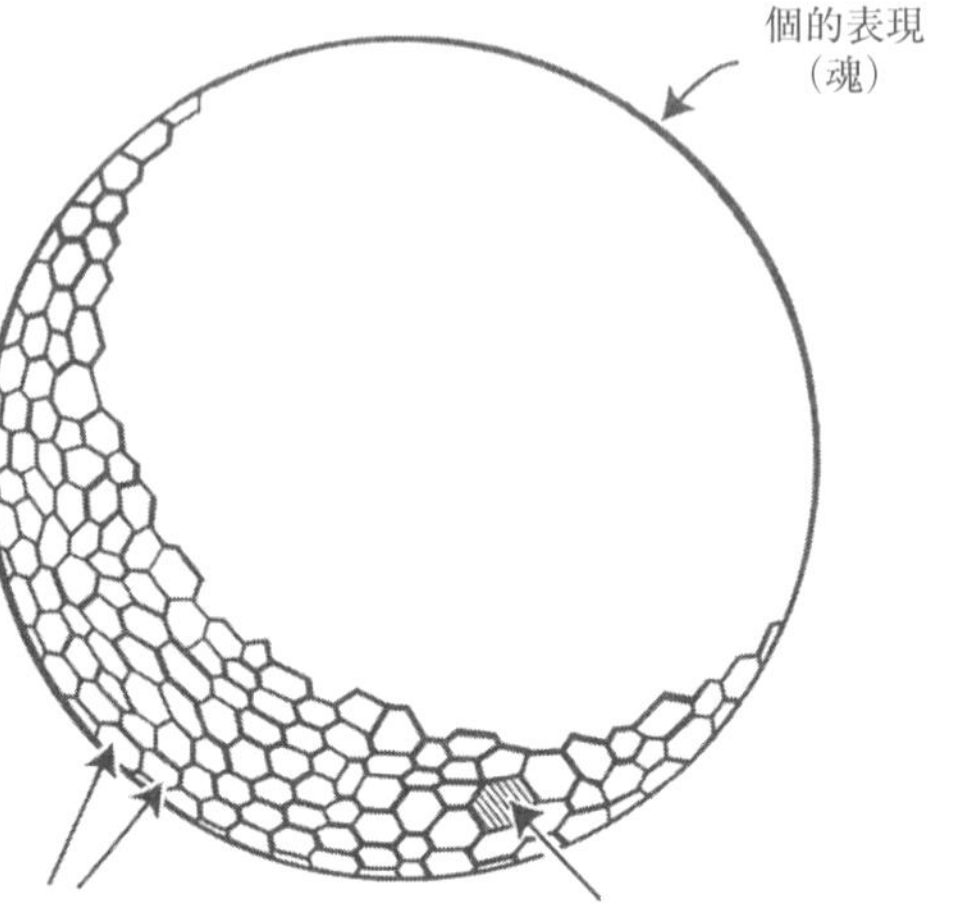

図10

体とその影響下にある媒体に焦点の合っている日常生活の状態では、表面意識は肉体の経験する時間の断面を参照することに全面的に関わっているために、より大きな潜在意識の視点から意識の他の側面を知覚することは非常に難しく、この点が、これまではほとんどの人が過去生の存在や転生の経緯《いきさつ》を、実感として把握することのできなかった事情になっています。

なお、子供が生れてから余り時間が経っていない間は、意識が肉体にそれ程しっかりとは固定されていない場合があり、このような状況で子供が過去生の出来事を話すケースはよくあります。

図10のミラー・ボールのようなモデルは、この波動領域の視点から看た意識の個的表現（魂）と、各転生毎の表面意識との関係を示したもので、表面のひとつひとつの鏡のような面が、ある転生において地上やアストラル・レヴェル（第九章で説明を致します）に表現されているパーソナリティに相当します。

一般に過去生の経験が閉ざされている（意識の表面に上がって来ない）のは、魂の成長にとってその方が好都合な場合が多々あるからですが、地上での生活経験の少ない魂の場合には、意識の比較的浅い所に過去生の記憶があることが多く、また、ある程度意識が進化してくると、顕在意識の範囲がより深いレヴェルに及ぶようになってくるので、過去生はちょうど昨日のことを思い出すのと同じ様に知覚されるようになります。

更に進んで、普遍意識が個的表現媒体を通して自覚に至ると、個々の魂が表現する現象我（パーソナリティ）とその転生は、制限された意識の作用によって造り上げられた幻影に過ぎなかったという実相が明らかに成り、同時に、全ての転生にわたる仮想の自分（自我意識）の体験を、静かに正しい視点を持って、上空から一度に勧降《かんこう》しているような「今ここに在る」という意識の状態に成ります。人類の大半が前者の意識レヴェルまで進化した時代には、昨日が存在していたことを誰も疑わないように、転生の有無《うむ》についての議論はなくなります し、ごく稀《まれ》に自分の過去生を思い出せない人がいたとしても、それは二十一世紀初め頃までにおける記憶喪失と同じ様に、一種の能力障害として扱われます。

ところで、自分のしたことが自分に還《かえ》ってくるという、いわゆる「カルマの法則」は、個的表現媒体を通して何らかの表現をした際に、反作用として自分の媒体に生じた波動がエネルギーとして保存されており、それと逆相になる波動（同じ表現を他から受ける際に生じる）と共鳴して、自分のしたことと同じ現象を引き付け、それと同時に解消されるという原理によって成就《じょうじゅ》されます。特に本人の魂が目覚めて霊的な向上の道を歩き始めたような場合には、ヴァイブレーションの上昇に応じて多転生にまたがるカルマが一挙に現象化して、同じ転生の中で還ってくることも多くなり、状況によっては僅《わず》か数時間後に還ってくるようなことも起こります。

特に二十世紀後半から二十一世紀前半に架けての地球の黎明の期間には、地球的規模でこのような浄化が生じていたため、当初は社会的にも大きな混乱が起こっていたかのように見られていました。特にネガティヴなカルマの現象化に際しては、表面的には不幸になったようにも見えるのですが、実際には内在の神性を発現するために、不要な波動を現象化して消している過程であったわけです。

カルマの法則は、図10でミラー・ボールの全体として表現されている、意識の個的表現の内側においてのみはたらきますが、このことは、魂のひとつの側面（ある転生において表現されたパーソナリティ）が行ったことの責任を同じ魂の別の側面（地上へのある転生から見た過去生や未来生、あるいはその間の幽界生活に当る）で受け取ることはあっても、他の魂に属するパーソナリティが引き受けることは原則としてはない、ということを意味しています。従って、このミラー・ボールで表現された意識の範囲を、カルマの法則のはたらく範囲と定義することもできます。このことには幾つかの例外もあって、例えば大師は明らかな必然性がある場合に限り、帰依者《きえしゃ》のカルマを引き受ける場合がありますが、これには厳密な適用範囲があって、その人の魂の成長に関わる場合等は、決して手助けはしません。

例えばキリスト教のほとんどの宗派では、イエス大師が人類全体の罪（カルマ）を代わりに背負うために十字架に架《か》かったと考えており、これが教義の根本になっていますが、これは重大な誤解で、自分の思念、言葉、行為の一切の責任は自分で取らなければならないということが、自然の摂理では原則です。

このような誤解が生じるもとになったパウロ（イエス大師の弟子のひとり）のこだわっていた考え方や、教会組織等の持っていた問題については、下巻、第二十五章「宗教」で詳しく説明致しますが、カルマ、すなわち自分のしたことが自分に還ってくるように表現世界が仕組まれているのは、人間が考えるような処罰《しょばつ》が目的なのではなく、相手の立場に自分が置かれたときの経験と対（ペア）で初めて、現象世界でひとつの表現をすることの学びが完成するからであり、また自然の摂理からズレた表現をしたときに生じる混乱や苦しみが気付きとなって、調和をもたらす方向に軌道修正させるための宇宙の智慧《ちえ》なのであって、それを途中で取り除いてしまったのでは、その魂にとって必要な学びの機会を奪ってしまうことになるからです。

今回の地球の黎明に際しては、全地球的な集合意識の持つカルマのエネルギーを浄化する作業が、使命を持った多くの人達によって行われましたが、これには特別な事情が背景にありました。

ひとつは地球人類が長い歴史の間にため込んだネガティヴなエネルギーの総量が地球を数十回壊滅《かいめつ》させ得る程だったことで、それをそのまま現象化させるわけにはいかなかったのは、これらのエネルギーの種は、先に黎明を通過した他の恒星系から塵《ちり》として持ち込んだもので、地球の歴史だけの責任ではなかったからです。

どの星も集合意識が普遍意識との一体化に戻る黎明の過程では、必ず浄化しきれないネガティヴなエネルギーが残ります。これは人間には自由意志があり、それを犯してはいけないという宇宙法則があるために、ネガティヴな表現を続けて更に多くのことを学びたいという魂の行き先を常に用意しておかなければならないからですが、そのために浄化されていないネガティヴなエネルギー（塵）を持ち込んだ新しい星に対して、黎明を経過した星はカルマ的な責任が生じます。こうした事情のために、進化した星から地球のカルマを取り除くために、使命を持ってきている人達がいるわけです。

もうひとつは、現在の地球は太陽系全体の黎明の足を引っ張っている状態であり、太陽系も、太陽の属している十二の恒星系全体の進化に関わっているという、大きなスケールの経綸があるのです。つまりこれらのカルマの特別な清算は、地球の波動領域のスムーズな移行が、宇宙全体の進化にとって必要だという全体的な目的に基づいて選択されたものなのです。そして勿論《もちろん》、地球人類に余り多くの苦しみを味逢わせたくないという、地球の進化に責任を持っておられる方々の人類に対する深い愛念が大きな理由に成っています。

地球生命系にカルマの法則が存在していたのは、普遍意識からの分離感を持った現象我にある程度の選択の余地を持たせて、普遍意識をそのまま顕すことができたのは勿論のこと、普遍意識からズレた利己的な表現を現象我がどのように行った場合でも、その結果に因《よ》って個々の魂を確実に進化させると同時に、全体としての目的も必ず成し遂げるという二重のはたらきを、無限の叡智《ちえ》に因って完璧《かんぺき》に行います。やがて「大いなる心」の計画が成就されて、普遍意識が個々の魂を通して自覚に至ると、個々の魂の表現はただひとつの普遍意識の表現そのものになるので、現象界には一切の不調和が存在しなくなり、同時にカルマも消滅します。

このことをもう少し正確に言うならば、幼児期の魂が表現を学ぶ世界の附属物に過ぎないカルマの法則は、現象が個々の迷った意識によって投影された単なる映像に過ぎないという、実相の観える視点においては、何ら実体のあるものではないことが明確に識別されるので、カルマの束縛《そくばく》から解放されることになるわけです。

ここで特に注意して頂きたい点は、カルマが実在ではないという真理は、私達個々の存在が、普遍意識から表現することができて初めて言えることなのであって、迷いそのものである自我意識に焦点が合っている間は、現象世界に囚われているわけですから、現象世界を成立させている自然法則、すなわちカルマから自由に成ることはできないということです。

著者がかつてある人から、「普遍意識が顕れれば、どんなカルマも帳消しになるんですか」という意味のことを聞かれたことがありましたが、この人は身に覚えがあって、解脱《げだつ》すれば自分がこれまで行ってきた不調和な行為のカルマから逃れられるのかどうかを尋ねたわけです。

勿論、普遍意識においては一切のカルマの支配から自由に成るわけですが、注意して頂けば明らかなように、自分のしたことの責任から逃れたいというのは利己的な考えそのものですから、このような利己的な動機に基づいてどんな試みをしたところで、普遍意識がその人を通して顕れることはありません。しかしながら、その人が自分のしたことの結果を何であれ潔《いさぎよ》く引き受ける決意をして、二度と同じ間違いをしないことを心に留め、同時に過去の過ちをいつまでも思い起こすことで、いたずらに否定的な想念を造り続けることを止《や》めて、今の今、愛そのものとして生きるならば、普遍意識がその人を通して顕れて、その結果としてカルマが消え去ることは充分にあり得ます。

普遍意識の視点では、この地上を含めた、自分の視野にある一切の現象を自分の意識で創り出しているわけですから、自分の意志そのものがあらゆる現象を司る法則に成っており、その意味において、現象世界の法則に支配されることはないわけです。この本来の意識状態では宇宙全体が自分自身ですから、個人という視点から利己的な目的を持つこと等はあるはずがなく、全ての表現が全体の中での調和に基づいたものに成ります。

この私達の内に在る本来の意識状態から、個人という想念を創り出して現象界に自分自身を投影すると、私達の多くが日常経験しているような、制約された自我意識の状態が生じるのですが、これは全智全能の神が、その全能に因って自分自身を不自由にするという奇蹟を演じているわけです。

宇宙の創造活動の中で、普通の進化系列の魂にはできない特別な役割を担うために必要な能力を身に付け、他の魂達も用いることができるような経験を持ち還るという「大いなる心」の計画。そして地球の強大な迷妄《めいもう》のエネルギーに囚われてしまった愛《うる》わしき同朋の魂達を救い出す使命の下に、大いなる愛による犠牲《ぎせい》として自発的に肉体に化身して、地球圏の表現世界に生じていた気の遠くなるような時間の中で、ある時には自分自身さえも見失いながら、苦闘を続けてきた偉大な魂達、その私達の魂の中に偏在している普遍意識（キリストもしくは仏陀）こそが、自ら創り出した物質の中に自分自身を投じた神、すなわち私達自身なのです。

意識の媒体が進化して次第に精妙になり、それに伴って個的意識の範囲が徐々に拡大していくと、前に述べた魂に当る個的意識の範囲が幾つも集まって、更に大きなひとつの統一された意識を形成していることが知覚されるようになってきます（図11）。この魂よりも一回り大きな個的意識の表現領域を「インディヴィデュアリティ」と呼んでいます。

ひとつのインディヴィデュアリティに含まれる魂の総数は、所属する魂のグループ（霊的な親戚《しんせき》関係とも言える、共通のヴァイブレーションと進化目的を持った魂から構成されており、地上もしくは一番低い波動領域に表現している魂から看た場合には、背後霊団《はいごれいだん》とも呼ばれます）によって、数個体の場合もありますし、稀《まれ》には数千個体を超える場合もありますが、この数を云々することには余り意味がないことに注意して頂きたいと思います。

そもそも個体というものは、あるヴァイブレーションの視点において「そのように見える」だけなのであって、参照するヴァイブレーションが高くなるにつれて、言い換えれば意識が進化するのに伴って、より高度な表現である、更に大きな統一された意識体の中に順次含まれていくようになり、最終的には、宇宙のあらゆる波動領域に偏在するただひとつの生命、無数の想念を含む、たったひとつの意識しか実在していないという真理が明らかに成るからです。

なお、図10および図11は、ある波動領域で知覚される意識の個的表現と、より大きな意識との関係を表すひ

図11

とつのモデルであり、概念上の理解をするための手段に過ぎませんから（概念は真理ではないことを思い出して下さい）、実際に意識の個的表現（魂）がこのような形状を持っているわけではないことを、念のためにお断りしておきます。

さてこの図11の魂のグループの中で、ひとつのミラー・ボールで表されている魂の、更にひとつの側面が、地上でのある期間、肉体を通して地上に現象我を表現する役割を、グループの中で持っていたとしましょう。

物質世界では意識の視野が非常に限定される上に、様々な制約のある媒体（肉体）を使用しなければなりませんから、地上に比較的近い精神階層に下限媒体を持っていて、地上の人間より広い視野でものを看ることができ、自由に動くことのできる別の魂（図11では、他のミラー・ボールとして表されています）が、様々な手段を用いて、地上に表現を行っている現象我が、その魂やグループ全体としての仕事を上手《うま》く果たせるように援助を行います。このヴァイブレーションの視点では、ミラー・ボールで表されている意識のひとつひとつが、物質的ヴァイブレーションにおける人間のひとりひとりのように個別化されて知覚されますから、援助を担当する他の魂もしくはその一側面を、指《し》導霊《どうれい》とか守護天使《しゅごてんし》とかの概念で理解することもできるわけです。

もしも同じ状況をもっと高いヴァイブレーションの視点（例えば普遍意識）から観れば、地上で表現を行う現象我も、それをより高いヴァイブレーションから援助するグループ内の他の魂も、更には双方にとっての外界や他の魂のグループも、総てが全体に内在するただひとつの生命が現象化したもので在るという真実が解りますから、自分自身が総てを司っているという実相が明らかに成ります。

これとは反対に、私達の多くがこれまで日常経験してきたような、地上に肉体を通して表現されているパーソナリティを自分として感じるような制約された意識状態では、全体（宇宙）の中での自分の役割を完全に演じているときに、周りが自分をサポートしているかのように感じられる出来事が起こります。

いずれにしてもまだ分離感のある意識レヴェルでは、自分を援助してくれる存在を意識する（例えば感謝の心を持ったり、安心したりする）だけで、双方の波動が近付き、援助する側が非常にはたらき易くなりますから、どのような理解の仕方であれ、自分のできることを完全に果たした上で、後は宇宙のはたらきを絶対的に信頼して全託《ぜんたく》するという在り方が、最も賢明、かつ合理的な人生の態度と成るわけです。

ではここで、指導霊が個別化した人格として知覚される波動領域の現象について説明をしておきましょう。

通常ひとつの魂が、地上に肉体を通してパーソナリティの表現をしている全期間にわたって、一人もしくは数人の指導霊が附きます。指導霊が複数の場合には、地上に表現されているパーソナリティを通した魂の霊的成長について、全面的に責任を持つ役割の守護霊が一人と、地上でのその人の仕事に応じて、必要な時にだけ専門的なインスピレーションを与えたり、様々な手助けをするパートタイムの指導霊の何人かで背後霊団が構成されます。後者は例えば、科学者には科学者の、藝術家《げいじゅつか》には藝術家の、泥棒には泥棒の指導霊が附くわけですが、こうした専門分野の指導霊の中には、過去に地上でそのような仕事に携《たずさ》わっていた人が多く含まれていますし、音楽の天使達（ガンダルーヴァ）や、他の天体からやって来た人達の指導霊のように、地上経験を持っていない存在も含まれています。

指導霊は前述した霊的な親戚関係に相当する、本人と共通の波動を多く持ち、共通の進化目的を持った魂のグループの中で、地上での生活経験を比較的最近の時代に持つ誰かが引き受けるケースがほとんどですが、通常このような魂のグループは、地上に表現されている特定の時間に対しては、ひとつの魂のひとつの側面だけを表現するために、地上では全く逢ったことのない人が指導霊になっていることもよくあります。指導霊は、指導される側の意識の変化が著《いちじる》しい場合等、ひとつの転生の途中で交代することも稀にありますが、多くの場合にはひとつの転生を通して、またその後の精神階層での生活や、更には何転生にもわたって、同一の指導霊が面倒を看るような場合もあります。

具体的にどのような指導霊が附くのかということは、まさに千差万別で、面倒見の良い指導霊もいれば放任主義の者もいますし、厳しい指導霊がいるかと思えばやたらに甘やかす者もおり、献身の余り守護する人のカルマを自分で被《かぶ》って、本来の仕事が全くできなくなってしまうような、少し思慮《しりょ》に欠ける者もいます。また、ユーモアのセンスに溢れた指導霊、くそ真面目でコチコチの者、あらゆる状況において完璧で緻密《ちみつ》な仕事をする優秀な指導霊から、ずぼらで最低限のことしかしない者まで、その性格には地上の人間と同じヴァリエーションがあります。

いずれにしても、指導霊の性格は地上に表現している本人の波動が反映されるものですし、転生に際して、お互いの了解の下に協力の約束をしたのですから、自分の指導霊についてあれこれ不満を言うのは筋違いであることを覚えておいて下さい。能力的には、地上でも幼稚園児の教育に哲学博士や理論物理学者を附けることがないように、例えば霊的なことに全く関心のない人に覚者《かくしゃ》（普遍意識を顕現した人）の指導霊が附くことはありませんが、それぞれの魂が地上での表現を行うために必要かつ充分な能力を備えた者が指導に当ります。

この他に、普遍意識のレヴェルに常にいて、魂のグループ全体を自分として観ているような存在（図11の中心太陽に当ります）を守護神《しゅごしん》と呼ぶ場合もありますが、これは個々の魂や指導霊が分離して看える波動領域において、上を見上げた時にのみ、意味を持つ概念であることに留意《りゅうい》して下さい。

それでは指導霊がどのようにして肉体を持つ人を守護するのかということを、この波動領域における具体的な事例を挙げて、看ていくことにしましょう。

ある男性は、意中の女性と初めてのデートの約束をして有頂天《うちょうてん》になっていました。一張羅《いっちょうら》の背広を着て、少し前の時代のことでしたからポマードをたっぷりと頭に塗りつけて、待ち合わせの場所に向かっていたのですが、途中の見通しの悪い交差点で左側の道から車が走ってきたのです。時間と空間を超越した指導霊の視野からは、そのままでは彼がその車に撥《は》ねられることが看えていましたから、近くの子供を使って彼を助けることにしました。その時の彼を表現していた魂は過去生において、その子供の魂がその転生で表現していた肉体が溺《おぼ》れかけたのを助けたことがあり、その子供は彼を助けることのできるカルマを持っていたのです。

指導霊は子供の足元にあったある石に想念を集中して、明確な意図を持ったエネルギーを入れると、その子供はそのエネルギーのままに石を蹴《け》り、それが命中した弾みで彼は水溜《みずたま》りに転んでしまいました。こうしてタイミングがズレたお蔭で彼は車に撥ねられないで済んだのですが、地上的な視野に制約されている彼には、そんな背後の事情は判りませんから、大切なデートの前に服を汚されたと思って腹を立て、その子供を殴《なぐ》って、新たなカルマを作ってしまったのです。

このように地上の人間には、自分の災難がどれだけ少なくて済んだかが解らないために、指導霊の愛や、そのはたらきの大きさを識らずに、結果だけを看て否定的な想念を持ったり、折角《せっかく》消えて逝《い》こうとしていたカルマを再生産していることがよくあります。ここで彼を助けるカルマを持っている子供が偶然に彼の近くにいたということに関して、話ができ過ぎているように思われる方もいらっしゃると思いますが、実はこの時に彼に当った石でさえ、過去に彼が腹を立てて蹴った石であったという、驚くべき因果関係が有ったのです。

宇宙に起こる一切の現象は精緻《せいみつ》かつ完璧な自然法則に司られているのであって、あらゆる出来事にはそれが生じるべき必然的な理由があるのであり、偶然という概念は、全体の因果関係を把握することのできない視野の狭い意識状態の中でのみ造られる迷妄のひとつに過ぎないということを識っておいて頂きたいと思います。

地上に肉体を持っていてまだ解脱に至っていない人は、視野が限られている上に、自我意識の欲望に左右されるので好き勝手なことをしますが、指導霊はどんなことがあっても自分の担当している人を裏切ったり、見捨てたりすることはできません。これは精神階層では、自然法則が地上の肉体に制約されている意識よりも明確に解ることと、肉体を通して表現している魂の指導を任されるくらい意識の発達している魂の場合には、自分の責任について正確に自覚しているからです。ただ指導霊の担当している人に余りにも不調和な表現が多く、手の施《ほどこ》しようがないときには、しばらく放っておいて、様子を看ていることはよくあります。この場合でも指導霊は、自分の援助を全体の目的のために役立ててくれるような他の人の手伝いをしていることが多く、遊んでいるわけではありません。また指導霊の判断によっては、本人にそれ以上不調和なカルマを造らせないために、強制的に肉体から引き揚げさせる（その転生を終わらせる）ような、強硬手段に出る場合も稀にあります。

指導霊の関心は常に、自分が担当しているパーソナリティの地上における経験を通して魂が成長することにあり、どこか特定の大学に受かるとか、社会的な地位に就くとか、経済的に豊かになるとか、誰と結婚するかというようなことは、そのこと自体には価値を置かず、それを通して魂が何を学び、全体にどのような奉仕ができるのかということを考慮してはたらきます。勿論、指導霊には色々な個性がありますから、中には甘い人達もいるわけで、本人の希望をむやみに実現するものもいないわけではありませんが、普通は自分の望みを指導霊が叶えてくれる等という考えは余り適切ではなく、むしろ現象我の望まないことに直面させた方が、魂の成長のためには良い場合も多いのです。しかしながらその人が霊的な成長を望むようになったり、全体への奉仕に目覚めたりすれば、これは魂の目的にも完全に一致するわけですから、指導霊は喜んで全面的に援助を始めます。

今回の地球人類の黎明には、多くの大師達や奉仕者達が地球圏やその周辺ではたらいており、そのうちかなりの割合に当る魂のグループは地上に化身して、世界各地で後輩の指導に当っています。

目覚める準備のできた魂の表現する現象我は、過去生の出逢いや転生前の魂の約束によって縁の生じた、大師もしくはその人の意識レヴェルに合った指導者の下に導かれるようになりますから、そうした機会を活《い》かせるようにしたいものです。

普遍意識の視点では、山の上から見降ろす夜景のように、ひとりひとりの霊的自覚の程度に応じて、ちらちらと明滅《めいめつ》している程度の明りから、燦然《さんぜん》と輝く太陽のような存在までが一望できますから、目覚め掛かった魂が見落とされるようなことは決してありません。準備ができた魂の表現している肉体を適切な指導者の許へ連れて行く段取りは指導霊が調えますが、本人の自由意志を侵《おか》してはならないというルールがあるので、本人が自らそこに行きたくなるように、時には何年も費《つい》やしてはたらき掛けなければならない場合もあります。

このように、指導霊には守らなければいけない自然法則があるために、守護する人の性格によっては忍耐力が要求され、中には折角の段取りを整えて、いよいよその人が肉体を持つ指導者に出逢うはずの場所に向けて出掛けた時に、途中でパチンコ屋に入られてしまって、全てが水の泡になってしまった等という苦労もあるようです（その時、その人の指導霊は何ともいえない顔をしたそうです）。

また、魂によっては偽物《にせもの》の指導者に騙《だま》されるカルマを持っているものもおり、こういう場合には指導霊は手出しをしません。このようなケースでは、過去生で他の人に間違った霊的知識を与えて混乱させたり、それによって利益を得たりした場合が多いのですが、依存心の強い人等、人の話に盲目的に従うことの危険性を学んでより注意深くなるために、偽物に引っ掛かることもあります。

このように自分が惑わされる経験を通して自我の弱さに気付いたり、迷いの中から真実に目覚める切掛けをどのように見出したかという体験等が、将来、騙されている人を正しい方向に導く仕事をする上で大変役に立つようになりますから、本人には失敗と思える寄り道であっても無駄になることは決してありません。

ところで「指導霊」とか「守護神」といった名称は、精神世界の幾つかの分野では慣用《かんよう》が固定したいい方であるために、本書においてもそのまま用いましたが、「霊」や「神」という言葉の本来の意味からすると、余り適切な表現ではありません。「霊」とか「神」あるいは「魂」という言葉は、その実態がほとんど把握されていないにも拘らず、人によって様々な意味で観念的に使われていますので、慎重に扱わないと混乱を招くことになります。そのような事情がありますので、ここでは「霊」「神」そして「魂」等の言葉について、本書で用いる意味の正確な定義をしておきたいと思います。

本書では、これまでに説明してきましたような唯一の生命、遍満する無限のエネルギー、総てのものの本源で在る実在を「霊」もしくは「神」と呼び、この霊が表現をし、かつ自ら表現したものを知覚するために様々な波動領域に現象化する媒体を「体《たい》」もしくは「表現媒体」と呼びます。この体を通して表現される霊の個的表現、つまり個的意識の範囲を「魂」と呼びますが、私達の多くが普通自分自身だと思い込んでいる、肉体を通して表現されているパーソナリティや、死と誕生の間の精神階層での生活の間、後述するアストラル体やメンタル体を通して表現されるパーソナリティは、魂の一側面が表現されたものとして扱います。

解脱した魂は該当する進化レヴェルの普遍意識に相当しますから、「体」としては、一個の原子でもあり、地球全体、太陽系全体、もしくは銀河系全体でも在ることに成ります。また普遍意識が全体のための目的で、地上および精神階層に表現を行う場合には、時間と空間を限定した物質体と幽体、もしくは幽体のみを採ることになりますが、これらの体を通した普遍意識の表現を「大師」と呼びます。

物質的ヴァイブレーションにはそれを下限媒体とする様々な形態が表現されています。

一個の石、例えば花崗岩やダイヤモンド、一本の花、例えばタンポポと薔薇《ばら》、一羽の鳥、雀《すずめ》と鶴、ひとりの人間、未熟な人と大師、こうした様々な進化段階のそれぞれ異なる個的表現が、宇宙全体を構成するジグソー・パズルのワン・ピース（一片）のようなもので、どんなに些細《ささい》に見えるひとつが欠けていても全体は完成しません。言い換えれば、地上に表現されているもの、宇宙のあらゆる階層に表現されているものは総て同等の存在価値があり、大いなる生命（神）の創造活動に必要不可欠の、それぞれの役割を担っているわけです。

私達の多くはついこの地上での習慣として、ひとつの時間の断面に表現されている姿形《すがたかたち》を比較して、上下関係の区別をしてしまいがちなのですが、植物にはかつて鉱物の時代が有ったのであり、動物のうちのあるものは植物の時代を通り過ぎてきたのであり、人間の中でかなりの人達は動物として生活をしていた経験があります。大師もまた未熟な人間として不調和の限りを尽くしていた過去生があるかも知れないわけで、地上で極めて長い期間にわたって表現を行ってきた、経験豊富な成熟した魂と、まだ日が浅い魂の表現とを、同じ枠組みの中で比較することには意味がありません。それはちょうど、幼稚園児と大学院生とに同じ試験を課すようなものだからです。私達の意識が進化して普遍意識の視点を持つように成れば、あらゆるものを結果に過ぎない姿形として見るのではなく原因である唯一の大いなる生命として観るように成るので、比較や区別をすることはなくなります。

さて、ひとつの魂が初めて地球上に人間として転生する際には、幾つかの異なった状況があります。比較的多く看られるのは、地球上に動物として表現されていた魂が進化して人間になる場合ですが、動物は普通、複数の個体がひとつの集合意識（グループ・ソウル）に因って表現されており、集合意識の進化に伴って、ひとつの集合意識が表現する個体の数が少なくなって逝って、人間となることで初めて、原則としてひとつの魂がひとつの肉体を通して表現を行うという、一対一の関係が成立します。これは物質的ヴァイブレーションに至るまでのあらゆる表現領域の中でも、最も細分化された意識の範囲に当り、しかも普遍意識のはたらくひとつの焦点を初めて内在するようになるので（動物以前の段階にはこれが在りません）、この過程を特に「魂の個別化」と呼びます。なお、人間の場合であっても進化の目的により、ごく稀にひとつの魂が同時に二つの肉体を通して地上に表現されることがあり、このような一組の現象我の関係をツィン・ソウルと呼んでいます。ツィン・ソウルは、元々が共通の進化目的を持った同じ波動の魂のわけですから、確率としては大変僅かですが、もしも地上で互いに出逢うことができた場合には、完全な調和を持った至福の関係を表現することができます。

ではここで、個別化する以前の動物の集合意識について簡単に触れておきましょう。集合意識をバケツ一杯の水のようなものとし、個体の意識をそこから汲《く》み出したコップ一杯の水のようなものとする譬《たと》えはよく用いられるもので、集合意識の性質を大変上手く表しています。動物の場合には、個体の意識を維持するエネルギーは人間の自我ほど強くはないので、動物が地上生活を終えると、普通はコップの水をバケツに戻すように、個体意識は集合意識に吸収されてしまいます。この時にその個体が地上生活で得た様々な経験は、コップの水が色に染まったようなもので、バケツに返されると、その水がバケツ全体に拡がることによって色が薄められてしまうように、個的意識の経験も、その集合意識全体のものにはなりますが、その影響は僅かなもので、ひとつの個体の経験が、集合意識全体が擁《よう》する全個体の行動を顕著《けんちょ》に変えるという程の力を持つことは、通常ありません。

グループソウルの関係を一番理解し易い動物は、太古の時代に金星のメンタル・レヴェルから連れてこられた蟻《あり》や蜜蜂《みつばち》でしょう（蜜蜂の針や、やはり金星から持ってこられた種である薔薇の棘《とげ》は、彼らが地球に来てから生じたものであることを識《し》って頂くと面白いかと思います）。蜜蜂の場合、ひとつの巣に属する全個体がひとつの集合意識に属していますので、育児、巣造り、花粉や蜜の採集、巣の防衛と、それぞれの個体が異なった役割を持ち、しかも一定の期間毎に役割を交代して、巣全体の生命活動を完璧に維持しています。

個体が利己的な動機を持つことがなく、常に全体のためにはたらくのは、蜜蜂が非常に進化した生物であることを示していますが、これはひとつの集合意識からくる意志が個体の意識を超越してはたらくからです。

一般によく本能という言葉が使われますが、科学における本能という言葉の定義は、私達の多くが不注意に使っているような、動物が生まれ付き持っている性質として片付けてしまうための用語ではなく、その時点の研究では説明不可能な、その動物特有の行動様式を指しています。個々の動物にそれぞれの本能が存在するのは、このような集合意識による支配があるからです。

集合意識のはたらきが良く判る事例としては、飛んでいる鳥や泳いでいる魚の群れが一斉《いっせい》にその向きを変えることができるという現象があります。これはひとつの集合意識が群れ全体を通して表現されているために可能になることで、もし他の個体の動きを察知して、それに反応して向きを変えているのであれば、それぞれの個体が反応する時間差で動きが全体的に乱れるはずですが、そのような状況は余り観察されていません。ただ稀に他の鳥の動きに遅れる個体がいるときはありますが、これは何らかの事情で個体意識に囚われていて、集合意識からの指示に関心が向いていない場合です。また魚の研究者の間では、捕獲した時に眼球の欠損した複数の鯛《たい》が、群れの他の個体と同じ様に泳ぎ回るという事実も知られています。

この他、釣りをやっている人の間ではよく知られていることなのですが、ある種の魚を取るために新しいテクニックや仕掛けが考え出されると、初めの頃には非常によく釣れるのに、だんだんその方法で釣れる割合と、従来のやり方との間で差がなくなってきます。これは釣られた魚が自分の経験を自分の属する集合意識に持ち帰るからで、釣られた魚の個体数が集合意識全体の擁する個体数に比べて少数のうちは、持ち帰られた経験のエネルギーが集合意識全体に生じさせる波動は微《かす》かなために、反応する個体はそれ程多くはありませんが、釣られた魚の個体数が次第に多くなってくると、集合意識に生じる経験の波動も充分に大きなものになり、それにほぼ全個体が反応するようになるので、そのテクニックや仕掛けに対する警戒心を起こさせるのです。このようにして動物の集合意識もまた、自らの擁する個体の様々な経験を通して進化していくわけです。

猫や犬、馬等の比較的進化した動物で、特に人間と生活をして長年愛情を注がれてきたような個体は、意識が進化した分だけ個体意識を維持するエネルギーが強くなっているために、肉体を離れた後も集合意識に吸収される事無くアストラル体を保って、地上時代に縁のあった人の周辺に留まることがよくあります。こうした事情を知らない霊能者が、ある人の周囲に幽体の猫が纏《まと》わり附いている光景を霊視して、「猫の霊が憑《つ》いている」と、ネガティヴな意味に解釈したという笑い話もあります。

愛は宇宙最大のエネルギーですから、動物もまた人間から愛情を注がれることが最も早い進化に繋がりますので、その動物の個体意識が肉体を離れた後にも、地上で関わった人が強い愛情を向け続けているような場合には、そのエネルギーに因って動物の個体意識はアストラル体を保ち続けることができますから、その人の地上生活が終わってからアストラル・レヴェルで再会することもよくありますし、その動物が充分に進化していれば、人間として初めて個別化される魂の過去生の経験として吸収されることさえ起こり得ます。

霊的に観て、最も進化した動物は個体差を別にすれば犬で、猫と馬と象がほぼそれに続いています。猿は知能的には一番進化していたのですが、過去のある時代に献身の資質を発達させることを怠《おこた》ったために、これらの動物よりも遅れることになってしまいました。なお、海豚《いるか》や鯨《くじら》は、現在では人間とは別の進化系列に属しています。

個別化というのは、魂が地上に人間として表現を始めるひとつの形ですが、これとは別の状況として、他の生命系、すなわち他の天体からやって来るという形があります。

こうした魂の中には、地球生命系という宇宙の中でも特殊かつ困難な生命の表現の場にじっくりと腰を据《す》えて、非常に多くの転生を繰り返す可能性も考慮に入れ、物質世界での様々な体験を積んでから普遍意識に目覚めるというような、本格的な魂の成長を目指したフルコースのカリキュラムを組み込んでいる、勇気と意欲に満ちた長期滞在組が大勢います。

反対にそういった大上段《だいじょうだん》に構えるのは苦手《にがて》で、好奇心から一、二転生やってみようかという、軽いノリの魂がいますし、今回のように地球上で人間の意識に大きな変容が起きる時期には、これらの変化が自分達の恒星系にどのような影響を及ぼすことになるのかを調査する仕事で来ている魂や、地球上の長期滞在組が気の遠くなるような歳月にわたって造り続けてきた強靭《きょうじん》な固定観念を壊すために、様々な新しいエネルギーを持ち込む目的で呼ばれている魂達もいます。更には、元々はひとつの魂のグループだったものが、様々な恒星系に分散してそれぞれの世界で異なった体験を積み重ね、最後のこの時期の地球に大集合して波動調整を行い、全体として卒業していくという、大いなる経綸《けいりん》を実践している巨大な集合意識があります。そして既に普遍意識の中に在り、本来は地球に来る必要はないにも拘らず、後輩達の成長進化の手助けのために、肉体を纏って化身する偉大な魂としての普遍意識等々、その魂の種類や進化の程度、転生の動機には様々なものがあります。

他の生命系に属していた魂達が初めて地球圏にやって来る時の具体的な方法としては、宇宙船を使って表現媒体を運んだり、惑星の進化を司る大師達が新しい肉体を創ったりするようなことも、ひとつの進化系の交替期や転生の目的によっては稀にありますが、ほとんどの場合には、それぞれの恒星系と地球もしくは太陽系の惑星が共通して持っている、アストラル・レヴェル以上の波動領域で移動し（移動とは物質世界から見た理解の仕方で、精神階層には空間的な距離がないことを思い出して頂きたいと思います）、魂が地上への転生を決意することに因り、地球圏における連続した転生と同じ様に、母親の胎内に宿って、通常の出産という形を採ります。

　こうした惑星間、もしくは恒星間の転生は、基本的には魂が自らの進化と役割に応じて決定するのですが、出身星や地球圏の転生の管理をしている担当者との間で、様々な調整が行われることが普通です。

　なお、このような状況をエイリアンの侵略のように考えて、宇宙人の地球への転生に対して違和感を持たれるような方も中にはいらっしゃるかも知れませんが、既に二十一世紀初め頃までの地球には、宇宙人の博物館と言える程に多くの恒星系の人達が滞在していますし、地球人として久しい長期滞在組の中には、太古に他の恒星系から移ってきた魂も多くあり、また地球で個別化した魂であっても、転生の途中で他の恒星系に出向していた者もいますから、「純粋な地球人」という概念にはほとんど意味がありません。もしかしたら自分では忘れているだけで、あなた自身が宇宙人であるかも知れないのです。

　私達は「遍在する唯一の生命」という真理にこそ目を向けるべきであって、家族と他人、自国民と外国人、地球人と宇宙人というような表現上の区別に排他的な感情を持ち込むようなものの見方は、未熟な意識が造り出した迷妄であることをよくよく理解しなければなりません。

　地球生命系と他の恒星系との間の様々な魂の交流については、先史時代の遥かに以前、太古から大いなる計画の下に行われてきており、牛飼《うしかい》座のアルクツールスや、琴《こと》座のヴェガ、大犬《おおいぬ》座のシリウスや牡牛《おうし》座の方向にあるプレイアデス星団、獅子《しし》座のレグルスやオリオン座の中心にあるミンタカ、アルニラム、アルニタクの三ツ星等の恒星系と密接に交流していた時代がありました。

　ところでこうした情報に初めて接する方の中には、どのような方法によってこのような背景を識ることができるのかという点に関して、疑問を持たれるのは当然のことと思います。その詳細については第十章「メンタル・

レヴェル」で扱いますので、ここでは簡単な説明に止めておきますが、宇宙には、表現世界で過去、現在、未来を通して起きている一切の出来事が、波動のかたちで記録されている宇宙自身の記憶ともいうべき領域が在って、これをアーカシック・レコードと呼んでいます。

個人の意識が進化して、自分と宇宙全体との間に何ら境界が存在していなかったことに気が付くと、個々の意識は本来の自分自身で在る宇宙全体の意識として活動を始め、このアーカシック・レコードから宇宙の歴史のあらゆる側面の記録を引き出せるように成ります。

またこのような本質的な方法を用いなくても、ひとりひとりの潜在意識に当る高次媒体の記録を、ある種の能力を持った人が読み取って、（その仕組みによって、サイキック・リーディングもしくはスピリチュアル・リーディングと呼びます）その魂の過去生における体験を引き出し、このようにして得られた複数の魂の歴史を総合的に判断して、過去の出来事を推測するというやり方があります。

この他にも、このような歴史に通じた精神階層の存在（他の恒星系の人達が多い）から、後述するチャネリングによって情報を得るという手段もあります。

後の二つの場合には、リーディングもしくはチャネリングを行う際に主観が入ることは避けられませんし、他にも色々と注意しなければならない問題がありますので、得られた情報について厳密な識別を行うことが不可欠である点を銘記《めいき》して頂きたいと思います。

この辺の背景については第十五章「チャネリング」で詳しく扱いますので、それを参考にして頂ければと思います。

TRANSITION

第八章　誕生と死

転生という現象は、魂《たましい》が自分自身の成長と全体の中での役割という二つの側面から行っているものですが、厳密に言えば、これらの一切を司っている意志は、普遍意識《ふへんいしき》のレヴェルに在ります。前にも触れましたように、この普遍意識のレヴェルは時空間を超越しているために、幾つもの、古い魂にとっては無数の転生のひとつひとつが最初から最後まで、つまり肉体の誕生から死に至るまでの地上生活の全てと、アストラル体が形成されてから消滅するまでの幽界生活の一切のドラマが、ちょうど上空からパノラマを観降《みお》ろすように、同時に霊的視野の中に在ります。

普遍意識はこの全知の視野において、宇宙全体の中での個々の魂の果たすべき役割とカルマの解消を配慮し、その中で魂自身が成長したり、その魂が所属するグループ（霊団）にとって必要な経験を得るために必要な環境を選び、その結果、特定の両親の元に子供として産まれてくる肉体を通して、魂のひとつの側面が表現されることになります。

家族は何転生にもわたる縁《えん》のあることも多く、また肉体の遺伝子が似ていることから、同一の魂が地上で表現するのに好都合なこともあって、亡くなった祖父が孫として生まれてくるようなこともありますが、全く別の家系や、違った国に生れることも少なくありません。普遍意識は全知ですから、前述した全体のための役割とか魂の成長目的、カルマの清算とか他の魂との約束事など、その転生の一切について識《し》っていますが、魂の表現するパーソナリティはそれぞれの進化の程度に因《よ》り、肉体に化身する以前に、自分の次の転生の意味を顕在《けんざい》意識ではっきりと自覚しているものもいれば、潜在《せんざい》意識下で全てが行われていて、本人は転生の目的を全く理解しないで生まれてくるものもいます。

自分の転生における計画をどのように立てるかについては、その魂の意識の進化程度により、様々な形があります。ある程度進化した魂の場合には、自分が化身する肉体とその両親、転生の目的等、幾つかの選択肢を指導霊の解説の下に看せられ、自分自身でどのような人生を選ぶかについての選択を行います。自分の人生の目的がまだ自覚できないレヴェルの魂の場合には、指導霊がその魂の能力や学ぶべき課題、持っているカルマなどに応じてその転生の計画を立てますので、本人には自覚のないまま、次の転生に入ります。

普遍意識においては、通常の意味では地上に転生する必要はないわけですが、後輩達の進化の手助けや、人類や地球全体への奉仕のために地上に肉体を持つ場合があり、このようなケースでは、転生のあらゆる要素を完全に把握して自分自身で化身の計画を立てます。

魂の特定の肉体への化身《けしん》を地上から見た場合にいつとするかは、個体差もあり、またどのような現象をそれと看做《みな》すかによっても色々な見解がありますが、本書では受精の瞬間という立場を採りたいと思います。現象としては、個的な魂を表現する、その意識の進化レヴェルに応じた波動領域の高次媒体と、特定の肉体（受精卵）とが、この時点で磁気的な繋がりを持つようになるのですが、この過程は自然法則によって自動的に行われるわけではなく、ある波動領域における具体的な作業が必要で、そのような仕事に専門的に携わっている肉体を持たない同朋《どうほう》がいます。

魂が地上で表現を行うための媒体となる肉体は、その転生の目的と役割に応じた設計図が、普遍意識のレヴェルに原因想念として表現されていますが、これが次第に低いヴァイブレーションに反映されてくると、物質的ヴァイブレーションの直《す》ぐ上の波動領域に肉体と相似形《そうじけい》のエーテル体が形成され、受精卵の遺伝子とも相互作用しながら、このエーテル体に合わせた肉体が物質レヴェルに形創《かたちづく》られていきます。なお、肉体の形態形成に関わるこのエーテル体は、物質レヴェルからは電磁気的な場として観測されています。

こうした肉体の形成過程では、様々な確率で標準から離れた形体（身体障害等の先天的異常と呼ばれている現象）が生じることがありますが、これらは決して間違いが起こったのではなく、そのような肉体を持つことによって本人や周囲の人達に特別な経験をさせるために、転生の前から自分で計画していることなのです。

あるアメリカ人の男性は、進行性筋ジストロフィーという、筋肉がだんだん弱って動かなくなる病気に罹《かか》っており、「鉄の肺」と呼ばれる、圧縮空気によって強制的に呼吸をさせる（苦痛を伴う）機械の中に、一日十八時間も入っていなければ生きられない身体でした。

しかし彼は残りの六時間を使い、僅《わずか》に動かすことのできる咽喉《いんこう》の筋肉を使って呼吸をしながら、図書館に通って法律の勉強を続けました。そして遂に弁護士の資格を取って、当時はダイヤル式だった電話を口にくわえた鉛筆の先で操作するというような、大変な努力をしながら営業を始めたのです（CNN　ニューズ）。

彼は「ハンディキャップというものは心の中にあるものであって、身体にあるものではない」という素晴らしい言葉を語っていましたが、ヘレン・ケラーや、同じ進行性筋ジストロフィーに罹ったイギリスの理論物理学者スティーヴン・ホーキング等の例を挙げるまでもなく、人一倍困難な状況の中で偉大な足跡《そくせき》を残した、生命の勝利の事例は歴史上数多くあります。

このように宇宙の中でも元々制約の極めて多かったこれまでの地球生命系において、更にまたハンディキャップを背負って生れてくることは、その原因としては後述するような過去生に造ったカルマが関わっていることもありますが、短い期間に大きな成長を遂げようとする強い魂の選んだエリート・コースでもあります。


なお、これは参考までに附記《ふき》しておきますが、大きな能力を転生の際に与えられていたにも拘らず、それを全体の目的のために役立たせることを怠《おこた》ったり、ハンディキャップを持つ人達に対して愛のない接し方をしたような場合に、次の転生で自分がハンディキャップを持って生れることで、カルマのバランスを取ることはよくあります。しかしながらこのような選択は、自然法則（神）による処罰とか、誰かの命令によってそのようにさせられるわけではなく、本人の魂が自分自身の成長のために、自分で決めているのだということを繰り返し強調しておきたいと思います。

この他に魂自身にはカルマがなくても、ある家系、もしくは特定の両親のカルマを清算するために、相対的に進化した魂が神の愛を表現する目的で、その家庭にハンディキャップを持った子供として生れてくるようなケースもあります。このような場合には、その子供を周囲の人達が慈《いつく》しみ育てることで、周りの人達のカルマが浄化されていくわけですから、安易な同情心からヒーリングを行ったり、先天的異常が胎児に発見されたことで中絶してしまったりすると、折角の魂の計画を台無しにしてしまうことがあります。従って医師やその他の治療家がこのようなケースに出逢った場合の識別は、非常に慎重に行わなければならないということを心に留めておいて下さい。

さてここで話を元に戻して、誕生の過程を看てみましょう。

転生の始めに両親の受精卵と磁気的に結び付いた魂は、次第にヴァイブレーションを下げながら、成長しつつある胎児の肉体の中に自らを展開していきます。この過程で、最初の細胞分裂が始まって以来、胎児として成長している間は勿論《もちろん》のこと、出産後もかなりの期間が経過するまでは、子供の肉体は外界に対して充分な表現をすることができませんし、外の世界を大人のように知覚する機能も出来上がっていませんから、意識が肉体の五官から入ってくる物質レヴェルの情報に完全に同調して、それを事実として認識する（囚われる）ようになるまでの間は、子供の意識の中には多くの大人の想像を絶する表現世界がまだ残されています。

出生後の物質世界における表現活動については、私達の多くにとっても日常的な出来事ですし、それらの霊的な意味についてはそれぞれ専門の章で詳しく扱いますので、ここでは一挙に時間を早送りして、その転生において肉体による表現活動を終了する過程について説明をしたいと思います。

魂のひとつの転生がその世界の時間で終りに近づくと、エーテル体を下限媒体とする各波動領域の媒体は肉体から抜け出します。

睡眠中や、ある種の幽体体質の場合には覚醒《かくせい》時にもアストラル体が肉体を抜け出す現象は、幽体離脱《ゆうたいりだつ》現象（アストラル・プロジェクション）と呼ばれていますが、肉体の死においては、高次媒体と肉体との磁気的な繋がりが切れてしまう点が決定的に違っています。

この磁気的な繋がりは玉の緒《お》、シルヴァー・コード、もしくはアンテカラナ等と呼ばれており、ある波動領域の視力を用いると、自由に伸縮する透明もしくは銀白色の紐のように看えますが、物質レヴェルの概念では、精妙な電磁波のようなエネルギーとして理解するとよいと思います。

高次媒体が肉体から離れる過程には、その人の肉体を含めた各媒体の性質や状態、意識の発達程度等によって様々な場合があり、一般に宗教書で解説されているような、決まったパターンがあるわけではありませんが、意識がある程度は覚醒していて、この過程における個的意識の焦点（恒久《こうきゅう》コーザル原子と呼ばれ、これだけは各転生で媒体が替わってもそのまま維持されます）が脊椎《せきつい》の中心、もしくはその周辺を上昇して、頭頂のサハスラーラ・チャクラから外部に抜け出るような形を採る時には、狭いトンネルの中を高速で通過するような感覚が生じることがあります。

この恒久原子を取り巻く高次媒体が肉体から抜け出る時の通路になるのは、脊椎の中心に位置するスシュムナ・ナディと呼ばれる部分ですが、意識が進化してこれを通るエネルギーが大きくなってくると、スシュムナ・ナディの直径は肉体よりも遥かに大きくなりますから、両者は単に空間的に重なっているだけで、スシュムナ・ナディが脊椎の内部にあるものだとは考えないで頂きたいと思います。

肉体から抜け出した高次媒体は、当初は肉体の上に煙のような状態で浮かんでいることもあり、やがて本人の想念（自分の姿形に対する固定観念）に反応して、肉体と同じ様な形状を採るようになります。この高次媒体うち一番ヴァイブレーションの低い部分はX線に近い波動領域に表現されているために、高感度の写真フィルムには写る場合があります。

よく臨死体験をして生き返った人が、自分の肉体を上から見降ろしているような状況の体験を報告することがあるのは、ほぼこの状態で、まだエーテル体が周囲を取り巻いているために、アストラル体以上の高次媒体は充分に機能することができず、しかも肉体からは離れているために、物質世界にも表現することができないという、中途半端な状態にあります。この状態では、物質レヴェルにおける出来事をエーテル体の波動領域で観察することになりますが、観察している自分の意識が空中にあったり、自分の意志で視点を自由に移動させることができたり、アストラル体以上の高次媒体が機能することができれば、何を考えているかさえ判る場合があり、自分は肉体を持っている人の姿や動き、何を話しているのかさえ知覚できるのに、こちらの意志を伝えることはできないという状況に直面して混乱する人達もいます。

これは、地上にいる人達の姿は肉体ではなく、相手のエーテル体の部分が看えているわけですし、彼ら、彼女らの発している言葉も、物質的ヴァイブレーションで空気を振動させるだけではなく、エーテル体やアストラル体、更にはメンタル体の波動領域でもその内容に対応した波動を出しているために聞くことができるのですが、こちらが話そうとしても、それはエーテル・レヴェル以上の波動になるわけですから、地上にいる人達のほとんどにとってはこの波動領域が潜在意識に当るので、相手がそれを知覚することは滅多にないわけです。

しかしながら、相手がその波動領域を顕在意識として感じることができる能力を持っている場合には、普通にコミュニケーションが取れますし、たとえ普通の人達であっても、何とかメッセージを伝えようと努力したようなときには、相手がなんとなく声を聞いたような感じがして、意思が伝わるケースもあります。

この高次媒体が肉体から離れる際、もしくはその後の極めて僅かな時間に、その人の一生の体験がＤＶＤの再生のように眼前に展開されます。これは単なる視覚的な映像ではなく、その時の感情や想念の動きに至るまで克明《こくめい》に再現されるので、短い時間に一生をもう一度生きるといってもよいでしょう。この時に、場合によっては過去生に遡《さかのぼ》って今生の出来事との関係を学ばされたり、本人があることをしたときの周囲の人達の心の内面まで観せられることもありますが、これはその転生における魂の計画と、その計画を現象我によって実際に生きた結果を、ひとつひとつ検証していく過程として体験させられるものです。

この再体験は、本人の高次媒体に記録されている各転生の経験の波動を、記録された時間軸に沿って極めて短い時間に参照する方法で行われますが、この作業を手伝う指導霊が、宇宙の根源記録（アーカシック・レコード）からヴィジョンを見せることもあります。

ひとつの魂が、物質的ヴァイブレーションでの意識の表現を終える際（通常私達が死と呼んでいる現象）には、地上での出産時に手助けをする医師や助産士、看護士のように、こうした過程を扱うことに熟練をした精神階層の奉仕者達や、その魂の背後霊団に属する指導霊達が、当人の高次媒体が肉体からスムーズに抜け出せるように具体的な操作をしたり、場合によっては肉体と高次媒体との磁気的な繋がりを切り離したりして、この過程が上手くいくように様々な援助をします。また本人に対する愛情や、その人が肉体を離れつつある状況を、無用な恐怖心を抱かせずに理解させるという目的のために、既に肉体を去っている知人がそれと判るような外見を採って現れることもあります。

ここで精神階層における人の姿について説明をしておく必要があるのですが、幽界ではある種のテクニックを身に付けると、自分の望んだ通りの姿形《すがたかたち》を採ることができるので、普段幽界で用いている姿のままでは本人と判らない場合があり、このために相手の記憶に残っている、地上で最後に会った時の肉体の姿をわざと造り出すことがよくあります。また高度に進化した魂の場合には、本来の階層では地上で知覚されるような現象我（パーソナリティ）を採りませんから、地上近くの波動領域に自らの一側面を投影して、地上時代に馴染《なじ》み深い姿を採ることがあります。

このような周囲の存在が、肉体から離れつつある当人の意識に知覚されるかどうかは、その魂の進化程度や霊的な訓練の経験の有無、その時の状況によって色々な場合があり、意識が明確でないときには全く知覚されないこともありますし、二十一世紀初め頃の平均的な地上的観念の波動で参照したときには、何人かの人間の姿として見えます。またこれが一番実相に近いのですが、底知れぬ愛を感じさせる輝く光の玉として知覚される場合もあり、正確な霊的知識を持たない人達の中には、このような存在を神や天使だと思ってしまうこともあります。

最近では臨死体験の報告や、精神世界の書物等で徐々に改善されつつありますが、二十一世紀初め頃までの地球上では物質文明の発達している地域の人々ほど、こうした肉体から離れる状況に対する理解が欠如していますので、その場に直面した時のショックや、未知の状況に対する恐怖心を和らげるために、このような援助者の役割は極めて重要なものです。

こうした仕事に携《たずさ》わる奉仕者は、当事者の心理状態も含めて、肉体を離れる際の様々な状況に対して充分な理解を持っていますから、必要に応じて色々と助言もしてくれますが、肉体を離れつつある人がそれを素直に受け容れるかどうかは、その人の性格や理解力、意識の状態などにより異なってきます。大部分の人達の場合には、あらゆるものを圧倒する愛の波動に包まれた至福感の中で、必要な援助を受けながらスムーズに肉体を離れて行きますが、当人が既に終わってしまった地上生活に執着《しゅうちゃく》を持っていたり、頑固《がんこ》な性格の人が事実とは異なる宗教的観念にしがみ付いていたりすると、折角の奉仕者達の助言も功を奏さずに、後で述べるような遠回りの進化のコースを選んでしまうような場合もあります。

その人のパーソナリティを表現している意識が、肉体からアストラル体に移行する過渡的《かとてき》な状態では、エーテル体が本人の関心を寄せている場所等に本人の姿を採って現れることがあり、敏感な人にはその姿が看える場合もありますが、このエーテル体には意識があるわけではなく、何かをすることもありません。

意識のアストラル・レヴェルへの移行は通常は自然に行われるものですが、本人が地上に残してきた仕事や財産に執着していたり、肉体の死によって親しい人との別離が生じると信じていたり、普通の人にとっては地上よりも遥かに快適なアストラル・レヴェルでの生活が待っていることを知らずに、肉体から離れることを極度に恐れている人等の場合には、このエーテル体の波動領域に不必要な長い期間にわたって滞在し、恐怖や焦《あせ》りといった否定的な感情に苦しみながら、何とか地上に関わりを持とうと不毛な努力を続けることがあります。

これがいわゆる自縛霊《じばくれい》という状態で、特に土葬の習慣のある地域では、エーテル体がある程度の期間は保たれるために、その人の意識の状態によっては、その間エーテル・レヴェルに閉じ込められてしまう場合もあります。死体を火葬にすれば、肉体との結び付きが強いエーテル体は分解してしまうので、彼もしくは彼女の意識は次第にアストラル体の波動領域に接触するようになりますが、この状態になってもなお、地上生活中に造り出した否定的な想念に心が囚われていますと、アストラル・レヴェルではその想念が周囲の環境に反映されてしまうので、本人にとっては極めて不愉快《ふゆかい》な状況で生活しなければならなくなります。

一例を挙げますと、憎しみを持っている人の場合には、その人が憎しみを手放さない限り、憎んでいる相手が姿を採って自分の前に現れてきますし、何かに襲《おそ》われることを恐れている人は、その恐怖心から自由に成らない限り、いつ何処《どこ》からともなく襲ってくる相手に怯《おび》えて、逃げ回り続けなければなりません。

このように自分自身の心で創り出している否定的な想念の波動で、恐怖や怒り、悲しみや絶望に満ちた世界を現象化してしまうことを、様々な宗教では地獄として描《えが》いていますが、このような迷いの状況から抜け出すためには、周囲の環境を造り出しているのが自分自身の心であることに気付き、それが変わること、ただそれだけが絶対的に必要です。

地球圏の物質レヴェルでは、肉体という共通の波動を持った表現体を全ての人が持っているために、様々に異なった意識状態の人が互いに出逢《あ》うことができますから、自分とは違う観点の人と接することで、それまでその人が束縛《そくばく》されていた固定観念から自由に成ることができたり、暗い想念に取り巻かれていた人が、周囲の違う波動の人達と交わっているうちにエネルギーを貰《もら》ったり、ちょっとした出来事がきっかけになって、明るくなったりする機会が常にあります。ところがアストラル・レヴェルでは、自分の造り出している波動と共通の部分でしか他の存在と接触できないために、意識が変化をするには極めて長い時間を要する場合があります。

アストラル・レヴェルには、厳密《げんみつ》な意味では時間が存在するわけではありませんが、本人が気が付かなければ、地上の時間に対応すれば千年以上の期間を同じ状態のままで過ごす人達もおり、戦国時代に戦死した武士が五百年以上経っても、自分達の想念で造り出した当時の戦場で戦い続けているというような事例もあります。

またアストラル・レヴェルでは、肉体というフィルターを通さずに、敏感なアストラル体で直接外界を知覚するために、物事に対する感受性は何百倍、時には何千倍にもなります。よく、夢の中では血沸《ちわ》き肉踊る大冒険をしたと思っていたのに、目が覚《さ》めてみたら実につまらない出来事だった、というような体験をされる方がいらっしゃると思いますが、これは肉体の鈍感な意識では知覚することのできない非常に多くの情報を、夢の中の身体、つまりアストラル体では知覚していたために、このような違いが生じてくるのです。

このようにアストラル・レヴェルでは喜びや興奮も増幅されますが、否定的な想念を持った時の悲しみや苦痛、恐怖も大変なものになりますから、不必要な怖れを持たないために、永遠の生命について正確な智識《ちしき》を持っておくことや、自分の住む環境を現象化する心に、物事を肯定的に受け取れるような習慣を普段から付けておくことは、肉体から離れた後の生活に大いなる恩恵をもたらす結果になります。

なお、これに関連したことなので附記しておきますが、自殺はあらゆる側面から考えて割に合わない選択であることを、多くの方々に知っておいて頂きたいと思います。

自殺に追い込まれる人はほとんどの場合、自分が置かれている状況にそれ以上は耐えられないと思い、解決する術が見つからず、死ぬことでこれらの状況から生じる義務や精神的苦痛から逃れられると考えますが、実際には肉体から離れても意識は存続していますから、地上にいた時の苦しみに満ちた精神状態をそのままアストラル・レヴェルに持ち込むことになって、事態は一層厳しいものになってしまいます。

アストラル・レヴェルでは肉体というフィルターがないので、自殺に追い込まれた時のような否定的な感情が造り出す苦しみは想像を絶する強烈なものになりますし、否定的な波動によって生じる真っ黒なオーラは、本人に外の世界を正しく見えなくさせるだけではなく、次章で詳しく説明しますように、外部からその人を救おうとする援助者の接触を非常に難しくします。

精神階層でいったんこういう状況を造り出してしまいますと、本人がそのことに気が付かない限り、その人の環境は変わりませんので、不必要に長い期間にわたって同じ状態に留まり、自らを責め苛《さいな》む不毛な行為を続けることになります。

勿論、永遠の時間の観点からは、完璧な自然法則がはたらいていますから、このような自殺者もいつかはこうした低い波動領域での浄化を終えて、地上もしくは他の天体に再び転生してくることになりますが、大抵の場合には本人の魂が、前の転生で学ぶはずだった課題をもっと厳しい条件の下でやり直す人生の再設定を行いますから、自分の果たすべき責任からは決して逃れることはできません。

ある霊的な指導者がまだ若かった頃、人生に絶望して自殺を図ったことがありました。肉体を離れてアストラル体で上がっていくと、そこには指導霊が険しい顔をして待ち構えていました。彼はその転生で最低でもひとつの魂を目覚めさせて連れ還ると約束していたのですが、連れて還るどころか自分自身さえもまだ迷っている為体《ていたらく》を指摘され、「とんだ法螺《ほら》吹き男め！」と罵倒《ばとう》されたあげくに、気が付いてみたら肉体に戻されて、生き返ってしまったという事例があります。

このようにその人が地上で為すべき役割がある場合には、どんなことをしても死ぬことはできませんが、どのような魂であっても普遍意識のレヴェルでは、それぞれの魂がその転生で表現する現象我の強さ、長所や欠点を充分に識り尽くした上で転生の計画を立てていますから、本人の能力を超える課題が与えられることは決してありません。従ってこの原則を充分に理解していれば、神の計画に対する絶対的な信頼と、それに基づく心の平安が生じ、この平安を通して普遍意識の全智全能が展開するように成るので、その人は人生上で直面するあらゆる問題を解決することができるように成ります。

本書ではそれぞれの話題の中で、この普遍意識が展開されるためのヒントを挙げておきますので、読者の皆様はぜひともこの法則を御自分で使えるように訓練して頂きたいと思います。

ここでもうひとつ、死刑制度に関する問題にも触れておきたいと思います。死刑制度の背景には、正しい視点を持っていない自我意識の人間が、他の人を裁くことができると考える間違った前提と、犯罪者が死ねば永久に世界から追放できるという、重大な誤解があることを指摘しておきたいと思います。

まず私達は本来、全体でひとつなのですから、誰かが不調和な表現をしたということは全体にその責任があるわけで、個人を処罰《しょばつ》すれば片付くというような単純な問題ではないことを識って頂きたいと思います。詳しいことは第十五章「チャネリング」で解説しますが、犯罪のような不調和な表現は、その行為者単独で行われるわけではなく、被害者の持っていた過去のカルマや、社会を構成している人々のひとりひとりが、顕在もしくは潜在意識の中で造り出している不調和な想念等の、その事件を現象化させている全体としての背景が必ず存在しています。勿論、このことで個人の責任を回避するものではありませんが、その行為者を非難するということだけに問題の焦点が集まってしまい、犯罪を個人の問題として片付けようとする考え方に染まってしまうと、社会を構成する人達が自分自身の持っている問題を見ないで済まそうとする、自我意識の巧妙な策略に乗ってしまうことになります。

このように事件を引き起こした社会全体の原因を顧《かえり》みて、きちんと解決することをせずに、個人を非難し処罰したとしても、必ず別の事件が繰り返し起きて、最後にはこうした問題に直面せざるを得なくなりますが、二十一世紀初め頃までの人類の平均的な意識の発達程度では、全体の関係が把握できていない、視野の限られた人間が他人を裁こうとするわけですから、本来は自然法則によって完璧に清算されるはずの出来事を、不必要に複雑化してしまうことがほとんどです。

では次に、死刑制度が霊的に観て有害かつ無益である理由を説明したいと思います。

死刑囚の中には、自らの体験が精神の浄化になって、悟った僧のように澄み切った心の境地《きょうち》で肉体を離れる人も稀《まれ》にはいますが、そうでない場合には、不調和な意識状態のまま物質世界から比較的低い波動領域のアストラル・レヴェルにただ送り込んだだけで、何の解決にもなっていないのです。物質世界と精神階層は別の世界ではなく、精神的には共有されていますから、地上の人間は常にアストラル・レヴェルやその他の階層から影響を受けているわけで、そこに怒りや悪意、復讐《ふくしゅう》の念に燃えている未熟な人達を送り込んで、しかも自由にしてやったとすれば、地上で生活している人達にとって、いかに危険かつ有害であるかは説明するまでもないでしょう。

このような場合に大切なことは、未熟な魂が肉体に閉じ込められて表現が制約されている間に、少しでも意識が改善され、自然の摂理《せつり》に合った生き方を自ら選んでするようになるための、機会と教育を提供することです。地上は様々な意識の発達段階にある人達が、互いに出逢うことのできる唯一の場所ですから、未熟な魂の表現に対してもその進歩に極めて重要な機会を提供できるという状況を、最大限に活用しなければなりません。

これはあらゆる意識状態の人に対して共通して言えることですが、人間は肉体を離れて精神階層での生活を始めたからといって、突然に意識が向上したり、悟ったりするようなことはありません。確かに肉体の制約がなくなった分だけ、感受性は鋭くなりますし、より自由な表現が可能になる世界での新しい体験もありますから、全く進歩しないわけではありませんが、地上生活中に培《つちか》ったものの考え方の傾向や固定観念、感情表現の習慣等は、幽体《ゆうたい》の波動としてそのまま次の生活の場に持ち込むわけですから、その人の意識状態は地上時代とほとんど変わらないわけです。

「あなたが今、成仏《じょうぶつ》（普遍意識の顕現）していないのであれば、死んでも決して成仏することはないであろう」と言った空海の名言がありますが、地上で苦しみを造り出すのを止めなかった人は、精神階層でも更に強烈な苦しみを造り続けるでしょうし、地上で霊的向上のための選択を怠《おこた》った者は、精神階層ではなおさら、遊び呆《ほう》けてしまうという結果になりがちです。

意識がある程度進化した人にとっても、幽界の比較的ヴァイブレーションの高い波動領域での生活は、争う人もなく和気藹々《わきあいあい》とした仲間ばかりで、しかも想ったことは直《ただ》ちに現象化されますから、あらゆることがスムーズに運んでしまい、みんなで楽しく過ごしているうちに、地上では何千年、何万年に相当する時間があっという間に過ぎ去ってしまい、その間ほとんど進歩がなかったというのも、よくある話なのです。ですから進歩を望んでいる魂は、わざわざ困難に直面する地上に転生して、解脱を目指すわけです。

それではここで地球生命系の幽界、すなわち精神階層の中で分離の生じている波動領域と、そこで見られる現象について、順を追って看《み》ていくことにしましょう。

エーテル・レヴェルについては本書の前の方でもある程度説明しましたが、どちらかと言えば物質レヴェルの延長線上にあると考えてよく、視覚的にはガンマ線の非常に高い波動領域で物質を見ている状態にほぼ相当しますので、空間的な表現様式は物質レヴェルと同じです。比較的高い波動領域では、金属や石を含めたあらゆる存在物が透《す》けて見えるようになり、色彩も物質レヴェルで人間の眼を通して知覚される範囲よりもスペクトルが幅広いので、より多彩なものとなります。

人間の身体を看た場合には、ちょうどレントゲン写真のように体の内部（正確にはエーテル体の内部）を観察することができ、血液やリンパ液の流れと同じように、経絡《けいらく》を流れる生命エネルギー（プラーナ）が光って見えるので、病気治療（ヒーリング）を行う人がこのレヴェルの視力を持っていると大変便利です。地面の中もある程度の深さまでは透けて見えますから、地中の状態を地表から把握することが可能で、弘法大師《こうぼうだいし》（空海）が日本中の色々な所で温泉を見付けて歩いたのも、このような能力を行使することができたためと考えられます。

なお、人間の嗅覚は、このエーテル・レヴェルの波動領域と密接な関係があります。

アストラル・レヴェルおよびメンタル・レヴェルの波動領域については、以降に独立した章を設けていますので、それぞれの章を参照して頂ければと思います。

ASTRAL LEVEL

第九章　アストラル・レヴェル

本書の始めの方でも述べましたように、現象の生じている表現世界は、あらゆる波動領域が混然一体《こんぜんいったい》として存在しているのであって、それぞれの個的意識（ひとりの人間、もしくはより大きな集合意識）が自分の持っている波動の部分を、その人（意識体）にとっての世界として現象化しているだけですので、精神階層が幾つかの領域に区別されていたり、ひとつの世界と別の世界との間に境界のようなものがあるわけではありません。

しかしながらこれらの全体について解説する時には、地上の言葉や概念では、幾つかの特定の性質を有する波動領域に分けて、そのひとつひとつについて説明をしていくという方法を採らざるを得ません。またこれから説明を行う波動領域のうち、比較的ヴァイブレーションの低いある範囲で起きている現象は、後述する地球の表現領域の変化に際して消滅し、過去の出来事を理解する上での参考程度のものにしか過ぎなくなりますから、こうした事情を理解して頂いた上で、順を追って観ていくことにしたいと思います。

物質レヴェルよりも精妙な波動領域に形成されている生命の表現の場は、そこで起きている現象について描写しようと試みる時に、地上にはそれを上手《うま》く説明することができるような適切な概念がほとんどないという表現上の困難の他に、その世界を観察する人の意識の進化段階や、過去の経験に基づいて造られる主観等によって、観察する人の幽体に生じる参照波動がそれぞれ違ってくるので、現象化される世界の様相や存在物の姿形が人により、また同一人物であってもその時の意識状態によってそれぞれ異なってくるという精神階層特有の事情があるために、それらの総てについては勿論《もちろん》のこと、ごく一側面についてさえ記述し尽くすことはできないという量的な困難があります。

これは譬《たと》えて言えば、地球とはどのような所かという説明をする時に、都会もあれば山村もあり、砂漠もあればジャングルもあり、山岳地帯もあれば極地もあるという、千変万化《せんぺんばんか》の地上の風景全部について言及すること等は到底できないという事情と同じようなものです。物質的ヴァイブレーションという地上の万人《ばんにん》にとって共通した波動領域でさえ、これだけ多様な表現があるわけですから、見る人の主観を反映して風景が現象化するアストラル・レヴェルが、いかにヴァラエティに富んだものであるかは、ある程度は推察して頂けるのではないでしょうか。

本書の初めの方で説明してきましたように、視覚というひとつの感覚を採ってみても、物質的ヴァイブレーションでは物質原子によって構成された肉体の眼という、共通の波動領域（可視光線）に感応する知覚器官を用いていますから、何らかの知覚障害があるのでない限りは、ほとんどの人が大体同じように外の世界の存在物を見ています。ところがアストラル・レヴェルでは、その人の意識の状態に正確に対応している、表現媒体（アストラル体）の持つ波動スペクトルがひとりひとり異なっていますから、その媒体を通して外界を参照する意識のヴァイブレーションもひとりひとり異なり、結果としてアストラル・レヴェルに表現されている波動と、参照する意識の波動によって現象化されるその人にとっての外界も、ひとりひとり異なったものになります（詳しくは第六章「創造の原理」を参照して下さい）。

こうした出来事が起こるのは、精神階層においても、本人が知覚している外の世界の様相は、その人が意識を合わせた外界の特定の範囲の波動スペクトルが、当人のアストラル体に引き起こす波動に因《よ》って、そこにあるように感じられているだけなのであって、その人の見ている姿形そのものが外界に存在しているわけではないという事情に因っています。しかもアストラル体を通して、意識を受け身でなく能動的にはたらかせた場合には、外の世界に対して波動を引き起こすために、この波動がその心の動きそのままの外界を造り出し、同じ波動を持っている他の人にもそれが見えるといった現象が起こります。

このようにアストラル・レヴェルにおいては、物質レヴェルに比較して想念が外界に反応する速さが格段に早いので、自分の思ったことが直《す》ぐに現象化してしまうという出来事が日常的に起こっているのです。このアストラル・レヴェルにおける現象化能力は、物質レヴェルで同じことを行うとき程には高度なものを要求されるわけではないのですが、それなりの集中力と明確なイメージを創り出すことが必要なので、その魂《たましい》の表現の意識の発達程度や霊的法則への理解力、訓練の程度やその人の向き不向き等によって、自分の環境を自由自在にコントロールできる人もいれば、その人の固定観念によって環境を造り出しているだけの人もおり、自分の姿形にすらはっきりしたイメージを持てないために、アストラル体が陽炎《かげろう》のように揺れ動いている人さえいます。このようなまだ自分の環境を現象化する能力を行使することのできない人の場合には、指導霊が本人の学びに相応《ふさわ》しい環境を創り出すこともあります。

例えば地上時代に、食欲に異常に囚われていた人の場合等、指導霊の考え方次第で、食べ物の全くない世界を体験させられたり（アストラル体は食物を食べなくても死ぬことはありませんが、食べられないという精神的苦痛は感じます）、反対に食べ物だらけの世界で食べ物責めに遭《あ》わせ、本人がうんざりして食べ物の臭いを嗅《か》いだだけでも吐き気を催《もよお》し、食べ物を見たくもなくなるように仕向けられることもあります。

それではここで、想念が直に現象化する世界の具体的な状況をみてみることにしましょう。勿論、多様を極めるアストラル・レヴェルにおける現象の全貌《ぜんぼう》を記述することはできませんので、典型的な事例の幾つかを挙げてみることに致します。

例えば地上で誰かに会おうとする時には、空間的な距離を移動することが必要ですから、歩いたり、車に乗ったり、列車や船、飛行機等の交通機関を利用したりしなければなりませんが、精神階層の本来の状態では空間は存在していませんから、その人に会おうと思った瞬間に相手と対面することができます。この過程はその人の想念が現象化することに因って行われるために、本人の心の中に何らかの地上的制約が固定観念としてあると、現象はその制約をそのまま表現することになります。

例えば誰かに会う時にその人と会おうという意志をはたらかせるだけでよいことを理解していない人の場合は、途中の道程《みちのり》、つまり駅まで歩いたり、電車に乗ったり、タクシーを拾ったりというように、地上と全く同じ状況を現象化することになります。このような精神的自縛《じばく》現象は地上的障壁《しょうへき》とも呼ばれており、地上での人生を終えてアストラル・レヴェルで生活を始めたばかりの人達に多く見られるもので、本人にとっては学ぶべき課題なのですが、気が付かない人達はいつまでも地上と同じ生活を続けて、そのまま次の転生に入ってしまう場合もあります。

アストラル・レヴェルの存在物は、それを構成しているエネルギーの粒子的表現が、物質原子に比べてかなり小さく、粒子相互間の隙間《すきま》がかなりある上に、人間の意志が反映されない限り、物質原子を構成するフェルミオンのような空間を規定する波動を持ちません。

例えば人間のアストラル体はアストラル・レヴェルの壁を自由に擦《す》り抜けることが可能ですが、壁が固いものだという固定観念を持っている人の場合には、その人の想念が現象に反映されるので、擦り抜けた人の真似をしようと思っても、壁にぶつかってしまいます。また、物質に比べると重力の影響をほとんど受けないアストラル体は、飛ぼうという意志さえ働かせれば、空中を自由に飛び回ることが可能ですが、これもまた本人に飛べるという確信が持てるまでは、地面から長く離れることはできません。この他、本来は液体のような性質を持っているアストラル体は、壊れたり傷を受けたりすることはないのですが、地上時代の固定観念から自由に成っていない人の場合には、自分の想念でアストラル体に病気や怪我《けが》を造り出すこともあります。

老人性痴呆《ちほう》（認知症）等は、意識そのものがボケてしまっているのではなく、肉体の脳や神経の機能に障害があったり、肉体の脳と高次媒体の意識表現との連鎖《れんさ》関係が上手くはたらかないために、外界に対する表現が妨げられていたものですから、アストラル体が肉体から離れれば正常に戻りますし、肉体に様々な障害を持っていた人のような場合でも、幽体《ゆうたい》（アストラル体および後述する低次メンタル体）では自由自在に動けるというのが原則です。けれども本人が、地上生活中に染《し》み付いてしまった「不自由な身体」という固定観念から解放されるまでの期間や、地上生活中にその不自由な身体を通して学ぶべきだった課題をきちんと果たすことができなかった場合等は、その人の潜在意識が造り出しているエネルギーや、その人の魂や指導霊が地上時代の障害をアストラル体に現象化して、不自由な身体での生活を、そのままアストラル・レヴェルにまで持ち込むことがあります。

人間には内在する創造力が在るので、実際には私達の多くにとっての日常的な生活の場である物質世界においても、人間の意志に外の世界が反応するという原則は変わりないのですが、物質は余りにも鈍重《どんじゅう》なために、普通の人の曖昧《あいまい》な想念に反応するには時間を要した上に、物質に絶対的な影響力を行使することが可能な普遍《ふへん》意識《いしき》のレヴェルにおいて、明確な意識をはたらかせることのできる人は、二十世紀頃まではそれ程多く地上にはいなかったこともあって、このような現象は過去には目立っていませんでした。

しかしながら二十一世紀に入ってからは、人類の意識も徐々に進化して、人間の意志が現象に影響を与えることが理解されるようになり、地球の精神階層の波動も精妙化されて「想ったことが実現する」出来事が日常的に体験されるようになってきたわけです。

前述しましたように、精神階層では想念の波動そのものが、その人にとっての外界を造り出しますが、物質的ヴァイブレーションへの現象化は、想念に因って精神階層のあるレヴェルに引き起こされた波動が、次々と波動干渉《かんしょう》に因ってヴァイブレーションを下げていき、最終的に物質レヴェルに表現されるというシンプルな過程で行われます。

普遍意識の表現は、一切の自然法則を司っている意識レヴェルで行われるために、物質世界においてもあらゆる制約を受けずに、直ちに現象化しますが、そこに至る以前の、自分を個人として認識している制約された意識状態では、地上世界が創られた時の原因想念である、物質レヴェルの自然法則や、地上もしくは幽界に表現を行っている人達が集合意識として形成している様々な固定観念（地上的な世界観）の影響を受けることになり、現象化にも、その人が意志を行使したヴァイブレーションの高さに反比例する時間が掛かります。

アストラル・レヴェルに表現されている世界は、広範囲の波動領域に分散されていますから、物質レヴェルの場合のように、極めて限られた波動領域に表現されているものをほとんどの人が同じように知覚していることに因って、その現象を維持している観念に厖大なエネルギーが注《そそ》がれることがありません。このためアストラル・レヴェルの世界は物質レヴェル程には強固に固定されたものではなく、かなり可塑的《かそてき》な要素を持っており、ひとつの現象を起こしたり、変化させたりするのに必要なエネルギーは比較的僅《わず》かなもので済みます。従ってアストラル・レヴェルにおける外界は、地上よりも遥かに自由度を持った見る人の意識の反映となり、観察する人の心の中に、自分自身や社会の集合意識によって造り出した固定観念が少なくなれば少なくなる程、自在な表現が可能になってきます。このような事情のために、地上の固定観念がそのまま維持されているような波動領域では、地上すなわち物質レヴェルとほとんど変わりのない世界が繰り広げられており、地上にいる人と同じ考えを持った人達が、地上と同じような生活を営んでいます。

これに対して意識が様々な地上時代の制約から解き放たれるようになると、それに相応して外界も自由に変化するようになり、例えば立体の全部の側面が同時に見えるような四次元以上の高次元空間や、肉体の知覚器官では見ることのできないスペクトルを、地上にはない多様な色彩として知覚することが可能な波動領域等とも接触できるようになります。このような高次階層の色彩の豊かさに比べれば、地上の限られた色彩はモノクローム（白黒写真）のようなものといってもよいでしょう。

意思の疎通《そつう》も、アストラル・レヴェルの比較的低い波動領域では、地上の言葉に近い精神波動のやり取りを行いますが、もう少し意識が進化すると、本一冊分の体系化された知識とか交響曲の全曲といった、ひとつの纏《まと》まった想念のエネルギーを、キャッチボールのように相手に送ることができるようになりますから、コミュニケーションは格段に早く、しかも確実なものになります。なお、普遍意識のレヴェルにおいては相手と自分という区別はありませんから、地上の概念で言えば相手の想念が元々自分の中に在るという状態になり、コミュニケーション自体が必要なくなります。

また物質的ヴァイブレーションでは、表現された同一の時間に、複数の個体が近接した空間に存在することが「一緒にいる」状態ですが、精神階層では共通の波動を持つことと一緒にいることは同義ですから、アストラル・レヴェルにおいては、あらゆる「存在の個的表現」は、自分と相手が共通に持っている波動領域においてのみ、互いに接触することができます。このような状況では、ひとりの人の周りには似たような性格の人達同士が集まってくることになりますが、アストラル・レヴェル全体では、最高から最低までというような単純な物差しでは計ることのできない、実に多様な世界が展開されています。

それではこうしたアストラル・レヴェルの表現世界のうち、ごく一側面を具体的に説明していくことにしましょう。

相対的にヴァイブレーションの低い波動領域、例えば利己的で争うことを好み、恐怖や憎しみといった迷いの波動を表現するような領域では、想念によって造り出すエネルギーの爆弾や、それを防ぐためのバリヤー（結界《けっかい》）等を用いて、四六時中戦いに明け暮れている、ドラゴン・ボールに描かれているような世界も存在しています。またそのような活力さえも見当たらず、ねっとりした漆黒《しっこく》の闇の中で、あらゆる善《よ》きものへの希望を失った人達が、埃《ほこり》を寄せ集めたようなアストラル体を纏って、当てもなくうろついているといった領域もあるにはあります。

このようなアストラル・レヴェルの低い波動領域は、暗く、ちょうど粘性《ねんせい》のある液体の中を動き回るような不自由な感覚があり、しかもある程度進化した魂が表現するアストラル体にとっては、決して快適には感じられない波動を持っていますから、このような波動領域の住人の意識を向上させる仕事に携《たずさ》わっている奉仕者や、その人の役割上、広範囲の波動領域の状況を把握しておく必要のある場合を除いては、こうしたレヴェルにまで降りていく物好きな人はそう多くはありません。またこのような使命を持った人でも、無用な混乱を避ける目的で、このレヴェルの住人には見えないけれども、こちらからは全てを見渡せるヴァイブレーション（住民の潜在意識のレヴェルに当る）に留まって仕事をする場合もあります。

前にも述べましたように、精神階層はその人の意識状態が外側に反映されている世界ですから、意識を向上させるためには、地上の場合と全く同じように、その人が囚われている型に嵌《はま》った考え方から解き放ったり、希望を持たせたり、相手の理解力に合わせた霊的知識を与えたり、愛に目覚めるためのきっかけを作ったりしますが、ひとりひとりの抱えている問題は皆異なっていますから、ケース・バイ・ケースで対応する必要があり、この点が救助に当る奉仕者の経験と能力を試されることにもなるわけです。

また精神階層では、ある人と接触するためにはその人と同じ波動領域にまで降りていかなければなりませんが、そうすると、奉仕者が本来所属する波動領域で持っている能力や判断力を行使できる意識の範囲、生命エネルギー等を大幅に制限しなければならなくなり、このような救援活動に不慣れな人の場合ですと、相手の救助はもとより、自分自身の生きる気力まで失って、還ってこられなくなることさえあります。このためこのような仕事に際しては、指導霊が少し高い波動領域で見守っていて、奉仕者が危ないときや、救助する相手に必要な心の変化がみられたときに、一気に光を送ってヴァイブレーションを引き上げるといった援助を行います。運良く救助が成功して自縛の世界から解放された人は、新しい世界がまだかなり低い波動領域であったとしても、まるで天国のように思えて感激するものです。

しかしながらこれらの暗黒の波動領域は、表現世界の全体からすればごく一部分に過ぎないものですし、遍《へん》在《ざい》する無限の愛で在る実相から観れば、全体からの分離という心の迷った状態が、愛を自覚することができずに、極限にまで落ち込んで造り出した幻影に過ぎません。

このような領域での表現は、非常に遠回りの（逆の観方《みかた》をすれば豊富な体験をすることができる）進化のコースを選んだ魂達がやっていることで、彼ら、彼女らでさえも宇宙を司る法則に従って、いつかは必ず自らの実相に目覚める時がやって来ます。そしてその時には、優等生として順調な道を辿ってきた魂にはない、深い経験とそれに基づく大きな成長を全体のために抱えて還ってくるのです。

様々な表現世界の中で、このような極めて困難で負担の大きい人生に身を投じた偉大なる魂達に、私達は大いなる尊敬と愛をもって接するべきではないかと思います。但《ただ》しこの観点は、迷っている人達と、そのことを通して成長しようとしている魂に対して言えることなのであって、既に霊的な知識を持った人が不調和な表現をすることを正当化するわけではありません。神とは今の今表現される愛で在ることを識った以上、私達は迷いに囚われることなく、完全なる調和を表現することを自分の意志で選ぶことができるからです。

地上的な固定観念を形成しているアストラル・レヴェルの波動領域では、時間の流れは地上とはやや異なって主観的な要素に支配されるものの、昼と夜もあり、風景も地上とほとんど変わりませんが、常に穏やかな暖かさに包まれて寒暑がないことや、地上とアストラル・レヴェルの両方に表現されている存在物や存在者の他に、アストラル・レヴェルには表現されているけれども、物質レヴェルには表現されていないもの（アストラル・レヴェルに下限媒体がある）とが混在している点が、地上とは少し違った状況を作り出しています。後者の中には、地上生活を終えた人達のほとんどや、地上にはいない生物達、そして大いなる生命の被造物ではありませんが、アストラル・レヴェルの住人の想念に因って造られた存在物等も含まれています。

地上生活を終えた人達のうち、霊的に目覚めた魂は、アストラル・レヴェルには表現をしなくなりますし、反対に極めて不調和な表現をする人達等は、その人の造り出している限られた波動領域に閉じ込められるような状態になります。

本等は、地上に存在する一切のものがアストラル・レヴェルにもありますが、地上にはないけれども、アストラル・レヴェルにはあるという本も存在しています。

このような事情からすると、地上よりもアストラル・レヴェルの方が遥かに多種多様な表現が為されていると思われるかも知れませんし、事実その通りなのですが、個々の住人はその人の意識の発達状態に対応して、それぞれが知覚できる波動領域が限られていますから、どの住人もアストラル・レヴェルの全体を観ているわけではありません。

また地上に肉体を持っている魂の場合、その人のアストラル体が表現されている波動領域（普通、その人の意識状態によってかなり広範囲に変化します）では、その波動領域の観察者からは、その人がそこにいることが知覚されていますが、地上に肉体を持っている人の側からは、睡眠中を除けば、その人がアストラル体に意識の焦点を移すことが可能でない限り、アストラル・レヴェルの観察者に気付くことはありません。

更に進んで、地上に肉体を持つ人がアストラル・レヴェルの存在者とコミュニケーションを行うためには、アストラル体を主体的な知覚および表現の媒体として行使することができなければなりませんが、二十一世紀初め頃までの地球人類の平均的なアストラル体の発達状況では、このような能力を発揮できる人はまだそれ程多くはありません。従ってアストラル・レヴェルの住人が地上に肉体を持っている普通の人とコミュニケーションを取りたいと思う時には、ある特殊な現象が生じてその目的を主観的に果たします。これは精神階層に特有の出来事で、地上的な観念の枠組みの中ではなかなか理解し難いと思いますので、順を追って説明をしていきたいと思います。

アストラル・レヴェルでは、ひとりの人間（もう少し正確に言えば、意識の個的表現）が自分の周囲に知覚する世界は本人の想念が現象化したものですから、主観と客観の関係が、地上のそれに比べてかなり幅を持ったものになります。前にも触れましたように、物質レヴェルでは、例えば一個の林檎《りんご》として認識される生命のひとつの表現は、それから受ける印象こそ人により様々ですが、林檎の形や色、香りや感触、味などの物質的な表象《ひょうしょう》は、何らかの知覚障害を持っている人の場合を別にすれば、ほとんどの人達にはほぼ共通していますので、これらを一応客観とすることができます。

ところがアストラル・レヴェルにおいては、客観的に存在しているのは波動だけなので（これは地上でも本質的には同じことですが）、それを見る人が持っている、どのような波動を用いて参照するかで、二つの波動の干渉によって現象化する映像やその他の表象、すなわちその人の見ている世界は違った様相を見せることになります。つまり同じもの（同一のスペクトルの表現）であっても、百人の人が見れば百通りの違った光景に見えるわけで、共通して見える部分が仮にあったとしても、それは見る人達の間に共通した波動があったという、ただそれだけのことなのです。

アストラル・レヴェルの住人達は、パーソナリティが自分の心の中で造り出した幻影に過ぎないという、実相の自覚ができていないわけですから、このような事情の下で、ある人（仮に太郎君とします）が地上に肉体を持っている人（花子さんにしましょう）や、自分とはかなり波動の違う世界に住んでいる住人（大師等）とコミュニケーションをしたいという願望を持つと、その想念のエネルギーが作用して、太郎君は花子さんや自分の尊敬する大師のパーソナリティという、真実ではない記憶に基づいて、花子さんや大師のアストラル体を、自分の想念で造り出している周囲の世界の中に現象化します。

これは完全に太郎君の主観によるものなのですが、ここで花子さんや大師の魂は愛の法則に因り、今、地上に表現されている花子さんのパーソナリティや、大師が他の波動領域の世界に表現している意識とは別の側面を、太郎君に対して表現するということを行うのです。

魂は無限の側面を表現することが可能ですから、例えば歴史上の有名人のように、その魂が表現していたパーソナリティに関心を寄せる人が仮に百万人いたとしても、それぞれの人が個々に造り出している世界の中に表現された百万体のアストラル体を通して、同時に（進化した魂の棲《す》む階層には時間がないことを思い出して下さい）百万の異なる表現をすることさえ可能なのです。このことは、地上に表現されている私達の多くの顕在《けんざい》意識が全く与《あずか》り知らぬうちに、自分と他の人達の様々な関係が展開されているということで、仮に花子さんが太郎君のパーソナリティに良い印象を持っていなかったとしても、太郎君が花子さんに好意を持っていたとすれば、その想念に基づいて太郎君の想っている通りのパーソナリティが現象化されるため、太郎君にとっては花子さんに期待する部分だけが現象化されることになります。この仕組みがあるために地上時代には日の目を見ることがなかった片想いも、アストラル・レヴェルでは相思相愛の仲になるように「埋め合わせの原理」がはたらくわけです。

これとは逆に、自分の出逢《あ》った人達に対して悪い印象ばかりを造り出してきたような人の場合には、アストラル・レヴェルにおいては、自分で造り出した否定的な印象を通してその人達が関わってきますから、その人にとってのアストラル・レヴェルでの生活は極めて不快な、苦痛を伴ったものとなります。このような仕組みに因って、地上時代に関係した全ての人に対して、好意を持った者からは好意が、悪意を持った者からは悪意が還ってくるという、カルマの法則を成就《じょうじゅ》させているわけです。

このように精神階層では、相手の想念に因って造られた仮相のパーソナリティを通して、魂が勝手に表現をしているように見えるため、魂がその一側面として表現している私達の顕在意識（解脱《げだつ》していない人は、これが自分自身であると思い込んでいます）にとっては、「それは私ではない、それは彼もしくは彼女が自分の心によって造り出した幻影ではないか」と言いたくなるかも知れません。

しかし、ここで本当に注意して頂きたい点は、真実の「私」というのは現象我ではなく魂であり、もっと正確には普遍意識なのであって、ここで問題にしているのは他人が自分に対して心の中で造り出している幻影と、自我意識が自分について心の中で造り出している幻影の違いに過ぎず、どちらも正しくものを観ていない状態であるということなのです。

意識が拡大して、魂全体の経験が自覚されるように成ると、様々なヴァイブレーションの世界で魂が関わっていた一切の出来事が、既に識っていたこととして、自然に意識の中に甦《よみがえ》ってきます。このようなアストラル・レヴェルにおける現象的なコミュニケーションの関係とは別に、地上に肉体を持っている人がレム睡眠（浅い眠りの状態で、普通は何かを見ているような眼球の運動を伴っています）の状態にある時、覚醒《かくせい》時にはその肉体と重なっているアストラル体が一時的にその束縛から離れて、アストラル・レヴェルで活動していることがよくあります。このような状態でのアストラル・レヴェルにおける経験は、当然、魂が地上に表現している一側面（パーソナリティ）のアストラル体によるものですが、アストラル・レヴェルの情報は物質レヴェルのそれに比べると余りにも厖大で、地上の経験を知覚することが目的の脳には、それを認識するような仕組みがほとんどありません。

脳は生れた後で肉体の知覚器官から入ってくる情報に基づいて、自分の生活することになる世界を認識するのに必要な知覚システムを形成するために、例えば虹のスペクトルにはない色彩や高次元空間、あるいは論理的思考を超えた高度な精神活動等、地上にはない情報を処理するのは大変難しいことなのです。

また二十一世紀初め頃までの地球人類の平均的な進化レヴェルでは、アストラル体で経験した情報を肉体に移すための、アンテカラナやチャクラ等の経路（これらの高次媒体の器官については後の章で説明致します）が未発達のために充分に機能しないことがあって、目覚める直前等、意識がアストラル・レヴェルの比較的地上に近い波動領域から、物質レヴェルに移行する時の体験が肉体の脳に記憶されることは若干《じゃっかん》あるものの、アストラル・レヴェルでの体験の大半を忘れていたり、極めて変形された夢の記憶として残ったりします。しかしながらアストラル体には、アストラル・レヴェルでの体験がそのまま波動として記録されていますから、睡眠中に再びアストラル・レヴェルの同じ波動領域に戻ってきた時には、連続した記憶として思い出すことができますし、地上へのその回の転生が終って、フルタイムでのアストラル生活を始めるようになると、その波動領域における睡眠中の一切の出来事を思い出せるようになります。

実際に多くの場合、睡眠中にアストラル・レヴェルでの生活を経験するのは、肉体を最終的に離れる際の環境の変化に対してショックを受けないように、予《あらかじ》め慣らしておく目的があるのです。また二十一世紀初め頃までの地球上の平均的な人達の場合、肉体が目覚めている時には、アストラル体は肉体の濃密なオーラに閉じ込められて生命エネルギーの供給ができないために、睡眠中にアストラル体が肉体を離れて、より高いヴァイブレーションでエネルギーの補充をしています。この他に、意識がある程度進化した人の場合には、アストラル・レヴェルでの講演やコンサート、その他の色々な奉仕の仕事のために、睡眠時間を積極的に利用することもあります。

アストラル・レヴェルの比較的高い波動領域になると、その世界に表現されているものは次第に透明になって様々な美しい色彩を帯びるようになり、明るさもヴァイブレーションが上がるのに比例して、際限なく増してきます。ごく控えめに言うならば、透明な水ガラスのような各種の存在物の中に、オパールや真珠貝のような輝きが伴っているように見えますが、ヴァイブレーションが少し上がる毎に、それまでに見えていた世界とは比較にならない程美しさが増し、それまでの光が闇に見えるほど明るさが増しますから、ある程度以上の高い波動領域については、地上のあらゆる想像を超えているといっておくのが適切でしょう。

アストラル・レヴェルにおいても、太陽はアストラル体の波動領域が見えますが、それとは別に、ある波動領域を超えると、あらゆる存在物が内部からの光に因って明るさを保っていますので、このような世界では影というものは存在しなくなります。

アストラル体は、譬え個体の表現様式を採ってはいても、内部では液体のように広範囲に粒子としての表現が動き回っています。また様々なエネルギー放射物のうち、観察する人のアストラル体の可視領域にあるものは光として見ることができますから、周囲の存在物から多種多様な色彩を伴った光が放たれているのを観察することができます。

人間のアストラル体は、基本的には肉体によく似た形状をしており、地上的な固定観念の強く反映されている波動領域では、当然のことながら肉体と同じ形を採りますが、ヴァイブレーションが上がるにつれて外界と同じく透明になり、感情の動きによってアストラル体に波動が生じると、それが様々な色彩になって見えます。アストラル体を観察することにある程度慣れてくると、この色彩を見るだけで相手の感情を読み取ることができるようになりますが、精神状態が不調和な時には、真っ黒な中に灰色やおどろおどろしい赤が蠢《うごめ》いていたりしますし、心が調和されてくると、自然に美しい色彩を帯びるようになってきます。

アストラル体は本来の状態では、七つのエネルギー・センター（チャクラ＝これについては後述します）がある他はほとんど均質なのですが、肉体を持っている間は、内臓その他の肉体の器官に対応するアストラル体の器官が、同じような形状を表現しています。肉体がなくなると後は本人の想念次第で、本人が食事を必要だと思っている間は、食べたアストラル体の食物を消化するために、肉体の消化器官と全く同じはたらきをしますが、食事を採らなくなれば徐々に消化器官が退化して、最終的にはなくなってしまいます。

アストラル体は、この波動領域の他の存在物と同じように、本人の想念に反応して変化しますから、一時的には別の容姿を採ったり、動物や妖精の姿を表現したりすることも可能です。しかしながら大抵の場合には本人であることが判り易いように、最後の転生における肉体の姿を採ることが多く、年格好《としかっこう》も本人が一番気に入っている年齢（大体若い頃が多いですが）にしています。

アストラル体の感覚は、肉体の五官に相当する視覚、聴覚、嗅覚、味覚、触角の全てを、もっと敏感な状態で持っていますし、感情などの精神波動を直接知覚する肉体にはない機能があります。これらの感覚を知覚するのは、アストラル体の眼や耳、鼻や舌や皮膚といった肉体の器官に対応する部分だけではなく、身体のあらゆる部分を用いて同様に行うことができます。

これは物質レヴェルでは、外界から入ってくる光や音といった物理的な波動を肉体の脳や高次媒体で認識できる波動に変換するために、専用の知覚器官や情報処理システムが必要であるのに対して、アストラル・レヴェルでは、外界から入ってくる波動が直接アストラル体に生じさせる振動そのものが表象として認識されるので、指先で見たり、眼で聞いたりといったことも実際に可能になります。視覚について言えば、身体全体が眼として機能するわけですから、その視野は三百六十度にわたり、高次元空間では更に知覚範囲が拡がりますから、アストラル・レヴェルの比較的高い波動領域では、見える世界は地上とはかなり異なった様相となります。

一例を挙げますと、四次元空間では一冊の閉じた本の各頁に印刷されている文字が重ならずにそのまま見えますから、慣れるまではアストラル・レヴェルに表現されている存在物が、地上に表現されているものの上位媒体であることの関係が、なかなか掴めないことがあります。

アストラル体にはこのような五官の延長に属するものの他に、肉体では検知することのできない各種の波動表現を知覚し、これらの各波動領域において表現を行う能力が備わっています。これらの波動領域の中には、自然界と様々な繋がりのあるレヴェルがあって、この帯域を用いて自然界の状況を直観的に察知したり、能動的にはたらき掛けたりすることも、ある程度その人の媒体が発達すると可能になります。こういう状態の人がある種の訓練を今生もしくは過去生に行った場合には、天候等は自在にコントロールすることができるようになりますが、自然界で特定の場所にある天気の状態が生じることには必然的な理由があるのですから、個人的な都合で天候をみだりに変えるのは、余り良いことではありません。

昔から妖精《ようせい》とか精霊《せいれい》と呼ばれている存在は、このような自然界との接点に当る波動領域に関係があります。実際、この世界に存在するあらゆるものが生命の表現であることは前に述べた通りですが、エーテル・レヴェルからアストラル・レヴェルに架かるある波動領域の生命の個的表現様式を、様々な文化の中に伝承《でんしょう》されている観念によって参照した時に映像化される姿形が、伝説の中にある妖精や精霊の姿なのです。彼らは地球生命系の中に含まれる、人間とは別の進化系列に属する存在で、ある程度の個体意識を持ってはいますが、人間のように、全体から完全に独立した自分という錯覚を持っているわけではありません。

進化の初期の段階にあるものの中には、人間に色々な悪戯《いたずら》をする者もいますが、特に悪意があるわけではなく、「自分のしたことが相手にとってどれだけ迷惑であるのかということを、全く理解していない」というのが、公平な判断であるかと思います。

人間の穏やかな心の状態や、喜びを表現する音楽の波動等にはとても敏感で、深い愛情を持って彼らに接するものに対しては、彼らの影響力が及ぶ範囲で、色々な協力をしてくれることもあります。また近代になって世界各地で行われてきた自然破壊が、彼らの人間に対する不信感を増大させていることは附記しておきたいと思います。

MENTAL LEVEL

第十章　メンタル・レヴェル

前の章の始めでも注意を促しましたように、アストラル・レヴェルとメンタル・レヴェルの間には境界のようなものがあるわけではありませんし、各波動領域の存在物を構成するエネルギーの粒子的表現には、神智学（セオソフィー）の教科書に書かれているような、決定的な構造上の違いがあるわけでもありません。これまでにも繰り返し説明してきましたように、粒子というものはエネルギーの質量的な表現に対するひとつの観念であって、人間が理解するためのモデルに過ぎず、実在するものではないことをくれぐれも心に留めておいて頂きたいと思います。

アストラル・レヴェルとメンタル・レヴェルを単純に比較した場合、概《がい》してアストラル・レヴェルの波動よりもメンタル・レヴェルの波動の方が精妙と言われ、事実その通りなのですが、どちらも広大な波動領域を持っていますから、例えば熱心な信仰を持っている人が神に対して抱くような崇高《すうこう》な感情の波動と、未熟な人が他人の欠点を詮索《せんさく》するような、不調和で迷った想念の波動を比べた場合等、必ずしもそうとは言えないこともあります。

もう少し解り易く言えば、アストラル・レヴェルとメンタル・レヴェルとは、一本の直線状の隣り合った区間のように、ある数値で区切られるようなものではなく、精神的な波動表現を、私達が感情と呼んでいる精神活動や、思考として扱っている精神活動に分類したときに、それぞれが対応している波動領域に過ぎません。

日常の生活で経験するように、私達の精神活動は純粋に思念だけとか、感情だけとか、肉体感覚だけということはほとんどないのであって、普通はこれらが複合した意識の状態を作っています。従ってここでは説明の都合上、アストラル・レヴェルとかメンタル・レヴェルというように分けて扱いますが、実際の個的意識の表現は、様々な波動領域にまたがって、相互に影響を与え合いながら行われるものであることを心に留めておいて下さい。

メンタル・レヴェルでは、想念が実際に想念形態という表現体を採ることが、際立《きわだ》った特徴と言えるでしょう。ここでいう想念形態とは、アストラル・レヴェルにおいて、自分の想った景色や人物が立ち所に、見ている世界に現象化したというような意味で言っているのではなく（メンタル・レヴェルでも、現象化はより素早く、高度に行われますが）、例えばひとつの哲学的な概念や、交響曲の全体等がひとつの形状、もしくは形を持たない色彩の表現として見えるという現象が起こります。つまりメンタル・レヴェルでは、想念というものは、私達が地上で物質に対して持っているのと同程度の実体がある存在物なのです。従って人間が様々な想念を使い始める以前のメンタル・レヴェルは、本来自然界に創造されたままの調和の取れた美しい世界だったのですが、二十一世紀初め頃には、人間の造り出した雑多な想念がゴロゴロしている、塵溜《ごみだめ》めのような波動領域もかなり多くなっていました。

想念形態はそれを人間が意識することによってエネルギーが与えられ、より一層強化されるので、多くの人達が長年月にわたって造り続けた共通の想念形態は、強力なエネルギーを持つようになり、解脱していない人がそれにチャネルすると、その想念形態に心が支配されて、自由なものの見方ができなくなることが非常に多くあります。様々な民族の文化や宗教の信条には、こうした強大な想念形態を伴っている場合がよくあり、一度このような想念形態に囚われてしまった人は、それ以外の考え方を全く受け付けなくなり、自分が正しいと信じている考えがただの偏見に過ぎないと気付くのに、極めて長い年月を要したり、執着の強い人の場合には、数転生にまたがることさえあります。

地球上では、現在知られている歴史以前をも含めた厖大《ぼうだい》な時間の中で、様々な表現が行われてきましたが、国家や民族、異なる宗教の間での対立等のように、長い期間にわたって非常に多くの人々が否定的なエネルギーを注ぎ続けてきたような想念形態が消え去るためには、人類が普遍意識《ふへんいしき》に目覚めて、それらが迷妄に過ぎないことに気付くという理想的な方法もある半面、戦争などの極めて不毛な形でそのエネルギーを表現し、新たなカルマを造り出すという愚行も、延々と続けられていました。

そのまま時代の平均的な意識レヴェルの人達の自由意志に任せておけば、カルマは増える一方で、いつまでたっても人類は次の意識レヴェルに移行ができませんでしたので、使命を持った進化した魂達《たましい》が、様々な手段を使って、これらの不調和なエネルギーを減少させていったのです。

私達ひとりひとりにできることとしては、個人であれ、国家であれ、自分とは別の存在がいると考えて、それに対して敵意や恐怖心等の否定的な想念を持つことが、自分や人類全体にどれだけ有害な結果をもたらすかという法則についてもっと深く理解して、常に自分の想念の在り方に注意を向けておく必要があります。

人間は生命の個的表現としては特別に創られた、創造力を備えた存在ですから、想念が現象化するのは当り前のことなのですが、意識が未発達の段階では、外の世界に顕れている現象が、自分の想念に因《よ》って造り出しているものであるということには気付かずに、自分の意志とは無関係に存在している、実体のあるものと錯覚してしまうので、それに翻弄《ほんろう》されて、本来は不必要な混乱を招いている場合が非常に多くあります。

例えば日本では、心霊現象と思い込まれているものとして、人間が狐《きつね》や狸《たぬき》、蛇《へび》等の動物に憑《つ》かれるという考え方がありました。憑依《ひょうい》現象については、一般にかなり誤解されている面がありますので第十五章「チャネリング」で詳しく説明しますが、精神階層には、相対的にヴァイブレーションの低い表現がヴァイブレーションの高い表現をコントロールすることはできないという厳然《げんぜん》たる法則があり、動物の集合意識であるグループ・ソウルが、より進化した個的表現である、人間の意識や身体を支配するということはできませんし、動物達がそのような意図《いと》を持つこともありません。

それでは現象として起きていることの背景は何なのかというと、それは民間の伝承として日本に特有の、狐憑きとか狸憑きとかいう観念がある波動領域に想念形態を形造《かたちづく》っていて、主体性のない人がその想念を意識（チャネル）すると、逆にその想念のエネルギーに支配されてしまい、彼もしくは彼女が信じていることが、自分の創造力に因って現象になって顕れてくるわけです。このため狐憑きという観念が全く存在していないヨーロッパの国々では、狐憑き現象はありません。その代りにヨーロッパでは、彼らの民族に特有の観念である狼《おおかみ》男やドラキュラ（吸血鬼）、その他のネガティヴな存在が現象化されるわけです。ヨーロッパの諺《ことわざ》に「悪魔のことを話すと彼が現れる」というものがありますが、これは、こうした自分の信じているものを創造してしまう現象（自念《じねん》現象と呼びます）の仕組みを見事に言い当てています。このような自分の心の創作物に振り回されないためには、常に自分の心の中を注意深く観察して、偽物、つまり自分と他の物との分離感から生じる恐れ等の否定的な想念の一切を、徹底的に心の中から追放する断固たる態度が必要です。

水子霊《みずこれい》の祟《たた》りというのも、日本特有の自念現象のひとつです。普通、流産する胎児というのは、母親の心や身体に大きなストレスが掛かったような場合は別にして、何らかの事情で肉体に魂が宿らなかったり、いったん肉体と繋がりを持った魂が出産前に離れてしまった場合にそうなるのですが、最初から魂が宿らなかった場合は勿論《もちろん》のこと、途中から離れる場合も魂の自由意志に因るものですから、祟りも何もないわけです。ところが「子供を殺してしまった」という、母親や周囲の人達の否定的な想念が、霊視すると見えるような子供の姿をアストラル・レヴェルに造り出したり、不幸と思えるような出来事を引き付けたりといった、それらしい現象を引き起こすのです。

日本ではこうした霊的知識に関する無知によって生じる罪悪感や恐怖心に付け込んで、霊能者を装《よそお》った詐欺師や、時には大きな宗教団体までが、水子供養と称して、全く実体のない商売をしています。勿論、水子供養を仕事にしている人達の中には、自らも無知であるがゆえに、それが奉仕であると確信してやっている者もいますから、必ずしも騙《だま》そうという意図があるとは限らないのですが、間違った知識を伝えたり、金銭のやり取り等が絡んできますと、それぞれの動機と行為に応じたカルマが生じますので、このような虚偽に引っ掛からないために、私達は迷っている人達に対して、霊的な背景についての正しい知識を伝えていく必要があります。

このような自然に起こった流産に対して、人工的な妊娠中絶には、多くの場合に利己的な事情が絡《から》んでいますから、カルマが生じるという点で別の観点が必要です。

勿論、他の全てのことと同じように、一口に妊娠中絶といっても、ひとりひとりによって状況が違い、魂の学ぶべき課題が異なっていますから、一般化してこうだと断定できるものではありません。また妊娠する状況や、それに絡む過去生からのカルマも様々な場合がありますから、中絶に踏み切ることに、どの程度利己性があるかという問題も生じます。

従ってここでは、子供の両親がその転生を終えた後に、中絶した子供と精神階層で対面させられたり、次の転生で同じような状況に直面させられる場合があるということを述べておくに留めておきます。

なお、ここで「させられる」という表現をしますと、誰かに強制されるかのような印象を持たれるかもしれませんが、これはその人の表面意識が、自分の魂を意識できないためにそのように感じられるだけなのであって、魂が自分自身であるという観点から観れば、自分自身の学びのために、そのような選択をしているだけだということが判ります。

人間は誰でも心の内側に、その人の行為が自然の摂理《せつり》から外れた時に、ちゃんとそれを警告する仕組みがあって、これが良心の咎《とが》めと言われているものです。しかしながら未熟な意識段階では、自我の欲望や、自己保全のエネルギーに負けて、自分をごまかすためのもっともな理由を考え出してこの警告を無視し、結果として「悪いカルマ」を造り出してしまう場合が非常に多くあります。こうしたカルマは三種類ほどの分類ができ、普遍意識の顕現は勿論、儀式をしたり世の中の奉仕になるような佳《よ》い行いをすることで小さくすることができるもの、なくすことができるものと、どんなことをしても消し去れないものが存在します。

自我はこうした自分にとって都合の悪いことを避けようとしたり、自分自身を責めたりして更なるカルマを造ってしまうことが多々ありますが、正しい対応は、既に過去のものとなってしまった過ちについては、素直に反省して再び同じ間違いをしないように心懸けると共に、責任は自然法則として帰ってくるものを潔《いさぎよ》く引き受ける覚悟を決め、いつまでも悔やんで時間を無駄にすることなく、唯一創造可能な場である現在を愛に因って生きることです。

カルマに関して言えば、私達の多くは将来もしくは未来生における不必要な混乱や苦しみを避けるために、できるだけそのような「悪いカルマ」が生じないように日常生活で選択をしがちです。勿論これは賢明な行為ではあるのですが、カルマを造らないように小心翼々《しょうしんよくよく》として生活する態度は、時には人類の進歩のための偉大な仕事をする上で妨げとなる場合があることにも注意して頂きたいと思います。世界を変えていく大きな仕事に献身する魂は、自分自身のカルマなどは全く顧《かえり》みずに天命を遂行します。

地球圏の地上および幽界では、過去に自分が造り出した原因（カルマ）によって、特定の個人や家族、あるいは民族等が、人生上の悲惨な体験をすることがあります。このような場合に、本人の意識が未発達の段階にあると、自分は被害者であるという観念を造り上げて、いつまでも怒りや悲しみ、あるいは復讐心《ふくしゅうしん》等を持ち続けることによって、否定的なエネルギーをその人の幽体や精神階層に蓄積していくことがよくありますが、このような心の反応は新しいカルマを造り出し、未来にまた否定的な現象を引き寄せることになりますから、極めて不毛な結果しか生み出さないことに気が付かなければなりません。まして自分の子供達や周囲の人々、更には世界中の人々に対して、過ちを繰り返さないようにという全体の学びのためではなく、自分達の恨《うら》みの表現として、自らの悲惨な体験を執拗《しつよう》に否定的な波動で伝えようとする行為は、世界中に禍《わざわい》を振り撒《ま》いているようなものですから、厳に慎《つつし》まなければなりません。

また、よく事故の多い場所に「死亡事故発生地点」等という看板が立てられていることがありますが、注意を喚起《かんき》するはずの看板が逆に「事故を起こすのではないか」という恐れの想念形態にエネルギーを与えてしまい、事故の発生を助長する正反対のはたらきをすることがあります。特定の場所で何かを禁止する必要のある場合でも、読む人に否定的な感情を抱かせるような強い表現を使うと、その看板自体が人の心に悪い影響を与えますから、表現の仕方には特に注意しなければなりません。

想念のエネルギーが極めて大きく増幅されてしまうものとして、マスメディアが挙げられます。二十一世紀初め頃までの平均的な視聴者の意識レヴェルでは、政治家が汚職の疑惑等で報道されたりすると、何百、何千万人という人達が、その真偽を自分で確かめることさえせずに、報道をそのまま信じて否定的な想念にチャネルしますから、その厖大なエネルギーが当の政治家に集まって、相当にパワフルな人であっても病気になってしまうことがあるわけです。詳しいことは、下巻、第十六章「善と悪」で説明致しますが、この関係では視聴者の側も決して正しい対応をしているわけではないので、否定的な想念を送った視聴者のひとりひとりにもカルマが還《かえ》ってくることを知っておいて頂きたいと思います。

これと同じように、大勢の人々に関心を持たれている人が、番組で自分の病気や欠点等を告白したりしますと、大変な数の視聴者がそういった先入観を持ってその人を見るようになり、病気や欠点を増幅する強力なエネルギーがその人に集中して、自分の意志ではどうすることもできなくなってしまう場合がありますから、充分に注意することが必要です。

なお、心が常に愛に満たされている人であれば、送り手がどんなに多かろうと、否定的な想念を受け取ることはありませんが、そのような人なら、初めから汚職に手を染めたり、病気になったりすることはないわけです。

メンタル・レヴェルにおいては、一九八〇年以降に顕著《けんちょ》に見られるようになった、コンピュータ・ゲームが要因となっている、特異な現象があります。

一九九〇年以降のゲーム・ソフトの中には、ロール・プレイング・ゲームと呼ばれているような、独特の表現世界を持っているものもあり、技術の進歩によりそのリアリティは、年々向上しています。こうしたゲーム・ソフトは、童話や小説等と同じように、あるいは更に強力に、その内容に対応する精神階層の波動領域に、物語そのままの世界を造り出して行きます。ちょうど小説の読者が、その本の原型となった想念形態にチャネルしながら、その想念世界を更に豊かなイメージで膨《ふく》らませ、より現実感を伴ったものに育てていくように、ゲーム・ソフトもそれで遊ぶ人が多ければ多い程、彼ら、彼女らの想像力によって、ゲームの想念形態は成長していきます。コンピュータ・ゲームの人気ソフトになると、百万を超える数のセットが販売され、そのゲームの想念形態に極めて大勢の人達が長時間にわたってアクセスするわけですから、ゲームの想念形態はその規模においてもエネルギーにおいても莫大《ばくだい》なものに成長し、関わり方によっては、その人の日常生活よりも現実感を伴ったものになる場合さえあります。このようなゲームの表現されている波動領域に幽界の住人が迷い込んだりすると、その人は事情が全く理解できないまま、ゲームの世界に翻弄《ほんろう》され続けて、自分の力では脱出できなくなってしまうこともあり得るわけです。

二〇一〇年頃の情報誌の人生相談には、アニメーションのキャラクターの女性にしか興味の持てなくなった男性の投稿がありましたが、これらは本人が問題意識を持っているだけまだ軽症なわけで、背後には精神階層の現象の方が確固とした現実になっていた、大勢の末期症状的オタクが潜在していたわけです。

いとうせいこうさんの小説「ノーライフキング」（河出書房新社）では、このようなコンピュータ・ゲームの想念世界に囚われて、日常の生活よりもゲームの世界の方が現実となってしまった子供達に狼狽《ろうばい》する大人達の姿が描かれていますが、実際のところ、大人達が日常の世界として信じ込んでいる世界観の方も、地球生命系の長い歴史の間に造られてきた相対的な想念形態に過ぎないのであって、本来は幻想に過ぎないものなのです。つまり、われわれにとっての実感を伴った現実とは、精神階層に造り上げられた想念形態がエネルギーを与えられて成長し、それが多くの人達によって日常的にチャネルされるようになった状態に過ぎません。

それまでは地上にはなかった考え方が理解されなかったり、新しい藝術《げいじゅつ》表現等が、初めは違和感を持って受け取られていたのに、時間と共に大勢の人に受け容れられていくようになることがあるのも、こうした想念形態の成長が大きな要因になっています。

十七世紀頃の音楽を指す「バロック」とは、元々は「つまらない」の意味であり、一時は忘れ去られていたヨハン・セバスチャン・バッハが、フェリックス・メンデルスゾーンの再発見によって、音楽史上最大の作曲家のひとりとして認められるようになった経緯がありますし、今日では人気のあるオペラとして五本の指に数えられるジョルジュ・ビゼーの名曲「カルメン」も、初演当初は評判が悪く、あのメロディーに溢れたオペラを、当時の評論家達は「メロディーがない」と酷評《こくひょう》したと言われています。

実際に作曲が行われる過程では、天性の作曲家達は、普通の人では到達しえない高い波動領域からイメージを拾ってくる場合がありますが、こうした曲が初演されるときには、聴衆のほとんどがチャネルできる波動領域には、音楽のイメージを表現する想念形態がまだ創られていませんから、その曲のイメージが全く湧かないという事態も起こり得るわけです（現代音楽の作曲家の中には、自分でも何のイメージもないのに、音だけを技法的に並べて音楽だと称する人達がいますが、これは論外です）。

けれども演奏される回数が増えて、大勢の人達がその曲を聴いてイメージを創り出すように成ると、精神階層ではちょうど荒野の中に一軒の小屋が建ち、二軒、三軒と家が増えていってやがて村ができ、遂にはビルの立ち並ぶ大都会になるように、その曲の想念形態が広範な波動領域にわたって成長して往くので、誰でも容易にその想念形態のどこかにはチャネルすることができるようになり、ポピュラーな曲として定着するわけです。

このような想念形態の成長によって一般の人達が理解できるようなイメージが定着するという現象は、藝術の分野に限られたものではなく、あらゆる精神活動において起こっています。

例えばアルベルト・アインシュタインが「特殊相対性理論」や「一般相対性理論」を発表した当時、これを本当に理解できた人は物理学者の中でもごく一部の人達しかいませんでしたが、今日では物理学専攻の学生であれば、この理論を理解することに昔程の困難はなくなっています。つまりアインシュタインの後で、大勢の科学者達がこの相対性理論について思索《しさく》したことで、想念形態が成長し、エネルギーも強くなったので、多くの人達によって理解し易くなったという事情があるのです。

本書で採り挙げた内容も少し前の時代であれば、僅かの人達を別にすればほとんど理解されなかったでしょうが、今日では人類の意識も進化して、地球の精神階層にも充分な受容体制が創られつつあります。また読者の方々がこの本をお読みになったり、この本の内容について思索されることに因って、ひとりひとりがこの本の想念形態にチャネルし、想念形態を成長させ、更には人類全体の理解力を深めて、意識を進化させるはたらきが生じます。つまり読者の皆さんは、地球人類が普遍意識に目覚めるための大いなる仕事を、現に今、手伝っておられるわけです。
それではここで、宇宙の根源記憶で在り、設計図でも在るアーカシック・レコードについて触れておきたいと思います。この言葉の語源はサンスクリット語のアーカーシャ（虚空《こくう》）から来たものですが、本来のアーカシック・レコードとは、第六章で現象化の説明に用いた原因想念そのものですから、それは無限大のヴァイブレーションの彼方《かなた》に在るわけで、その根源記録を現象化された世界から参照できる存在は誰ひとりとしていません。

「誰も神を観た者はいない」（イエス大師）。

けれどもこの原因想念は、波動干渉に因る無限の下降連鎖を経て、様々な波動領域にその多様な側面を投影していますので、適切な方法を持ってこのアーカシック・レコードの反映を参照することができれば、これまでに宇宙で起きたことの総《すべ》て、これから起こることの一切を、その参照波動の制約内で知ることが可能になります。

アーカシック・レコードの反映は、メンタル・レヴェルやアストラル・レヴェルにも存在しますし、物質世界そのものもアーカシック・レコードの現象化したものに他ならないのですが、地上ではひとつの時間断面しか存在しないことや、精神階層では見る人の主観によって現象が全く変わって見えるという問題があり、更に歴史上の有名な事件等、大勢の人達がそれについて様々に思念を巡らせているような場合には、そういった人工的な想念形態と、アーカシック・レコードの真の反映との識別が困難になるという事情もあって、或る程度以上の客観視のあるアーカシック・レコードのリーディングは、メンタル・レヴェル以上の波動領域、厳密には普遍意識の波動領域で行う必要があります。

よく霊能者の行う予言が当ったり外れたり定まらないのは、こういった人達のほとんどが、自我意識で現象を見ているために主観が入ることと、様々な想念が氾濫している精神階層で、人工物をアーカシック・レコードを見ていると錯覚してしまうこと、更には大師方の経綸《けいりん》に因り、地上に現象化される前に消されてしまう事象等があるためです。

しかしながら、ここで指摘したような客観性のあるものとして、アーカシック・レコードに普遍意識のレヴェルでアクセスした時の様子を参考のために描写しようとしても、それはその対象となる歴史的事件を、普遍意識の視点から観察した時の様子を説明することと同じですから、物質レヴェルとエーテル・レヴェル、アストラル・レヴェルとメンタル・レヴェルのそれぞれの波動領域に現象化しているその事件の様々な側面と、過去および未来との因果関係、そして宇宙全体との関係を包含した巨大なヴィジョンで把握したものとなり、その全容を有限の文章で書き表すことは全く不可能になってしまいます。従ってここでは、アーカシック・レコードのリーディングが具体的にどのようなものであるかということについて、メンタル・レヴェルの以下のリーディングに限って説明することにしましょう。


それでは歴史上のひとつの事件として、ギゼーの大ピラミッドが建設されている状況を観察する場合を考えてみます。

アーカシック・レコードの該当する時間と場所（正確にはある波動表現）に観察者が意識を合わせていくと、初めはある日の建設現場全体の光景が、映画やヴィデオで見るように眼前に展開されます。この光景は意識の使い方ひとつで、通常の時間の流れで展開させることも、早送りのように極めて早いスピードで参照することも自由にできます。

次に観察者が画面の中の登場人物、例えばひとりの労働者であるとか、あるいは現場の一責任者に意識を合わせていくと、およそ紀元前一〇五〇〇年のエジプトに立ち、実際に石を空中に浮かせて運び、人々に采配《さいはい》を振るっている自分自身を体験します。観察者には、眼に入ってくる当時の光景だけではなく、「腹が減ったなあ」「腰がいてえ」「今日は割に暖かいや」というような、その時の肉体感覚、直属の上司に対する不満や総指揮者であるヘルメス大使に対する畏敬の念といった感情の動きから、次の工程をどのように進めようかと考えていた想念の動きまで、その当事者と全く同じ感覚で再体験されるので、歴史上どんなに些細《ささい》な出来事であろうと、文字通り、水も漏《も》らさぬ正確さで把握することができるのです。

なお、歴史上のギゼーのピラミッドの建設時期ついては色々な説がありますが、ここでは当然アーカシック・レコードの記録に合わせてあります。時間の特定に関する問題や、紀元前二五〇〇年頃という俗説が蔓延《まんえん》した背景については、下巻、第二十一章「ピラミッド」で取り扱います。

このアーカシック・レコードのリーディングと現象的に似ているものとして、サイコメトリという、エーテル体以上の高次媒体が持っている潜在能力があります。これはあらゆる物質がその高次媒体の中に、その物質の全歴史を波動として記録する性質があることを利用して、物質を手掛かりにして過去の歴史を探るもので、例えばピラミッドの石の一片をサンプルとして用意することができれば、それに波動として記録されている建設当時の光景を、かなりの程度まで再現することができます。但し、サイコメトリの場合には、必ず手掛りとなる物質が必要なことや、情報のやり取りが主にアストラル・レヴェルで行われるために、観察する人の主観が入り易い等、幾つかの制約があり、その正確さ、自在性に関しては、アーカシック・レコードのリーディングとは雲泥《うんでい》の差があります。

なお、物質の高次媒体に記録された波動のリーディングに関しては、大変面白い事例がありましたので、少し寄り道をして報告しておきたいと思います。

霊的な向上を目指して努力をしていたあるグループの集会に、そのメンバーと縁《えん》のある大師が顕れて祝福を与えたことがありました。この時の会場はヴァイブレーションが非常に高くなったために、参加した人達の多くが神の臨在感を伴った至福の体験をしたのですが、そのとき大師は、パーソナリティーを表現するマーヤ・ルーパ（幻の身体の意＝光子体《こうしたい》）のヴァイブレーションを、精神階層に留めたままで物質化を行わなかったので、大師の現象化された姿を見ることができたのは、その場にいた何人かの霊視能力を持った人に限られました。その後、この時の一部始終を撮影したヴィデオを、その場にいなかった別の霊視能力のある人に見せたところ、画面の外になる、右後方の大師の立っていたあたりから左前方に向かって、爆風のようなエネルギーの奔流《ほんりゅう》が見え、「あれ程のエネルギーの中で、よく皆がなぎ倒されないで座っていられたものだ」と感想を述べていました。

つまりヴィデオ・テープには、この時の高次階層の様子もちゃんと記録されていたのです。これはヴィデオ・カメラや当時のヴィデオ・テープレコーダー、そして磁気テープなどの記録用素材にも、アストラル・レヴェルやメンタル・レヴェルの高次媒体がありますから、物質レヴェルのような複雑な記録再生の過程を経なくても、波動としてその領域の出来事が記録され、見る人のヴァイブレーションを合わせれば、その波動領域で起こった現象を再現することができるというわけなのです。

これと同じように、酸化銀塩の写真も高次媒体がありますから、写真からその人のオーラを読み取り、様々な情報を得ることが可能です。これに対してデジタル写真の場合には、数値化されるのは物質レヴェルの情報だけですから、原理的には高次階層の記録は残らないことになりますが、もし観察者にその能力があれば、物質レヴェルの波動を手掛りにアーカシック・レコードから高次階層の情報を得ることは可能ですので、デジタル写真が全く役に立たないというわけではありません。

それでは話を元に戻すことに致しましょう。

サイコメトリの場合には、物質のアストラル・レヴェルおよびメンタル・レヴェルの媒体に記録されている相対的に過去の波動を、観察者のヴァイブレーションで参照することに因ってヴィジョン化し、読み取るわけですが、対象がどんな物質的表現であっても、その高次媒体は無限に続いていますから、観察するヴァイブレーションを分離意識の生じている主観的な波動領域から、普遍意識が自覚する波動領域にまで上げると、最終的には宇宙の根源記録であるアーカシック・レコードの反映に繋がって往くことになります。

アーカシック・レコードは本来の階層では時空間を超越しているために久遠《くおん》の過去から永遠の未来に向かって生成消滅を繰り返してきた、在りとあらゆる宇宙、銀河系、恒星系、惑星と、その内部および表面に展開される出来事の総てが波動として刻印されているわけですが、過去から未来に向かって流れるひとつの時間の断面に意識が制約されている、地球の物質的ヴァイブレーションの視点から見ると、相対的に過去に当る部分は記録、未来に相当する部分は設計図として見えることになります。

歴史上の預言者と呼ばれる人達は、どの程度正確にアクセスすることができたかは別にしても、直接に、もしくは通信霊や指導霊を介して、このアーカシック・レコードの反映から情報を拾ってくることに因って、未来のことを語ることができたわけです。

それではアーカシック・レコードのうち、観察する視点から見て相対的な未来に当る情報をどのように解釈するかという点に関して、運命と自由意志という大きな問題について説明をしておきたいと思います。

アーカシック・レコードは神の創造活動の原因となる想念で在り、この地上を含めた宇宙のあらゆる波動領域における、生命の表現の設計図に成っていますが、この原因想念がヴァイブレーションを下げてより低い波動領域に反映されていくときに、創造力を持つ個的意識がその自由意志を行使することに因り、その時に焦点の合っているヴァイブレーションよりも下の波動領域に関して、現象化する出来事を変更することが可能な範囲があります。

これは別の言い方をするなら、ヴァイブレーションが高ければ、より広範囲に現象を司ることができるわけですし、ヴァイブレーションが低ければ、様々な環境や過去のカルマの制約を受けることになります。

例えば、総ての人間が解脱に至ること、すなわち普遍意識があらゆる個的表現を通して自覚に至ることは不変の摂理であり、誰であろうと決して妨げることはできませんが、私達は自分の意志でそれを早めたり、遅くしたりすることができます。また私達の多くの平均的な進化のレヴェルでは、太陽の輝きを止めることはできませんが、夕食に何を食べるかは、大抵の場合に選ぶことができます。

色々な人の中には、自分で選んでいるのに「初めからそうなるように決められていたのだ」等と言う人もいるようですが、これは自分で行った決定を外側の原因のせいにしようとする、未熟で混乱したものの見方に過ぎません。

また表面意識では望んでいなくても、潜在意識や魂のレヴェルで決めているために現象化してくる出来事もあって、こういう場合には自分で決めていることになるわけです。


「シモン・ペテロがイエスに言った。

『主よ、何処《いずこ》においでになるのですか』

イエスは答えられた。

『あなたは、私の往《い》く所に、今は付いてくることはできない。しかし、後になってから付いてくることになるであろう』

ペテロはイエスに言った。

『主よ、なぜ、今あなたに付いて行くことができないのですか。あなたのためには命も捨てます』

イエスは答えられた。

『私のために命を捨てると言うのか。よくよくあなたに言っておく、鶏《にわとり》が鳴く前に、あなたは私を三度識《し》らないと言うであろう』」（ヨハネによる福音書　第十三章　三十六節〜三十八節）。


この後、ペテロはイエス大師に言われた通り、群衆からイエスの仲間だと三度指摘されて、その都度知らないと答え、三回目に気が付いて激しく泣きます。

意識が未発達の段階では、人間の意志は周囲の環境に反応し、カルマに左右されていますから、無限の叡智である普遍意識は、自我がどのような選択をするのかを、予《あらかじ》め読み取ることが可能です。しかし同時にこの選択（イエスを「知らない」と三度言うこと）は、ペテロが自分の意志によって行ったものであり、予め決められていたわけではありません。

しかもこうしたエピソードが、後世の人達に様々な教訓を与える意味を持ってくるわけで（例えば「鶏が鳴く前」というのは、人類の意識の夜明け「黎明」を意味していますし、イエス大師の言う「私」は普遍意識を指しています）、真に以《もっ》て神の経綸の奥深さには、ただただ脱帽する他はありません。

意識がある程度発達してくると、外側の要因に意志が制約を受けることはだんだん少なくなっていきます。覚者の場合には、現象の一切を支配する普遍意識のレヴェルが自分の顕在意識の中に在りますから、周囲の状況に左右されるようなことはありませんし、全体の目的のために、アーカシック・レコードの反映として描かれているヴィジョンを描き替えることさえできますが、全体の目的を成就するためにイエスが自分の意志で十字架に架かったように、予め決めていた（魂が同意した）役割を演じることはあります。

普遍意識はあらゆるものの制約を受けない、完全なる自由そのものであり、全ての人がこの普遍意識の表現に因って、自分の心身と環境の総てを調和させることができるのですが、自我という幻影によって不必要な意図を持つために、それを達成しようとする無理な動きによって、様々な不自由を味わうことになるわけです。

二十一世紀初頭の地球生命系においては、これまでのおよそ五十六億年にわたる物質地球の歴史の中でさえ、一度もなかったような大いなる変化をもたらす設計図が用意されていたわけですが、それがどの程度まで実現されたかは、地上に肉体を持っている私達のひとりひとりがどれだけ光、すなわち普遍意識の表現を物質レヴェルに降ろすことができたかに懸《かか》っていました。

この経綸の全貌を理解するためには、人間の意識とその表現領域の関係について正しく把握しておく必要がありますので、これまでの地球生命系に現象として存在していた転生（生れ変り）の仕組みについて、次の章でもう少し詳しく観てみることから始めたいと思います。

REINCARNATION

第十一章　生れ変り

生れ変り（転生）の目的には、その波動領域でなければ達成することのできない、全体（宇宙）の経綸《けいりん》を成就《じょうじゅ》させることと、その波動領域の表現媒体に普遍意識《ふへんいしき》の支配を確立させ、魂《たましい》とそのグループが成長するために必要な経験を積むという、二つの側面があることは前に述べた通りです。

経験という側面から観れば、例えば地上で一軒の家を建てるという仕事に従事した魂は、その仕事を通して、何もなかった土地に一軒の家が建つまでの全工程において、物質レヴェルだけではなく、精神階層においても同時に体験したことになります。これは、地上での具体的な作業には、必ずそれに伴った精神活動が生じるからです。

このためその人は、地上では勿論《もちろん》のこと、将来地上での生活が終わった後で何処《どこ》へ行ったとしても、この時の経験を呼び起こすだけで家を建てることができるようになります。なぜなら精神階層では、家を建てる時の具体的な作業に沿って思念を働かせることが現象化の手段のひとつであり、地上での経験が、現象化に必要な具体的なイメージを創るための強力な道具になるからです。

なお、精神階層では家の最終的な形体を思い浮かべるだけで現象化することも勿論可能ですが、普通の人の場合、家の細部に至るまで明確なイメージを持つことは難しいので、やはり地上での体験が重要になってくるわけです。

これに加えて普遍意識が自覚した魂は、他の魂の経験をも用いることができますから、地上での経験は自分だけのものではなく、宇宙全体の経験と成り、利益に成るのです。つまり地上での経験の目的のひとつには、将来の創造活動で用いられる、明確なイメージを心に刻んでおくという側面があるわけで、地上ではどんなに些細《ささい》に見える仕事でも、あるいは地上では全く価値がないと思われるようなことであったとしても、いつかは必ず役に立つ精神的側面が含まれており、どのような経験も決して無駄になることはありません。従って日常生活のあらゆることについて真剣に関われば関わる程、将来に多くの貯金をすることになりますし、不注意に過ごしていれば、せっかく地上に来た目的をほとんど果たさないままで一生を終わることになり、次の転生でまた同じ課題をやり直す羽目《はめ》になります。

魂の様々な経験の中には、物質レヴェルでなければ決して体験できないもの、アストラル・レヴェルでも体験できるもの、メンタル・レヴェルで可能なもの等、色々あって、もうその波動領域には関心のあるものや学ぶべきものがなくなったときに、魂はその世界から卒業して二度と戻ってくることはなくなります。従って地上的な時間の枠組みを通して見た転生のサイクルには、アストラル・レヴェルと地上とを何度も行き来しているもの、地上からアストラル・レヴェルを通過してメンタル・レヴェルに滞在し、また地上に戻ってくるもの、アストラル・レヴェルとメンタル・レヴェルとの間を行き来していて、地上には降りてこないもの、メンタル・レヴェルも卒業間近で、普編意識の表現世界であるブッディ・レヴェルとメンタル・レヴェルの間を行き来しているもの、他の恒星系から様々な目的で地球圏にやって来た魂が地上に肉体を持って転生し、色々な、しかしよくある事情で前述した地球圏の転生のサイクルに入ってしまうもの、そして既に地球圏のカルマからは完全に解脱《げだつ》している魂が、特別な使命のために、普遍意識の個的表現として直接地上に化身する場合等々、様々なパターンがあります。

転生のそれぞれの波動領域における生活の記憶は、その生活に用いた下限媒体とそれ以上の高次媒体には全て波動として記録されていますので、基本的には連続しており、恒星間にまたがる転生等の場合には、前の星での記憶を高次媒体に持ったまま、下限媒体だけ新しくなるのが普通です。もっとも幾つかの例外もあって、例えばアストラル・レヴェルのある波動領域に、意識のほとんどが集中されて表現を行っているようなときには、メンタル・レヴェルの記憶はより精妙な波動領域にありますから、意識が未発達な魂の場合には、その時の顕在意識《けんざいいしき》の表面には上がってこないことがあります。

地上を経由する転生の場合、その転生のたびに肉体は新しくなり、しかも物質レヴェルの世界から肉体の知覚器官を通して入ってくる情報の波動は、精神階層のそれと比べて著《いちじる》しく粗雑ですから、意識の高度に発達した例外的な魂を除けば、物質レヴェルの出来事に反応している意識は、当然のことながら、その低いヴァイブレーションに囚われてしまいます。この現象のために、肉体に焦点の合っている自我意識のレヴェルでは、記憶はその転生毎に区切られることになるわけです。勿論そのような仕組みになっているのには、それなりの理由があるのであって、地上での様々な魂の経験のためには、過去生の出来事を覚えていないほうが都合の良いことが多いからです。

一例を挙げますと、カルマや魂の成長のために、誰かに何らかの好ましくない体験をさせられる必要がある転生の場合、初めからそのことが判っていたりすれば、自我意識はそれを避けようとして、転生の目的を果たさずに終わってしまうということもあるわけです。

ある魂の地上における過去生を特定することは、本人が過去生の記憶を持っている場合でなくとも、地上もしくは精神階層にいる、こうした目的に適《かな》った能力を備えた人に手伝ってもらうことにより、原則としては可能です。具体的には、対象となる人の高次媒体に記録されている過去生の情報をオーラから読み出したり（リーディング）、あるいはアーカシック・レコードから直接に、その人の過去生の情報を読み出すことが原理的にはできますが、リーディングを行う人の能力や、リーディングの内容を確かめる手段を、普通の人の場合には持っていないという点が、一番問題の生じるところです。

まず過去生のリーディングと称して、全くのデタラメを言っているだけの人達がいます。

次に、精神階層の情報源が地上のチャネラーを介して行うリーディングの場合、地上で窓口になっている人は真面目《まじめ》にやっているのに、チャネラーに情報を提供している、幽界《ゆうかい》の存在が嘘《うそ》つきである場合があります。更に関係者が一応、良心的に行っていたにしても、精神階層の情報は主観を反映するために、幾らでもその内容が変わってしまうものであることを、理解しておく必要があります。

実際、リーディングを行う人達が少しでも先入観や固定観念を持っていたりしますと、例えば自分の過去生について、事実とは異なる思い込みを持っていたような場合、リーディングの情報はその通りに変形されて出てきますから、それが本当であるという保証はどこにもありません。勿論、この種の仕事に必要とされる意識レヴェルに達していて、リーディングの技術に熟達している人の場合には、かなり正確なリーディングを行うことも可能ですが、リーディングを受ける側がリーディングする人の質を判断することはなかなか難しいので、結果の取り扱いは常に慎重に行わなければなりません。

もうひとつ、過去生の特定で厄介《やっかい》な問題が生じることが多いのは、リーディングの結果、その人が過去の有名な人物や、偉大な仕事をした人の生れ変りであったという場合です。

このようなケースでは、その人を騙《だま》して喜ばせ、色々な目的に利用する幽界の存在がよくいますし、その人を宗教団体の教祖に祭り上げて、大勢の人達を依存させ、解脱から遠ざけるような、人類の進化を妨げる目的の組織的な犯行さえありますから、充分な注意が必要です。また仮に過去生に有名人であったことが事実であったとしても、よほど意識の高い人でない限りは、その過去生の栄光が本人の自己顕示欲《じこけんじよく》を拡大することがほとんどで、霊的な成長の面から観た場合には、マイナスの作用をすることが多々あるのです。

周囲の人達も、現在の在りのままのその人自身を観るのであれば良いのですが、意識の未熟な人達は、過去生のパーソナリティのレッテルを貼ってその人を判断しがちになりますから、間違いが生じ易くなります。そして何よりも、その人の関心が過ぎ去った過去に逝《い》ってしまって、現在の人生を生きること、すなわち「奇《く》しき今における創造」を逸してしまうことが、最大の過《あやま》ちとなります。

ジョン・レナードは「スピリチュアリズムの真髄《しんずい》」（日本語版　近藤千雄　訳　国書刊行会）の中で次のように述べています。

「この生れ変りに関して意味深長な事実がある。それは前世を『想い出す』人達のその前世というのが、大抵《たいてい》、王様とか女王とか皇帝とか皇后であって、召使のような低い身分だったという者がひとりもいないことである。

中でも一番人気のある前世は女性の場合はクレオパトラで、男性の場合が大抵、古代エジプトのファラオ（王）という形をとる」

そしてこの後に引用されたD・D・ホームは、「私は多くの生れ変りを信じる者に出会う。そして光栄なことに私はこれまで、少なくとも十二人のマリー・アントワネット、六人ないし七人のメリー・スコットランド女王、ルイ・ローマ皇帝ほか、数え切れない程の国王、二〇人のアレキサンダー大王に拝謁《はいえつ》を賜っているが、過去生で街角の只のおじさんだったという人には、一度もお目に掛かったことがない。もしもそういう人がいたら、貴重な人物として、檻《おり》にでも入れておいて欲しいものだ」と揶揄《やゆ》しています。

勿論こういうケースの場合には、本物であることはまずありませんが、たとえ過去生で大きな仕事をしたり、有名人であったことが事実であったにしても、現在の自分の義務（ダルマ＝霊的に観た全体の中での役割）をきちんと果たしていなければ、何の価値もないわけです。

こうした一般受けする有名人の他に、霊的なことに関心のある人達の憬《あこが》れは大師にも向けられます。しかしながら、過去生において普遍意識を顕現《けんげん》した人（覚者《かくしゃ》）の場合には、過去生の名前を自称することは原則としてない、という点にも注意して下さい。普遍意識の観点では、現象我（パーソナリティ）や、それが表現された時間の中で様々な肉体に投影される転生は幻影に過ぎず、過去生の名前を自称すること、つまり現象我の存在を認めることは、その人がまだ迷っている意識状態にあるということを、よくよく心に留めておいて頂きたいと思います。

人間の真実の姿とは普遍意識のことですから、皆同じであるわけで、そこに覚者と凡夫、王様と乞食《こじき》というような表現上の差別を持ち込むことは、間違ったものの見方の方を本物だと考えているわけですから、そのこと自体が、その人が覚者ではないことを証明していることになります。

インドではその特殊な宗教的事情のために、覚者が過去生に言及する場合もありますが、通常は地上での仕事を成就するためには、人に知られていないほうが遥かに都合が良いことも多く、ある程度意識の進化した人達の間では、自分や他の人の過去生には言及しないのが普通です。

ところでキリスト教で天使、仏教で飛天《ひてん》、ヒンズー教ではデーヴァと呼ばれている存在は、地球生命系の中で、人間とは異なった進化系列に属しています。彼らは進化の目的が人間とは違って、分離意識のない世界で、常に全体と一体になって表現を行っており、進化の初期には、昆虫や鳥等の集合意識を経由するものもありますが、普通は妖精《ようせい》や精霊《せいれい》といった自然界に密着した生命の表現様式を採りながら、エーテル・レヴェル以上の波動領域の媒体を通して進化して往《い》きます。

中にはごく稀《まれ》に、解脱した人間が天使の進化系列に入ることがありますが、この場合には人間が先で、天使が後という順序になるわけです。

特に注意して頂きたいことは、キリスト教のラファエルやミカエル、ガブリエル等、名前の語尾に「EL」の付く大天使は、エネルギーの七つの表現様式である、七種の光線（それぞれの光線が、人間の高次媒体にある七つのチャクラに対応しています）を象徴している観念上の存在であって、人格を備えた存在、つまり魂の表現ではありません。しかしながら、精神階層は観念が現象化される世界ですから、この波動領域での霊視能力を持った人が、こうしたキリスト教の固定観念の波動で参照した場合には、実際にパーソナリティを持った天使の姿として見えることがあるので、認識する上では大変厄介《やっかい》なのですが、本来は純粋なエネルギーに過ぎないものですから、彼らが地上に肉体を持って転生してくることはあり得ないという点を、充分に理解しておいて頂きたいと思います。

このように過去生に言及した場合、自分は覚者や大天使の生れ変りである等と自称する人達の話には全く根拠がなく、意識の未熟な人達が自己顕示欲から言っているとみて、まず間違いありません。では、過去生のリーディングは無意味かつ有害で、見識のある人は避けるべきなのかというと、ケース・バイ・ケースで、必ずしもそうとは言えない場合があるのです。特に現在その人が抱えている問題が、過去生の原因と大きく関わってトラウマになっているようなときには、その背後関係を明らかにしてやることが、問題解決のために非常に有効な場合があります。

それでは勉強のために、そのようなリーディングの具体的な例を幾つか採り挙げてみることにしましょう。

ある女性の場合、風鈴の音に恐怖心を抱くという、原因不明の症状がありました。風鈴の音が聴こえると、奈落《ならく》の底に突き落とされるような気分になり、恐ろしくて仕方がないというのです。彼女はマンション住まいでしたので、毎年夏になると、同じマンションの誰かが風鈴を吊るすのではないかと、戦々恐々《せんせんきょうきょう》として暮らしていました。その人がリーディングをしてもらったところ、彼女は過去生で神託《しんたく》を受ける巫女《みこ》をやっていたことがあって、政治抗争に巻き込まれて対立する勢力の人達に拉致《らち》され、洞窟《どうくつ》に閉じ込められて狂い死にさせられた体験をしており、彼女が幽閉《ゆうへい》されていた洞窟の入口に風鈴が吊るされていたことから、風鈴の音がアストラル・レヴェルの潜在意識に残されていた、その時の恐怖の記憶を甦《よみがえ》らす引き金になっていたのだそうです。

ここでこのリーディングの解説に客観性があるかどうかは、実はさほど問題ではなく、彼女が抑圧していた否定的なエネルギーを解放する手段として、彼女の潜在意識の波動から、リーディングによって造り出された物語が大変役に立つのです。

最も単純な方法では、リーディングで読み取られた過去生の原因と現在の問題との関連を本人に話して聞かせ、カウンセリングを進めていきますが、カウンセラーがある程度の能力を持っている場合には、患者のヴァイブレーションを上げて顕在意識の範囲を拡大し、潜在意識に抑圧していた感情を患者自身の顕在意識の中で再体験させて、本人が「見たくない」と避けていた出来事を正面から見詰めさせることで、トラウマを消し去る方法があります。

このように魂は、ある時点では自我意識が逃避してきちんと体験しなかった出来事を、潜在意識の中にエネルギーとして蓄えておき、未来の別の時点でそれを解放してクリアさせるということをよくやります。否定的なエネルギーを抑制している間は、それがカルマとなって持続されますから、肉体に色々な不調和を生じさせたり、本人の周囲に様々な不調和な現象を起こしたりして、見ようとしないでいるものを観るように自然法則がはたらき、いつかは自分の心の中の探究を始めて、解放へと向かうようになります。このような状況では、その因果関係の全体を把握しておいたほうが、適切な対応をすることができることは確かですから、過去生のリーディングは有効な手段になるのです。

しかしながら、こういうカルマの「一本釣り」のような手段は、特定の大きな問題に対しては有効であっても、何千、何万転生にもまたがる魂の経験を扱う上では、ちょうどコップで海の水を汲《く》んでいるようなものですから、際限がなくなってしまいます。従って本質的な解決のためには、普遍意識の自覚に因って、全てのカルマが幻影に過ぎないという真理に気付くことが不可欠であるわけです。

次に紹介するのは拒食症に罹《かか》っていたある女性の事例です。この女性は食事に対する精神的な抵抗があって、食べ物がほとんど咽《のど》を通らなかったので、身体は骸骨《がいこつ》を皮膚が覆《おお》っているように見える程で、体重は二十キログラムにも満たないという、極端な状態でした。若い頃はかなり食べていたのですが、結婚して夫に肥満を指摘されたのがきっかけとなって、このような状態に陥《おちい》ったということでした。普通ですと、この夫の一言に原因の大きな比重を課してしまいがちなのですが、同じ言葉を言われても、全ての人が同様になることはありませんから、これは単なる引き金に過ぎず、もっと根の深い背景が彼女にはあったわけです。

リーディングによると、彼女は過去生で裕福な家庭におり、料理人の作った食事が気に入らないと、我儘《わがまま》放題に捨てていたので、そのカルマがこのような形で現象化したということが判り、その後、食べ物を感謝して大切に食べるように心懸けることで、次第に回復していきました。この事例でも、彼女が自然法則によって処罰されたわけではなく、彼女の魂が自分自身の成長と学びのために、この経験を現象化したのだと考えるのが適切でしょう。

もうひとつの事例は、試薬の瓶を運んでいる最中に、一度に多く持ち過ぎたために手を滑らせて割ってしまい、劇薬の硝酸が眼に入って失明しかかった人の話です。

彼はこの事故に遭遇した時点で、既に普遍意識が彼を通して自覚することができたので、彼は第三者の助けを借りることなく、自分で原因を探り出しました。

彼はローマ時代の戦士だったことがあり、その転生で問題となる事件があった時、両親は既に亡くなっていて、当時十七歳だった妹と二人暮らしでした。

やがて彼の友人の戦士と彼の妹が恋仲になり、妹の結婚も時間の問題となった時、彼は自分の妹を手放したくない一心から、妹が不具になれば友人も結婚を諦《あきら》めてくれるだろうという愚かな考えを持ち、妹の眼を刃物で突いて失明させたのです。しかしながら、彼の友人は寛大な心の持ち主だったので、失明した彼の妹と結婚して彼女を幸せにするのですが、その時のカルマで、彼の眼に劇薬が入る事故が起こったという因果関係が明らかになります。

その後、彼は適切な処置法を指導霊から指示されて、失明を免《まぬが》れただけではなく、視力は全快しています。これには理由があって、魂の目的は、その人が何を被《こうむ》るかではなく、精神的に何を学ぶかにあるわけですから、カルマの法則も、単純に他の人に対して行ったことが自分に還ってくるというだけではなく、その人の意識が高まって、その出来事から学ぶべき教訓をしっかりと身に付けた場合には、カルマは和らげられ、また消滅するものであることが、実例をもって示されています。

最後に採り挙げる事例は、当時三歳だったある女の子のケースです。彼女は食べ物に関して異常なほど執着《しゅうちゃく》があって、朝から晩まで親に食物を要求し、菓子の袋等が家に買い置きしてあると、皆見つけ出しては空にしてしまうという有様でした。余りにも度が過ぎる時には、それ以上食べようとするのを親が禁止したこともありましたが、そうすると、床の上に仰向けに転がっていつまでも喚《わめ》き散らしたりするので、最後には親も根負けして、食物を与える羽目になってしまうのでした。

彼女のこの点に関して複数の人達がリーディングを行ったところ、彼女は前の転生では男性で、インドの山奥でグル（霊的な指導者、サンスクリット語で「光を与える人」の意味）をしており、女性には触ってもいけないし見てもいけないという戒律を守り、食物も木の実等の質素なものに限り、断食もしばしば行うといった厳しい禁欲生活をしていたことが判りました。

肉体感覚の欲望が解脱の妨げになるとして、食欲や性欲を抑圧するというやり方は、古い形の修行にはよくあることなのですが、この方法には幾つかの点で誤解があります。

意識はそれが向かっているものにエネルギーを与えますから、欲望に故意に、あるいは不注意に意識を向けるよりは、なるべく向けないように心懸けていたほうが、欲望を肥大化させないで済むことは確かなのですが、ここに無理が生じると、問題を却《かえ》って拗《こじ》らせることになります。

意識が完全に肉体レヴェルの欲望に関心がなくなる状態に達していて、その結果として欲望のない生活をするのであれば自然なのですが、実際にまだある欲望をただ抑え込んでいるだけでは、抑圧された肉体的欲望のエネルギーは、潜在意識の中にずっと維持され続けることになります。そして人生のある時期になって、突然爆発して解放（クリアランス）されることもありますし、強靭《きょうじん》な意志を持った人ですと、こうした欲望をその転生の間中、抑え込んでしまうことに成功してしまう場合もあります。後者のケースでは、その転生が終了した後のアストラル・レヴェルでの生活や、それ以降の転生に、抑圧したエネルギーの解放を持ち越すことになるわけです。

イエス大師の従兄《いとこ》に当るパプテスマのヨハネは、仲間内からも嫌われる程の戒律に厳しい禁欲主義者で、菜食というよりもほとんど花粉のようなもの（今日でいうプロポリスやロイヤルゼリーのようなものに当り、アミノ酸を中心とした各種の成分が間脳にはたらき掛けて、高次媒体との連絡通路のひとつである、脳下垂体を活性化する作用があるために、当時は霊性開発に用いられていました）しか食べず、生涯を独身で通して、普遍意識に目覚める前に、処刑されて肉体を離れています。

彼を表現した魂は、十二世紀後半の日本に転生して仏教の僧であった時に、意識の中に菩薩《ぼさつ》が顕《あらわ》れて「もしお前が、過去生の因縁《いんねん》で女性と関わらなければならない時には、私（菩薩）が女になって、お前に抱かれてやろう」と語り、納得した彼はその後、あちこちの女性に子供を産ませる体験をして、カルマのバランスを取っています。

自分がどのような人生のスタイルを選ぼうと、それは全く本人の自由なのですが、極端な生き方をした場合には、必ずその反対の極も体験させられるというのが自然の摂理であるわけで、いわゆる優等生的な生活も、人間の心で考えだした狭い視野の産物であり、魂の経験という点からは、制約になることもあるという点を、よく理解して頂きたいと思います。

勿論、野放しの欲望に際限なく身を任せるような生活を送ったりすれば、定石通《じょうせきどお》りに、間違いなく霊性を低下させることになりますが、不自然な形で無理に欲望を抑圧したような場合には、後になってから必ず代償を払わなければならなくなります。従って、意識の発達途上においては、ある程度までは自我意識の欲望を満足させてやることも、そのエネルギーをカルマとして残さないためには、有効な方法であることを理解して頂きたいと思います。

例えば何か欲しいものがあった時に、今の生活ではそんな贅沢《ぜいたく》はできないとか、人から批判される等というような制約に囚われ、我慢しながら何年も悶々《もんもん》として、否定的なエネルギーを造り続けて暮らしたり、肉体から離れる時までそれが心残りで、次の転生の原因を造ってしまったりするよりは、思い切ってそれを買ってしまって、その執着のエネルギーから解放されることの方が、遥かに賢明でスマートな選択になる場合もあるわけです。

それでは地球生命系で造られた精神的なエネルギーによって生じている、転生という現象を更に掘り下げてみることに致しましょう。

転生には一括りにはすることのできない様々な様式があり、細かく分けてみた場合には、大生命の個的表現意識である、魂ひとつひとつで皆異なっています。しかも二十世紀後半から二十一世紀に架けての、後述するような地球生命系の特別な変容の時期には、通常期にはあまり見られないような特殊な転生の様式も多くなっていましたので、転生の様式を分類したり、一般化して語ることには色々と問題もあるのですが、ある程度の目安に過ぎないということを始めに承知して頂いた上で、最もオーソドックスな長期滞在組から説明していくことにしましょう。

第七章「地球生命系」でも触れましたように、地球上（物質レヴェル）とその影響下にあった地球圏の幽界では、唯一の生命が他から分離独立した自分という仮想の現象我を造り出して、それが個人として振る舞うことにより、様々な人生上のドラマや人類としての歴史を演じ、これらの体験を通して魂の色々な側面を進化させて往く、という目的で転生を行っていました。このような、宇宙全体から観れば極めて特殊とも言える環境に自らを置き、そこで繰り拡げられる生命活動に全面的に取り組んで、個々の魂が大きく成長を遂げると共に、それぞれの魂の得た体験を全体のために役立てるということが、長期滞在組の目的であったわけです。

このように、比較的長期間にわたって地球生命系で表現を行っていた魂達は、当然のことながら地球生命系の内側からものを見る視点になっていたために、地球圏の卒業の段階に成ると、これまでは魂の成長のために必要だったものの見方を、完全に手放すことが不可欠になってきました。これまでに延べてきましたように、物質天体を生命の表現の場の下限媒体（一番ヴァイブレーションの低い媒体）として持っていた地球には多様な表現の世界があって、地球全体として、あるいはそれぞれの民族に固有のものとして、長い歴史の間に大勢の人々によって造り上げられ、エネルギーを注ぎ続けられてきた、強力な固定観念が、二十一世紀初頭の時点では、まだ数多く存在していました。

これらの想念形態は、当時の地球圏の精神階層に強大な磁場を形成していて、ちょうど宇宙船がある一定の脱出速度に達しないと、地球の重力場から離れられないように、意識の焦点が一定のヴァイブレーションを超えて目覚めないと、地球生命系から卒業できないという、強大なエネルギー障壁《しょうへき》を造り出していました。細かなことを言えば、アストラル・レヴェルやメンタル・レヴェルにも、他の惑星と共通の波動領域がありますから、そこをトンネルのように使って、山を越えずに脱出することも可能ではあったのですが、地上と地球圏の幽界（アストラル・レヴェルおよびメンタル・レヴェル）を何千回、何万回、もしくは何十万回と転生してきたような長期滞在組の魂は、あらゆる固定観念から解脱する普遍意識が自覚して、地球圏の影響を受けなくなることが当初からの目標であり、本当の意味での卒業ということに成るわけです。

地球圏において表現されている時間の中に、極めて長い期間を過ごしてきた魂は、自分と他人があるという錯覚、物質世界が本当に存在するという幻影、否定的な想念や否定的な感情が実際にあると思う迷妄、光と影、善と悪、暑さと寒さ、高いものと低いものという二項対立の関係で物を見てしまう間違った習慣性、時間や空間が存在しているという思い込み、生と死を区別している正しくない考え方等々、心と体に染み付いてしまっているメンタル・レヴェルの固定観念、アストラル・レヴェルの感情表現の習性、物質およびエーテル・レヴェルの肉体感覚の支配から、完全に自由に成る必要がありました。そして唯一このことを可能にする方法が、普遍意識の展開であるわけです。

普遍意識は宇宙の持つ無限の叡智《えいち》と一体で在り、かつそのもので在るがゆえに、地球圏の様々な迷妄の実態を正確に把握しており、自分自身はこの迷妄から解脱していて、個々の魂を自覚に至らせるあらゆる手段、導き方を識《し》り尽くしています。従って私達にとっては、内在の叡智である普遍意識の展開を妨げないこと、ただそれだけが決定的に重要なのであって、そのためには常に、平安で沈黙した心の状態を保つように心懸け、隙あらば外の世界に反応しようとする不要な心の動きを鎮《しず》めるために、意識を自らの心の深奥《しんおう》に在る大いなる存在に向け続けることが、何よりも卒業の近道となります。

普遍意識を私達自身の中で成長発達させるための、瞑想、マントラ詠唱《えいしょう》等の行法《ぎょうほう》や日常生活の在り方については、後の方に設けたそれぞれの章で詳しく述べることにして、次に地球圏の転生の他の様式である、短期滞在組の目的と役割について、触れておくことにしましょう。

短期滞在組のうち大部分は、他の恒星系（地球生命系とは、やや、もしくは著しく異なった生命の表現の場が、宇宙には無数にあります）から、この時期の地球において、肉体を持った体験をするためにやって来た魂達で、そのうちの大半の魂達は、地球圏のアストラル・レヴェルもしくはメンタル・レヴェルに近い波動領域で表現を行っていたために、幽体が発達していることが特徴です。このためテレパシーによる想念の伝達や、アストラル・レヴェルもしくはメンタル・レヴェルにおける視聴覚、植物や動物、肉体を持たない精霊達と会話する能力、意識的な幽体離脱《ゆうたいりだつ》等、長期滞在組の場合なら、何転生にもわたってヨガ等の修行を行ってきたような人達が身に付けるような潜在能力を、生まれつき持っていることがよくあります。

著者が目撃した当時二歳の女の子の事例では、初対面の大人がお菓子をあげようとした時に、彼女は言葉には出さずに「私は既に持っているから要《い》らない」という意志を、周囲を圧倒する程の明確なエネルギーで表現していました。しかし相手の大人は普通の人でしたので、彼女の意志に気付くまでは随分と時間が掛かりましたし、彼女の母親も「この子はとても大人しいんですよ」という見方をしていました。

また著者の友人が、子供のためのヨガ教室を行っていた時のことですが、彼女が教えていた生徒の一人は、周囲の大人達のオーラを見て、その人の言うことを信用して良いかどうかを判断しており、本人が瞑想に入ると、後述するハイラカン・ババジ大師のような白銀色のオーラを放っていたそうです。

短期滞在組の過去生（この表現は、地上のある転生から見た相対的な関係でのみ、成立する概念であることに注意して下さい）の表現世界、つまり彼もしくは彼女のやって来た恒星系もしくは太陽系の惑星は、前述しましたように物質レヴェルではなく、地球圏で言えばアストラル・レヴェルおよびメンタル・レヴェルに近い波動領域に表現の場を持っており、しかもそのような文明圏の中には、地球のような全体からの分離意識が生じていないものもあります。このような恒星系の出身者は、幽体が発達しているために周囲の想念波動に極めて敏感な上に、自分とは違った波動に接することには慣れておらず、なおかつ分離意識を初めて体験する人達もいるわけですから、周囲の人達の考えが自分とは同じではないという、地球の物質レヴェルでは当り前の状況に直面することが、大変大きなストレスになる場合があります。

こうした、自分とは違った考えの人や、全体の調和を無視した行動をする人が存在するということが理解できない、受け容れられない、というような状況に加えて、幽体が発達していて、しかも自分の意志がそれを充分に支配していない人の場合ですと、周囲の人達のエネルギーに無防備に同調してしまうために、雑多の波動の混在する地球上では、日常生活をする中で色々と面倒なことが生じます。

例えば、ごく普通の地球人であったとしても、不調和な波動を出している人には余り近付きたくないと感じるものですが、敏感な幽体体質の人が、このような不調和な波動の発生源に不用意に近付くと、自分の心が他人の不調和な想念にほとんど支配されてしまうようなことも起こります。

また、誰かが何かを食べていると、自分の好みとは無関係にそれが食べたくなったり、他の人が何かをしていると、自分もそれをやってみたくなったりという傾向が、普通の人より顕著《けんちょ》にみられますし、自分の意志とは無関係に、周囲の想念波動に肉体が反応するといった現象が生じることもあります。

一九九〇年代後半になってから増えてきた、多動性障害と呼ばれる落ち着きのない子供達も、このような地球圏への適応が上手《うま》くいっていない魂の表現である場合があります。

特に肉体を初めて持ったり、肉体を通して表現する経験の比較的少ない魂の場合には、普通に生きていることだけでも、鎧《よろい》を被って生活しているような感覚ですし、睡眠や排泄といった肉体に必然的な機能にも慣れていないことや、歩いたり、身体のバランスを取ったり、道具を使ったりというような基本的な動作の発達が、長期滞在組の魂が宿る子供に比べると、やや、もしくは著しく遅れるようなことも起こります。このような魂は肉体感覚の扱いについても不慣れであるため、お腹が空いたり、喉《のど》が渇《かわ》いたりしても、それが何かを食べたり、水を飲んだりするという対処には直には結び付かずに、理由の判らないまま不機嫌になるだけ、というような表現になるケースもあります。

この他、肉体に明確に意識を固定できる程には物質レヴェルに囚われていないために、しばしば意識が飛んで「心ここに在らず」というような状態になる場合もあります。このような時、本人はそれなりの精神活動を他の意識レヴェルでやっていて、それが必要なこともあるのですが、外側からは単にボーッとしているようにしか見えませんから、周囲の人達が無理解だった場合には、色々とトラブルになったこともあるわけです。

短期滞在組の魂がこれまで表現をしていた世界では、想ったことがたちまち現象化することが当然であり、その記憶が潜在意識にあるために、同じつもりで外の世界に関わろうとしますが、二十世紀の終わりから二十一世紀の初めに架けての地球上では、まだ鈍重《どんじゅう》だった物質世界の中で自分の想ったことを現象化するためには、当時の多くの人達の意識のヴァイブレーションでは大きなエネルギーと長い時間が必要であって、ほとんどの場合には地球上の先輩達と同じ様に、外界に対して直接に、肉体を使って忍耐強くはたらき掛けていかなければなりませんでした。従ってその間怠《まだる》さを初めて体験した上に、物質の取り扱いには全く不慣れな魂にとっては、物事が初めから上手くいくはずはありませんから、焦《あせ》ったり、自信をなくしたり、短絡的《たんらくてき》に物事を運ぼうとして混乱を起こすことも少なくはなく、家庭や学校、仕事や社会の中の人間関係に適応できないためにノイローゼになったり、引き籠《こも》ったり、周囲の人達との調和を全く配慮できずに、極めて自己中心的な振る舞いをすることもよくありました。

それでもまだ、自分が（地球の）初心者であるということを漠然《ばくぜん》とでも認識していて、周囲の人達から学ぼうとか、何とかして調和しようとかいう意欲があれば未来は明るいのですが、波動的に観れば、極めて広範囲の魂が来ていたわけですから、自己顕示欲ばかりがやたらに強く、自分は何もできないのに、周囲の人達を見下して孤立していたような人達もおり、こういう場合には、本人にとっても周囲の人達にとっても大きな課題を持たされていたわけです。

分離意識の余りない恒星系から転生して来た魂は、直観的に黎明期《れいめいき》の地球の状態が異常であることを察知していましたし、周囲の経験豊富な人達、つまり比較的長期にわたって地球圏に表現を行ってきた魂達が、彼らの制約された自我意識によって「こうすべきだ」「あのようにしてはならない」等と説く処世訓《しょせいくん》が、全く真実ではなく、混乱した社会を調和させることも、個人を幸福に導くこともできないことを看抜《みぬ》いていたのですが、自分自身も内在の普遍意識から来る叡智を完全に表現できる程には進化していなかったために、代わりになる指標を見付けることもできずにいました。その上、物質界の物事の進め方には全く不慣れであったために、毎日の生活が順調には進まないということもあって、嵐の中に漂《ただよ》う小舟のようになっていた人達も多く、心が純粋な人の場合には迷った宗教に引っ掛かったり、精神に異常をきたしたり、心の内に引き籠ったりするような場合もありました、

勿論このような分離意識の少ない恒星系からやって来た人達であっても、魂がこの時代の地球圏での生活を自ら選んでいたわけですから、地球の物質レヴェルという、宇宙の中でも極めて鈍重で混沌《こんとん》に満ちた世界の中で、いかにして内在の神性を発揮させ、環境を克服して、周囲とも調和して往くことができたかどうかということが、魂の成長と、自らの恒星系の集合意識の経験を豊かにするという本来の目的の上でも、大切なことであったわけです。

縁《えん》が有ってこうした「前世宇宙人」の周囲にいる人達は、自分達にとっては何でもないように思えることが、彼ら、彼女らにとっては大きな負担になっていたり、違和感を持って受け取られたりするという点を、よく理解して接する必要がありましたし、一見異様に見える彼ら、彼女らの考え方や行動が、自分達がいつの間にか作り上げていた固定観念に気付かせてくれた、というような肯定的な見方も必要でした。

しかしながらこのことを取り違えて過保護に走り、何をやっても注意せずに許していたり、本人が自分で解決しなければならないことを、片っ端から肩代わりしてやったとすれば、単に我儘《わがまま》でだらしない人間が出来上がるだけで、その魂の地球圏への転生はほとんど意味を持たず、カルマを作るだけで終わってしまったことに

なります。

従ってこのような場合に、周囲の人達の取るべき態度は非常に難しい判断が必要だったわけですが、地球の生活技術を初歩から身に付けていくことができるように、忍耐強く、常に愛の波動で接しながらも、本人の気付きに必要なことは忠告し、手助けは必要な時にのみ行って、本人の心の深奥《しんおう》から顕れてくるものに従って、自然に成長して往くことができるように、過剰にも、不足にもならないように配慮しつつ、面倒を看ていく必要がありました。

このような関係が上手く保たれるためには、周囲の人達もまた本来の心の在り方、つまり自分の内側から顕れてくるものが、そのまま付け加えることも歪まされることもなく表現できるような、囚われのない、平安で澄み切った心の状態を維持できるように心懸けなければなりませんでした。つまり本人にとっても周囲の人達にとっても、双方の関係を通して学ぶべき大きな課題が存在していたわけで、相手を否定するだけで終わってしまうようでは、せっかくの学びの機会を生かすことができず、人生の目的を果たさなかったことになるわけです。

この他にも比較的稀なケースではあるのですが、ある時期に徐々にその数が増えてきたタイプとして、地球レヴェルや太陽系レヴェル、更には恒星系レヴェルの普遍意識に相当するような表現領域から、様々な目的で地球上の肉体を通して表現していた魂もいました。

このような魂の個的表現は、意識の状態としては大師のような存在ですから、地球への適応という点では前述したような問題が生じることは余りありませんが、地球上の生命の霊的な進化に対して直接の責任は持っていなかったことや、地上経験が全くないか、極めて少ないことから来る独特な軽さが、大師とは異なった趣《おもむき》を見せていました。

また外見から見る限りでは、ひとりの子供であったり、学生や主婦、一介のサラリーマンであったりするだけで、自らの能力や意識状態を人に知らせようという意図もないので、周囲の人達がそれと気付くこともほとんどありませんでした。これは、解脱した魂は、全てが自分で在るという真理を識っているために、自慢するというような欲望を持たないことや、個々の現象我の理解できないことをわざわざ口に出して、無用な混乱を招くようなことはしないからです。

このような魂の意識の中では、肉体としては遠く離れたところで誰かが交わしている会話が、その場にいるのと同じ様に聴こえ、しかもその時の二人の意識の中まで丸観えになっているというような、当時の私達の多くにとっては驚異的とも思えたような現象が、ごく日常的に起こっていたのですが、そのことに特に気を留めるわけではなく、また格別な意味を与えることもせずに、ディスコでキャーキャー言って遊んでいたりしたのです。

これらの短期滞在組の魂達が、自分達の恒星系のために行っていた仕事としては、地球の波動表現が大きく変わるまでの期間に、物質的ヴァイブレーションの媒体（肉体）を纏《まと》った生活を実際に行って、その経験を持ち帰ることや、宇宙でも稀に見る一大イヴェントの観客かつ出演者になること、そして自分達の恒星系のプローブ、つまり調査用のアンテナとしての役割がありました。

宇宙というものは本来は一体で、精神階層には距離というものは存在していませんから、ひとつの天体で起きた現象はその天体だけには止《とど》まらず、球状の波紋が拡がっていくように、宇宙全体に確実に伝わり、地上でたったひとりの人物によって発せられた想念でさえも、全体に様々な影響を及ぼしています。まして今回の地球の変容のように、極端に複雑な精神的制約や、無数の固定観念、そして肉体という極めて鈍重で不便な媒体によって雁字搦《がんじがら》めに抑え込まれたまま、気の遠くなるような長い期間にわたって分離意識を持ち続けていた、百億以上の魂が一斉に解放されるような出来事は、宇宙の歴史の中でもそう度々あることではありませんでした（地球圏では肉体を持たない魂も、同じ制約に囚われて生活していたということを思い出して下さい）。従ってその時に生み出されるとてつもない精神エネルギーに因る影響力は、私達地球人の多くは勿論、他の恒星系の住人にとっても、想像の及ぶ範囲を超えたものになったはずで、どの恒星系の人達にも、自分達の恒星系の意識構造が、地球の波動変化に因ってどのように影響を受けるのかという問題は、大きな関心事であったわけです。このような事情があったために、この時代の地球生命系には、かつてなかった程の多くの恒星系から、調査のために地球圏の精神階層にやって来たり、地上に肉体を持って転生していた魂達がいました。

このような他の恒星系から来た魂達の中には、自分の仕事を完全に自覚して意識的に活動していた人達もいましたが、地上に肉体を持って転生すると、大抵の場合は地球圏で転生を続けている人達と同様に、物質的ヴァイブレーションの現象と、それに因って地球圏に形成されている、強力な固定観念のエネルギーに意識の焦点が移ってしまい、自分達の恒星系で生活していた時の意識レヴェルは、こうした粗雑な波動に覆い隠されて潜在意識の下に潜《もぐ》ってしまうことが多かったので（別の言い方をすると、顕在意識の波動領域がシフト・ダウンしてしまうので）、本人は地球人としての自己認識を持って生活していた場合がほとんどで、またそれが転生の幾つかの目的を果たす上では必要なことだったのです。

従って彼らもまた長期滞在組と同じ様に、グループ内、すなわち彼らにとっては同じ恒星系の魂の中で、比較的最近地上に転生してきたことのある魂が指導霊になったり、それからこれは、地上的な時間の観念からは理解して頂くのが難しいかも知れませんが、地上に肉体を表現している同じ魂の別の側面（地球圏の転生では相対的に見た過去生もしくは未来生に相当します）が個別化した指導霊としてはたらいて、精神階層から援助を行い、肉体に化身したために視野が狭くなっている仲間の仕事が上手く往くように、導いていました。このような場合、出身星系のプローブとして地球の情報を収集し、自分達の星に伝える作業は、地上に表現されている現象我の潜在意識が用いられることが多かったために、本人には全く自覚がないままに仕事をしていた場合もよくありました。

これらの短期滞在組の魂が地球に対して行えた貢献としては、地球人類が極めて長い間にわたって造り続けてきた、強力な固定観念を破壊するような、新しい感覚の波動を持ち込んで、長期滞在組の魂が解脱に至るための手助けを行ったことが挙げられるでしょう。

精神階層では、様々な手段を用いて多くの側面から「地球的信仰」の解体をする作業が行われましたが、ここで具体的な例を幾つか挙げてみることにしましょう。

旧世代の強固な価値観のひとつとして、「良い結果を得るためには、真面目にこつこつと、地道に努力を積み重ねなければならない」という考え方があります。これは確かに良い資質ではありますし、魂がある側面を発達させる時期には必要な体験であったことは確かなのですが、この考えだけが正しいと執着して、そうでないものを排除するようになってしまうと、それは現象我の造り出した単なる制約になってしまい、普遍意識の無碍自在《むげじざい》な表現を妨げるようになりますから、卒業間近の魂にとっては解脱の障害になるのです。

こうした概念的な説明をしても、努力をすることが自分の信念になってしまっているような方にとっては、「なぜ一所懸命努力することが悪いんだ」と、なかなか受け容れるのが難しいかも知れませんが、およそ自我意識で考えていることは、それがどんなに「これだけは絶対に正しい」と確信していることであったにしても、普遍意識の視点からは迷いに過ぎず、自由な表現を妨げる制約にしかならないことを、よくよく理解して頂きたいと思います。

短期滞在組として地球上に転生してきた新人類の中には、長期滞在組である旧世代の想念形態に巻き込まれてしまい、自分には全く合わない無理な表現をしようとして、精神的、肉体的に不調和な状態に陥ってしまった犠牲者《ぎせいしゃ》もいましたが、「頑張ったら疲れてしまう」等と言いつつ、マイペースを守って旧世代の顰蹙《ひんしゅく》を買いながら、旧世代がどんなに努力したところで、決して到達することのできないレヴェルの仕事をやってのけたりした人達もいました。このような勝れた才能を発揮する魂の中には、過去生のキャリアが豊かなために、肉体的な年齢が若いうちから偉大な仕事をした人達も多く、藝術《げいじゅつ》やスポーツの分野で、このような超人的な能力を発揮した新人類が数多く現れてきたことに、既に読者の方々は気付いておられることと思います。こうした新しいスタイルのヒーロー、ヒロインの登場は、旧世代が執拗に囚われている固定観念を跡形《あとかた》もなく一掃《いっそう》してしまうためには、ぜひとも必要な現象だったわけです。
例えば学歴に執着する親の下に、勉強にはまるで不向きな子供が生まれたりすることは、親の迷いに気付かせるための宇宙の愛（正確に言えば、本人の魂が自作自演しているだけなのですが）に他なりません。それではこのような事例を、ひとつだけ挙げてみましょう。

ある父親は、自分の娘をいわゆる「お嬢さん」として育て上げて、玉の輿《こし》に乗せることを夢に想い描いていました。そのために小さい頃から厳しくし躾《しつ》け、毎日礼拝があるようなキリスト教系のミッション・スクールに入学させて、茶道や華道、ピアノやバレエといった習い事にもびっしりと通わせていました。こうして計画が半《なか》ばまで上手くいっているように思えていた時、突然、娘は親に反抗し始めました。夜十時の門限は、度重なる朝帰りで有名無実となり、煙草《たばこ》、酒、薬物から男遊びと放蕩《ほうとう》の限りを尽くした挙句《あげく》、国外に出て五年間も行方不明になるという事態に、父親の夢は木端微塵《こっぱみじん》に打ち砕かれてしまいました。
昔の地球上の考えでしたら、これ以上の親不幸はないと思われたでしょうが、これは父親の囚われていた間違った価値観に気付かせるために、娘が父親と魂のレヴェルで示し合わせて、本人にとっても相当ハードな人生を演じて上げたわけですから、これ以上の親孝行はないわけです。このように旧世代の倫理的、道徳的な視点からは決して肯定できないように思えることを、なんの罪悪感もなく平気でやってしまう人達がいるのも、私達の多くの理解を超えた様々な理由があります。

他の恒星系から地球にやって来てまだ日の浅い魂達は、幽体の潜在意識もしくはそれに近い波動領域に、前の星で生活していた時のヴァイブレーションを持っていますから、その星での生活様式や精神構造が、多かれ少なかれ日常生活に顕れてくるものです。また、自分に縁のある恒星系の宇宙船が地球に来た時、他の人達には見えないのに、彼ら、彼女らにだけは見えるという現象が生じるのも、物質レヴェルではなく、幽体の共通した波動領域でお互いを認識しているからです。

他の恒星系の生命の表現の場については、地球圏のアストラルおよびメンタル・レヴェル以上に多彩な表現様式がありますので、それらを描写し尽くすことはできませんが、こうした他の恒星系や、太陽系の他の惑星の生命の表現の場の中で、自分に縁のある（過去に生活していた）もののヴァイブレーションにチャネルして、地球的な観念の波動で参照した時に現象化される光景を、イラストレーターや画家が描くことはよくあります。

井上直久さんの「イバラード博物誌」（架空社）等には、こうした情報が絵や文章等によって、大変上手く描写されています。


このような短期滞在組の中には地球の変化が急激になる前、もしくは一段落した辺りで仕事を完了し、非物質体の宇宙船を用いて、前述したような地球圏の精神階層にある自分達の恒星系と共通の波動領域を使って帰還する人達もいますが、全体から看れば、このような形で地球を離れる人達の割合はそう多くはありません。

またかつては、地球上の霊的進化のためのあらゆる努力が効を奏さずに、多くの人達が分離意識や否定的想念を手放さなかったような最悪の場合に、将来の地球の進化に必要な人間の媒体（肉体）を残す目的で、一時的に別の星に少数の人達を移民させる、ノアの箱舟のような対応も考えられていました。

二十一世紀に入った時点で、このような事態は回避されることが決定しましたが、こうした恒星間移民の考え方は、ともすれば自分だけ助かれば良いというような利己的な思いに結び付き易いので、本人にとっても全体にとっても良い影響は及ぼしませんから、関心を持たないことが正しい態度であったわけです。

いずれにしても、より佳《よ》き未来の地球を創り出すことの唯一可能な現在こそ、私達自身が努力するべきであるという基本を忘れてはなりません。

これは少しばかり余談になりますが、過去生で既に解脱して、もはや地球に来る必要のない意識状態に還った魂が、特別な使命のために再び肉体に化身してきたような場合であっても、肉体に入るとまた外の物質世界に完全に囚われてしまって、一度は想い出したはずの本源をまた忘れ、使命も忘却の彼方に追いやって、再び転生のサイクルに入ってしまったような事例もありました。今回、後輩達を解脱させる目的で化生してきたある魂のグループ十二人のうち、二十一世紀に入った時点で自分さえもまだ解脱できないまま、他界（アストラル・レヴェルへの移行）してしまった魂がいたのです。

肉体を持たない状態では、肉体を持った時の意識がいかに制約されるかということが実感できないため、こうした事情は経験したものですら忘れがちです。まして地球圏の経験のない他の恒星系の魂が、ちょっとした好奇心や、遊び心の軽いノリで地球圏の短期滞在を試みたような場合、次々とカルマを造り出すと同時に、様々な地球の固定観念にも囚われるようになって、どんどん深みに嵌《はま》っていき、魂の当初の意図とは違って長期滞在組になってしまったという、笑えない話もあるのです。実《まこと》にもって地球圏の磁場の強さには侮《あなど》れないものがあったわけです。

次の章では、こうした地球圏のエネルギーの場に大いなる変容をもたらし、それに伴って多くの人類の魂を卒業させていった、黎明期の特殊な状況と、恒星系的規模で展開していった背景について説明をしたいと思います。

第十二章　地球の変容

常在の普遍意識《ふへんいしき》は、地上に表現された何時如何《いついか》なる時代であろうとも、それを真剣に求める人には必ず顕現《けんげん》するものであって、そのことは歴史上の偉大な魂《たましい》の天与の使命と超人的な努力に因《よ》って、あらゆる時代に示されて来ました。しかしながらこのこととは別に、地球圏で充分な訓練を積んで霊的に成長し卒業の準備の整った魂達を、地球生命系全体として一斉《いっせい》に地球圏から引き上げる時期があり、現在の地球生命系に関係のある大きな周期の中では、既にこれを二十七回経験して、本書の初版が記された時点では、二十八回目の最後の周期の最終段階に入っていました。

この時期には、目覚める準備のできている魂や、既に自覚に至っている魂を通して、普遍意識の展開を促進させ、総《すべ》ての波動領域にわたる媒体を浄化する目的で、厖大《ぼうだい》な霊的エネルギーが地球圏に注がれるために、通常期に比べると個々の魂の解脱《げだつ》はたいへん容易になります。

この浄化の過程では、普遍意識とのズレ、つまり現象我という視野の狭い意識状態で造り出した、固定観念や利己的な思念、破壊的な想念や否定的な感情等の迷った精神活動のエネルギーを、遍在《へんざい》する絶対調和のエネルギーに還《かえ》していくために、個人や家族、民族や国家、あるいは地球人類が全体として潜在意識下に持っていた、あらゆる感情表現や想念が現象化されて、そのエネルギーを解放（クリヤランス）していきます。

これに伴って、人類が集合意識として何千年もの歴史の中で蓄積してきた、更には記録にはない古代文明や他の恒星系から持ち越してきた何億年にも及ぶ、絶対調和の愛から逸脱した総てのエネルギーが、人間関係の悪化や様々な病気、生活必需品の欠乏、事故や戦争、洪水や陸地の水没、地震や火山の噴火、隕石や小天体の落下等、様々な混乱を物質レヴェルに現象化して、このような否定的な集合意識の形成に関わったカルマを持つ人達を巻き込んでいったわけです。

具体的に浄化がどのように進んでいたのかということは、個人的な範囲のものについては、読者の皆さんが、御自分の体験や周囲の人達の当時の状況を見渡して頂ければ納得されることと思いますし、社会的なレヴェルのものについては、毎日報道されていたニュースを思い出して頂ければ枚挙《まいきょ》に遑《いとま》がないでしょう。また天体現象として一例を挙げれば、一九九四年三月十五日には、小天体が地球から十六万五千キロメートル（地球から月までの距離の半分以下）の所を通ったニアミスが起こっていますが（スミソニアン国際天文学中央情報局の発表による）、これは地球人類の当時の集合的な意識状態が、外側に現象となって反映されたものです。

こうした地球の浄化の過程では、為《な》す術《すべ》もなく混乱に巻き込まれて、多大な苦しみに甘んじることも、私達自身の努力に因《よ》って、混乱を最小限に食い止める選択も、どちらも可能でした。そしてある程度の混乱は免れなかったものの、最終的には多くの魂を通して普遍意識が自覚に至ったことで、私達の媒体を通して地球圏に注がれた絶対調和のエネルギーに因って、大勢の人達の意識が内側から引き上げられたために、地球上のエネルギー状態は全く違うものになっていったのです。それに加えて私達がそれぞれの使命をある程度全うすることもできたために、後述するような地球人類の霊的進化に携わる大師達や、高度に進化した他の恒星系の同胞達が様々な援助をして下さったということも忘れてはなりません。

この人類の卒業の時期には、後述する地球上の波動変化のサイクルが反映すること等に因って、その文明期の物質文明が絶頂に達していたことがほとんどですが、第四進化系のハイパー・ポーリアン文明期からアトランティス文明期末期までの周期（これらの用語については後述致します）では、大半の人達が物質レヴェルの世界観に囚われたまま利己的な目的の追求に走り、全体の目覚めには至らなかったために、人類の意識が変容することは叶わず、浄化のプロセスに因ってその文明がほぼ壊滅《かいめつ》するといった現象が、過去に六回とも繰り返されていました。このような太古の文明の崩壊《ほうかい》現象は、その性質上歴史に残ることはほとんどなく、僅かに生き残った民族の伝承の中に、時折みられることがある程度です。

前回のこうした転換期は、複数の人達が別々に行ったアーカシック・レコードのリーディングを比較検討すると、紀元前およそ一〇五〇〇年、レムリア大陸の最後に残っていた部分が海中に没し、その約五百年後に、アトランティス大陸の残存部も水没した前後の時期に当ると考えられますが、その当時のアトランティスには、現在の地球上とは少し違った高度な物質文明が栄えており、コンピュータこそありませんでしたが、二十一世紀の初め頃までの地球上とは異なった方法で浮力を得る航空機があり、クリスタルを用いるエネルギーの利用方法に関しては、二十一世紀初め頃の知識や技術に比較すれば遥かに進んでいた側面がありました。

しかしながらこうした物質文明の発達は、それを正しく用いることのできる精神文明の裏打ちがあってこそ、初めてバランスが取れるものですから、その当時は個人的な利益の追求や、恐怖心、憎悪といった否定的な感情に支配されて他人との争いを止《や》めなかったり、物質に偏《かたよ》り過ぎた生活に溺《おぼ》れていて、目覚めることなく災害に巻き込まれ、肉体を離れて逝《い》った魂達が数多くいました。勿論このような時代にも全体との調和を訴えた人達はおり、アトランティスの神官ラータや、レムリアの指導者ラ・ムーの声に耳を傾けたことによって、結果的に安全な土地に移ることのできた人達がいましたし、霊的に完成して解脱に至り、地球圏を卒業していった魂達もある程度はいたのです。

それではここで、なぜレムリアとアトランティスの両大陸は沈むようなことになったのかということを説明しておきたいと思います。この問題は地球全体に関わる厖大な要素を含んでおり、また地球上の生命の進化を司る大師達の経綸《けいりん》にも関わっていますので、ごく一側面に触れるだけにしますが、陸地というものは立体的なジグソーパズルのような構造を持っていて、本来は不動のものではなく、自然環境の中に調和されたエネルギーが流れていることに因って、海面よりも高い位置に支えられているものです。人間は本来の状態では、地球上では最も高い波動領域に感応する高次媒体を持っていますから、宇宙のより高い階層（当面の我々にとっては天の川銀河の中心）から注がれるエネルギーが、地上で生活する人達のそれぞれの意識が反映された高次媒体によって様々な波動に変換され、それが動物や植物、大気中や地上、そして海中等に生息している物質よりも精妙な波動領域の生命体、鉱物から大地（アース）へと流れていき、クンダリーニ（後述）の基底でもある地球の中心に収束します。そしてこの世界を成立させている根源的な生命エネルギーの流れが、地球自体に与える複雑な相互作用に因って、陸地を海面上に支えている力が発生しているわけです。

従ってその中継点である人間の意識が分離感を持ち、利己的な表現や物質的な関心にのみ関心を向け続けたとすれば、自然界の調和したエネルギーの流れは、こうした不調和な波動に因って妨げられることになり、彼らの住んでいる土地のエネルギーはどんどん低下していくことになります。

アトランティスやレムリアの時代に限らず、二十一世紀初め頃までの地球人類の意識の未熟な段階においては、都会には特に、様々に異なった価値観を持つ人達が大勢集まっているために、絶えず人々が苛立《いらだ》ってお互いに悪影響を与え合うといった、エネルギー的に「死んだ」状態を造り出していた傾向がありました。それに加えて都会は建築物が密集していて、建物の下の土は外界と接触できない上に、道路や広場等もそのほとんどが舗装されていましたから、「地面に蓋《ふた》をした」状態になっていたわけです。

ところが大地というものは生命体であって、雨水が浸《し》み込んだり蒸発したりする役目や、地表に落ちた木の葉を微生物が分解して土壌の成分に変える作用、そして太陽のエネルギーを吸収し、また発散する機能、その表面に植物を育成し、その植物を介して外界と様々な関わりを持つはたらき等、自然界の中の大いなる循環の一員として、欠くことのできない役割を持っています。つまり地面に蓋をするという行為は、当時の人間の限られた視野を越えた、大いなる自然の営みのサイクルを妨げる愚行であったわけですから、その土地は必然的に本来の役目を果たせなくなって、死んだ状態になっていたわけです。

このようにエネルギーの低くなった土地は、地球自体の自然な自浄《じじょう》反応により、地殻変動が起こって表面の障害物を取り除き、あるいは海中に沈んでエネルギーを回復させるという現象が生じてきます。それに加えて地上に住んでいる人間が、破壊的な想念や否定的な感情を、その影響を識《し》ることなく振り撒《ま》いていましたから、それは自然法則に因って確実に発した本人に還ってくることになり、その浄化の過程に拍車を掛けることになってしまったわけです。

この他にアトランティスでは、当時かなり進んでいた、クリスタルを利用した自然界のエネルギーを採取する技術を誤用したために、終局的に大陸全体を海の底に沈め、ひとつの文明を地上から消滅させるという、極端な結果を招いてしまったわけです。

ある保険会社が幾つかの大きな自然災害の起きた地域について、その周辺の住民の生活状況を調査したところ、そのような地域に住んでいる人達は向上心が少なく、何事に対しても気力のない生活を送っている傾向が強いという結果が出たそうです。ただ覚醒《かくせい》していない人間の場合には、エネルギーの少ない土地で生活すれば当然生体エネルギーを奪われますから、結果としてそのような生活態度になるということもあり、必ずしも人間の側だけに問題があるとは限りません。こうした事実は、人間の意識と土地のエネルギーとの関係をある程度示していると考えてよいと思いますが、この他にも、不動産や家財などの物質的なものを所有することに大きな執着があったり、霊的なものに対して全く関心を持たない人が多かったりすると、エネルギーは物質的な方向に偏って陰陽のバランスが崩れますから、災害を招き易くなるということを覚えておいて頂きたいと思います。

それからこのことは、こうした問題に関心のある人達が陥《おちい》り易い罠ですが、もしも自分だけが助かりたいという利己的な動機で安全な場所を探す人がいれば、その分離感がその人のヴァイブレーションを下げますから、その人がどこに逃げようと、その場所は危険になりますし、反対に全体の調和のために、人類や地球環境を含めた全生命への奉仕に専念するならば、言い換えれば、宇宙の中でその人本来の役割に徹して愛を表現する存在であるなら、たとえ大災害の真っ只中《ただなか》や銃弾の飛び交う戦場にいたところで、危害を受けることは有りませんし、反対にその人の行く先々が、その人を通して放射される光に因って調和されて、安全な場所になって往きます。なぜなら、宇宙全体としての完全な調和の波動を表現している人の場合には、混乱を外の世界に現象化するような不調和な波動やカルマを一切持っていないからです。

厳密《げんみつ》に言えば、ここで「外の世界に現象化する」と説明したのも、分離意識の視点から見た場合のことなので、普遍意識の視点からは外部というものは存在していないということに注意して頂ければと思います。

なお、二〇一一年三月十一日に日本の東北地方を襲った地震とそれに伴った津波については、特別な霊的背景がありますので、これについては後述したいと思います。

キリスト教の聖書の中に、ソドムの町が不調和な人々の想念や行いのために滅《ほろ》びかけた時、アブラハムが「正しい人が何人いたら、町を滅ぼさないでくれますか」と、神と取引をする場面があります（創世記　第十八章二十三節～三十三節）。最初は神から五十人と言われたのですが、アブラハムは「我が主よ、どうかお怒りにならぬよう」と少しずつ人数を値切っていって、最後には「正しい人が十人いれば町を滅ぼさない」という約束を取り付けます。ここで「正しい人」とは単に戒律を守る人というようなレヴェルではなく、神の意志そのものである普遍意識を顕現する人のことで、覚者《かくしゃ》が一定の人数いれば、その愛の波動に因って、その国、その大陸、更には地球全体が保たれることを意味しています。

なお、第十五章で詳しく説明しますように、地上や精神階層に媒体を持つ人間が創造神と会話をする等ということはあり得ませんが、この話は当時の人達に解るようなひとつの譬えとして書かれたものであることを、念のために申し添えておきます。

ローマ帝国を初めとして、栄華《えいが》を誇《ほこ》った超大国が滅亡して逝くのは歴史の常ですが、そうした中でインドが、アトランティス時代にまで遡《さかのぼ》る異民族による支配という期間はあったものの、今日まで国家が存続し得ているのは、インドをエネルギー的に支えている多くの大師達の存在と、国民の中に浸透している霊的なものへの尊敬があるからです。

アトランティス大陸の伝説は、覚者であったソクラテスの弟子プラトンの作品に描かれていることで、広くその名前が知れわたっていますが、当初は単なる伝説と考えられており、その後エドガー・ケイシーやその他の人々によって、この時代のアーカシック・レコードのリーディングが行われるようになって、その詳細が明らかにされるようになりました。

アトランティス大陸は、その名前の由来からも推測できるように、初期においては現在の大西洋に当る広い地域にその面積を占めていました。その後何度かの地殻変動が起こって幾つかに分れた部分が海の底に沈み、最後には当時の首都ポセイディアヌスを含む、残り全部が水没しています。

　またレムリア大陸というのは、最大時には太平洋にまたがって赤道上を半周する、現在のユーラシア大陸と同じ位の面積がありましたが、およそ七万五千年という長い年月の間に何度か起きた地殻変動により減少していって、最終的には日本列島の東方にオーストラリア程度の大陸が二つ残り、やがてこれらも海中に没しています。この最後に残った北側の大陸の最西端は、現在の沖縄のあたりまで伸びており、海底に残っている遺跡が発見されたことは御存知の方も多いと思います。また災害を免れた住民の一部は沖縄に定住したり、日本列島に住みつき、更には、当時はまだ温暖で陸続きだったベーリング海峡を渡って、遠く北米大陸、更には南米まで移住した人達もいました。

　この最後に残った二大陸を、ムー大陸とレムリア大陸と分けて呼んでいる人達もいますし、最初の巨大なひとつの大陸のことをムー大陸と称する人達もいますが、本書では同一の霊的背景にある文明期であるという視点から、一括してレムリア大陸、レムリア文明と呼ぶことにします。こうした古代文明の終末期については、その性質上記録そのものがなかったり、貴重な記録を無知な人達が抹消してしまったこと等があって、地上に残された情報は非常に少ないのですが、およそ三千五百年程前に、マヤ人によって書かれたとされるトロアノ手稿《しゅこう》に、次のような記述が残されています。


「六カンの年、ザック月の十一ムルク（当時の暦《こよみ》で、ザック月は現在の五月に当るものと思われます）に恐ろしい地震が起き、ひっきりなしに十三チュエンまで続いた。泥の丘（複数）ムーの土地はその犠牲となった。二回隆起すると突然夜の闇に消えてしまい、盆地は絶えず火山の力によって揺すぶられた。そのため大陸の幾つかの土地が数回も沈没と隆起を繰り返した。遂に地表が崩れ、七つの国々が引き裂かれて散った。激動の力に堪《た》えることができなくて、国々は六千四百万人の住民と共に、本書の執筆（紀元前一五〇〇年頃）より遡ること八千六十年に沈んでしまった」（『神智学大要　第五巻』二百五十四頁〜二百五十五頁　A・E・パウエル編　たま出版）。

この他にアトランティス・レムリア両大陸の文明の質と、その終末期を知る手掛りとして、一九二六年にイギリスの探検家F・A・ミッチェルによって、当時の英領ホンジュラス（現在のベリーズ）のルバントンにあるマヤ文明の遺跡から発見されたクリスタル製の頭蓋骨《ずがいこつ》があります。この頭蓋骨は二十一世紀初頭の最高水準の工作技術をもってしても、再現することが不可能なもので、顎《あご》の部分の取り外しができる他、レーザー光線を当てると、二十世紀までの時点ではまだ解読されていなかった象形文字が浮かび上がり、当時の記録が読み出せるようになっています。

　このような古代の遺物が発見された場合に、科学的な考証の手段として、放射性の原子（ラジオ・アイソトープ）が一定の期間にある割合で他の原子に変化していく性質を利用して、調べるものの作られた年代を推定する、放射性年代測定という技術があります。この調査方法には、対象となる年代や調べるものの性質に応じた、幾つかの異なった方法があるのですが、このうち炭素十四による年代測定法というのは、炭素十四と呼ばれる炭素の同位体（普通の炭素である炭素十二の原子核は、六個の陽子と六個の中性子から構成されていますが、これと陽子の数が同じで中性子の数が二つ多い原子）が、時間と共に普通の炭素十二に変っていく性質を利用するものです。

　二十一世紀初め頃の大気中の炭素十四は、宇宙線によって新しく創られる量と、崩壊して炭素十二に戻る量が大体バランスしていたために、炭素十四と炭素十二の割合はほぼ一定していました。これが二酸化炭素として生物の体内に取り入れられると、その生物が生きている間は呼吸をしていますから、炭素十四の比率は外気と同じですが、生物が死ぬと体内の炭素十四は減る一方ですから、調査対象の炭素十四と炭素十二の比率を測定すれば、その生物が死んだ年代を推定することができると考えられたわけです。

　しかしながらこの測定法は、大気中の炭素十四の量が、昔も測定時と同量であったことを前提にして成り立っているもので、実際にはある時代に、大気の組成が二十一世紀初め頃とは違っていた時代がありました。地球に到達する宇宙線の多くは、超新星等が爆発した時に発生したエネルギーが宇宙空間を遥々《はるばる》旅して来るわけですが、太陽の活動が活発な（黒点が多く観測される）時には、太陽から発生する強力な磁場が宇宙線から地球を守っているために、炭素十四の生成は抑えられています。ところがある時代には、太陽の黒点の減少等で地球を取り巻く磁気圏の大きさが異なっており、宇宙線が大気の下層にまで到達していたために、その時代の炭素十四は二十一世紀初め頃よりもかなり多く、結果として二十一世紀初め頃までに計算されていた年代は、正しい値よりも新しい数値になっています。

また測定されるサンプルの中にある二酸化炭素は、様々な状況で外界と出入りする可能性があるために、測定値にはある程度の誤差が生じます。更に炭素十四による測定法は、生物の死骸《しがい》が測定の対象となるために、金属や石のような無機物が測定の対象である場合には、対象そのものの年代を測定しているわけではなく、その附着物を測定することになりますから、カリウム・アルゴン法等の他の測定法に比べても、測定値は対象の作られた年代よりも新しくなる場合があることに注意して下さい。

このように放射線年代測定の技法には、幾つかの不確定要素があることを考慮した上で判断をして頂きたいと思いますが、前述のクリスタルの頭蓋骨の炭素十四による年代測定の結果は、約一万二千年前という結果が出ており、二十一世紀初頭までに言われていたマヤ文明の推定年代よりは遥かに古く、各種の情報によるアトランティスおよびレムリア末期の年代とほぼ一致しています。

アトランティスに危機が迫っていたことは、当時普遍意識の自覚に至っていた人達には早い時期から識られており、当時非常に不安定だった地球の自転軸や大陸の安定化のために、エジプトのギゼーにピラミッドを建設したり、アトランティスにクリスタルを利用したエネルギーのコントロール装置を複数設置したり、一般の人達に生活を改めるように警告を発したりしていました。そしていよいよ災害が防ぎ切れないことが分かると、従う人達を連れてエジプト等の安全な場所に避難したりしたのですが、こうした天の声に耳を傾けることなく、大陸が海の底に沈むまで、それまでと変わらない不調和な生活を続けていた人達もまた数多くいました。

アトランティス時代の神官や、その他当時の人達の霊的な進化を助ける仕事に関わっていた魂の中には、その当時の彼ら、彼女らの仕事を充分に果たせなかったり、幾つかの重大な失敗をした責任で、当時既に解脱しており、地球圏を卒業することのできた魂であるにも拘らず、今回また地上に化身して、当時関わった人々の指導に当ったり、今回の地球の変容を成功させるための、様々な仕事に携わった人達もいます。

二十世紀の後半から地球圏で始まった大いなる変容の時期が、地球人類の卒業する最後の周期と呼ばれ、アトランティス末期や、ヒンズー教の言い方を借りるなら、それ以前に何度も繰り返されてきたマンヴァンターラのカリユガ期、すなわち超古代文明の終焉《しゅうえん》とは決定的に違っているのは、この人類の卒業の時期に、惑星としての地球自体の進化が重なっているということです。この地球の進化というのは、地上生活を終えた人が肉体を離れてアストラル・レヴェルで生活を始めるのと同じように、地球そのものの表現領域が変化して、これまでとは違った波動レヴェルの生命の表現の場になることで、現象そのものは人類の卒業の周期（およそ一万二千八百八十二年毎に生じる）よりも遥かに長い周期をもって、永遠の昔から繰り返されてきたことなのです。

ここで永遠という言葉を用いると、現在の宇宙が創生されてからは、たかだか百七十億年位の時間しか経過していなく、地球が物質レヴェルにできてからは五十数億年しか経っていないことを知っておられる方は、不審に思われるかも知れませんが、現在の宇宙が創生される以前にも、別の宇宙があって地球が表現されていたことがあり、宇宙の歴史は少しずつ変化しながら繰り返しているのです。

ところで今回の地球の表現領域の移行の具体的な時期については、このような分野の知識にある程度精通していた人達の間でも、少なくとも二十世紀の前半頃の時点では、まだかなり先のことであると考えられていました。これは、こうした惑星自体の進化に関わる情報の本質的な部分が、太陽系と兄弟関係にあり、共通する進化のネットワークに属する十二の恒星系を含んだ。恒星系レヴェルの普遍意識に在るために、このレヴェルのアーカシック・レコードに地上からアクセスできる人がほとんどいなかったことや、これらの知識に通暁《つうぎょう》していた大師達が、まだ一般に広められる時期ではないと判断していたことも、理由のひとつに挙げられます。

また現象的な生命の表現としての進化は指数関数的に、初めは非常にゆっくりと、後になるほど急激に変化することや、地球人類が近代のごく僅かの期間に大掛りな自然破壊を行ったために、生命体としての地球のバランスを大きく崩してしまったこと等も大きな影響を与えています。

これに加えて二十世紀の中頃から核エネルギーが使われるようになって、原子核を無理に引き離すような人工的な操作が頻繁《ひんぱん》に行われるようになった結果、地球の物質体を構成している原子を維持する核力（強い相互作用とも呼ばれます）のはたらく期間（核力は一般の科学者が考えていたように恒久的、普遍的なものではなく、この力が存続している間だけ地球の物質体が存在しています）が急速に短縮されてきたこと等の事情によって、地球が物質的ヴァイブレーションから「早世《そうせい》する」ような事態が起り得る可能性が出てきたこと等も、当時の人達には予想が付かなかったと思われます。

この他にも精神的な側面からは、二十一世紀初頭までの地球人類はまだ多くが独特な分離感を持っていたために、それによって過激に造り続け、宇宙全体にばら撒いていた否定的、破壊的な想念に対して、まだ外界の影響を受ける発達段階にある、他の恒星系を指導している大師達からクレームを付けられたこと等もあって、地球人類の進化を預かる地球圏の大師達も、いつまでも地球人類の自由意志に任せておくわけにはいかなくなり、地球全体としてのカルマのバランスを取る必要が出てきたのです。

地球を預かる大師達は、他の恒星系の代表を招いて、地球上の生命の霊的進化について宇宙全体との関係を考慮しながら、具体的な対応を協議しています。メンバーは一九九三年十一月に開かれた会議の際には約千六百名で、地上に表現を行っている現象我の指導霊を任されている出席者は、一時的に代役を立てて参加します。旧暦の十一月が神無月《かんなづき》と言われ、八百万《やおよろず》の神々が出雲大社《いずもたいしゃ》に集まるためにいなくなると言われるのは、このことを示唆しています。この会議では、地球上の混乱を極めていた状態を手厚く救っていこうとしていた大師達に対して、「手ぬるい！　地球など消滅させてゼロからやり直させろ」等という、強硬な意見を吐く人達もいました。彼らは地上に転生した経験がないために、肉体を持って意識が制約された状態がどういうものなのかということや、肉体を持って生活する人達の心の痛みがどのようなものなのかという実情が理解できないためにこのような視点にいたのですが、地上経験のある大師達の深い愛に因って、なんとか人類の痛みを最低限に抑えて、多くの魂達を卒業させてやろうという方針が、基本線として固まりました。そして現在の地球人類に関して既に六回の魂の黎明期《れいめいき》の通過（物質レヴェルを卒業して、新しい表現世界に移ること）に失敗していたことや、その原因のひとつが地球圏には当初は存在していなかった幽界《ゆうかい》の存在にあることを踏まえた上で、全地球の浄化を徹底的に行い、幽界の不調和な表現領域を形成しているカルマの波動を消滅させながら、直接地上に光を降ろさせるような通路（普遍意識に同調できる人間の媒体）を確保し、強化していって、徐々に地球の表現領域の移行に持ち込むという段取りが決定されました。

地球の黎明に幽界の存在が問題となったのは、宇宙の創造活動の原因想念が、次第にヴァイブレーションを下げて地上に現象化される際に、それが幽界に造られた迷妄《めいもう》の想念によって歪まされてしまうために、地上に設計図通りの表現ができなくなっていたことや、肉体がなくなっても迷ったままの想念で留まることのできた幽界があったために、地上の時間では厖大な長さに相当する転生を繰り返しても、意識は目覚めることなく迷妄の世界に囚われ続けるといった状況があったからです。

こうした浄化作業の結果、黎明以降の地球には不調和な表現をする人は住めなくなったわけですが、宇宙の摂理《せつり》に因って、どのような不調和な表現をする人達であっても、その自由意志を冒《おか》すことや、魂の表現を消滅させることはできませんから、それでもこれまでのような不調和な表現を止《や》めようとしなかった人の場合には、そのような表現に見合ったヴァイブレーションの表現領域を持つ天体に、自らを転生させていったわけです。

ただここで注意して頂きたいのは、黎明の前に肉体を離れていった魂のうち、不調和な表現で学び続ける世界を選択した人達も、宇宙の進化の中で各自が必要な役割を担《にな》っているわけですし、その他の、他の惑星や恒星系から転生してきた人達の中には、彼ら、彼女らの仕事が終了して母星に還ったり、彼ら、彼女ら自身の次の進化の目的のために、また別の惑星や恒星系に移ったりしている魂達も多くおり、それぞれの役割を果たしていますので、地球に残っていた人達のみが特別な進化の階段を上がっていったわけではないことも、理解しておいて頂きたいと思います。

ところでここで言及した浄化の期間とは、ひとつは各波動領域に表現されている、地球の表現媒体のヴァイブレーションを変えるための、高次領域における具体的な作業に関するものでしたが、もうひとつの背景は、地球の大いなる変動期に光の柱となって、地球圏の混乱を最小限に止め、その意志のある可能な限り多くの魂が未来の地球に残れるような仕事をする役割の人達（読者の皆さんのことです）を配慮していたもので、これらの方々が外界にどんな混乱が現象化されたとしても、不動の心の状態を維持できるように成長するための期間として、人類の教育を担当する大師達の深い愛によって用意されたものでした。

地球の浄化が進んで往くにつれて、人類の集合意識や個人の意識の中に潜在していた不調和なエネルギーが現象化され、世の中が混乱していた時期には、それまでに充分な意識状態に到達していなかった人は、現象に囚われて心を乱されましたから、自らの本源に集中することはもとより、霊的な知識を得るために落ち着いて情報を得ることさえ難しくなっていました。この時代は、インターネットが発達し始めた時期でもあったために、意識が未熟な人達が無責任な情報を世界中にばら撒くことができるようにもなっていたので、自分自身で正しい判断をすることができなかった人達は、百鬼夜行《ひゃっきやぎょう》する情報に翻弄《ほんろう》されただけで、その人の地上での使命を果たすことが全くできなくなっていたという状況もありました。

黎明の時代には、様々な地球上の特定の日時が、あたかもその日から総てが変わるように取り沙汰されていましたが、これは状況に対する誤解で、外界というものは個人の意識の進化に伴って変化するものであり、本人の努力に因る意識の変容のみが世界を変えるという真理が理解されていなかったことで発生してきたものです。どのような時代であれ、普遍意識を顕現した魂は、その意識の中で、その波動で現象化した真実の世界を観ていたという真実が、この時代にはまだよく理解されていなかったのです。

人類の卒業の周期に、地球変容の時期が重なっていたというこの時期の状況は、進化の中途にある魂にとっては、一気に進化を遂げるか、それとももっとゆっくりとしたペースで、別の進化系に移行するかの選択がなされました。地球生命系には、ヒンズー教の言い方ではダイヴァ・ユガと呼ばれる一連の生命の進化の周期が存在していて、前半がおよそ一万二千八百八十二年、後半が同じくおよそ一万二千八百八十二年。合計で約二万五千七百六十四年をひとつの周期とするそれぞれの時代に、魂の色々な資質を成長させるような、異なったヴァイブレーションのエネルギーが支配的になるようになっています。これは物質レヴェルでは、地球の自転軸の傾き（黄道傾斜角）が一定の値を保ったまま、円を描くように一周して元の位置に戻る期間と一致しており、二十一世紀における北極星はおよそ一万二千八百年後には琴座のヴェガと入れ替わります。この原理の詳細については、下巻、第二十六章「占星学」で説明致しますが、この連続して変化する地球上のエネルギーの場を説明するために、西洋では普通十二に分けて、その時代に春分点の向かう方角にある星座の名前を冠《かん》して、魚座の時代、水瓶座《みずかめ》の時代というように呼んでいます。

一連のダイヴァ・ユガの後半の周期で、熟した魂が卒業する時期に当る水瓶座（アクエリアス）の時代には、人間の意識をひとつ前の魚座（パイシス）の時代の特徴であった。物質的、個人的な関心の対象、競争、対立の傾向から、霊的、全体的なものへの理解、統合、調和の傾向へと変化させて、普遍意識の展開を促す第七（サハスラーラ）チャクラへのエネルギーが、非常に大きな流れとなって地球圏に注がれるので、通常ならこの二千百五十年程の間に地上への転生をできるだけ多く行えば、魂の大きな成長が得られ、熟した魂は地球圏を卒業できるというのが、前回までの場合でした。

ところがひとつ前の周期、前半の乙女《おとめ》座の終りには、地球人類が前の時代の残存エネルギーに囚われたまま、余りにも不調和な生活を送っていたために、アトランティスとレムリアの両大陸はエネルギーを失って海の底に沈み、多くの人達が肉体を失っています。そして二十世紀後半から二十一世紀に架けての第四進化系の第七周期の場合には、第五進化系への移行という地球自体の転換期と重なった特殊な状況であった上に、幾つかの理由でアクエリアスの時代に入ったばかりであるにも拘らず、地球のヴァイブレーションが上がってしまったために、その高い波動には付いて往くことが難しく、表現の場を失って絶好の機会を逸《いっ》してしまう、落ちこぼれが大量に出てしまう可能性もありました。

落後する可能性のあった魂の中には、地球圏での滞在時間が充分に長かったにも拘らず必要な努力をしなかったという、それなりの責任を負うべきものもいましたが、他の進化系から転生してきたり、動物から個別化してまだ日が浅いために、新しい時代の地球上で要求される進化レヴェルに達していないことが、むしろ当然の魂達もいたわけです。従って黎明の時代に地球圏に表現を行っていた魂達の表現の場が分かれて、それぞれの魂が新しい波動領域に移行した際、それぞれの魂の負うべきカルマの性質や学びの課題に因って、自分が選択した環境には様々な違いがありました。

キリスト教の聖書の中に、主人が王位を受けるために旅に出ている間、十人の召使に、それぞれ同じ金額のお金を預けておく話があります（ルカによる福音書　第十九章　十二節～二十六節）。

主人が王になって帰ってみると、ある者は商売をして十倍に増やし、別の者は五倍に増やしていたので、十倍に増やした召使には十の町を支配させ、五倍に増やした召使には五つの町を支配させます。ところがひとりの召使は、預けておいたお金をそのまま取って置いただけだったので、主人はその召使のお金を取り上げて一番増やした召使にやるように命令し、「持っている人はなお与えられ、持っていない者からは、持っているものまで取り上げられるであろう」という教訓が語られます。

この話を取り違えて、「金持ちはますます金持ちになり、貧乏人は更に貧しくなる」というような解説をしていた人がいましたが、これは物質的な富のことをいっているわけではなく、その人の魂の持っている可能性、すなわち内在の普遍意識を、地上にいる間にどれだけ展開させたかということを意味しています。つまり、その人がどのような意識レヴェルにあろうとも、これまでの地球の滞在期間をどれだけ有効に使って、自分の魂を成長させたかどうかが問われるわけで、地上で魂を成長させる努力を怠《おこた》った者は、進化の前段階に戻されて、やり直しをさせられることを言っているのです。

ここで特に注意して頂きたいことは、地球のヴァイブレーションが変化し、最終的に安定した状態の表現世界には、魂の進化が付いて往けなかった人達が、他の星に転生し、現象的には地球人類の分離が起こったように見えても、意識の未熟な人達が進化した地球から追放されたと考えることは適切ではありません。このような考え方は分離感に基づくものであり、排他的《はいた》、もしくは否定的な波動を含んでいますから、自らもまた未熟な意識の状態であることを露呈《ろてい》しているということを、肝《きも》に銘《めい》じておいて頂きたいと思います。

正しい視点というのは、それぞれの魂が自分に相応しい環境を選んで、新たな生活を始めるというだけのことですが、その際にもう少しの努力をしさえすれば、あるいはもう少し色々なことに気付くことができたなら、苦痛の多い分離世界での経験をそれ以上しなくても済む魂達が数多くいたことが、私達の奉仕の目的だったわけです。

一九九七年頃までの地球の状況としては、日本列島の四分の三、北アメリカ大陸の約半分が海の底に沈み、ヨーロッパの大半が壊滅する程の不調和なエネルギーが地球圏の精神階層には蓄積されていたのですが、同年五月と翌一九九八年一月および五月、そしてその後も地上に肉体を持つ人々と地球の進化を司る大師方の共同作業によって絶え間なく続けられた大掛りな浄化作業に因って、物質レヴェルにこのような事態が現象化することは回避されました。また、かつては惑星ひとつを滅亡に至らせたような巨大なカルマを持っていた魂であっても、本人が霊的な奉仕に目覚めていれば、単にカルマに押し潰《つぶ》されるという非生産的な人生よりも、そのような魂の持つエネルギーと行動力を全体の目的のために役立ててもらうといった、神の恩寵《おんちょう》のバーゲン・セールもあらゆる形で行われました。

現象的な混乱が局部的に抑えられたのは、自分自身がその渦中にいなくてもそれから学ぶことができるから で、世界で起きていた混乱を対岸の火事のように眺めている人が多かったとすれば、その人達の学びのために、もっと災害は大きくなっていたはずでした。当時ニュースとして耳や目に入ってきた出来事を他人事として片付けたのではなく、世界中が自分自身の学びとして真摯に受け止め、様々な援助の手を差し伸べたこと。そして混乱に心を巻き込まれることなく、与えられた平安を全体への奉仕のために最大限に用いた人達がいたこと。

地上に光を降ろす作業や大勢の人達が調和した生活に目覚めるための道標《みちしるべ》として、正しい霊的な知識を伝えていったこと等が、これまでの失敗を繰り返さずに済んだ大きなはたらきとなったのです。

二十世紀の終わりから二十一世紀に架かけての地球の大いなる変容の時期には、そこに生活している人達の想念の在り方や行い、そして過去のカルマなどに因って、未来に長く残る場所、存在の影すら留めなくなる所と、厳正な振り分けが為される予定でした。

歴史に残る以前の遥かな古代から積み重ねられてきた人類全体のカルマの総量は、それが現象化することで消えるという自然法則にただ任せるだけでは、余りにも人類にとっての浄化が厳しかったからです。

しかしながら地球を預かる大師達の恩寵と、地上ではたらき続けた人達の努力が評価されて、二〇一〇年頃になって、ごく一部の人達でそれを引き受けることにより、他の人達への教訓となるような手段が提案されました。けれどもどの国の国津神《くにつかみ》（その国の最高責任を任されている大師）も自分の預かる国の民に苦難を与えたくないことや、各国民に惨事から立ち直るだけの魂の強さがない等の理由で、この解決策に対しては二の足を踏んでいました。その後二つ以上の国で分散して引き受けるとか、様々な提案がなされましたが、ほとんど膠着《こうちゃく》状態が続いて解決の目処《めど》が立たなかったため、最後に日本の国津神である国常立尊《くにとこたちのみこと》が挙手《きょしゅ》して、この大役を日本が引き受けることになり、それが二〇一一年三月十一日の東北に起こった震災の背景となったわけです。

このような神々（大師達）の経綸は、霊的真理を理解しておられなかった当時の一般の方々には誤解を招き易い要素が多かったため、本書の黎明期の読者の方々は御自分の内での理解に留め、相手の理解力が及ばないと思われる時には、この話は控えて頂く必要がありました。

それではここで読者の方々のために、背景のごく一部を解説しておきたいと思います。

これまでにも繰り返し述べてきましたように、生命は永遠であり、本来の視点においては、死は単なる表現領域の移行に過ぎず、悲しむべきものではないということが一点。

あらゆる出来事は、本人が自らの意志で選択しているものであり、決して誰かに強制されてそうなるのではないということ。つまり、本人が望んでいないように思われることであっても、その人は魂のレヴェルではそれを承諾しているという前提があるわけです。そしてこのような人類を救うための大きな仕事を成し遂げた魂は、本人自身のカルマを大幅に軽減され、霊的に非常に高い段階に進化できるという「埋め合わせの法則」がはたらいて、決して損失にはならないこと等が挙げられます。これらの背景を本質的に理解しておられれば、この日本の採った態度は、為す術もなく世界のカルマが現象化してくるのに任せる場合に比べて、遥かに良い選択であったことや、犠牲になった方々の功績を無駄にしないためにも、残された私達が見事に日本を復興し、世界の見本となるような役割を演じなければならなかったことがお解り頂けると思います。

この後、二〇一三年十二月から翌二〇一四年一月初めに架けて更なる浄化作業が行われて、幽界のかなりの部分が清澄化《せいちょう》されたことにより、日本の精神階層は宇宙の中心と霊的に繋《つな》がり、日本から世界全体へ光を伝播する基本的な状況が調いました。

二十一世紀初頭の黎明の時期においては、およそ十万人が普遍意識の自覚に至ることができた時点が臨界レヴェルとなって、他の恒星系に帰る人達は別にして、地上および地球圏の精神階層にいた人達を、それ以降の新しい地球に繋がることのできる波動レヴェルにまで高めることが可能になりました。人類は全体でひとつですから、ひとりの人間の意識が高まればそれは地球全体の生命、太陽系、銀河系、そして宇宙全体の意識を内側から引き上げることになったわけです。従って全体の意識レヴェルを引き上げる効果としても最も強力な手段となるひとりの人間の解脱は、単なる個人的な目的ではなく、人類全体、更には宇宙全体に量《はか》り識れない貢献をもたらす、全体の目的にも一致していたのです。

ところでこの黎明期、すなわち地球の表現領域の移行に際して私達人類が地上に肉体を持っていたことは、肉体を持っていない現象我からは、羨望《せんぼう》の眼差《まなざ》しで見られるような得難《えがた》い出来事だったのですが、そのことは当時の地上の人達にはほとんど理解されていませんでした。

地球圏で表現を行っている魂の各波動領域の媒体は地球の表現媒体そのものであり、例えば肉体は地球上の物質でできていましたし、アストラル体は地球のアストラル・レヴェルの表現媒体でできています。このため黎明期の表現領域の移行に際しては、現象的な変化が急激になる以前にある程度の意識レヴェルに達していた魂達は、言い換えると、愛の表現に因る全体と調和した生活をしていた人達は、分離感の余り強くない動物や、分離感のほとんどない植物と同じように、地球が自分自身の進化として引き上げた各波動領域の媒体の波動変化に、そのまま乗って往くことができたわけです。このためそれ以前の偉大な先駆者《せんくしゃ》達のように、自分の努力だけで進化する場合（正確に言えば、普遍意識が個々の現象我を通して現象世界に展開する場合）に比べると、遥かに容易にヴァイブレーションを上げることができました。つまり解脱を射程《しゃてい》距離に入れていた準備の整った魂にとっては、地上に肉体を持っていたことは千載一遇《せんざいいちぐう》、いや五十六億載一遇のチャンスを手にしていたわけです。

二十世紀末から二十一世紀初めに架けての地球上の人口が、過去のどの時代よりも大きくなっていたのは、様々な目的でこの時期の地球に関わるために地球生命系に集まってきた魂や、地球での最後のチャンスに賭《か》けた長期滞在組の魂が数多くいたからでした。このため魂の方からの需要に比べて、新しく生れてくる肉体の供給はかつてなかったほど不足していたため、日本のように、ある程度は経済的、政治的にも安定していて、解脱の妨げとなる宗教的な偏見に囚われている人もさほど多くはなく、日常生活でも深刻な生命の危険はなかったような、良い条件が揃っている場所に生れてくるということは、過去生からの縁がなければ奇跡に近かったのです。このため、とにかく生れてしまえば何とかなると、極めて混乱していた国や地域であっても、特攻隊のように転生してきた魂達もいたのです。しかしながらどの魂も、自分の意志で黎明期の地上での生活を選んだのであり、全体の目的を成就させるためにそれぞれの人生を捧げていたことに変わりません。特に本書の黎明期の読者のように、自己の内なる神性に関心を寄せ、この時代の地球への奉仕を望んでいた方々は、地球自身の波動変化に頼ったり、大師達の手助けに因ってその後の地球に残ったのではなく、自らが普遍意識を顕現して地球圏のヴァイブレーションを引き上げる側に回り、後に続く同胞がひとりでも多く少しでも高く進化できるような、能動的な役割を果たしたのでした。

それでは地球の変容に際して、具体的な現象として何が起こったのかを見ていきましょう。

地球の表現領域の移行に必要な具体的な作業は、本書が地上に記される遥か以前から、創造の大いなる経綸の下に、そのような役割にあった大師達によって行われており、地球が構成されている物質原子が物質レヴェルに表現される前の波動領域では、既に一九九四年の時点で大きな変化が生じており、高度な霊視能力を持つ人には、原子の表現様式が変化しつつあったことが観察されていました。こうした変化が更に進展すると、光を含む電磁波と物質原子の相互作用を司る物理法則が、それまでとは違う領域ではたらき始めますので、世界の様相が大きく変化したり、電子機器が機能を果たさなくなったりするような事態が過渡的に生じる可能性がありました。しかしながら当時の地球上では、社会生活がコンピュータを初めとする電子機器に大幅に依存していましたから、それらがある日突然に使用不能になったりすれば、大混乱に陥ることは目に見えていましたので、この問題を解決するために、大師達や進化した他の恒星系の同胞達が非常に多くのはたらきをして、波動変化の影響を物質レヴェルに現象化せずに移行することがスムーズにできたのです。

地球の黎明に際してはまず準備段階として、アストラル・レヴェルおよびメンタル・レヴェルの表現媒体を波動干渉《かんしょう》に因って現象化している、より高次の基調波動を段階を追って変化させることに因り、アストラル・レヴェルおよびメンタル・レヴェルの表現媒体のうち、将来の地球には必要のなかった波動領域のものを消滅させて逝きました。この操作はエネルギー・シフトと呼ばれ、浄化されるべき波動領域にそれまで維持されていたエネルギーが様々な現象になってアストラル・レヴェルやメンタル・レヴェル、そして物質レヴェルに顕《あらわ》れて消えて逝ったわけです。この段階では個人や家族、民族や国家、そして地球人類が全体として持っていたカルマが一挙にクリアランスされたため、それぞれの魂が負担できるレヴェルを考慮し、また全体の目的に必要な仕事に支障が出ないように、エネルギーを変化させる時期や、取り扱う波動スペクトルに関しては、慎重な配慮が行われ、状況に応じて細かな調整が為されました。

こうした浄化の過程が完了して、それぞれの魂が自分にとって最善の時を選び、ひとりひとりの意識が知覚する波動領域が変化して往き、地球のヴァイブレーションが物質体を維持できる臨界点に達し、その他の様々な条件も満たされた時に、地球の下限媒体はヴァイブレーションを短時間に変化させて、その表現領域をエーテル・レヴェルに移行したわけです。

それまでの地球圏に長い間生成されていた幽界、すなわちアストラル・レヴェルおよびメンタル・レヴェルの比較的低い波動領域はこの時点で完全に消滅し、その後地球はヴァイブレーションを上昇させていって、その時点において地球圏で表現を行っている人類の意識の進化レヴェルを反映したところに表現されているわけです。

この一連の過程が何を意味していたかということは、視ていた人のヴァイブレーションに全面的に依存するものであって、外の世界の様子は参照した波動、つまりその人の意識状態に因ってそれぞれ異なった現象になっていたわけで、そのひとつひとつのドラマが、地球の変容の過程の各側面を構成していました。

それではそれらのドラマのごく一部を、参考のために採り挙げてみることにしましょう。

まず、意識が地球のヴァイブレーションの変化にほぼ同調して変わって往った人達の場合ですが、外界との相対的な関係はあまり変化しませんでしたから、最初のうちは何も気が付かなかったかもしれません。そしてある程度の時期が過ぎると、自分の意識が高揚《こうよう》していることや心が至福感に満たされていること、幽体が浄化されたことに因り、感覚や想念のはたらきがより鋭敏、明晰になって往くのに気が付かれたことでしょう。やがて世界が黎明以前のような限られた色彩から遥かに鮮やかに輝きを伴っていること、それまでには経験したことのない色や存在物があることにも気付き始めたのです。そしてこの頃から、全てのものが躍動《やくどう》する生命そのもので在り、自分を含めた全体がひとつで在ることが、ある程度の実感となって判るようになってきたのです。

この過程におけるヴァイブレーションの変化で、下限媒体は次第に高い波動領域に移って往きましたから、物質がまだ存在していたレヴェルから視れば、肉体から離れたように見える場合もありましたが、平安な心の状態を比較的保っていることのできた人や、大いなる生命、各自の信仰している神仏に対する信頼を持って意識を合わせていた人達は、地球圏に継続している波動領域の中で、生命の表現を続けて往くことができたわけです。

ここで各自の信仰の対象が何であってもよかったのは、どの宗教においても概念化された神や仏は不完全なものであって、それらの固定概念が真の解脱には妨げとなっていたにも拘《かかわ》らず、一途《いちず》な帰依《きえ》の心は、こうした障害をも乗り越える力を持っているからです。

この地球全体の変化の過程で、それまではフェルミオンとして表現されていた媒体が、少しずつボソンとしての波動表現に代わって往ったため、普遍意識をある程度のレヴェルまで顕現していた人達の場合には、表現媒体が光子体になることで、地球と同調して上昇しているヴァイブレーションから視ても、光の中に消えて往くように見えたわけです。こうした現象は地球が物質的ヴァイブレーションに固定されていた時代にも起きたことがあり、聖書の中にも「神が彼を取られたので、彼はいなくなった」(創世記　第五章　二十四節)という表記があります。

このように実在の世界に還って往く魂達は、既に地球圏のあらゆるカルマを解脱しているわけですから、本来は波動の上がった地球圏に戻る必要すらなかったのですが、全体の目的としての自由意志に因り、ヴァイブレーションを下げて過去の地球や、進化の前段階にある他の星に転生したり、この地球に再び戻って来て後輩達の援助に携わることも可能であったわけです。

黎明の転換期に現象としての困難が一番大きかったのは、意識が未発達だったため、不調和で利己的な表現を止めなかった人達や、それまでに地球人類が造り上げてきた固定観念に深く囚われていた人達、それに想念が重く、自分と世界との分離感を手放すことができなかったために、ヴァイブレーションの変化に付いていけなかった人達でした。当時の混乱期の下では、現象世界で人間がしがみついたものは何であれ、なんの力もなくなる事態が生じましたから、愛の原理に適合しないあらゆる価値観が、自然法則の前に崩れ去って往きました。それまで多くの人達が安定の基盤にしていた学歴や社会地位などの権威が何の役にも立たないということが、誰にでも判るような現象として顕れてきましたし、お金もまたその力を失って逝ったわけです。

黎明の時期にも経済の混乱が予想されると、それまでと同じように金塊や美術品を購入したり、不動産や外国の債券に投資したり、色々な手段を考えて自分の財産を何とか保全しようと試みる人達が出て来ましたが、そもそも経済の混乱という状況は、物質に過度に執着したり、他の人達の生活を顧《かえり》みずに自分の財産を増やそうとしてきたような、自然の摂理に反した考えに基づく行為が引き起こしたもので、その間違いに気付かせるために起きていた現象のわけですから、それだけのものを見せつけられてもまだ目覚めることができずに、財産への利己的な執着を手放すことのできなかった人達は、いかなる努力も功《こう》を奏《そう》さずに全てを取り上げられて、苦しみを増やすだけの結果に終わったのです。

ではこうした精神レヴェルの浄化の過程が終了して、地球のヴァイブレーションが変わっていった時の状況について説明をしておきましょう。

始めに少し注意して頂きたいのは、地球人類の意識のかなりの部分が地球のヴァイブレーションに伴って上昇していた過程においては、観察者の意識も物質的ヴァイブレーションから次第に高次のヴァイブレーションに移行していましたから、それまでのような物質的ヴァイブレーションに固定したものの視方で現象を説明することには、どうしても無理が生じてきます。しかしながら本書では、文章による現象のひとつの側面の説明をすることしかできないために、ここでは幾つかの異なった側面からの解説を行い、それぞれの断片から全体を俯瞰《ふかん》して頂くという方法を取らざるを得なかったことを、ご理解頂きたいと思います。

物質レヴェルの世界が地球圏からなくなったときには、それまで物質原子を構成していたエネルギーのある表現が、少し高い別の安定状態に移行するという現象が起こり、それを物質レヴェルから観察したならば、まず陽子や中性子が原子核を構成していた核力が存在しなくなることでばらばらになり、更にはフェルミオンと呼ばれていた、それまで物質世界を構成していた基本的な素粒子を表現していた、より高次の基調ヴァイブレーション（複数）が変更されたために、波動の干渉状態が変化して、結果として地球世界を表現する粒子的表現は、より高い安定状態であるエーテル粒子、高次アストラル粒子、メンタル粒子として観察される波動表現に移行しました。この現象をもし物質的ヴァイブレーションに固定された視野から視《み》ることができたなら（実際には地球上に共通の波動の媒体が存在していなかったので、それは他の物質天体からのみ可能なことでしたが）、地球は崩壊して消え去ってしまい、同時に肉体や他の動植物の媒体も溶け去るように視え、キリスト教の「ヨハネの黙示録」、仏教で言えば「ヴァイラムバーカ（毘藍婆《びらんば》もしくは毘藍風《びらんふう》）の吹く時」に相当する、世界の終りの光景が見えたはずです。

それまでの文明期の終りの場合には、想念の重い、分離感や利己心に満ちた人達が地上で肉体を失うことがあっても、その魂の表現に合致した低いレヴェルの幽界に数百年、あるいは数千年留まってカルマの清算をしてから、再び地上に転生してくるという道が残されていました。しかしながら黎明期では、徹底的に地球圏の精神階層の浄化が行われたために、地球生命系のアストラル・レヴェルおよびメンタル・レヴェルの媒体も、ヴァイブレーションの相対的に低いものは完全に消滅していました。このことは幽界の不調和な領域がなくなったことと完全に同義ですから、この期《ご》に及んでも分離感を手放さなかった未熟な現象我は、波動が合わないために地球圏では表現する世界がなくなり、未来の地球上への転生も不可能になってしまったわけで、ある程度の時間を置いた後に、宇宙の中でも重い波動領域に表現の場を持つ天体の中から、自分の成長に見合った表現の世界を選んで転生していったのです。

ここで「ある程度の時間を置く」と書きましたのは、地球上に表現されていた時間から相対的に視た場合のことで、時間の存在しない領域では、地上的な感覚からは想像を絶する長さに相当する場合もありますが、本人の意識にとっては、表現を休む期間の長さは経験されません。
このように宇宙は完全なる自由意志の世界ですので、現象我がいかなる不調和な表現を行ったとしても、宇宙はその魂を抹消《まっしょう》することはなく、最後の最後まで面倒を見てはくれるのですが、これらの低い波動領域に展開される世界には、（救済のための奉仕の人達は別にして）分離感を持った現象我だけが集まるわけですから、そこでの生活は決して快適なものであろうはずがありませんし、文明はもとより、人間の営みが存在しているかどうかさえ定かではありません。
勿論、たとえ何十億年掛かろうと、永遠の時間の観点からはどんな魂にもいつかは還って来る時があり、その時になってみれば寄り道の多かった魂ほど、豊富な経験によって成長を遂げていますから、偉大な魂となって迎えられるのですが、この黎明期においてはその区切りが余りにも大きかったために、未来の地球にひとつでも多くの魂が残れるような仕事をすることが、人類に対する最大の奉仕であったわけです。

「私の父は完全無欠である。誰一人として残ったままにされることはなく、皆見つけ出し、群れに連れ戻してそれを喜ぶ。それは群れが揃って初めて完全に成るからである」（イエス大師 "Divine Healing of Mind And Body" P-166, L13-L15 日本語版「心身の神癒」 四百十二頁 第十二話 百十二節）。

それでは地球のヴァイブレーションが変って往った時の様子は、普遍意識に目覚めた魂からはどのように観えたのでしょうか。この当然な疑問にお答えすることは、これまでにも繰り返し述べてきましたように、高次世界における超意識活動を、文章という手段による物質世界の貧弱な観念をもって表現しようとする無謀な試みであるわけで、ここで提供できるのはあくまでも出来事の幾つかの側面だけであり、単なるヒントに過ぎないということをご理解頂きたいと思います。また本来時空間の表現されていない世界である普遍意識のレヴェルでは、時間を追って現象が変化していく物質レヴェルとその影響下にある波動領域の観察方法で説明される流れとは、全く違った出来事であることを認識して頂かなければなりません。従ってこの説明から推測できる如何なる観念も、普遍意識の実際の体験に換えられるものではないことを改めて注意しておきたいと思います。

普遍意識が内観状態、つまり自分自身の内側を観ている時には一切の現象が消滅していますが、これが本来の状態であることをまず理解しておいて下さい。

意識を外側すなわち現象面に向けると、そこには自分自身で在る、宇宙の想念に因って創造されているドラマの総て、つまり無限の時間の中でのあらゆる波動の世界における出来事の一切が、永遠の現在として共時的に展開されています。次にその視野を一挙《いっきょ》に制限して、この時代の地球の変革期だけに意識の焦点を絞っていくと、そこには六十億を超える肉体を持った地球人類と、地球上の物質体を持った様々な動物や植物、そして鉱物、更にはエーテル・レヴェルからアストラル・レヴェル、そしてメンタル・レヴェルの上層部に至るまでのあらゆる波動領域に展開されている人間とその他の無数の生命の表現様式、他の恒星系から様々な形で地球に関わっている宇宙人達、指導霊や普遍意識の大師達、これら全ての観察者がそれぞれの波動領域において、顕在意識および潜在意識で知覚した出来事の一切が、ひとつの統合された大いなる意識の中に展開されているわけです。

更に意識の範囲を制限して、地上に肉体を持っていた人だけに限ってみても、既に普遍意識を顕現していた人から、(現象的に)最後の一瞬に普遍意識に因って変えられた人、地球のヴァイブレーションと共に進化して往った人、その中で先を行った人と遅れた人、最後まで分離感にしがみついて、より困難な表現世界での魂の学びの道を選んだ人と、人間の数だけ違ったドラマが展開しているわけで、これらの一切を自分のものとして知覚しながら、絶対的平安の境地から観降《みお》ろすことになります。

AVATAR

第十三章　大師

魂が充分に進化して、普遍意識《ふへんいしき》がその魂の表現する地球圏の媒体を通して自覚に至ると、その魂の表現は地球圏のあらゆるカルマや一切の自然法則の支配から自由になって、もはや地球圏での表現体を採る必要はなく、それぞれの魂の意識状態に対応したヒエラルキー（階層）の普遍意識として、宇宙のより高い表現領域で為《な》されている、大いなる生命の創造活動に加わって往《い》きます。この意識の段階になると、地上で認識されるようなひとりの現象我（パーソナリティ）というものは実在しないことが判り、一個の原子から宇宙全体までが自分自身で在るような、生命としての本来の状態のみが実相であることが自覚されます。

その一方で表現の世界においては個的な魂の表現が完全に消滅するわけではなく、ちょうど楽器がオーケストラの中でまだ存在しているように、表現様式そのものは残っていますが、その魂の媒体を通して表現されるものは、個的意識を表現する媒体が単純に外界の様々な波動領域に反応して、物質感覚、感情、想念等を造り出している場合と、大いなる生命の普遍的な意識から来るものに因《よ》って動かされる場合とでは、全く異なった意味を持つことになります。こうしたより高いレヴェルに在る大いなる意識の完全な表現体と成った意識の個的表現すなわち魂が、後に続く人達の進化を手助けしたり、地球や宇宙全体への様々な奉仕をする目的で人間の姿を採って地球圏に化身《けしん》する場合があり、このような、普遍意識が分離の生じている波動領域や自らよりも進化の前段階にある表現領域に人間その他の姿を採って表現を行う時に、その存在を大師と呼びます。

ヒンズー教の「アヴァター」、仏教の「如来《にょらい》」、キリスト教の「神の息子キリスト」、ユダヤ教の「メシア（救世主）」はそれぞれの宗教における大師の呼称《こしょう》に当り、ネイティヴ・アメリカンの「ホワイト・イーグル」もこれに近いものですが、厳密な意味では、各宗教の中でこのように呼ばれている個々の魂には、その目的と役割に応じた表現上の違いがあります。なお、ハイラカン・ババジ大師（後述）に拠《よ》れば、普遍意識が個別化の生じる波動領域において人間その他の個的表現形態を採ったのは、今回の宇宙が始まって以来、既に八万四千回に及んだと言われます。

大師にとっては、肉体や幽体《ゆうたい》は自らが創造した意識の産物に過ぎませんから、これらの表現体を数世紀にわたって特定の波動領域に表現し続けることも、肉体を地上に残したまま生命を引き上げることも、そしてまた肉体を残さずに、一切の質量をエネルギーとして自らの本源に還《かえ》すことも自由自在に行うことができます。大師はその時の地上における仕事の目的に合わせて、普遍意識のレヴェルの表現媒体である光子《こうし》体のヴァイブレーションを下げて、マーヤ・ルーパ（幻《まぼろし》の形）と呼ばれる、物に触れたり肉眼で見たりすることが可能な、物質レヴェルの表現媒体を創り出す場合と、適当な両親を選んで、通常の出産という形を採る場合の二通りがあります。イエス大師（ナザレのイエス）は、初めは大工ヨゼフとその妻マリアとの間に赤ん坊として生れ（処女懐胎《かいたい》は、後世の人達の造り話に過ぎません）、十字架に架《か》かって肉体を離れた後に、甦《よみがえ》って弟子達の前に現れた時には、前者の方法を用いました。

なお、普通に両親から生れた場合でも、普遍意識がその肉体を通して自覚に至ると、当初の意識の状態と、意識の発達程度に応じて異なるある期間で、肉体を構成する物質原子としての波動表現（フェルミオンと呼ばれる）のヴァイブレーションを上げて、光子体としての波動表現（ボソンと呼ばれます）に変えることが意識で自由にできるようになりますから、肉体の持つ様々な制約に制限されることなく、大師としての地上での仕事を行うことが可能になります。

大師は完成された人間であり、その表現には一切の無駄がありません。スワミ・ブラフマナンダ・サラスワティ大師は、一カ月に十五分位しか喋《しゃべ》らなかったと言われますが、大師は普段の生活では沈黙を守ることが多く、口を開く時には必ず、全体的な視野における必然性が存在しています。

かつて、バガヴァン・シュリ・サティア・サイババ大師（二〇一一年にマハー・サマーディーに入る）のアシュラム（霊的な指導者がその肉体を居住させて、教えを求める人達と共に暮らし、人々を導くことに使われる場所）で料理人が大師の食事を用意していた時に、一匹の犬が台所に入って来てそれを食べてしまったことがありました。その料理人は犬を厳《きび》しく叱《しか》って台所から追い出し、食事を新しく作り直してサイババ大師の前に運んだのですが、大師は「さっき私が食べようとしたら、あなたは私を叩いて追い払ったから、私は（食事は）要《い》らない」と言ったのです。これは遍在《へんざい》の生命で在る大師は、犬の中にも自分がいることを指摘したわけですが、大師を肉体から表現されている現象我（パーソナリティ）として捉え、犬とは別個の存在であると思い込んでいたこの料理人には、大師の言葉の真意は伝わりませんでした。大師は勿論、この料理人が自分の言葉を理解できないことは識《し》っていたのですが、このエピソードが後に多くの人達に知られ、人々の学びに繋がるということを観通《みとお》していたために、このような振る舞いを敢《あ》えて行ったわけです。

大師はよく、普遍意識それ自体が持っている自然法則を司る力を用いて、帰依《きえ》する人達を守護するということを行います。ジョン・S・ヒスロップさんは、サイババ大師のアシュラムからタクシーを相乗りして空港へ向かう途中に、ある奇蹟的な出来事を経験しました。

タクシーの運転手が前のバスを追い越そうとして不注意に対向車線に出たところ、正面からトラックが来ていたのです。左側は追い越しているバスに塞《ふさ》がれ、反対側の路肩には工事用の資材が山積みされている、逃げ場の全くない状況でしたので、彼は観念して一瞬目を瞑《つぶ》りました。ところが何も起きないので後ろを振り返ってみると、トラックのテールライトが後方に去って往くのが見えました。彼には何が起こったのか全く理解できませんでしたが、この状況では、タクシーと乗っている人の物質体のヴァイブレーションを一時的に上げると、トラックの物質原子と相互作用しなくなるので、トラックと同じ空間をすれ違うことが可能になり、衝突を回避させることができたのです。後になってから大師は彼に「あの時のあなたは私を思い出すことさえできなかったけれども、私はあなたを救ったのだよ」と語っています。ここでもし帰依者が大師に助けを求めていれば、大師はもっと助けるのが容易だったことは知っておいて頂きたいと思います。

このように大師は人間の能力では防ぎ切れない様々な危機、事故や災害、たとえ地球の物質レヴェルでの崩壊というような極限的な状況においてさえ、帰依する人達を守る能力を持っていますが（黎明《れいめい》の時期に救世主を自称していたほとんどの宗教団体の指導者達は、信者を救うことは疎《おろ》か、自分自身さえも救うことはできませんでした）、本書の読者の方々は、こういうことにはあまり関心を持ち過ぎないで頂けたらと思います。既にお解りのように、外側の誰かに頼ろうとすることは大師の実相で在る無限の力、永遠不変の生命が自分の内にも在るという真理を理解していないことになり、その分離感こそが、自分の内からの普遍意識の展開を妨げる最大の障壁《しょうへき》になっていたからです。

釈迦大師が肉体を離れる際に、弟子のアーナンダが「先生がいらっしゃらなくなったら、私達は何を頼りにして生きて行ったらよいのでしょうか」と尋ねたところ、大師が「自燈明《じとうみょう》、法燈明《ほうとうみょう》を汝《なんじ》の師としなさい」すなわち「自らを明りとし、宇宙の法則を道標《みちしるべ》として生きなさい」と答えたのは、まさにこのことを意味しているわけです。念のために申し添えておきますが、ここで言う「自ら」は普遍意識のことであり、個人として、現象我で判断するようにと言っているわけではありません。

このように私達は、原則としては真理を自分自身の内側に向けて求めるべきであり、外側の誰かに対して求めてもそれを得ることはできませんが、その一方でどんな人であっても、最初は迷いの真っ只中《ただなか》にある自我意識の状態から始めなければならないわけですから、個人の外側であれ、あるいは内側であれ、迷いの外に立って全体を一望できる視点に立ち、唯一正しい導きのできる普遍意識の手助けがなければ、解脱《げだつ》することは不可能であるという状況がまず存在しているわけです。

その人の真理を求める想い（これも基本的には普遍意識から来るもの）が非常に強くなると、私達の実相である宇宙そのものの根源、遍在する唯一の生命はその想いに必ず応えますが、それが個人の内側から顕《あらわ》れてきたものが普遍意識の自覚であり、個人にとっての外界に人間の姿を採って顕れてきたものが大師なのです。

「子供達よ、私の身体はこの世界に生きている私の子供達のためにのみ、その存在が保たれているのです。あなた達はこの真理をいつも自覚していなければなりません。この地上世界に私の肉体を保っておくのは決して簡単ではないことを、どんな時でも忘れないようにしなさい」

「いつでも私はこの地上世界にある肉体の存在に終止符を打つことができますが、私の子供達の誠実さと純粋な気持ち、そして目的に向かう揺るぎない努力があるからこそ、私は自分の肉体をここに留めて置くことができるのです。何千人という誠心誠意をもって真理を求める人達や、世界中の帰依者達の想いが、私の身体をこの地上世界に引き留めているのです。こうした人達の強い想いがなかったとすれば、私がここにいる理由はなくなります」（マータ・アムリターナンダマイ大師／アンマ　"Awaken Children" Volume 5, Chapter 4, P122, L5-15 Mata Amritanandamayi Mission Trust. Amritapuri Quiron Dt. Kerara 690542 INDIA　日本語版「子供達よ目覚めなさい」第五巻　日本ＭＡセンター）（引用文の訳は著者）。

グル（霊的な指導者）を自分の外側に求めるか、それとも内側に求めるかという判断は、その人が自分自身で決めなければならない重要な問題ですが、「自分には（外側の）グルが必要でしょうか」とある人がマータ・アムリターナンダマイ大師に質問したところ、大師は「あなたが自分の内なる神をしっかりと顕すことができるなら、（外側の）グルは必要がないけれども、自我の心は常に揺れ動いて神の表現を曇らせるので、そうした迷いがあるうちはグルが必要でしょう」と答えています。

歴史的に、あるいは地域的に観ると、大師の現れる頻度やその教えの質は、それぞれの時代や地域に住む人達の求めるレヴェルを正確に反映しており、魂が熟して必要な準備がすべて調《ととの》った時に、まるで偶然と思えるような出来事に因って、確実に、その人に縁《えん》のある大師の下に導かれるようになります。

カナダ人のジョン・スチュアートさんは、アメリカで大学生だった一九七〇年頃に、ある不思議な体験をします。卒業も間近になっていた時期だったのですが、当時はヴェトナム戦争にアメリカが参戦している最中で、同級生のうち何人かは戦地に赴くことが決まっていたこともあり、誰もが重苦しい雰囲気に包まれたまま、自分の将来に想いを巡らせていました。そんな折、彼は仲間を励まそうと森の中でパーティを開きましたが、大勢の人達が集まってくれて、パーティは大成功でした。そのパーティの最中に、ひとりの老人が森の中から現れて、彼に「さる聖者があなたを待っておられます」と言って去って行ったのです。

全く夢の中のような出来事でしたが、彼はそのことが妙に気に掛かって心から離れず、やがてその聖者を探してインド中を歩き回ることになります。七年ほど後に、彼はインドのウッタルプラディシュ州ナイニタール地方の、標高五〇〇メートルほどのところを流れるガンジス河の源流のひとつ、ゴータマ・ガンガーの谷間にあるハイラカン村の近くで、名前さえも知らずに探していた聖者、シュリ・ハイラカン・ヴァーレ・ババジ大師と遂に出逢《であ》い、大師の隣には、あの時、自分を呼びに来た老人が立っていたのです。大師は口を開くと、彼にこのように語ったそうです。「私はあなたに私の元へ来るようにと言った。しかし、こんなに長い時間をかけろとは言わなかった」

シュリ・ハイラカン・ヴァーレ・ババジ大師（ここより後では、ハイラカン・ババジ大師と略します）は、ハイラカン村の近く、ガンジス河の上流のひとつである、ゴータマ・ガンガーに面する洞窟《どうくつ》で、一九七〇年六月に、十八歳位に見える青年の姿をして瞑想しているのを発見され、一九八四年二月十四日まで肉体を纏《まと》って滞在していました。ハイラカン・ババジ大師の出現に関しては興味深いエピソードがありますので、ここに紹介しておきたいと思います。

マヘンドラ・ババと呼ばれるインドの行者は幼少の頃、病気で死にかかっていた時に、ドゥルガの絵から聖なる光を受けて甦ります。五歳になった時、ババジの昔の化身であるムニンドラ・ババという聖者のダルシャンを受けて（ダルシャンとは元々「神に出逢う」という意味で、普遍意識を顕現《けんげん》している魂に出逢うことをそう呼んでいます）、ババからトフィー（柔らかい飴）を貰《もら》ったりしたのですが、その時の体験を忘れられなかったマヘンドラ・ババは、大きくなってムニンドラ・ババを探しに行きたいと思いました。しかし父親に大学を出るまではそのことを許してもらえなかったので、ヒンディー語と古代の聖典に使われるサンスクリット語、ベンガル語とイスラム教のテキストを読むためのウルドゥ語で修士号を取り、約束通り大学を卒業してから、ムニンドラ・ババを探す旅に出ました。しかしながら、ババがどこにいるのか全く見当が付かなかったので、スパスという苦行を続けながらインドの北から南まで、一箇所に三日以上は留まらず、徒歩で七回往復したと言われます。それでもムニンドラ・ババを見付けることができなかった彼は、アルモラという場所のアシュラムの地下室に籠《こも》り、瞑想をして「もし自分の前に顕れてもらえないなら、私はこのまま餓死《がし》します」とムニンドラ・ババに懇願《こんがん》します。流石《さすが》にムニンドラ・ババは、この呼び掛けには応えざるを得ず、彼の前に光子体で姿を顕すのですが、マヘンドラ・ババは、ババジに願いをきかれて、ダルシャンをしてもらえればよいとしか言わなかったので、ババジは繰り返し彼に何か願うように言うと、彼はババジに「人間の中に再び顕れて、人々に人間性を回復させてくれるように」と言います。

ここでもうひとり、ハイラカン・ババの出現に関わるシャストリッジという重要な人物のことを書いておきましょう（現在のハイラカン・アシュラムにいる同名のシャストリッジは後継者）。シャストリッジはサンスクリット語の学者で、後にハイラカン・アシュラムの司祭となる人ですが、彼はマヘンドラ・ババから秘密のマントラを授けられて「このマントラは決して他言してはならない、もしこのマントラを唱《とな》える人物かいたら、それがババジだ」と言われます。しばらく経って、かつてオールド・ハイラカン・ババというババジの生れ変りの聖者が暮らしていた土地に、ババジが再び顕れたという噂《うわさ》がインド中に広まります。「本物だ」という噂もあれば、「チベットの頭の良い若者がババジに成り済まして、オールド・ハイラカン・ババの遺産を狙っているのだ」とか、様々な憶測が飛び交《か》います。やがてクリシュナの聖地として有名なブリンダヴァンにババジが来ていることを知ったマヘンドラ・ババは、ブリンダヴァンへと向かいました。

ババジが宿泊先のバルコニーに顔を出すと、下にはババジを一目見たいという大勢の野次馬が集まっていました。ババジはシャストリッジを促して奥の部屋に一緒に入り、扉にしっかりと鍵を掛けました。その時、ババジは全く唇を動かさなかったのですが、部屋中に秘密のマントラが響きわたります。狂喜したシャストリッジはバルコニーに出ると、大勢の民衆に向かって「ボレ・ババ・キ・ジェイ！（ババジ万歳）」と叫んで、ハイラカン・ババの再臨を告げたのです。

前述したジョン・スチュアートさんが、ハイラカン・ババジの元を訪れたのは、ババジがハイラカンで生活をしていた期間のちょうど半《なか》ば頃でしたが、スチュアートさんが到着すると直《す》ぐに、ルンギと呼ばれる腰巻きひとつの姿でインドの各地を巡礼させられたり、アシュラムに戻ってみると、アメリカから連れて来た婚約者が既に帰国させられていた等々、自我意識で抵抗するものは何であれ、徹底的に破壊される訓練が始まりました。

大師と弟子との関係では、どんな場合にも大師の命令に対して「それはできません」とか「嫌です」という返事をするわけにはいきません。全智《ぜんち》の大師は弟子にそれができることを識っており、弟子がそれを行うことに因って最短距離で成長することを理解しているからです。このような訓練のひとつとして、彼はアシュラムで医者の役割を命じられるのですが、彼には医学の知識も経験もありませんでしたから、怪我《けが》をしたところにヨードチンキを塗ったり、熱のある人にアスピリンを飲ませたりする位のことしかできませんでした。

ある時、彼は、アシュラムの中でプレム・ババと呼ばれている老人の足にできた腫《は》れ物を切り取るように大師から言われたので、小屋の中に箱を積み上げて老人をその上に座らせ、ナイフを火に焼いて消毒し、覚悟を決めて手術を始めました。ところが彼が腫れ物を切り取りに掛かると、老人は箱の上から転がり落ちて、そのまま絶命してしまったのです。間の悪いことに（これも偶然ではありませんが）軽薄な青年が小屋に入って来て「あっ、プレム・ババがくたばってら。ハシシ（麻薬の一種）ばかりやってるから、おっ死《ち》んじまうんだ」とからかったので、彼はほとんどパニックになってしまい、人を呼んで大師を呼びに行かせました。

その時、大師は川向うにいたのですが、彼には大師がわざとゆっくりゆっくり川を渡っているように見えて、なかなか彼の所にはやって来ませんでした。大分時間が経ってようやく小屋に入ってきた大師は、足元に転がっている老人の死体には目もくれず、小屋の上部を指差して、前に彼が丸太を固定した所の縄《なわ》の縛り方が悪いと、怒鳴《どな》り始めました。彼は為す術もなく突っ立っていると、大師はギー（バターなどから精製した油で神聖なものとされ、儀式や料理などに使う）を老人の頭のサハスラーラ・チャクラ（後述）の部分と足の腫れ物のところに塗るようにと言って、さっさと出て行ってしまいます。彼は調理場に行ってギーを分けてもらい、言われた通りに死体の頭頂と足に塗ると、老人は生き返ってむっくりと起き上がり、「せっかく天国に往っていたのに、お前が余り騒ぎたてるから、ババジに（この世界に）連れ戻されてしまったじゃないか」と、逆に文句を言われてしまいます。因《ちな》みにその老人はそれからもかなり長い間、肉体を纏っていました。

このような逸話にみられるように、普遍意識の顕現である大師は文字通り全能であり、全智です。ハイラカン・ババジ大師は毎日多くの人に逢っていながら、数年振りに訪ねて来た人の名前や、その人と最後に会った時にどんな話をしたかまで（覚えているのではなく）完璧《かんぺき》に識っていましたし、その人が大師の肉体のある場所から離れていた時に何をしていたかさえも、常に把握していました。

ある帰依者は、大師の命令で四年間アシュラムから離れて商売をしていたのですが、当時ハイラカン・ババジ大師のアシュラムはまだ建設工事中でお金がたくさん必要だったので、彼は初めのうち、大師に百万ドルをプレゼントしようと思って一所懸命に働き、それなりに利益が上がっていました。ところがこの帰依者は次第に欲が出て、非合法の商売に手を出したところ、それが発覚して、彼の部下の何人かは刑務所に入る羽目になり、彼も逮捕を免《まぬが》れるために莫大《ばくだい》な借金を抱えることになりました。しかしながら遠い外国の出来事でしたので、ニュースもインドの山奥までは届かないことは確かでした。騒ぎが一段落して彼がアシュラムに戻ってきた時、何の連絡もしなかったにも拘《かかわ》らず、大師はアシュラムの河側の入口にある、百八段の階段の一番上に仁王立《におうだち》になって待っており、彼が一言も発する前に彼を殴《なぐ》り倒してこう言いました。「おまえは一体何をやっているんだ。お前が私（普遍意識）のために働いた時には、全ては上手くいった。しかしお前が自分（エゴ）のために働こうとすれば、どういう結果になったかね」

大師の言葉には「私は生命で在る」とか「天国は汝自身の内に在り」というような普遍的真理について語る場合の他に、特定の個人の特定の状況においてのみ、意味を持つような発言をすることがありますから、大師の発する一言一句に囚われてしまったり、大師の言葉を何もかも一般化して金科玉条《きんかぎょくじょう》にしてしまうことは禁物です。

霊的な指導をする人達はよく、複数の人達に対して同時に、あるいはひとりの人物に対して少し離れた時期に、まるで正反対とも受け取れるような見解を述べることがあります。これはその人の持っている固定観念を壊すために、その人の信じていることと違うことをわざと言うような時にみられますし、もう少し特殊な事情が絡《から》んでいる場合もあります。

一例を挙げますと、ババジ大師がハイラカンに顕れたという噂が広まった時に、クマオンのニームカロリ・ババは自分の弟子達に対して「あのババジは偽物だよ」と語りました。そしてほんの少数の人達には「あのババジは本物だよ」と言ったのです（"I am Harmony" P232 Radhe Shayam, The Spanish Creek Press P.O.Box9, Crestone, Colorado 81131 U.S.A. 日本語版「ババジ伝」百九十八頁　はんだまり　向後嘉和　共訳　森北出版）。

このような発言は、別に帰依者をおちょくっているわけではなく、必然性があって為されたものですが、例えば自分の弟子に対しては、他の指導者に不必要な関心を向けないようにし、ババジ大師との縁があって、その元へ赴く必要のある人達には、そのことを知らせたというように考えることもできるでしょう。

大師の真贋《しんがん》についての話題が出たところで、このシュリ・ハイラカン・ヴァーレ・ババジ大師とパラマハンサ・ヨガナンダの師の師（パラム・グル）のそのまた師である、シヴァ・マハーアヴァター・ババジ大師との関係という、大変難しい問題を扱うことにしましょう。シヴァ・マハーアヴァター・ババジ大師については本書では改めて解説をしませんので、興味のある方はパラマハンサ・ヨガナンダの著による「あるヨギの自叙伝」（日本語版　森北出版）を参照して頂きたいと思います。

ババジという名前自体は「父」という意味の「ババ」に、尊称である「ジ」を付けたもので、インドには「石を投げればババジに当る」くらい、同じ名前の霊的な指導者がいるのですが、ハイラカン・ババジ大師が帰依者達の質問に答えて、自分はヨガナンダの著書で知られているシヴァ・マハーアヴァター・ババジ大師であることを繰り返し認めているのに対して、ヨガナンダの設立したＳＲＦ（Self Realization Fellowship）では、ハイラカン・ババジ大師をシヴァ・マハーアヴァター・ババジ大師であるとは認めていないという、ややこしい状況がありました。ＳＲＦの会長は、就任の際にシヴァ・マハーアヴァター・ババジ大師と謁見《えっけん》することが慣例になっており、ＳＲＦとしても、会長のその時の体験を含めてこうした判断を行っているはずですが、大師が現象我（パーソナリティ）としてはどのような表現をも採ることができる以上、その識別は大師としての実相、すなわち該当するレヴェルの普遍意識において行なわなければなりません。ところが現象世界では、自分より高い進化段階に在る魂について識別することは原理的に不可能ですから、大師を指導する大師であるマハーアヴァター・クラスになると全くのお手上げで、それぞれが自分の感知できる波動領域の中で受けた個人的な印象を判断しているに過ぎません。しかもこのように極めて限定された判断ですら、何らかの波動領域で大師と出逢ったことがなければできないわけですから、他の人の見解を受け売りにしたり、個人的な思い入れで断定してしまったりすることは論外であるわけです。

ハイラカン・ババジ大師については、SRFの会員とか、ハイラカン・ババジ大師の帰依者といった直接の利害関係のある人達だけではなく、彼の写真を霊視してシヴァ・マハーアヴァター・ババジ大師であることを認めた人もいれば、「両者は波動的に別の人物である」と言い切る著者の友人もいて、個人的な意見は様々です。著者はハイラカン・ババジ大師の発言や行動を収録した“Teaching of Babaji”（Haidakhandi Samaji）や、大師に直接接したことのある複数の帰依者の証言を検討してみた結果、私達の多くの意識状態から見れば遥かに隔絶したレヴェルの魂ではあるものの、個々の帰依者の指導に当るという表現は一人の大師ではあってもマハー・アヴァターの役割ではないことや、ハイラカンで表現していた個性は、「あるヨギの自叙伝」に登場するラヒリ・マハサヤや、スリ・ユクテスワに対して表現していたそれとはかなり違っているという感触がありました。しかしながら全能の大師は、その時の仕事に合わせて自分自身の表現を制限したり、任意の個性を設定して化身することが可能ですし、他の魂が用いている肉体に、後述するオーヴァー・シャドウを懸《か》けるという方法もありますから、これらの疑問点も同一の魂ではないという決定要因にはならないのです。

「ババジ伝」の中に、アムバラル・イナムダーという帰依者がハイラカン・ババジ大師に「あなたは誰か他人の肉体を纏っているのか、それとも新しい肉体を自分のために創り出したのか」と尋ねる興味深い場面がありますが、ここで大師は次のように答えています。

「ある種の木なら接《つ》ぎ木は可能だ。しかし全ての木に（接ぎ木が）できるわけではない」

「この世界、このユガ（時代）には、電気をあるところから他のところへ伝えることができるし、またそれを保存して置くこともできる。同じような方法で、このようなことは可能なのだ」（"I am Harmony" P140, L19-L25　日本語版　百十二頁　第五章　十一行～三十六行）。

この大師の言葉からは、ハイラカン・ババジ大師の魂にシヴァ・マハーアヴァター・ババジ大師がオーヴァー・シャドウしていると考えるのが一番自然でしょう。更に駄目押《だめお》しをするなら、ある人がマータ・アムリターナンダマイ大師に、両者が同一人物（正確には同一の魂）なのかどうかを尋ねた時に、「違います」という決定的な答えが返ってきています。しかしここで注意して頂きたいのは、このことはハイラカン・ババジ大師が偽物《にせもの》であったり、嘘をついているという意味ではないということです。これを理解して頂くためには、オーヴァー・シャドウについて少し説明をしなければなりませんが、オーヴァー・シャドウの状態では、ハイラカン・ババジ大師がシヴァ・マハーアヴァター・ババジ大師に自分の意識を完全に明け渡しているので、シヴァ・マハーアヴァター・ババジ大師はハイラカン・ババジ大師の肉体を通して物質世界を知覚し、なおかつ物質世界に対して表現を行うことが可能になっており、この状態でハイラカン・ババジ大師の肉体を通してシヴァ・マハーアヴァター・ババジ大師が行った表現は、当然シヴァ・マハーアヴァター・ババジ大師の責任になるというように、カルマ的な要素も関わってくるからです。但《ただ》し、オーヴァー・シャドウが懸っていない状態では、ハイラカン・ババジ大師の表現になっていることも当然あるわけで、しかも外部からその区別をしようとすると、識別は大変難しい問題になってくることを識っておいて頂きたいと思います。

事実関係の追及に関してはこれで充分だと思いますが、いずれにしても自分の信じたいことを正当化しようと思えば、どのような解釈をすることも可能ですし、個々の帰依者にとっては自分の信じたいことが人生の根幹になってしまっていることも少なくもなく、更には盲信という過ちを通して学ぶことが魂に因って計画されている場合もありますから、ここでは状況を示すだけに止めて、大師の発言を引用する時には、発言した場所で用いられていた呼称《こしょう》をそのまま使うことにします。

ここでもう一度原点に還ってみたいと思いますが、実在しているのは唯一の生命だけなのですから、ある魂に属する経験と、別の魂が経験したこととを分離して扱うことは、本質的には意味のあることではありません。実際アーカシック・レコードを読み取る際には、自分の経験と他の魂の経験とを識別することは大変難しい作業で、よく間違いが生じるのですが、これを間違いとするのは、分離の生じている波動領域での捉え方なのであって、普遍意識では個々の魂の区別や分離というものは存在していませんから「総ては私で在る」という言葉は真実になり、（覚醒した意識にとっては）自分が誰であるといったところで、間違いではないことも理解して頂きたいと思います。マータ・アムリターナンダマイ大師も前述の質問に答えた後で「私もヨガナンダもババジも、本当は一緒なのです」と付け加えていました。

かつてサイババ大師が「イエスが『アバ、アヴォン』と天の父を呼んだ時、呼ばれたのは私である」という意味のことを語ったことがあります。敬虔《けいけん》なクリスチャンにとっては卒倒《そっとう》しかねない発言かもしれませんが、この時点でのイエスは、まだ神が自分と一体で在るという認識には至っていなかったので、自分を天の父とは分離して呼び掛けたものであり、彼の呼び掛けを神と一体の本来の意識状態から観れば「自分が自分に呼ばれた」ということになり、これは私達の誰もが、普遍意識の自覚に至れば言うことができる言葉なのです。

一八三五年九月二十三日、インドの元ニザム州パトゥリに生まれ、一八五三年にシルディに来て、一九一八年までその肉体を保っていたシュリ・シルディ・サイババ大師が、一九二六年十一月二十三日、アンドーラ・プラデーシュ州のプッタパルティに生まれ、二〇一一年四月二十四日までその肉体を保ったバガヴァン・シュリ・サティア・サイババ大師の過去生であることは有名ですが、シュリ・シルディ・サイババ大師の帰依者の中には、サティア・サイババ大師がシルディ・サイババ大師の生れ変りであることを認めない人もたくさんいました。こうした事例に見られるように、私達の多くが、大師の実相で在る自らの裡に実在する唯一の生命を自覚することなく、大師の現象我（パーソナリティ）という幻影に権威を与え続けている限り、「誰が本物か」というような、迷妄《めいもう》に基づく議論や混乱は幾らでも生じてくるわけです。

「あなたがもし疑いを持って私のところに来るなら、私はあらゆる疑う理由をあなたに与えよう。しかし、もし愛を持って私のところに来るなら、私はあなたの想像を超えた愛をあなたに観せてあげよう」（ハイラカン・ババジ大師）。

　地上で異なる表現を採る、つまり別々の肉体を持つ二人の大師は、その実相においては同一の存在ですから、地上から見た二人の間には、コミュニケーションというものが全く存在していなくても、互いに相手の総てを識っているという状態に在ります。このことを厳密に言えば、大師の役割に因って現象的な意識の守備範囲が異なりますから、個々の大師の理解の程度はそれぞれ異なりますが、これは私達の想像を超えるレヴェルでの話ですから、このことについて、推測に過ぎない観念を造らないようにして頂きたいと思います。

　肉体を持った二人の大師が地上で出逢うという機会はそう多くはないものですが、かつてハイラカン・ババジ大師が帰依者と共にムンバイ（ボンベイ＝インド中部の都市で国際空港がある）に向かう列車の中で、アーナンダマイ・マー大師（この大師については「あるヨギの自叙伝」を参照して下さい）と座席の背もたれを介して反対向きに座るという貴重な出来事がありました。この時二人の大師は互いに全く無視しているかのような態度を取っていましたが、その理由は、二人の大師が全くひとつの意識であるためにコミュニケーションをする必要が全くないことと、それぞれの帰依者は自分との縁で解脱に至ることを識っているため、帰依者の関心が他の大師に向くことは、その人に寄り道をさせるだけになってしまうので、こうした迷いが生じないように配慮していたわけです。

　大師はその深い神の自覚に基づく愛、すなわち完全調和の波動を周囲に放射していますから、大師がその肉体を置く場所は常に地場のヴァイブレーションが高められていますし、周囲にいる人達もまた、この波動を受けて自然に心が調和し、意識が進化して往くことになります。大師はまた帰依者の一人一人について、今生の魂の目的、成長させるべき能力や克服すべき欠点、そしてそれらを成就《じょうじゅ》させる確実な方法について完全に理解していますから、それだけの資質と決意を持っている帰依者に対しては、一見過酷と思える程の厳しい訓練を課することがあります。

本来は誰であろうと、日常生活のあらゆる瞬間が（それに気付くことさえできれば）学びの場になっているのですが、私達は多くの場合、それを見逃してしまったり、気付いてはいながらそれに直面することを避けたり、誰か他人のせいにして片付けてしまったりというように、折角の機会を自らの成長に役立てないで、無駄にしてしまうことが非常に多くあります。ところが大師にとっては帰依者の魂の成長が唯一の関心事ですから、本人がそこから目を逸《そ》らせたり、ごまかして逃げることが絶対にできないような状況を創り出して、日常生活から学ぶという基本を、極めて印象的な方法で私達に示してくれます。

一九八四年の七月九日、マータ・アムリターナンダマイ大師と帰依者達がアシュラムの中を歩いていた時に、大師はシャワー室やトイレが汚れているのを見付けて、何も言わずに自分で掃除を始めました。帰依者達は慌《あわ》てて箒《ほうき》やバケツを取りに走り、自分達も掃除を始めようとすると、大師はそれを止めてこう言いました。「いいえ、これはあなた達の仕事ではありません。あなた達の仕事は瞑想とお祈りとお勉強。こんな汚い仕事をする義務はありません。これはアンマ（マータ・アムリターナンダマイ大師）がやります。アンマは汚い仕事をするのは慣れています。子供達よ（帰依者に対する呼び掛け）あなた達はみんな善い家の出身なのですから、このような仕事をしなくてもよいのです。これは瞑想やお祈りのような神聖なものではありません。全く違うものなのです。あなた達は誰であれ、瞑想とは違うと感じることをやる必要はありません。もうみんな身体も洗って、夜のバジャン（神を讃《たた》える歌を唄うこと）の用意もできているのですから、わざわざ身体を汚すことはありません。行って瞑想しなさい」

帰依者達は、自分達が自我意識で考えていたことをそのまま言われてしまったので真っ青になり、かといって掃除を手伝うこともできずに、大師が掃除を終るまで為す術もなく突っ立っていました。掃除が終わると大師は外に出て土の上に横たわり、ひどい嵐の中でそのまま瞑想状態に入ってしまいます。翌朝大師が帰依者達を呼んで前日の出来事に触れ、「アンマは子供達に悲しい思いをさせましたか」と尋ねると、帰依者の一人はこう答えます。

「私達にはあのような厳しいレッスンを受ける必要がありました。さもなければ私達に解脱の望みはありません」（"Awaken Children!" Volume 5, Chapter 4, P114-P121, Mata Amritanandamayi Mission Trust, Amritapuri Quilon, Dt., Kerala 690542 INDIA. 日本語版「子供達よ目覚めなさい」第五巻 日本MAセンター）（引用文の訳は著者）。

アンマの日本公演につきましては読者からの問い合わせが多いので、以下に連絡先を記載しておきます。
日本MAセンター（宗教法人）住所 〒206-0804 東京都稲城市百村1620-1 電話042-370-4448
E-mail:info@macenter.jp URL:http://www.macenter.jp

デボラ・カリナ・スチュワートさんがハイラカン・ババジのアシュラムに来てまだ日が浅い頃の出来事。ある日、大師から靴を持ってくるようにと言われました。けれども大師の靴は五十足以上もあったので、彼女はその中から大師の求める靴を探さなければなりませんでした。最初に何となく「これではないかしら」という感じのする靴があったのですが、その靴は不格好な上にブーツのような形をしており、紐をたくさん掛けなければ履《は》けなかったので、よく川の中に入ったりするため、靴を脱いだり履いたりすることの多い大師には不便だろうと考え、傍にいた大師に長年仕えているゴウラ・デーヴィーと呼ばれる年上の女性に、どの靴が良いかを尋ねて言われた通りの靴を持って行ったのですが、大師は彼女の持ってきた靴を見ると「それではない」と言っただけで、それ以上、何の具体的な説明もしなかったので、彼女はもう一度戻って靴を選ばなければなりませんでした。

二度目にはもうゴウラ・デーヴィーはいませんでしたが、そこにいた男性にきくと別の靴を示されたので（インドでは、男性が大きな決定権を持っているという背景を理解しておいて下さい）、言われるままにそれを持って行くと、大師は今度は大声を出して「違う、それではない」と彼女を叱りました。完全主義の性向のある彼女は、二度の失敗にもうボロボロになっていましたが、たとえもう一度間違えたにしても、これ以上は何も失うものはないと覚悟を決めて、最初にそれだと感じた、紐を多く掛ける靴を持っていくと、大師はにっこりと微笑《ほほえ》んで「そうだ、この靴だ」と頷《うなず》きました。彼女はこの体験を、正しい判断というものは常に自分の内から示されているのに、自我意識が余計なことを考え始めたり、外側の誰かに権威を与えて頼ったりすれば、惑わされるだけであるという学びとして受け取ったのです。

ある日、長い雨が降り続いて帰依者達が部屋の中で過ごすことが多かった時に、一人の帰依者がハイラカン・ババジ大師に、チェスのセットをプレゼントしたことがありました。それで皆は代わる代わる大師とチェスの試合をすることになりました。大抵の人は二〜三分でチェック・メイト（王手）に追い込まれるのですが、腕に覚えのある人の中には、何とかして大師に勝とうと試みる者もいました。自我意識で普遍意識に、つまり人間が神に勝てるはずがないのですが、これはひとつの象徴的な出来事であったわけです。

ハイラカン・ババジ大師は、朝は一時間、夜は四時間、内なる意識（サマーディ）に入る他は、休むことなく帰依者と共に外の世界ではたらき、「仕事は礼拝である」という大師の言葉の通りに、他への奉仕を身をもって実践していました。大師は子供達ともよく遊んでいましたが、大師が子供の両足を持って逆様《さかさま》にぶら下げたり、空中に放り投げたりして遊んであげているのを見て、ある帰依者は「自分が子供だったら、あのようにして遊んでもらえるのに」と、とても羨《うらや》ましく思いました。それからしばらくして大師が手招きするので、何だろうと思って傍《そば》に行くと、大師はその人が大人であり、しかもかなりの体格を持っているにも拘らず、同じように空中に放り投げて遊んでくれたのです。このように大師は帰依者の求める者は何であれ、よく与えていましたが、その一方で「私が本当に与えたいものを求める者は少ない」とも語っています。

本書の読者の皆さんにはそれが何であるか、もちろんお判りになることと思います。

帰依者のひとりひとりは、解脱を求める意識の発達段階には達しているものの、まだ完成には至っていないために大師の下に集まるわけですから、そこには色々と人間的な問題が起きてくるのは当然のことです。多くの帰依者達は、大師の寵愛《ちょうあい》が自分に向けられることに強い関心を持っていますから、誰か他の帰依者が自分よりも大師に近付くように感じると、嫉妬《しっと》したり、その人の悪口をいって陥《おとしい》れようとしたり、およそ日頃学んでいる真理とは正反対の行為をやり始めることがよくあります。このような時、大師が帰依者を導く手並みはなかなか興味深いものです。

例えばハイラカン・ババジ大師は、誰か特定の一人をさも特別であるかのように扱い、その人がつい自我意識を膨《ふく》らませて有頂天《うちょうてん》になると、ある日突然に無視する、というようなことをよくやりました。また、権力欲のある帰依者に重要な地位を与えておいて、他の帰依者にはその人の言うことを聞かないように指示したこともありました。大師の帰依者に対する導き方には色々な個性があり、ごく一例を挙げれば、ヒンズー教のヴィシュヌ神のエネルギーを持つ大師は、素質のある帰依者の神性を引き出しますし、シヴァ神系の大師は、帰依者の自我を破壊します。

「ヴィシュヌは、最も勝れた帰依者を手に入れる。だが、俺のところに来る奴らを見てみろ」（ハイラカン・ババジ大師 "I am Harmony" P347, L-4 日本語版「ババジ伝」三百七頁 ラディシャム 著 はんだまり 訳 森北出版）（引用文の訳は著者）。

大師が大勢の帰依者と共に長く生活をしていると、昔から大師の傍にいる人達はよく、新参者に対して支配的な態度を取るようになったり、いつの間にか自分が大師の認識を把握していると錯覚して自分勝手な解釈を押し付けるようなことが多々あります。ですから、このような状況の中ではこうした人達に惑わされないように注意すべきですし、自分達もまた同じ間違いを犯さないように、常に気を付けていなければなりません。

特に、大師に対する思い入れが強い人の場合には、自我意識が造り出した、只の迷妄に過ぎない考えを大師の権威に投影して絶対化し、周囲の人達を巻き込んで様々な問題を引き起こすことが非常に多くありますので、このような偽物に翻弄《ほんろう》されることのないように、真実とそうでないものについて確実に識別を行うことができなくてはなりません。また、必ずしも利己的な動機ではなくても、大師を大切にしようという敬愛の気持が、結果的に他の帰依者に対して排他的な言動になってしまう間違いもよく起こります。

かつてマータ・アムリターナンダマイ大師のアシュラムに、最終のバスに乗り遅れてしまった婦人が、四十キロもの道程《みちのり》を歩いてやって来たことがありました。時間は明け方の四時頃で、前日のダルシャン（ダルシャンとは「神に出逢う」という意味ですが、マータ・アムリターナンダマイ大師は、ひとりひとりを抱きしめて祝福するので、大師のアシュラムではこれをダルシャンと呼んでいます）はとうに終わっていたので、側近のひとりは、ダルシャンをして欲しいというその婦人の要求を断ったのですが、いつの間にか起きてきた大師は、その婦人に祝福を与えて、「あなたは重い荷物を担《かつ》いで遠い道程をやって来ました。その荷物は私が引き受けましたから、ここに置いて帰りなさい」と言いました。婦人が帰った後で、大師はその側近に「私がここにアシュラムを作ったのは、二十四時間、いつでもダルシャンができるようにするためです。もしそれができないのであれば、アシュラムは潰《つぶ》してしまいなさい」と言って叱りました。

このようにマータ・アムリターナンダマイ大師は、どんなに大勢の人達がダルシャンを求めて来ても、決して断るということがありません。実際インドでは、ダルシャンが夕方の五時に始まって翌朝の八時まで続くといったことも珍しくなく、一九九六年にインドのカリカットで八千人もの人達が集まった時に目撃した人の話では、一時間に千五百人を抱きしめ、その間休むことは疎《おろ》か、食事をすることもトイレに立つこともなかったそうです。このような事情があるために、会場の時間制限に縛られることの多い、日本でのマータ・アムリターナンダマイ大師のダルシャンは、会場整理の担当者にとって毎年悩みの種でした。

一九九五年五月に東京で行われた大師のダルシャンでは、会場の規則で午後十時には全員が外に出なければならないという状況でしたので、主催者は九時半にダルシャンを終了して、三十分で片付けるという計画を立てて（実は、大師には別の計画があったのですが）予《あらかじ》め人数を制限していたので、遅くなってから来たためにその日にはダルシャンを受けられないと言われていた人達が、五十人ほど会場に残っていました。

ところが予定の九時半になって、あと四～五人でダルシャンが終わるという時に、大師が残っていた人達を手招きして呼んでしまったのです。主催者は舞台の上でダルシャンを行っている大師に「あと五分で終わって下さい」と、意識でメッセージを送りました。大師はにっこり微笑んだだけでしたが、五十人ほどのダルシャンを約束通り五分で終了させてしまい、残りの二十五分で後片付けを済ませて、無事に会場を出ることができたのです。単純に計算をしてみると一人当り約六秒になり、前述のカリカットにおける機関銃のようなダルシャンに比べれば遥かに余裕があるのですが、それでもかなり速いことは確かです。ところが実際にその場にいた人達の感覚では、ペースを早めたり、手を抜いたりしたという感じは皆無《かいむ》で、それまでと同じようにダルシャンが続いて、終わってみたら五分しか経っていなかったのです。そしてこれまで時間通りに終わることができなかったのは、主催者が時間の超過を心配したり、何時に終わるという明確な意志を持っていなかっただけだということが判ったわけです。

それでは大師がその全智をもって、同時に全ての出来事を観察している状態の輪郭《りんかく》を、色々な人の体験を通して浮かび上がらせてみたいと思います。

一九九七年に東京で行われた、マータ・アムリターナンダマイ大師のダルシャンの会場で、ある女性が控室で作業をしていた時に、彼女の知人がステージで話をしたことがありました。彼女のいた部屋からはステージの状況を知ることができなかったので、後で大師は彼女に、その知人がお客さんに話をしたことを教えました。彼女はあれだけ大勢の人達（一日に五千人位の来場者と百人以上のスタッフ）がいる中で、自分が控室にいたということを大師が識っていたという事実で全智という真理に対する実感を深めたのです。

ある女性は、世界中から大師の元に寄せられた手紙を、大師に読んで聞かせるという仕事をしていました。しかしながら、大師はいつも何か他の用事をしているので、面と向かって手紙を読むことはなく、大師のいる傍に行ってたくさんの手紙を読んで聞かせるというやり方をしていました。

ある日いつものように手紙を順番に読んでいると、七通目の手紙はとても深刻な相談事で、読んでいた彼女自身がハラハラする程の内容でした。ところが突然、大師が大声で笑い出したのです。何ごとかと思って大師の方を伺うと、大師は何と漫画を見ながら笑い転げていたのです。そして大師は漫画を持ってくると「ほら、見てごらん、こんなに面白いから」と言いました。彼女は呆《あき》れ返って少しばかり怒りながら言いました。「私は忙しいんです。もしも読む必要がないのなら、他にやらなければならない用事がありますから、もう行きます」

突然大師は真顔になって彼女に言いました。「あなたが最初に読んだ手紙の内容は……。そして二番目は……」。大師は順番に七番目までの手紙の内容を完璧に彼女に話すと、まだ彼女が封を切っていなかった八番目の手紙の内容まで正確に言いました。そして「あなたは黙って自分の仕事を続けなさい」と言ったのです。

このように大師は様々な状況を自由自在に用いて、帰依者の周囲に、それぞれの魂の成長のために適した、予期せぬ出来事を現象化して往きます。ダルシャンの最中には、ひとりひとりの魂の過去、現在、未来を観透《みとお》した上で、銘々《めいめい》にしかるべき対処をしていますが、同時に横からの様々な質問にも答え、なおかつ会場内の全ての人達の動きを完全に把握していて、大師に縁のある人達に必要な訓練の機会を与えているのです。大師の表現に何を見るかということは、純粋にその人の意識の反映であって、大師の愛の波動や目の輝きに感動する人もいますし、それさえもほとんど感じない人もいます。視る人の意識が開いてきて注意深くなれば、淡々としたダルシャンの背後で、大師が様々な意識活動をしていることが知覚されるようにもなります。ダルシャンをしている人に縁のある魂にも、様々な影響力を行使していることがありますし、会場内の人々が、様々な気付きの機会を与えられている様子も識ることができます。ヴァイブレーションを上げて、全地球的なレヴェルで観ることができれば、大師がその場所に厖大《ぼうだい》なエネルギーを注いで地球のバランスを整えており、ダルシャンに訪れた人の魂が表現する各波動領域の媒体を使って、それぞれの出身星系と地球との関係を調整している様子も視えてくるかもしれません。更に宇宙的な視野の中では、私達の想像を絶する神の経綸《けいりん》にも同時に携わっていて、大師はこれら総ての波動領域において、超多層的な精神活動を行っているのです。

大師と帰依者との関係では、帰依者が大師に絶対的に服従することで「明け渡し」すなわち自我を放棄して神である普遍意識に全託《ぜんたく》することを学ぶわけですが、それには帰依者の意識の焦点が、大師の実相で在り、なおかつ自分自身の本質でも在る唯一の生命に向いていることが絶対的に必要です。帰依者は意識の発達途上にあるわけですから、この真理を理解していない場合も多く、よく起きる間違いとして、帰依者が自分の自我の心で造り上げた「大師のパーソナリティ」という幻影に囚われてしまうと、その人は実在していないものに権威を与えてしまうことになり、自分自身の内を観るという本質を忘れてしまいます。このように自分の心で造り出したものが真実ではないという事実に気付いていない状態では、折角大師の傍にいても大師のひとつひとつの言動に自分勝手な解釈を与えて自分や他人を制約し始めることがあり、大師の存在がその人の解脱にとって最大の障害になる場合もあります。勿論《もちろん》、大きな視野で観れば、このような寄り道も学びのひとつではあるのですが、大師の存在が、帰依者の短期間での霊的成長に結び付くかどうかは、大変微妙な問題であります。

大師の周辺でしばしば帰依者が体験することの中には、それが意識の相対的に高い波動領域で起きた出来事であるために、大師が肉体を離れたり、帰依者が大師の元から離れたりしてヴァイブレーションが下がると、その全貌《ぜんぼう》を思い出せなくなるものもあります。このような体験の場合、潜在意識にはその時の波動が記録されていますので、瞑想等でヴァイブレーションが上がったり、修行が上手く進んで意識が進化した場合等には、その時の体験を再び思い出したり、意味を理解することができるようになります。

このように肉体を持っている大師との関わり（ダルシャン）は、佳《よ》い方向にはたらけば、地上に意識の制約されている状態の人間にとって極めて意義深いものであり、そのためにこそ大師は地上に化身するわけですが、この地上で自分に縁のある大師を見出す選択は、百パーセント本人の自由意志に因って為されるものですから、極めて慎重に、かつ忍耐強く、それが真実のものであるかどうかの識別を行わなければなりません。

ある男性は、インド北部のリシュケシュにあるシヴァナンダ・アシュラムで、当時のクリシュナナンダという指導者に附いていました。彼にとってはこのクリシュナナンダは物凄《ものすご》い存在感と迫力が感じられたので、彼は気後れして、大勢の弟子や来訪者を相手にした講義を聴く以外には、何ひとつ個人的な教えを受けることができないでいました。三年程経った頃、クリシュナナンダが自分のことを「こいつは俺の所に来て三年にもなるのに、まだ一言も質問しないんだ」と他の人に話しているのが聴こえて、ますます声を掛け難くなってしまいました。五年目になってついに意を決して、清水《きよみず》の舞台から飛び降りるような気持ちで質問をしたところ、クリシュナナンダは彼の問いには答えずに、こう言ったのです。「私はお前のグル（師）ではない」

この時の彼の驚きと失意は想像するに余りありますが、しばらく経ってからこのシヴァナンダ・アシュラムに、ニュージーランドの女性ジャーナリストがやって来たことから、彼に転機が訪れます。この女性ジャーナリストは、女性の地位が低いインドで「真実の智識《ちしき》を得た女性」つまり女性の肉体を纏った覚者をインタヴューしたいという意向を持っていました。彼女は、最初は街の中で僧衣を着ている女性を見付けてインタヴューをするつもりだったらしいのですが、本物に出逢うことはまず期待できないということが判ると、今度はクリシュナナンダの高弟《こうてい》の中から、適当な女性を紹介してくれるように頼みました。クリシュナナンダが「誰もいない」と答えたので、では真実の智識を得た女性がいるならば、ぜひその名前を教えてほしいと求めると、クリシュナナンダは五人の名前を挙げました。

しかしながらそのうち三人は五千年以上も前に地上を去っており、教えてもらってもどうしようもない人達でした。四人目はアーナンダマイ・マーと呼ばれる、リシュケシュからさほど遠くないカンカルという町に比較的最近までいた聖者でしたが、この人も既に肉体を去っていました。五年間をアシュラムで過ごした挙句《あげく》、自分のグルを見失った彼は興味津々《しんしん》で聞いていると、最後に名前が挙がったのがマータ・アムリターナンダマイ大師だったのです。彼はその少し前にマータ・アムリターナンダマイ大師のダルシャンを受けたばかりで、そのことを隠していたのですが、それをクリシュナナンダに話すと「佳かった、佳かった」と非常に喜んでくれたため、彼は間接的にマータ・アムリターナンダマイ大師が自分のグルであるという感触を持ったのです。

自分に縁のある師というのは、過去生の縁に因りその人の魂が決めるという意味では自分で選んでいるのですが、多くの人の場合には肉体を持つとそのことを忘れてしまうので、師に出逢うまでの過程が、魂の成長にとって非常に大きな意味を持つことになります。先のジョン・スチュワートさんが、ハイラカン・ババジ大師に出逢った経緯もそうですが、帰依者は自分の努力と識別心に因って自分の師を観出《みいだ》すことが原則であり、周囲の人達はたとえそれが判っていても教えないことが、本人のためには一番良いことなのです。

さて、私達は大師に出逢った時に、果たしてそうだと判るものでしょうか。パラマハンサ・ヨガナンダが「あるヨギの自叙伝」に書いていますが、彼でさえも後に師となるスリ・ユクテスワと出逢った当初は、ユクテスワが自分のグルであるとは気が付かずに、他の聖者に会いに行ったりしています。

かつてある大師が、インド中西部のマーハリューシュトラ州にアシュラムを持っていた著名な霊的指導者のところを訪れた時に、その指導者の帰依者の中には、波動を感じて大師に手を合わせた人もいましたし、なぜ自分達の先生に対して礼拝をしないのかと、大師に詰め寄る人もまたいました。大師は自分の表現する波動を自由にコントロールすることができますから、相手に知られる必要のない時には、相手の知覚できる波動領域にそれと判るような波動を意図的に出さないこともありますし、そうでなくても、大師が本来の状態を表現すれば、その強大なエネルギーのために普通の人の肉体は一瞬にして消滅してしまいますから、大師が接見（ダルシャン）を行う際には、相手のヴァイブレーションに合わせて、自分から放流されるエネルギーの大きさや、表現する波動スペクトルを加減することになります。従って私達の多くが外側から（肉体もしくは幽体を通して）大師に接する時に知覚し得るのは、私達自身でも在る、大師の巨大な実相のごく一側面にしか過ぎませんし、同様に私達の多くが知覚できるような範囲で行われる大師の仕事は、その本来の階層において為される尨大な精神活動の視点から観れば、針の一点にも満たないものです。

この本来の状態での大師の仕事、宇宙の創造活動の一環として成就される役割の全貌については、私達の地上的な視野からは想像することさえ及びませんが、このような大師達の不断のはたらきがなければ、私達は自分の手足を動かすことは疎か、息ひとつすることもできないという事実を、私達の大半は全く理解していません。つまり私達の多くが、毎日あるのが当り前と考えているこの世界は、それを成立させている自然界の一切の力（自然法則）が、神の媒体となっている大師達の無私の奉仕に因って、維持され続けてているために恒常的に存在できるのであって、もしそれがなければ、この複雑精緻《せいち》な有機体である地球そのものも、あるいは宇宙全体も、一瞬にして無に帰してしまいます。ですから私達は、彼ら、彼女ら（大師を性別で表現することには意味がありませんが、適当な代名詞がないので）を通してはたらいている偉大な愛について、もっともっと深く理解するように努めなければなりません。

読者の方々の中には、普遍意識では全てを観透《みとお》すことが可能で去り、しかも世界中にあらゆることを現象化できるのであるならば、なぜ、そのような能力を持った大師達が、犯罪や戦争を未然に防いだり、誘拐《ゆうかい》事件の人質の監禁場所を警察に通報したりしてくれないのかと、疑問に思われる方もいらっしゃるかも知れません。

このことをきちんと説明しようとすれば厖大な背景について言及しなければならなくなりますので、幾つかの点についてのみ記すに止《とど》めますが、まず、これから犯罪に関わろうとしている人にも、それをするに至るカルマや自由意志があって、外側から干渉《かんしょう》してはならないという原則があります。それは本人の魂の学びに関する事柄であって、踏み止まることによって魂の勝利となるのか、それとも犯した過《あやま》ちのカルマを引き受けることによって成長する道を選ぶのか、この選択は本人以外には選ぶ権利がありません。

次に被害者（真の意味では加害者とか被害者というものは存在しないのですが）の立場はどうなるのかという点ですが、これも加害者の場合と同じように、何者もカルマ、すなわち過去に自分の造った原因に因らずして、被害を受けることはないという法則があります。つまり偶然に見えるような災難、旅行先で出逢ったテロや強盗の被害でさえも、完全なる自然法則の中で起きている必然的な出来事なのであって、その全貌を把握することのできない人間の狭い視野の中では不当に思えることであっても、時間を超越し、あらゆる因果関係を観渡すことのできる普遍意識の観点からは、公平で起こるべき必然性のある現象なのです。

ひとつの事件には、加害者と被害者は勿論のこと、家族や友人等の周辺で関わる人達、捜査に携わる警察官、それを報道する記者やニュースで知る人達までが、必然的なカルマと学ぶべき課題という共通の波動を持って集まってきています。被害者は今生の過去もしくは過去生において、加害者と同等の行為を加害者の過去生もしくは他の人に対して行っている場合もありますし、後になってから加害者の立場を経験することもありますが、いずれの場合にも魂のレヴェルでは、この度の転生でお互いにこのような関わりを持つことによって、どんなカルマのバランスを取り、どのような学びをするかということを了解し合ってきた結果の出来事ですから、他の魂が干渉すべきことではないのです。

勿論、人間にはその人の意識の進化に応じた自由意志を行使できる範囲がありますから、地上で様々な経験を積むうちに意識が向上して、加害者としての不調和な表現をしないで済む場合があります。このような場合、被害者がカルマ的にその体験をする必要がある場合には、その波動に引かれて別の同じようなカルマを持った加害者が現れてきますし、加害者となることを免れた魂に対しては、そのより善き選択に対して「埋め合わせの原理」がはたらきますから、霊的な向上という、より価値のある報酬が与えられて、全体としては全く不公平が生じないようにバランスが取られます。また、特殊なケースとして、進化した魂が同胞の霊的な成長のために敢えて不調和な表現を行うことさえありますから、こういった問題には深い背景があることを理解しておいて頂きたいと思います。

個人の自由意志には、たとえ不調和な選択をした場合でも、その本人や周囲の人達の魂の学びとなるような側面があります。大師の全智全能をもってすれば、地球上から一切の不調和な現象を取り去るのは容易《たやす》いことですが、仮にそのような影響力を行使したにしても、ひとりひとりの人間の意識がこれまでと全く変わらなければ、同じような不調和な表現をまた始めますから、元の黙阿弥《もくあみ》になってしまうことは火を見るより明らかでしょう。ですからそんな寄り道をさせるよりも、本人が自分に返ってきたカルマによって多くのことを学んで成長するという、自然の摂理《せつり》に任せておいた方が遥かに賢明だと言えるわけです。

実際一九九二年にある国が中東への核兵器の売却を始めたため、大師達の間で核兵器を無力化するべきかどうかという問題が検討されたことがありましたが、それもこの理由で見送られました。大師は勿論、全世界の核兵器でさえも一瞬にして使えなくする能力を持っていますが、そうしなかったのは、自分の行為の結果は自分で刈り取らなければならないという原則に従っているからです。これまでにサイキックな能力（第十四章「潜在能力」を参照して下さい）を持った人が犯罪捜査に協力した例は幾つかありましたが、大師が関与した事例が一件もないのは、こうした事情によるものです。

本章の初めでも詳しく説明しましたように、普遍意識の視点では、個人というものは現象化した想念に過ぎないもので、実相としてはただひとつの生命しか実在していませんから、釈迦やイエスも他の全ての大師達と同じように、正しい視点からは同一の存在です。しかしながら表現の世界では、それぞれの時代や各民族の持つ特殊な事情に合わせた使命を果たすために、普遍意識は様々に異なった経験や個性を持つ「個別化した魂」という表現様式を採りますので、この意味では、二人の大師は別の魂に属しています。同一の魂が大師として地上に二回以上化身することはよくありますが、大師の転生というのは完全に地上的な概念であって余り適切な表現ではありませんし、前にも少し触れましたが、このテーマを取り扱うことには色々と難しい問題が絡《から》んできます。

例えばイエス大師のことを知りたいと思ったとして、およそ二千年前のパレスチナで生きていたごく普通の人達が、彼もしくは彼女の日常の意識レヴェルで見ていたように、現象我（パーソナリティ）としてのイエスの地上生活を知るだけならば、メンタル・レヴェルでアーカシック・レコードにアクセスすれば済むことです。具体的にイエスが語った言葉の内容や、訪れた土地、そこで周囲の人達とどのような関わりをしたのか、彼が、がっしりとした当時でも抜きん出た一九〇センチ近い体躯《たいく》であったこと等は、比較的容易に知ることができますが、もし魂としてのイエス大師の転生や意識活動の全貌を識ろうとするならば、大師の実相における意識のヴァイブレーションに同調しなければなりません、前にも述べましたように、これは大師と同じヴァイブレーションに観察者が在ることを意味していますから、実際上は不可能とも言えます。

この原理はちょうど、山の頂上からは下にあるものが全て見渡せても、麓《ふもと》からは上の景色が見られないという関係に似ています。下から見上げる視点、つまり私達の多くに可能な方法は、その現象我を通して表現されているエネルギーの質、すなわち波動から、異なった時期に地上で表現された現象我が同一の魂である可能性を推測することです。この方法は血液型による親子鑑定に似たところがあって、別の魂の時にはある程度断定できることもありますが、同じ魂の場合には可能性を示すのみで決定要因にはなりません。かつて神智学協会《しんちがく》のC・W・リードビーターが、少年だったジッドゥ・クリシュナムルティの美しいオーラを視て、彼をイエス大師の生れ変りだと誤認したように、常に不確定な要素が残るわけです。勿論、転生の全貌を把握することのできる大師を通して間接的に情報を得ることは可能ですが、全体の目的に一致していない限り、大師が興味本位の質問に答えることはほとんどありませんから、こうした経路からもたらされる情報は余り多くはありません。

およそ二千年前のパレスチナの地に、ナザレのイエスとしての現象我を表現したのは、高度に進化した他の恒星系から、人類の霊的進化という特別な仕事のために太陽系にやって来た魂で、金星のメンタル・レヴェルに滞在していた時にはサナンダと呼ばれ、地球上で聖書に書かれている人物としては、創世記に出てくるエノクとメルキゼデクが、この同一の魂の（地上から見た）過去生に相当します。もう少し詳しく説明すると、この魂はモーゼが地上に来た時にエリヤの魂と共に彼の指導霊をしており、モーゼの魂はエリヤが地上に来た時の指導霊をイエスの魂と共に務め、イエスが魂として地上に表現された時には、モーゼだった魂とエリヤだった魂が彼の指導霊を任されています。このように指導霊と地上でその助けを受ける者との間には、必ずしも進化レヴェルの差があるというわけではなく、地上に肉体を持って視野の制約されている現象我を、肉体を持たないために大きな視野を持つ仲間（霊的親戚関係＝ソウル・メイトとも呼ばれます）が手助けをする、という関係で行っていることがよくあります。

イエス大師のエネルギーを波動的に看ると、古代のインドに化身したクリシュナや、バガヴァン・シュリ・サティア・サイババ大師と同じ、献身と奉仕、それに愛のエネルギーである第六光線に属しています。このエネルギーは気品と精妙な柔らかさを備えた表現を持っており、霊視能力のある人には金色に視えることが多いようです。

ナザレのイエスが誕生した正確な日にちは歴史的には確かめられていませんが、サイババ大師に拠《よ》れば紀元前一年十二月二十四日の午前三時十五分で、少年期の出来事は若干《じゃっかん》聖書にも描かれていますが、十二歳から三十歳になるまでの十八年間については全く記述がありません。当時イエスの周囲にいて現在もその記憶のある人達の証言や、後述する聖白色同胞団の間接的オーヴァー・シャドウによって地上に降された情報、プレイアデス恒星系の集合意識によって行われたアーカシック・レコードのリーディング、そしてサイババ大師の話を総合すると、イエスは十三歳の時ババジ大師に伴われてインドに赴き、ほとんどひとりで神を瞑想し、ヴェーダ聖典を学んだり、潜在能力《せんざいのうりょく》を発現させるためのヨガの修行をしたりしていました。彼の滞在地はインドのスリナガル等の他、チベット、シリア、バビロニア、アッシリア等で、その後エジプトに入って、当時アレキサンドリアやヘリオポリスに存在していた霊的知識を教える学校で学び、最後にギゼーの大ピラミッドの中で秘伝を受けました。彼のように偉大な魂でさえも、肉体に化身すると、無限の叡智《えいち》を汲《く》み上げる井戸がいったんは潜在意識の中に埋もれてしまい、当初は外側の知識に学ばなければならなかったことや、普遍意識が彼を通して自覚に至るには、真理の追求を始めてから実に十二年もの歳月を要したこと等は注目に値するでしょう。

復活後のイエス大師はシリアに赴き、八十五歳までその肉体を保ちました。その期間に日本（青森県の戸来《へらい》村、後に新郷《しんごう》村と改名）へも、縁のある人達に逢うためにマーヤ・ルーパを用いて訪れていますが、用事が済んで大師が急にいなくなったので、後に残された人達は、大師が他界したものと思って墓を建てています。

現在のイエス大師は、主にヨーロッパの民族の精神的、霊的な指導系列に当る聖白色同胞団（グレート・ホワイト・ブラザーフッド）の中心的な存在として、地球生命系の普遍意識を地上に展開させ、人類の霊的な成長を促《うなが》す仕事に携わっています。この聖白色同胞団は全員が覚者で構成されており、肉体を持つ者と持たない者を併せて、一九九三年頃の時点では三百六十名程でしたが、人類の進化と共にこれに加わる人達がいましたので、その人数は時代が進むにつれて増えていきました。

イエス大師は一九四八年には南アフリカ連邦のヨハネスブルグにおいて、ヒマラヤで訓練されたスコットランド人の肉体を用いて、彼自身（正確には普遍意識）のオーヴァー・シャドウに因る連続講話を行っていますし、一九六〇年代の終わりから一九七〇年代の初めに架けては、二人のアメリカ人に七年間にわたりメッセージを送り続けて、人類の霊的向上のための書物を著《あらわ》しています。

地球には、その名前すら知られていない偉大な大師が数多くいることとは対照的に、イエス大師には格別な人気が集まるようで、彼のチャネリングと称するメッセージは世の中に溢れ返っていますが、そのほとんどがイエスの名を騙《かた》った偽《にせ》の情報源からのものであったり、チャネラーの願望が現象化しただけの自己メッセージであったり、一応イエス大師に意識を合わせたものではあっても、情報を受け取る人の理解力の限界や固定観念によってその内容が著しく歪められていたりして、全くと言ってもよいほど参考になりません。

こうしたメッセージを受け取る際に生じる様々な問題については第十五章「チャネリング」で詳しく解説したいと思いますが、著者の知る限りでは前述の二冊の本のみが、その霊的な奥の深さや内容の正確さにおいて、本物であるとお薦めできるものです。前者は"Divine Healing of Mind and Body"（日本語版「心身の神癒」仲里誠吉　訳　霞ヶ関書房）であり、後者は"A Course in Miracles"（日本語版「奇跡講座」加藤美代子　澤井美子　共訳　中央アート出版）ですが、本書の中でもイエス大師の言葉のうちの幾つかは、これらの記録から引用しています。

イエスを表現した魂が再び地上に肉体を持つかどうかについては、多くの人達が関心を寄せているようですが、キリストの再臨という言葉の本来の意味は、ひとりひとりの人間が自分の内なるキリスト、すなわち普遍意識に目覚めることなのであって、特定の魂の表現という幻影に興味を持つこと、つまり外の世界に救世主を求めている意識の段階では本当の救いはないことを、くれぐれも忘れないで頂きたいと思います。

仏教の開祖、釈迦大師についても歴史的な生誕年は確定されていません。これはインドの古代の年代を確定する方法がないことや、後述するような釈迦大師の説法や当時のエピソードの伝承に関して様々な問題があるからです。唯一判っていることは、一八六八年にイギリスの考古学者アーロイス・アントン・フェラーがネパール南部のパタリア（現在のルンビニ）で発見した遺跡の石碑に、インドの古代文字で「アショーカ王が即位後二十年を経て、自らここに来て祭りを行った。ここで仏陀が誕生されたからである」と書かれていたことから、アショーカ王の即位以前の出来事であったということです。

地上に釈迦すなわちゴータマ・シッダッタを表現した魂は、イエスや他の多くの大師達とは違って、地球の現在の長期滞在組（後述する第四進化系）から進化した魂として、初めて普遍意識を顕現しており、いわば生粋《きっ すい》の地球人類（他の恒星系から来たのではない）から出た覚者ということになります。このため歴史には勿論ない超古代文明の頃から地上に転生を繰り返し、人類の進化に関わる数多くの仕事をしながら、桁外れの努力によって解脱を達成しています。

釈迦大師は人類の進化の魁《さきがけ》として、当時の平均的な人達が進化サイクルの二周期（二文明期）先になってようやく獲得するような意識レヴェルに到達していましたから、至福の中で積年の疑問であった人類の苦しみ「生老病死《しょうろうびょうし》」が実在でないということを悟った時、同時に当時の人達に法を説く困難が余りにも大きいことを識って「このまま（実在界へ）お召し下さい」と言ったのですが、指導霊達から彼の地上での使命を果たすように諭《さと》されて、周知のような仏教の起源となるような仕事を成し遂げました。釈迦が行った五年間の難行苦行は解脱という目的のためには全く不要な努力であったことが、彼自身に因って示されていますが、当時の社会では難行苦行して真理を求めるような人達が尊敬されるような状況にあったことや、在来のヒンズー教の形骸化した解釈に捉われていた人達等のために、彼の教えは大きな抵抗に遭《あ》い、最終的に彼は鍛冶屋《かじや》の息子チュンダの手に掛かって毒殺されています。

一般にこの事件は、不可抗力による事故とされていますが、これはイエス大師を裏切ったとされるエスカリオテのユダの事件が、後々まで多くの西洋人達の憎しみと敵意を煽《あお》り立てて、大きなカルマを造り続けた事件に端的に看られるように、弟子や後世の人達がチュンダに憎しみを持つことで生じるカルマを防ぐための、釈迦大師の配慮と慈悲に因って事実が隠されていたのです。本書では既に事実を明かしても良い時期であると判断してこのことを紹介しますが、折角の大師の配慮を無駄にしないためにも、この出来事に否定的な意味を与えないように私達は配慮しなければなりません。

宇宙の完全な愛と調和の表現である覚者は、原則としては殺されたり病気になったりすることはありませんが、その時代の集合意識の反映として殺される役割があったり、ある特別な条件が満たされた時に、帰依者のカルマを引き受けて病気になったりするような場合には、大いなる調和のために、局所的には不調和に見える表現をすることがあります。

釈迦大師が苦行を止《や》めた後、スシャータと呼ばれる娘の持ってきた乳粥《ちちがゆ》を食べて心身を癒《いや》し、そして更に深く瞑想に入って悟りを開いたと言われる菩提樹《ぼだいじゅ》のある場所については、興味深い話があります。

ブッダガヤのこの菩提樹は代替わりをしていて、三千年前の木は当然残ってはいないのですが、その場所のヴァイブレーションは現在でも非常に高く保たれています。サイババ大師に拠れば、そこには当時、ヤントラと呼ばれる図形の描かれた一種のエネルギー変換装置が埋め込まれていて（ヤントラについては下巻、第二十五章「宗教」を参照して下さい）、霊的な昂揚《こうよう》を得ると共に集中力を高め、瞑想中に生じがちな低い波動領域からの影響を防ぐはたらきがあり、ある段階まで修行した人は自然にそのような場所に導かれてきて、その恩恵に与るようになるということです。なお、現在でもプッタパルティのアシュラムの後方にある丘、タポヴァナのヴァタブリカが植えられている場所や、ハイラカン等には、このような地場が形成されています。

釈迦大師を表現した普遍意識を現象的な魂として看た場合、波動的には神の叡智の側面である第二光線に属しており、そのエネルギーを霊視すると紫色に見えることが多いようです。またその転生はおよそ三千年前のゴータマ・シッダッタの後で、一度だけ地上に化身しています。前にも述べましたように、大師の転生を特定するには色々と問題が絡んでくるのですが、クート・フーミ大師とモリヤ大師が、弟子のヘレナ・ペトロブナ・ブラヴァッキーに書かせたと言われる「シークレット・ドクトリン」の中では、釈迦を表現した魂が一三五五年（一三五七年の説もあります）にツォーン・カ・パ（彼の弟子のゲドングル・プ・パは、後にダライ・ラマの始祖となった人物です）として転生し、ゲルグ派（黄帽派）の開祖としてラマ教（チベット仏教）の改革に当ったと説明されています。問題はこの記述をどう扱うかということなのですが、ブラヴァッキーの表現には、実体のほとんどないものを複雑かつ巨大な観念体系に造り上げてしまうという傾向があり、神智学そのものが成立した霊的背景についても、かなり不透明な部分があります。更には、釈迦大師がヘルメス大師の生れ変りであると記述するような致命的なミスも犯していますので、扱いには充分に注意する必要がありますが、この件に関する限り、色々な状況がしっくりと纏まる感じがしますので、このツォーン・カ・パとしての転生が事実である可能性はあると思われます。

C・W・リードビーターによれば、釈迦大師を表現した魂は、毎年五月にシャンバラ（地球の精神階層にある、地球の霊的な中枢《ちゅうすう》のひとつで、時代と共にその表現される場所が変化する）で行われるウエサク祭の時に、地球圏にその姿を表現して祝福のエネルギーを注いでいたと言われます。当時のウエサク祭では、釈迦大師は自らの属する、より高い宇宙階層のエネルギーを変換して、六芒星《ろくぼうせい》や様々な幾何学的《きかがくてき》配列を採る聖白色同胞団の大師達に注ぎます。大師達は自らの媒体を用いて更にそのヴァイブレーションを変換してから、他の参加者や地球の精神階層にそのエネルギーを流すことに因って巨大なエネルギー・チャンネルを形成し、地球生命系の浄化と進化のための仕事（エネルギー・シフト）を行います。

なお、一九九〇年頃のウエサク祭では、聖白色同胞団のエネルギー・センターの役割はイエス大師が行っていましたので、アクエリアスの時代のエネルギーに移行するある時期に、この仕事の引き継ぎが行われたと考えられます。

釈迦大師を表現した魂が、再度地上に如来《にょらい》として顕れるかどうかについては、かつて「衆生《しゅじょう》を救うためには、たとえ三万回でも化身する」と言われた大師の慈悲からすれば充分に有り得ることではありますが、一九八九年の時点では、地上に化身した事実はないことを読者の皆様に報告しておきたいと思います。過去の大師の新たな肉体への化身というテーマは大変興味深いものではありますが、そのような情報に通暁《つうぎょう》していたところで、その人の霊性の向上にとっては何の益もありませんし、肉体を採って表現されている「大師のパーソナリティ」という幻影に捉われてしまうと、真実が観えなくなってしまうということに、繰り返し注意を促しておく必要があります。従ってこの情報は、偽物に惑わされないための基本知識としてのみ役立てて頂きたいと思います。

解脱していない人間と大師との関係では、ちょうど立方体が正方形を含むように、大師の側からはその人の潜在意識の奥底や指導霊達のはたらき、縁のある人達の一挙一動が丸観えになっていますが、地上もしくは精神階層の人達からは、その人の意識の発達に対応する非常に限られた範囲でしか、大師の表現を受け取ることはできません。ですから私達は、自分の受け取ったものに常に主観が入る可能性があり、しかもそれが大師の表現のごく一側面にしか過ぎないという状況を完全に理解した上で、その人が媒体を持つ波動領域（世界）での表現に役立てる必要があります。

大師が地上で肉体を持っている期間に出逢った魂（縁のある人達）は、その時の大師のパーソナリティを通して認識した共通の波動があるために、大師を表現した魂が肉体を持たなくなって、どんなに高い階層の普遍意識に戻っていたとしても、また本人が肉体を離れて様々な意識レヴェルの階層で生活をするようになっても、磁気的な繋がり（コミュニケーション・チャンネル）を保ち続けることができます。従って幸運にもこのチャンネルを持つことができた人は、地上でなければ（ヴァイブレーションが違い過ぎて）逢うことのできない偉大な魂との縁を持つという、貴重な霊的財産を手中にしたことになります。

インドで「地上に肉体を持って人間として産れることは極めて稀なことであり、その人生の中で神、すなわち大いなる生命に関心を抱くのは更に稀なことであり、神に関心を持った人間が大師に出逢うことはまた遥かに稀なことである」と言われるのは、そうした意味あいがあるわけです。

POTENTIAL

第十四章　潜在能力

後述するような、普遍意識《ふへんいしき》を顕在化《けんざいか》するための具体的なトレーニングに入ると、途中の過程で、その人にとっては非日常的な、様々な現象が現れてくることがあります。また過去生において色々なヨガの修行をしていたり、巫女《みこ》や霊媒《れいばい》等をやっていたことのある人や、太陽系の他の惑星もしくは他の恒星系での生活経験のある人等は、普通の人に較べると幽体《ゆうたい》が発達しているために、物質レヴェルとは別の波動領域で外界を知覚したり、外の世界にはたらき掛けたりすることができる場合がよくあります。

本来は私達の多くが日常知覚している物質世界も含めて、実在のレヴェルに到達する（普遍意識が自覚に至る）以前に遭遇するどんな出来事も心で造り出した幻影にしか過ぎないものですし、精神階層では、何らかの先入観として心に持っているものは、全てその人の世界に現象化する（信じているものが現れる）という厄介《やっかい》な仕組みがあるので、その人の役割上、精神世界の全貌《ぜんぼう》を把握しておかなければならないというような場合は別にして、関わりを持つ必要のない世界（波動領域）には、余り予備知識を持たない方が良いという考え方もあります。

その一方で、未知の体験に出会った時に不必要な恐怖心を抱いたり、混乱を招いたりしないために、様々な現象の背景について理解しておくことには価値があると思いますので、本書ではある程度の範囲で、比較的よく遭遇する現象について説明を行うことに致します。

なお、未知の体験に出合って混乱するのは常に自我意識であって、普遍意識にとっては、未知のものなど何ひとつないことをよく理解しておいて頂きたいと思います。

二十一世紀の初め頃までの地球人類の多くは、人間は最も進化した生命の表現形態であると考えていましたが、その当時の人類の平均的な進化レヴェルを基準にしても、まだまだ進化の途上にあり、様々な未開発の潜在能力を内に秘めていました。この章では、それ以前の時代にも一部の人達には発現されており、その後、次第に多くの人達にも行使できるようになった幾つかの潜在能力について、順を追って説明を進めてみたいと思います。

前にも触れましたように、地球生命系では肉体を持つほとんどの人達が、物質レヴェルという、共通した波動領域を知覚することのできる肉体の器官を持っているために、共通のものを見、共通のものを聞き、共通のものに触れることのできる、宇宙の中では極めて特殊な表現の場が創られています。ところがアストラル・レヴェルからメンタル・レヴェルまでの波動領域では、意識がそれぞれの人の表現媒体に起こし得るヴァイブレーションに因《よ》って現象面を参照するので、同じ状況に意識の焦点を合わせたとしても、見る人の数だけ違った光景が見えることになります（もしも複数の人達が共通する波動を持っていれば、その共通する波動の部分だけが同じ光景に見えます）。このような背景があるために、幽界《ゆうかい》すなわちアストラル・レヴェルからメンタル・レヴェルの視力が使えるようになったとしても、それは自分の出しているヴァイブレーションの世界を現象化しているのだということと、自分の見ている光景が唯一絶対なのではなく、そこにある状況の無限の側面の中から、ひとつを見ているに過ぎないという点を充分に理解しておくことが大切です。

潜在《せんざい》能力には、本書ではサイキックと呼ぶ使い方と、スピリチュアルと表現する顕現《けんげん》の方法の二種類があり（より正確には二つの側面と理解した方がよいでしょう）、現象的には同じように見えますが、その原理と発現できる能力の範囲は全く異なるものです。

サイキックな能力というのは、エーテル・レヴェル、アストラル・レヴェルおよびメンタル・レヴェルの媒体を現象我の意識で使用して、五官の範囲を超えるもの（五官の延長に過ぎない）を知覚したり、それぞれの波動領域における外界にはたらき掛けたりするもので、その人の媒体の持つ性質（ヴァイブレーション）によって、能力の大きさやその機能が左右されます。これは同じ人間でも、スポーツの得意な人やピアノを弾くのが上手《うま》い人、料理の腕の良い人や絵が上手《じょうず》に描ける人、計算の速い人や記憶の正確な人等、色々な能力の違いがあることと同じです。こうした才能がその人の人間性とは無関係であるように、様々な潜在能力を持っていることと、その人の霊格の高さとは何の関係もありませんから、充分に注意して頂きたいと思います。

サイキックな能力は、色々な霊的トレーニングの結果としても現れてきますが、そこには必ず霊性の進化という主目的があるべきで、サイキックな能力の開発自体をトレーニングの目的とすることは、色々な面で問題があることを特に警告しておきたいと思います。

まず人間の各波動領域の媒体が充分に浄化されていないうちに、言い換えれば心の中に不調和な波動が残っている状態で様々な知覚能力が生じてくると、普通の魂《たましい》にとっては全く関わる必要のない、低いヴァイブレーションの領域に無防備のまま晒《さら》されることになり、自分ではコントロールできない外部の力に翻弄《ほんろう》されて、恐怖や苦痛に苛《さいな》まれ続けるといったケースがよくあります。ある人の場合には事情が全く理解できないまま、幽界の存在者と一晩中戦い続け、朝起きると肉体に痣《あざ》が残っていることもあり、心身共に疲れ果てていました。

このような状況では、自分がそのような存在を引き付ける恐怖心や戦う波動を出していることに気付いて、ヴァイブレーションを変えれば済むことなのですが、そのためには自分の心を完璧にコントロールすることのできる強靭《きょうじん》な意志の力を行使するか、心を浄化して、そのような迷妄の世界と感応するような不調和な波動を完全になくしてしまわなければなりません。

サイキックな能力に付随するもうひとつの問題点は、個人意識、すなわち自我で動かせることができるために、間違った使い方をする危険性があるということです。これまでにも度々説明してきましたように、自分と他人という区別は、地球の特殊な表現の場の性質のために出来上がった幻想に過ぎないのですが、意識の未熟な段階では自分という個人が存在すると思い込んでいますから、他人に対して優位に立ちたいとか、個人的な欲望を満足させたいというような利己的な動機でサイキックな能力を使用する可能性があり、このような場合にはその人に与えられた能力を誤用したわけですから、大きなカルマを造ることになります。

イエス大師を捕まえにきた兵隊に対して弟子のペテロが抵抗しようとした時に、大師が「私が父に願って、天の使い達を十二軍団以上も、即座に遣《つか》わして頂くことができないとでも（お前は）思っているのか」（マタイによる福音書　第二十六章　五十三節）と言ってペテロを制したように、イエス大師がスピリチュアル、すなわち普遍意識の持つ様々な潜在能力を、現象我としての自分自身のためには一度も用いなかったのも、彼が全体としてものを観ていたことの当然の結果であったわけです。

それからこれは時折起こることなので特に注意しておきますが、無理なサイキック能力の開発を強引に行ったために、精神に異常をきたしたり、肉体の機能を破壊したり、甚《はなは》だしい場合には、肉体が燃えて黒焦《こ》げになってしまうようなことも起こります。これは脊椎の中心に位置する体温をコントロールする機能を持った、ピンガラー（太陽）とイダー（月）と呼ばれる一対の通路に流れているエネルギーのバランスが崩れることによって生じるもので、自然発火現象と呼ばれ、幾つかの報告例があります。

またインドでは蓮華座《れんげざ》（右の足首を左足の太股《ふともも》の上に乗せ、左の足首を右足の太股の上に乗せる、瞑想の際によく用いられる姿勢）に足を組んだままの人を、高い所から落としてムーラダーラ・チャクラに衝撃を与え、クンダリーニ・エネルギーを上げるという（これらの用語については下巻、第二十三章「霊的向上の方法と瞑想」で説明します）乱暴な行法をやっている人達もいて、ごく稀《まれ》に何らかの体験をする人と引き換えに、大勢の身体障害者や死者を出しています。

潜在能力は肉体と精神の浄化に真面目に努めることによって自然に顕《あらわ》れてくることが常道であり、決してそれ自体の開発を目的とすべきではないことを、繰り返し強調しておきたいと思います。

エーテル・レヴェルからメンタル・レヴェルに至る各波動領域の人間の媒体には、ほとんど無限といっても良い程の各種の潜在能力が秘められていますが、これらはあくまでも現象に属するものですから、それらの総《すべ》てを創造している主体、あらゆる出来事の背後に実在している真理を識ることの方が、遥かに価値があるということを忘れてはなりません。

このことについて寓話的なエピソードがありますので紹介しておきましょう。

かつてマクドナルド・ベインというスコットランド人がある大師とヒマラヤの旅をしている時、ツァンポ河の近くにある洞窟にひとりの行者が暮らしていました。彼はここで二十二年の間修行をしているというので、それだけの時間で何を習得したのかと大師が尋ねると、その行者はツァンポ河を歩いて渡ることができると答えました。そのほかには何も習得していないことを知った大師は「君は随分人生を無駄にしたね」と嘆息《たんそく》します（「解脱の真理」 三百六頁 M・マクドナルド・ベイン 著 仲里誠桔 訳 霞ヶ関書房）。

精神階層で次から次へと現れてくる現象は興味の尽きない世界ではありますが、そこに関心を奪われていると幾らでも時間を浪費することになってしまい、霊的な進歩という、魂本来の目的を見失って人生を終えてしまうことが非常に多いのです。現象ならば私達は、毎日の生活で飽きる程見ているということを、もう一度思い起こして頂ければと思います。

前述しましたように、サイキックな潜在能力は個人意識で使うことのできる範囲のものですが、これに対してスピリチュアルな能力は、普遍意識がはたらかせる能力のことを言い、その人の各波動領域の媒体や指導霊を含む背後霊団が宇宙と一体化してそのエネルギーを通過させるため、完全な調和の中で総ての目的が成就《じょうじゅ》され、その能力には限界がありません。サイキックな方法では、各波動領域の媒体を視野の制約された自我意識で用いるために、全体との関係を把握せずに動かしたエネルギーが色々なところで歪みを造り出し、その結果として外側の世界から様々な反作用（カルマ）を受けますが、スピリチュアルな能力は、個的表現媒体が普遍意識のコントロール下に置かれることで初めて発揮されるものですから、外側の世界の影響を受けることは全くなくなります（普遍意識は総てであるため、外部というものは存在していないことを思い出して下さい）。また、元々利己性を持っていない普遍意識の中ではカルマそのものが存在しなくなりますし、普遍意識はあらゆる出来事を把握することの可能な完全な視野から、総ての波動領域における一切の媒体を管理していますから、一体化がきちんと成されていれば事故が起きることはあり得ません。

それではサイキックとスピリチュアルの能力の違いについて、幾つかの具体的な例を採り挙げて観ていくことにしましょう。

（1）病気治療（ヒーリング）

初めに病気治療（ヒーリング）が行われる際の両者の違いを比較してみたいと思いますが、その前に病気とは何であるのかということについて、二十一世紀初頭までの西洋を中心として発達してきた医学的知識とは別の観点から説明をしておきたいと思います。

人間の病気は心で思うことや言葉で話すこと、そして具体的な行為によって表現される、その人の生き方のどこかが自然の摂理《せつり》に反している時に、様々な波動領域に表現されているその人の媒体相互間の連鎖関係が上手くはたらかなくなり、生命エネルギー（プラーナ）の流れが妨げられることに因って、高次媒体（心と神経系統を表現している）や肉体に色々な不調和が生じてくるものです。ここで生命エネルギーという抽象的な表現をしたのは、二十一世紀初め頃までの科学者が物理学的な概念として用いてきた熱とか力とか、光といった物質的レヴェルで知覚されるエネルギーの表現様式だけではなく、エーテル・レヴェル、アストラル・レヴェル、そしてメンタル・レヴェルにおける、生命としての側面のより顕著《けんちょ》な、様々なエネルギーの表現様式を含んでいるためです。

想念の身体への影響には、私達の多くが考えていた以上に大きな力があり、物質的なものにのみ執着して霊的な世界には関心を全く払わなかったり、自分さえ良ければというような利己的な考えを持っていたり、また、「こうでなければならない」とか、「こうしてはいけない」というような固定観念によって雁字搦《がんじがら》めになっているために、自分の思い通りにならない状況に直面して葛藤《かっとう》していたり、憎しみや恐怖心といった否定的な感情によって心が占められたりしていると、これらの高次媒体に生じて不調和な波動が、よりヴァイブレーションの低い下限媒体（存在物の各波動領域の媒体のうち、一番低い波動領域にあるもの、地上に表現している人間の場合には肉体がこれに相当します）に反映されて、肩凝《こ》りから末期癌《がん》までのヴァラエティに富んだ症状を現象化することになります。ここで現れてきた症状が何であるかということは、ほとんどどうでもよいことであって、過去生から現在に至るその人の生き方が自然の摂理に反している、別の言い方をすれば、その人が愛の欠如した状態にあることを自覚させるための自然の警告という点では、全く同じ意味を持っています。

私達のうち多くは、このような各媒体の不調和が最終的に心や身体に現す症状を病気として見てきたわけですが、このような不調和は本来、原因である自然の摂理に反した生き方を改めることによって取り除くべきものですから、最終結果として現れてきた肉体の病巣《びょうそう》を切除したり、他人の臓器と取り換えたり、様々な化学薬品を注入したりすることは、文字通りの対症療法に過ぎません。二十一世紀初頭までの西洋を中心として発達してきた医療技術の一番の問題点がここにあるのであって、原因をそのままにして結果だけ辻褄《つじつま》を合わせようとするわけですから、仮に症状が回復し、治療が功を奏したように見えても、それは一時的なもので、いずれ再発したり、他の病気になったりすることが非常に多くあるわけです。

医療技術が進歩して、様々な病気の治療法が生み出されるにつれて、より複雑で治療困難な病気が次々と現れてくるのはこうした背景があるからで、本来は病気を治すことを直接の目的にするのではなく、病気を自然の摂理に反した警告と見做《みな》して（その原因は必ずしも今生で造っているとは限りませんので、因果関係を特定することが面倒な場合もありますが）、心で想い、言葉で語り、身体で行為する生活の全面を観直《みなお》し、自然と調和した生活に戻すことで、結果として病気もなくなるというのが正しい対応の仕方です。

このことは対症療法を全面的に否定するものではなく、急場を凌《しの》ぐには医療に頼る選択も必要な場合が多々あるのですが、その際には必ず原因を顧《かえり》みることが不可欠で、真の原因を放置したまま、症状を取り除くだけで問題を先送りにすることは、カルマの上塗りをするようなものだということを銘記して頂きたいと思います。

このことには勿論《もちろん》、多様な側面があって、自然療法に拘泥《こうでい》する余り、状況によっては極めて効果のある化学薬品の使用を拒否し続けて、事態を非常に悪化させてしまう人達もいますし、反対に、特定の症状の改善しか目的として見ていない安易な薬品の使用によって、原因の本質的な解決にならないばかりではなく、様々な副作用を発生させて、問題を更に複雑化させてしまうケースも非常に多くあります。また、病巣の切除も（虫垂炎など）やむを得ない場合があるものの、不必要なもの等、何ひとつない肉体の完全なはたらきを崩すことと引き換えに行うのだということを、きちんと把握しておいて頂きたいと思います。

このことに関連しますが、特に臓器移植は、全体でひとつである人間の身体に他の要素を持ち込むという、不自然な行為であることを警告しておかなければなりません。自然法則として他人の臓器が体内に入ることを拒む免疫反応が存在するのは、ちゃんとそれなりの理由があるのであって、単純に免疫反応だけを、薬品を使って抑え込めば済むというような問題ではないのです。

具体的な例をひとつ挙げてみるとすれば、臓器には当然のことながらエーテル体やアストラル体等の肉体より精妙な高次媒体があるわけですが、高次媒体にはその人の個人的な性質やカルマに関わる波動がありますから、臓器の提供者（ドナー）が大きな問題を持っていたような場合には、その影響を受けて非常に複雑な事態になることがあるのです。勿論大きな視野で観れば、そのような臓器提供者に出逢《であ》うのも必然であり、自分の負うべきでないカルマが現れた場合には、埋め合わせの原理がきちんとはたらきますから損も得もないのですが、今回の地球と魂にとって極めて大切な転生において、そんな寄り道をして遊んでいる暇はないはずです。

輸血もまた、他人の波動を体内に入れるという点では同じ要素があるわけですが、現実の問題として輸血をしなければ肉体の維持が困難な状況に直面した時に、どのような対応をすべきかという状況に際しては、霊的な側面からも判断をする必要があります。

献血した人のカルマに基づく様々な未知の問題を抱え込む可能性を容認した上で、患者の今生での残された使命のために、敢《あえ》て輸血に踏み切ることがやむを得ない場合もありますし、反対に肉体の維持に執着することが、本人や周囲の人達の魂の成長のためには、却《かえ》って有害な場合もあるからです。

なお、ここで言及している「その人が今生にてやり遂げるべき使命」というのは、霊的に価値のある仕事という意味ですから、本人や周囲の人達がどんなに重要だと確信していても、普遍意識の視点からはどうでもよいことである場合がほとんどだという点も理解しておいて頂きたいと思います。

かつてサイババ大師の帰依者《きえしゃ》が献血を行った時、五千人の血液提供者がいたにも拘《かかわ》らず、エイズ検査で陽性の出た血液が全くなかったことがありましたが（『たま』八十八号　たま出版）、このように輸血に関わるカルマを大師が消滅させた特殊な事例もあります。

赤十字の方々や献血に協力する人達の熱意や奉仕の精神は大変貴重なものですが、輸血という行為はこうした複雑な問題に関わる選択ですので、その背景を充分に理解した上で対処する必要があるわけです。

生命エネルギーによるヒーリングも、多くの場合には対症療法的なレヴェルで行われることが多いのですが、患者の霊的な成長やカルマ、治療家の能力等、全ての条件が完璧に調っている時には全体との一体化の調整が魂のレヴェルにまで達するので、結果的に完全な治療が為されることもあります。生命エネルギーに因るヒーリングの原理は、如何《いか》なる不調和な状態を表現している人であっても、その本人の調和に必要な波動スペクトルが必ず存在しているという事実を前提にしています。

薬が病気に効くことがあるのも、二十一世紀初め頃までの西洋医学で考えられてきたような化学反応による効果よりも、波動に因る影響の方が遥かに大きく、このことは化学薬品の持つ波動をＮＭＲ（核磁気共鳴）を用いて測定し、同一の波動だけを患者に与えると治癒《ちゆ》する現象によっても確かめられています。

患者を調和に導く波動の媒体は、その時に必要なヴァイブレーションさえ持っていれば、美味しい食べ物であろうと、自然に恵まれた環境であろうと、植物から抽出した精油（エッセンシャル・オイル）であろうと、あるいは美しい絵や音楽であろうと何でも構わないのですが、地上に存在するものの中では、最も広範囲にまたがるヴァイブレーションを持つ人間の身体、すなわち治療家の各波動領域の媒体を使うことが、完全なる調和、すなわち愛を顕す上ではいちばん理《り》に適《かな》っていると言えます。

エネルギー・ヒーリングは、最終結果である肉体に現れた症状を扱うのではなく、患者の表現媒体のいずれかの波動領域から、治療家の媒体を経由させた生命エネルギーを送り込むことに因って、滞《とどこお》っていたエネルギーの流れを回復させ、患者の様々な波動領域における表現媒体の連鎖関係を正常な状態に戻すということが、基本的な原理です。なお、ここで「滞っていたエネルギーの流れ」というのは、一般に考えられているような三次元的な経絡《けいらく》だけではなく、原因から結果に向かう流れ、つまり創造の本源から現象の表面である物質レヴェルへの生命の奔流《ほんりゅう》が主体であることに注意して頂きたいと思います。

ヒーリングに際して使用できるエネルギーは、患者と治療家、更には肉体を持たない奉仕者の媒体間に共通して流すことのできる波動スペクトルに限られますから、治療家と患者の相性が非常に重要なものになります。

その分野の権威と言われるような治療家に長年かかっていて治療効果の上らなかった患者が、たまたまその治療家が留守の時に若いお弟子さんの治療を受けたところ、劇的な改善が見られたりするようなことがあるのは、その弟子が非常に進化した魂である場合の他に、このような相性や過去生のカルマが関係していることがあります。

実際にヒーリングを行う場合、サイキックな方法では、治療家自身のエネルギー（正確には、治療家が自我意識で限定している宇宙全体のエネルギー）を使用しますので、治療家の身体を維持しているエネルギー量がそのまま放出できるエネルギーの限界になり、重症の患者を治療したり、短時間に大勢の患者に接したりすると、ひどく消耗する場合があります。また治療家の媒体の性質や熟練の度合いにもよりますが、治療の反作用として患者の持っていた不調和な波動を逆に受け取ってしまうことがあり、長年にわたって治療家をやっていた人の場合には自らの健康を損ねたり、早死にしたりする人達もいます。

それに加えてサイキックな方法では、治療に際して使用するエネルギーを自分でコントロールしなければなりませんから、物質レヴェルの医学的知識は勿論のこと、様々な波動領域における人間の表現媒体の性質とそれらの相互作用に関する知識を初めとして、精神的、霊的法則について深く理解していることが不可欠になります。その他、補助的な手段として患者の身体やエネルギーの流れを透視したり、オーラの状態を霊視したり、場合によっては患者の指導霊と話したり、病気の原因を過去生に遡《さかのぼ》って調査することのできる能力が求められる等、正確で効果的な治療を行うためには、多岐にわたる高度な霊的能力と専門知識が必要です。

またヒーリングに際しては、純粋に治療の過程だけが進行するわけではなく、治療家の精神的、肉体的傾向の全てが波動として患者に伝わりますから、治療家が人格的に大きな問題を持っていたり、健康状態が良くなかったり、たまたまその時に不調和な想念を持っていたりすると、患者にとっては却って害になることもあるのです。

実際、ヒーリングをしてもらった直後の患者の心に、憎しみの想念が次から次へと湧いてくるので、当初は患者自身が潜在意識下に抑圧していた不調和なエネルギーが解放（クリアランス）されたのだろうと考えていたところ（このような現象はよく起こります）、実は治療家がこのような不調和な波動を持っていたために、患者がそれを受け取ってしまい、反対に治療家を患者がヒーリングする形になってしまった場合があります。また治療家が患者にとって適切なエネルギー量を把握していなかったために、患者の媒体に入る限りのエネルギーを注ぎ込んでしまい、患者を却って危険な状態に陥《おとしい》れてしまったケースもあります。

このようにサイキックな方法を用いる限りにおいては、充分な医学的、精神的、霊的背景の理解なしにヒーリングを行うことは大きな危険が伴うものであり、いわば幼児にメスを持たせて外科手術をさせるようなものであることを銘記しておいて頂きたいと思います。

これに対してスピリチュアルなヒーリングの方法では、治療の全過程は無限の叡智《えいち》である普遍意識の管理下に置かれるために、患者と治療家、そして精神階層の奉仕者のあらゆる状況は完全に把握されており、仮に治療家が表面意識では何も知らなかったとしても、治療家の意識が愛のみに向けられることに因って普遍意識の通路と成ることができれば、治療の全ての過程において、常に適切かつ完璧な対応をすることが可能になります。スピリチュアルなヒーリングでは、治療家は宇宙の本源から来る無尽蔵《むじんぞう》のエネルギーと無限の叡智の通路としてはたらくだけなので、使用するエネルギーの量には限界がなく、ただその通路と成る治療家の媒体と意識の状態によって、単位時間に流すことのできるエネルギーの量と、その質が制限されるだけになります。

このような本来の状態では「自分の生命を愛する者はそれを失い、この世で自分の命を捨てる者は、それを保って永遠の生命に至るであろう」（ヨハネによる福音書　第十二章　二十五節）という聖書の言葉通り、エネルギーを与えれば与える程、その非利己性によってエネルギーの通路が開かれて、より高いエネルギーの媒体と成ることができますから、スピリチュアルなヒーリングでは、治療を行えば行うほど治療家は進化し、よりパワフルに成って往きます。

また無限のエネルギーと一体化していれば、治療家は患者からの反作用は一切受けなくなります。これはちょうど、ボートの上に乗って他のボートを押せば、自分も同じ割合で押し戻されることに対して、岸の上からボートを押せば、自分は動かずにボートだけ動かせるという関係に似ています。ボートと地球とは厖大《ぼうだい》な質量の差があるために、ボートだけが動く様に見えますが、完全調和の無限大のエネルギーの前には、いかなる不調和な波動もゼロになってしまうわけです。従ってスピリチュアルな治療状態を維持することは、患者にとっても治療家にとっても理想のわけで、そのためには治療家も患者も（少なくとも治療の間だけは）分離感を持たないように努力することが大切です。

治療家にとっては、いかに高いヴァイブレーションに感応することができるかという点が、彼もしくは彼女を通して流すことのできるエネルギーの質や、普遍意識に因る治療過程の支配力を左右しますから、治療家の高次媒体のヴァイブレーション、すなわち意識状態が、治療効果の主要な決定要因になります。これらは治療中に絶対的な愛のみを意識するように心掛けることや、日常生活の中でも心に想うこと、言葉で語ること、身体で行う行為の一切を、どれだけ深い愛の表現として実践することができたかによって培《つちか》われていきます。

この他、感受性の強い治療家の場合には、患者の不調和な波動を自分の高次媒体にいったん移して、その後自分のヴァイブレーションを上げて浄化するという身代わり的な治療法もありますが、この方法では浄化が上手くいかなかった場合に治療家に様々な問題が生じますので、実際に用いることはお勧めできません。

ここでは概念の理解のために二通りに分けて説明を致しましたが、実際のヒーリングの過程では、完全なサイキック・ヒーリングとか、完全なスピリチュアル・ヒーリングと言えるような状態は起こり得ません。もしも宇宙の本源からエネルギーの供給を全く受けなかったとすれば、治療家自身が生存することができませんし、反対に宇宙と完全に一体化できるほど進化した魂であるならば、（大師を別にすれば）地上に肉体を通して表現をしているはずがないからです。従ってヒーリングに際しては、治療家の意識がどれだけ非利個的であるのか、どれだけ奉仕の精神を持ち、どれだけ愛に満ちているかに比例してスピリチュアルな傾向が強まり、その分だけ多くの、質の高い援助を背後から受け取る事が可能になります。

この背後からの援助というのは、実相としては普遍意識、すなわち宇宙そのものが行っているわけですが、個別化が為される表現領域では、治療家の持つ愛の波動に引かれて様々な波動領域の援助者が集まってきて、治療に協力するという現象になります。こうした援助者は地上時代に医療関係の仕事をしていた人達を中心とする精神階層の奉仕者や天使達で、キリスト教系の霊団では、地上時代に医者だったルカが大きな役割をしています。

精神階層からの援助には、通常は治療家や患者に縁のある人達が関わることが多いのですが、意識レヴェルの高い奉仕者は相手の選《よ》り好みをしないので、護摩《ごま》を焚《た》いて祈祷《きとう》する密教の僧の周囲で、キリスト教の天使達が治療に協力していたというような、興味深い事例もありました。

治療に際しては、治療家が愛そのものを顕すということが、スピリチュアルなヒーリングを行う上では絶対的に必要な条件です。従って治療家が病気に対して恐怖心や嫌悪感を持っていたり、患者を自分より低いものとして見下すような心の動きがあると、その分離感が覿面《てきめん》に作用してヒーリングの質を落としますから、充分に注意しなければなりません。特に治療家が利己的な目的、例えば虚栄心や金銭欲のためにヒーリングを行えば、ヴァイブレーションが低下してスピリチュアルな援助を受け難くなりますから、その分だけサイキックな傾向が強まり、治療効果も下がるので、色々な問題が生じ易くなってきます。

また、ヒーリングは全ての人に対して無償で行うことができればそれに越したことは有りませんし、患者の経済状態によっては無償にするような臨機応変な対応ができることも大切ですが、地上で経済活動が行われていた間は、治療家も生活のためにお金が必要でしたので、金額が良心に照らして適切な範囲であるなら、治療費を取ることは差し支えなかったわけです。

この他、医者の見放した末期癌患者が全快した場合のように、劇的な治療効果が現れた時等、患者や周囲の人達が治療家を円奉《たてまつ》る傾向はどうしても存在しますから、治療家は単に患者自身が持っている自然治癒《ちゆ》力を引き出す手伝いをしているに過ぎないということ、別の言い方をするならば治療を行うのは自分ではなく、大いなる生命（神＝普遍意識）なのであって、自分は借り物である自分の肉体やその他の媒体を、本来の所有者である大いなる生命に使って頂いているだけであるという、謙虚な態度を保つことが必要です。

なお、このような百パーセント他力的な認識は、高慢という危険な落とし穴に引っ掛からないためには大変良い方法なのですが、「偉大なる神と小さな自分」という分離の波動が含まれていますから、解脱に至る最終段階では手放さなければなりません。

「私自らは無に等しい。しかし私の中で神がはたらかれる時、私は総てで在る」（イエス大師）。

ヒーリングの最も大きな意義は病気を治すことに有るのではなく、患者の意識を真理に目覚めさせ、その人が自然の摂理に合った生き方をするように変わることで、この地上により多くの調和をもたらすことができるという点にあります。仮に病気が治ったとしても、本人がまた、今まで通りの自然法則に反する生き方を続けるようであれば、彼もしくは彼女は気付きの大きなチャンスを逃したことになりますから、治療家は単に病気を治すことに止《とど》まらず、患者に対して自然の摂理を理解させるような、カウンセリングを行うことが非常に重要な仕事になるわけです。実際にヒーリングの仕事に携わっている人達の現場の体験では、患者は病気さえ直してもらえば、今度こそ自然法則に適った愛と奉仕の生き方をしたいという必死の思いでやってきて、その時点では決して嘘ではないのですが、どの医者からも見放されたような病気が奇蹟的に治ると、いったんは大感激して喜ぶものの、日が経つにつれて、またそれまでの不調和な生活に戻って物質的な欲望に溺《おぼ》れ、利己的な行為を繰り返すようになっていく人達が余りにも多いということも、また事実なのです。

このような場合にはいずれまた病気が再発したり、その他の違った形の現象で学ばされることにはなりますが、わざわざ遠回りをさせるよりは、本人が心底気付くまで手を施《ほどこ》さないほうが良い場合もあるわけです。

病気には、自然の摂理に反する生き方をした場合に、その不調和な表現が際限なく続けられることを阻止する目的で、肉体の機能を働かなくしたり、苦痛を生じさせることで、本人に間違いを気付かせるといった大切な目的があり、こうしたケースでは、患者がそのことを自覚するまではヒーリングは功を奏さないのが普通です。ところが稀に、治療家が非常に強力なヒーリングの能力を持っていたりすると、このような患者でも治ってしまう場合があるのです。これは患者にとっては折角の気付きの機会を奪われたことになってしまい、魂の成長という観点からは却ってマイナスになるということを治療家は理解しておかなければなりません。著者の友人にも、このようなケースに出逢った治療家が一名程いますが、いずれも患者や治療家自身の指導霊から叱責《しっせき》を受けたそうです。

また、特殊なケースとして、病気が我々の想像を超えた大いなる目的のために生じていることがあり、こういう場合にもヒーリングは上手くいきません。それではここで、別の友人が体験した貴重な事例を御紹介しておきましょう。

ある方の子供さんが七、八歳の頃に高熱で倒れ、その後意識の戻らないまま、ベッドに寝たきりの生活をしていました。医者も匙《さじ》を投げた状態で子供が十六歳位になった頃のこと、親御さんとしては藁《わら》にもすがる想いで、ある種の能力のある著者の友人に子供を診《み》てもらえないかと頼みました。その人は治療家ではありませんでしたし、病気が治せるとは思っていなかったのですが、ともかく出掛けて、横たわっている子供の傍《かたわ》らに立ちました。その時、彼女の意思とは無関係に、彼女の意識は子供の額の部分から身体の中に吸い込まれたのです。

悪臭のする臓器や血液が見えるかと思いきや、周囲は宇宙の様相。無数の星に取り巻かれて、それはそれは美しい世界でした。平泳ぎをするようにして進んでいくと、光り輝くピラミッド型の輪郭《りんかく》が見え、「その頂点に立ってみたい」と思った瞬間に、彼女の意識はその場所に在りました。そこは過去、現在、未来が同時に存在する世界。金色の奇妙な字体で書かれている文字が見えたのですが、漢字を余り知らない彼女は、初め「来るな」と書かれていると思いました。そう思った瞬間、彼女の意識はお臍《へそ》のあたりから外に出て、最初のように子供の傍らに立っている肉体に戻りました。周囲の人に彼女の見てきた文字を尋ねると、それは「如来《にょらい》」という文字だったのです。

その時、寝たきりの子供が手を動かしました。ちょうどその場に手話の読める人がいたので、翻訳すると「私はあなた方（両親）の父であり、母である」という意味だったのです。これはつまりこういうことです。ある家系が自分達では解消できない程のカルマを持っていた場合、本来カルマのない世界にいる高度に進化した魂が大きな病や障害を背負ってその家系に子供として生まれ、その子供を周囲の人達が慈《いつく》しみ育てることで、その家系のカルマが解消されるという神の経綸《けいりん》なのです。両親はそのことを完璧に理解して涙を流し「これからいつまでもこの子を大切に世話します」と語りました。

ヒーリングを仕事にしている人達によく見られる傾向として、過去生において武士や軍人、あるいは山賊《さんぞく》などをやっていて、大勢の人を殺したり、傷付けたりしたようなカルマを持っているケースがあります。正確に言うと前者のように職業として人を殺さざるを得ない場合と、後者のように利己的な動機が絡んでいる場合とではカルマの性質が異なっており、霊的な成長に関して異なったプロセスを辿りますが、人を殺したという点については共通の部分がありますので、今生で治療家をすることによって埋め合わせをするケースがあるわけです。

第十一章で採り挙げた事例のように、過去生において誰かに殺されたり、傷付けられたりした人達の今生の病気の原因には加害者の波動が含まれていますから、他の誰でもない、その当事者同士の波動に因って調和されることが一番自然であり、このような時には、かつて加害者であった治療家の元に、被害者であった人（正確には共通の魂）が患者として引き寄せられてきて、その人の治療をすることでカルマのバランスが取られるわけです。

このような場合に、過去生で造られた憎しみや怒りのエネルギーが色々な形を採って現象化されることがありますが、患者にとっても治療家にとっても、愛のみで接し切れるかどうかが互いのカルマを清算するための鍵になりますから、他のあらゆる場合と同じように、対応を疎《おろそ》かにしないように心掛けることが大切です。またこのようなカルマ的な関係が含まれていない場合でも、治療家が愛の波動で患者に接することは、患者の心が造り出している生命の本源との現象的な分離を和らげ、患者の内に在る自然治癒力を発動させる通路を開く上で、非常に大きなはたらきをします。

ギリシャ神話の中には、人間の上半身と馬の下半身を持ったケンタウロス族の学者ケイロンが、医術の神でもある太陽神アポロンの息子、アスクレピオスに医術の英才教育を施した後、次のような言葉で彼を送り出す場面があります。

「病人や怪我《けが》をした者に薬を与え、充分な手当てをしてやればそれで良いというものではない。医者として一番大切なことは、いつでも優しい心で苦しむ人や怪我人を労《いたわ》り、力付けてやることだ。医者の温かい心遣いで、病人はどんな苦しみも我慢することができるのだ。患者の心の支えになってやれる医者でなければ、どんなに医術に優れていようとも、決して良い医者とは言えない。このことをいつも忘れないようにしなさい」（「星座と神話」　山主敏子　著　ポプラ社）。

具体的なヒーリングの方法については無数のやり方が存在していて、治療家の数だけ違ったスタイルがあるといってよく、同一の治療家であっても、患者ひとりひとりに対して、また治療家の能力や患者の容態の変化によっても随時異なってくるので、他の全ての場合と同じように、一般論として語るのは無理な面があります。例えば、治療家が自分の幽体の手を患者の身体の中に入れて、患者の幽体（肉体の器官とほぼ同じ形状の上部媒体があります）を正常な状態に調《ととの》え、修正した幽体を雛型《ひながた》にして、物質レヴェルの肉体の患部に正常な状態を現象化させたり、幽体レヴェルの不要で不調和な波動のヴァイブレーションを物質レヴェルの波動にまで下げて、釘とか、その他の物質に変換させて、それを患者の幽体から抜き取るといったような特殊な技術が数多くあります。しかしながら、それらの全体を網羅《もうら》するには量的に無理がありますし、その方法を知識として知ったところで、適切な指導者の下で訓練を受けなければ実際に使うことはできませんから、ここでは最もオーソドックスかつ応用範囲の広い、生命エネルギーを用いるヒーリングに限って、その幾つかの例を見ていくことにしたいと思います。

まず、マッサージのように肉体に手などを直接触れて患者にエネルギーを送り込むやり方がありますが、このような場合にも、物質レヴェルだけではなく高次媒体の波動領域で、治療家と患者の間に様々なヴァイブレーションのエネルギーが交流していることが普通です。患者の肉体の不調を訴える部分に手を当てる（手当という言葉はここから来ています）という方法は最も一般的な形ですが、必ずしも肉体に直接接触する必要はなく、手を患者の身体の上方に翳《かざ》すだけでもそれに近い効果が得られますし、患者には指一本触れずに傍らに静かに座って、あるいは隣の部屋やたとえ遥かに遠方からであっても、普遍意識に同調するだけでヒーリングを行うことが可能です。

他の全てのことと同様に、ヒーリングに際しても意志をどのように扱うかということが大変重要です。実際、確固とした意志を持って命令するだけで、下がった胃の位置を元の状態に戻したり、曲った背骨を真っ直《す》ぐにしたりすることが原理的には可能ですが、このようなやり方で治療をすると、霊的な知識を持たない人には不信感を与える場合がありますから、他の治療のスタイル、例えばマッサージ等と併用することが無難です。これについて西洋文明の影響下にあるほとんどの国では、法律による認可を受けないで、治療行為として患者の肉体に触れることは禁止されていますので、医師の資格を持っていない人がヒーリングを行う場合には、治療行為とは認められないような形式で行うか、少なくともマッサージや鍼灸《しんきゅう》等の各種医療行為の資格を取って患者に接した方が、不必要な混乱を招かずに済みます。

霊視能力のある治療家の場合には、患者のオーラを見て暗い部分（生命エネルギーが枯渇《こかつ》している）に手を当ててエネルギーを注入したり、エーテル体のプラーナの流れを観察しながら、停滞しているところに意識を集中して、治療家の意志の力で強制的にプラーナを循環させるという方法を採ることもあります。七つのエネルギー・センター（チャクラ）のうち、患者の症状に関係しているエネルギー・センターに手を当てて、治療家を経由したエネルギーを注ぎ込むというのもよく行われるやり方ですが、治療家が熟練してくると、徐々に指導霊や普遍意識の意志に同調するようになるため、必要な場所に自然に手が動くようになってきます。なお、人間の高次媒体にあるエネルギー・センターについては、下巻、第二十三章「霊的向上の方法と瞑想」で取り扱うことに致します。

病気の別の原因として、意識の進化に伴って本人の媒体に表現されている様々な領域の波動が精妙化されて往く過程で、相対的に低いヴァイブレーションのエネルギーが消えて逝く時に、そのエネルギーを病気という形で肉体に表現することがあり、このような場合を浄化と呼びます。風邪《かぜ》はこうした浄化作用の典型的な例に当るものですが、ひどい風邪をひいた後に慢性病が治ったり、症状が軽くなったりすることがあるのは、こうした形での浄化が上手くはたらいた結果と言えます。

このようなケースでは、風邪に伴う発熱やその他の症状は浄化の過程で必要な現象ですから、肉体に極度な負担が掛かるような場合にはやむを得ないとしても、薬品を使って人為的に体温を下げたりすることは好ましくありません。なお、インフルエンザのようにウィルスがプロモーター（病気を生じさせる原因）のひとつになっている場合でも、外的な原因のように見える出来事が、実際には内的な原因（カルマや心の波動）によって引き寄せられていることがあります。外の世界に現象化されるものは常に、内にあるものの反映であるからです。

精神階層の比較的高い波動領域では、空間的な距離というものは存在していませんから、幽体レヴェル以上の波動領域でヒーリングのエネルギーを流す時には、治療家は必ずしも患者の近くにいる必要は有りません。

このような治療方法を遠隔《えんかく》治療（アブゼント・ヒーリング）と呼びますが、患者が重傷で移動することが困難な場合や、治療家と患者のいる場所が遠く離れていて、通うことが時間的、経済的に困難な場合等には大変便利な方法です。また患者が病院に入院しているような場合に、二十一世紀初め頃までの社会事情では、エネルギー・ヒーリングそのものに対して病院側の理解が得られるとは限りませんから、患者に直接接することで時折生じる、医師との無用なトラブルを避ける目的で遠隔治療を行うこともよくありました。

遠隔治療では、治療家が心の中で患者の現象我を意識することで相手の幽体がチャネルされ、ヒーリングのエネルギーが注がれますが、患者と治療家が（今生では）まだ会ったことがない場合には、患者の写真や名前、あるいは患者と治療家の双方を知っている人の幽体を手掛りにしてエネルギーを送ることもできます。また治療家にその能力があれば、患者の魂を意識することに因り、魂から肉体に至る全ての波動領域において、治療に必要とされるヴァイブレーションのエネルギーを送ることさえ可能です。

遠隔治療では、治療家自身の送るエネルギー（正確には治療家を経由して送られるエネルギー）も勿論使われますが、多くの場合には治療家の奉仕の動機に引かれて、精神階層の奉仕者が広大な波動領域の中から患者の幽体を探し出し、彼らもまたエネルギーの中継点となって、ヒーリングが行われます。

前にも述べましたように、スピリチュアルなヒーリングでは、治療家が完全な調和で在る愛のみに意識を合わせることができれば、必ずしも顕在意識でヒーリングの過程を自覚していなくても良いのですが、治療家の意識が無私の奉仕により進化して、顕在意識が普遍意識のレヴェルに及ぶと、患者の過去生にさえ及ぶ病気の原因から現在の状態、そして行われているヒーリングの全ての過程とその意味の一切を、一望の下に把握することができるようになります。

（2）霊視能力

人間の持つ様々な潜在能力の中でも一番ポピュラーで解り易いものは、高次媒体で外界から受けた波動を視覚化する霊視能力でしょう。普通、霊能者と言われるような人の持っているサイキックな霊視能力では、エーテル・レヴェルおよび、アストラル・レヴェル、そしてメンタル・レヴェルにおける、その人にとっての顕在意識に当る波動領域の媒体が用いられますが、外の世界からの波動を受け取るためには、霊媒体質の人と同じように幽体が発達していて、幽体のオーラが肉体のオーラの外にはみ出しているか、肉体が充分に浄化されていて、肉体のオーラが高次媒体の知覚能力を妨げないくらいに精妙化されているか、あるいは額にあるアングニャ（アジュナ）・チャクラと松果腺が発達していて、幽体と肉体との連絡通路が完全に開かれていることが必要です。

霊視能力の芽生える初期の段階では、空中に星のような輝きの一点が見えたり、そのような点が視野のある範囲、あるいは全体に現れたりすることもあります。意識が定かでない時に何かがちらちらと見えて、慌《あわ》ててはっきりと見定めようとすると、意識が物質レヴェルに引き戻されて見えなくなるといった現象も起こります。

サイキックな霊視能力では、ある程度の客観性があるのは物質レヴェルと共通性のあるエーテル・レヴェルだけで、ちょうどレントゲン写真や超音波の断層撮影でも見るように、その場にあるものが透けて見え、生命エネルギーであるプラーナの流れが光って見えたり、物体が放っているエネルギーが様々な色彩として見えたりします。

アストラル・レヴェルおよびメンタル・レヴェルでは、個人個人によってその媒体の波動スペクトルが異なるために、見える光景は完全に主観的なものになるということに気を付けて頂きたいと思います。第六章で詳しく説明しましたように、現象界というのは表現された波動であり、それを見る人の主観的な（人によって異なる）波動で参照することに因り、両者の波動が干渉して、見る人の心の中に外の世界の映像を造り出すわけです。したがってアストラル・レヴェルおよびメンタル・レヴェルにおいては、見る人の数だけ違った世界が存在することになりますが、その全部が完全に無関係なわけでもなく、共通の波動を持っている部分は同じに見えるということになります。

私達の多くが物質レヴェルで充分に経験しているように、視覚的に見えるということは、見る人に対して強い説得力を持つものですし、精神階層ではその人が信じていることが現象になって現れるという厄介な仕組みがあるので、その人に見えているものが、その人の心が造り出した幻影（マーヤ）であり、その場に起こっている出来事の無限の側面のうちの、たったひとつに過ぎないものであるという実相を正しく理解するには、しばしば困難が伴います。いわゆる霊能者と言われる人の用いる霊視能力のほとんどがこのレヴェルのものですから、未来を予知したり、過去のカルマを見たり、あるいはその場にあるものを調べたりといった作業の全てに主観が介在することになり、色々な間違いが生じる要因になるわけです。それではこのことを具体的な事例を挙げて説明することにしましょう。

例えば誰かが自分の過去生はこのようなものであるという強い思い込みを持っていたとすると、本人は勿論のこと、第三者がその人のオーラをリーディングした（読み取る）時にも、その人の心が造り出した過去生が客観的なヴィジョンであるかのように見えてしまうことがあります。その上、本人の意識の変化に伴ってその人の認識も変化すると、第三者にはその新しいヴィジョンが見えるという現象も生じますので、精神階層におけるこの手の問題の取り扱いは、大変に面倒なものであるということを理解しておいて頂きたいと思います。

この他に精神階層の住人が、何らかの目的であるヴィジョンをその人のオーラに印象づけるということがあります。こういう場合にはその人にとっての外界が見えているわけではないのですが、本人にとってはそれが自分が見ている光景なのか、それとも誰かから受け取ったヴィジョンなのかということを判断することは、余程経験を積んでいる人でない限り、難しいということを覚えておいて下さい。

これらに対してスピリチュアルな霊視能力は普遍意識が関与するもので、サイキックな霊視能力のように限定された波動ではなく、物質レヴェルからメンタル・レヴェルの最上層に至るまでの、全ての波動で現象面を参照しますから、上空から地上の光景を観降すように、それぞれの波動領域でサイキックな観察者が見ている光景の一切と、その実相を把握することができます。サイキックな霊視では、特定の時空間にチャネルするような例外を除けば、ちょうど肉体を通して外の世界を見る時のように、幽体を通してその波動領域の外界が見えるだけですが、普遍意識では全体が自分で在るために、意識の焦点を創れば任意の時空間を見ることもできますし、意識を拡大すれば、その魂の進化の度合いに応じて、地球圏全体、太陽系全体、太陽系が属する恒星系全体、銀河系全体といった広範囲な領域の、特定の時間的拡がりを一望することさえ可能になります。

なお、ここでは説明の都合上視力に限って言及していますが、普遍意識のレヴェルでは、肉体の五官に相当する知覚の全てを、それぞれ比較のしようもない程の精妙で多彩な表現として認識することができますし、五官には存在しない感覚や、個的意識の感情や想念、その他のあらゆる精神活動を、絶対的な至福の境地に在る巨大な意識に因って統合していますから、その実相については、読者の方々のおひとりおひとりが御自分で体験して頂く他はないことを、重ねて強調しておきたいと思います。

(3) 空中浮揚

人間の空中浮揚《ふよう》現象は、一見すると通常の物理法則を無視しているかのように思えるので、自分の目で実際に目撃したことのない方にはなかなか信じ難いことかも知れませんが、インドでは、体育館のような所で一度に大勢の人達が浮かび上がって「誰が何センチ上がった」等と、競技会のようなことさえやっていますから、取り立てて珍しいことではありません。

空中浮揚現象にもサイキックとスピリチュアルの違いがあって、現象的には同じように見えますが、その原理は全く異なっています。サイキックな方法では、主に脊椎《せきつい》の中を流れる生命エネルギーの活性化によって、普通の状態では測定器に掛かるか掛からないかという程度の電磁気的な力を、体重に打ち勝つ程大きくすることが可能になるという原理に基づいて、身体と床、もしくは身体と地面との間に電磁気的な反発力を生じさせることによって浮き上がります。このため、その力は物理法則の通りに距離の自乗に反比例してはたらき、ちょうど体重と反発力が同じ大きさになる高さで、バランスが取れて静止することになります。従って体重が軽く、エネルギー的にパワフルな人ほど高く上がることになりますが、床や地面から離れると、それだけ浮き上がる力が減少しますので、際限なく上昇していくようなことは起こりません。また空中浮揚ができるようになった初期の段階では、生体エネルギーが意志の力で完全にコントロールされていないことが多く、その大きさの変動も激しいため、現象としてはぴょんぴょん飛び跳《は》ねるような動きになることがよくあります。

これに対してスピリチュアルな空中浮揚では、本人の表現媒体が質量を持たなくなるために（光子《こうし》には計測可能な質量はありません）重力の影響は全く受けなくなります。スピリチュアルな空中浮揚は、物質的な意識レヴェルから見ると、覚者《かくしゃ》が空中に静止していたり、自由自在に飛翔《ひしょう》する現象として観察されますが、普遍意識の観点からは、現象界に表現されている特定の時空間に、自らの意識のはたらくひとつの焦点として、ひとりの人間の姿を想念として置くだけなので、そこが地上であろうと空中であろうと全く同じことなのです。宇宙の創造原理の一切を司る普遍意識は、想ったことが即座に現象と成り、その現象を起こすための自然法則と成りますから、私達が経験として知っている僅《わずか》かの範囲の自然法則を超越した、あらゆることが可能に成るのです。

実際のところ、私達が経験的に知っている、自然法則のうちのかなりの部分は、地球生命系を創造した時に大師方によって設定されたもので、現象界に元々あったわけではないことを知っておいて頂ければと思います。かつてミラレパ大師のところにやって来たヨガ行者《ぎょうじゃ》が、大師に自分の技を自慢しようと空中に少し浮き上がって見せ「お前にこれができるか」と言ったところ、大師は蓮華座《れんげざ》に足を組んだままの姿勢で、彼方《かなた》のカイラス山の頂きに飛び去ってしまったという逸話がありますが、このようにサイキックな能力とスピリチュアルな能力との間には、文字通り天と地の差があるわけです。

この他に空中浮揚には、この二つの原理とは無関係に、幽界の悪戯者《いたずらもの》が持ち上げていたという事例もありますから、私達は現象だけで惑わされないように注意することが必要です。


アストラル・レヴェルからの操作で質量のある物体を動かすには、物質原子とアストラル・レヴェル粒子の両方に作用することのできる、中間的な波動領域の媒体が必要になります。

普通この二つの波動領域を物理的に関連させる媒体は、地上に肉体を持っている霊媒体質の人間の、主にエーテル体から引き出されて使われ、用が済むと元に戻されますが、このような、物質レヴェルに何らかの現象を起こすために用いられる場合には、この媒体を特にエクトプラズムと呼びます。

エクトプラズムはある種の幽界からの操作によって、肉眼には見えない状態のまま、重量のある物体を動かせるだけの剛性《ごうせい》を持たせる方法があり、この充分な強度を持ったエクトプラズムの棒の一方の端をアストラル・レヴェルに、もう一方を物質レヴェルに合うように波動調整して、肉体を持ち上げたり、物体を浮かせたり、物を叩いて音を出したりするわけです。この操作に用いる技術は、アストラル・レヴェルからエーテル・レヴェル、そして物質レヴェルにまたがる自然法則を用いた、幽界での科学的成果であり、十九世紀末位に実用化されたもので、それ以前にはこの種の現象は存在していませんでした。

エクトプラズムを用いるアストラル・レヴェルからの物質の操作の仕組みについては、W. J. Crawford の "Experimental in Psychic Structures" や "Reality of Psychic Phenomena" 等に詳しい研究があり、日本語では「神智学大要」第二十四章「エクトプラズム」(たま出版)に、同書からの引用があります。クラウフォードの実験によると、剛性を持つエクトプラズムの棒は、箔検電器《はっけんでんき》のような高圧低電流の回路には導電性を示しますが、ベルを鳴らすような低圧大電流の回路には絶縁性を示すという、人間の肉体と同じような電気的特性を持っていることや、この棒を使って机などを持ち上げた場合に、その場に居合わせた人達全員の体重の合計が、ちょうどテーブルの重さと同じだけ重くなるという、興味深い結果も報告されています。なお、この実験で用いられた箔検電器とは、空気を抜いたガラスの中に二枚の金属箔を吊るした測定器具で、プラス同士、あるいはマイナス同士の電荷が反発する性質を利用して、静電気が溜ると、二枚の金属箔が左右に開くことでこれを検出するものです。

アストラル・レヴェルの住人の中には、こうした物質レヴェルに関わることのできるテクニックを持っていて地上近く（の波動）におり、なおかつ暇な人達がいて、地上に肉体を持っている人間に悪戯をして喜ぶことはよくあるのですが、このようなアストラル・レヴェルからの操作による空中浮揚の場合には、その波動領域の霊視能力を持っている人が見れば、即座に状況が判明してしまいます。このような場合、騙《だま》された人達は被害者なのかというとそうではなく、持ち上げられた当人も幽界生活時代に同じような悪戯《いたずら》をしていたカルマがあったり、空中に浮かび上がることで皆の注目を集めたいといった欲望を持っていたりして、そのような悪戯者を引き寄せる要因になるような波動を自ら出していたわけです。

（4）瞬間移動（テレポーテーション）

普通テレポーテーションとは、空間的に遠く離れた場所に瞬間的に表現媒体を移動させることをいうのですが、エーテル・レヴェル以上の波動領域では、このことは普通の現象として起こりますので、物質レヴェルにおいてのみ、この言葉は特別な意味を持つことになります。更に、元々空間が存在していない（表現されていない）波動領域に生き、かつ表現されたあらゆる波動領域に偏在する普遍意識にとっては、移動という概念自体が有り得ないということをまず理解しておいて下さい。ただ現象の上では、自らの意識のひとつの焦点としてはたらく人間の姿形を、普遍意識の想念として、表現された任意の波動領域と時間および空間の中に置くことが、その波動領域の視点からは「覚者がそこにいる」という出来事になるわけです。反対に普遍意識に因って人間の姿形を置かれていない波動領域と、時間および空間の任意の座標では、実相においては偏在しているにも拘らず、現象としては「そこにいない」という出来事になり、両方の境界では「消えた」「顕れた」あるいは「移動した」という出来事になるわけです。このような事情であれば、ひとりの覚者が同時に複数の場所にその表現体（姿形）を置くことができたとしても、それは単に普遍意識の想念の用い方の違いに過ぎないということを理解して頂けるのではないでしょうか。

その分野に関心のある人達の間ではよく知られている米海軍の「フィラデルフィア実験」は、当初はレーダーに軍艦が写らないようにするステルス技術の開発を目的として行われたものですが、電波を錯乱するために使われた大型のテスラ・コイルによって発生した、高周波の強力な電磁場が造り出した空間の歪《ひず》みが、テレポーテーションに必要な幾つかの条件を揃えてしまったために、船のテレポーテーションという前代未聞の現象を引き起こしたわけです。この実験に際しては、関係者の誰もが現象の起きた背景を全く理解していなかったために、未知の状況に直面して混乱した意識の状態が雑音になって、普遍意識の展開を妨げてしまったことも、事態を悪化させた原因のひとつでした。

もしも初めからテレポーテーションを目的とした実験を行うのであれば、テスラ・コイルから発生する磁界の精密な制御を行って、船や乗組員の空間的な配置を表現する波動をコントロールし、高次階層の原形を保ちながら、物質レヴェルに再構築（現象化）するための操作をしなければならないのですが、実験を行った人達がこうした分野に関する知識を全く欠いていたために、エネルギー的な暴走状態を造り出してしまい、船が元の場所に再物質化された時には、一部の乗組員の肉体が船体に食い込んで合体してしまうといった現象が起こりました。その他にも、肉体は独立して物質化されたものの、テレポーテーションの際に生じるヴァイブレーションの変化と、テスラ・コイルの強力な電磁場に耐えることができなかった乗組員に、精神的、肉体的に重大な後遺症が生じたため、この実験は中止されてしまいました。

この事例では、地上の人間が勝手に行った実験であったために大きな混乱を招いてしまったわけですが、予《あらかじ》め精神階層の対応する役割の人達ときちんとコミュニケーションを取っておくことができたなら、全く違う結果になった可能性もあることを附記しておきます。あらゆる行為は、全体との調和の中で行われることに因ってのみ、佳《よ》い結果をもたらすのです。

普遍意識に因らずに、サイキックな方法でテレポーテーションを行うことは、不可能とまでは言いませんが、著者はそのような事例を知りませんので、ここでは肉体をその場に置いたままで、エーテル体やアストラル体、もしくはメンタル体で移動する現象を扱うことにします。

地球上に人間としての表現を行っている大勢の魂達の中には、動物から進化したばかりの魂の一部に見られるように、高次媒体が未発達なためにアストラル・レヴェルやメンタル・レヴェルにおいては、個的意識が自分や外の世界をはっきりと認識することができずに、ほとんど活動していない場合も例外としてはあります。

しかしながら大抵の人は、睡眠中に肉体からの幽体離脱《ゆうたいりだつ》をしたり、アストラル・レヴェルでの移動を行っていますので、ここでは意識的に幽体離脱ができて、かつ精神階層での体験の記憶をある程度まで地上に持ち帰ることのできる場合に限って、潜在能力として扱うことに致します。

意識的な幽体離脱ができるためには、アストラル・レヴェルおよびメンタル・レヴェルの媒体が充分に発達していて、しかもそれらを肉体とは独立した媒体として行使することに慣れている必要があり、過去生においてハタ・ヨガ等で幽体を発達させる修行をした人や、地球圏のアストラル・レヴェルやメンタル・レヴェルに相当するような波動領域の生命の表現の場（太陽系の地球以外の惑星や他の恒星系等）で生活をしていた人、地上への転生で前の転生と次の転生との間の幽界での滞在期間が比較的長期にわたった人達等に、このような能力が多くみられます。

また交通事故や臨死体験の後で幽体離脱が可能になった人達もいますが、幽体を思い通りに扱えるようになるためには、その魂の相対的な過去生での体験をも含めて、ある程度の練習が必要です。これは肉体を纏ったばかりの赤ちゃんが、地上の状況に慣れて自分の身体を上手く操《あやつ》れるようになるまでに、それなりの時間が掛かることと全く同じです。

始めに触れましたように、「遠くに移動する」という意味合いを持っているテレポーテーションは、その名称からして地上的な概念で、本来ひとつのもので在る実相の中に、空間とか距離は存在していませんから、普遍意識の中で（物質的ヴァイブレーションに表現されている）特定の空間や時間を表現している波動にチャネルするという、ただそれだけのことをしているに過ぎません。意識のヴァイブレーションが高くなれば、こうした実相に近い状況が観えてきますし、地上的な固定観念に制約されている波動領域の幽界では、物質世界の影響を顕著に受けていますから、時間空間感覚も地上のそれに近くなり、想っただけでその場にいるという現象だけではなく、移動するというような感覚で場所を変えることもよくあります。

アストラル・レヴェルおよびメンタル・レヴェルでの行動範囲は、その人の意識がチャネルしているヴァイブレーションが表現する、それぞれの世界の範囲に対応しており、逆に言えば、その人の意識レヴェルによって行動範囲が制約を受けることになります。一般にヴァイブレーションが高くなる程、広範囲の表現領域を持っていますから、メンタル・レヴェル上層部での行動範囲は、ほぼ地球圏全域（空間的なものだけではなく、波動領域のこと）に及びます。

反対にヴァイブレーションが低くなると行動できる範囲は狭くなり、周囲が比較的高いヴァイブレーションに囲まれていると、そのヴァイブレーションよりも低い意識レヴェルでは、中に入ったり外に出たりすることができなくなります。これが結界《けっかい》の原理で、放っておくと色々と不調和な表現をする幽界の未熟な同胞を、一定の期間限られた場所に閉じ込めておいたり、特定の場所のヴァイブレーションを高く保って置くために、外部から不調和な波動を持ち込めないようにする目的で用いられます。日本では青木ヶ原の樹海等が前者の例で、後者の典型的な例は皇居や神社にみられます。なお、分離意識を持った個的表現は、自由意志を妨げることなく進化させることが宇宙の決まりですから、どんなに不調和なことをした存在であっても、永遠に閉じ込めておくことはできませんが、全体の目的のために一時的に隔離することはよく行われます。

現在の地球生命系は、他の恒星系から転生してきた多くの魂達の貢献によって、アストラル・レヴェルおよびメンタル・レヴェルにも、他の恒星系と共通した波動領域が幾つか創られており、これらを空間のトンネルとして用いる、限られた範囲での恒星間移動も可能にはなっていますが、真の意味で太陽系外に出る（卒業する）ということは、太陽系の所属する恒星系レヴェル以上の普遍意識が、その人の魂を通して自覚に至ることを指しています。普遍意識の顕現は、地球生命系という巨大な結界に閉じ込められていた魂が「天翔《あまかけ》る者」となる、正に偉大な出来事であるわけです。

（5）物質化現象

物質化現象は、神の創造力である意志の力を、物質レヴェルの原因想念となるヴァイブレーションで行使することに因って、偏在する無限のエネルギーに、高次媒体や物質原子の表現様式を採らせるもので、現象的には何もない空間から突然に物が顕れるために、様々な潜在能力の中でも特に華々《はなばな》しい印象を見る人に与えます。

物質化現象も、二十一世紀初め頃までの科学者の知っていた僅かな範囲の物理法則からは有り得ないように思われていましたが、およそ百三十八億年前に現在の宇宙が創生された「ビッグ・バン」も、ひとつの巨大なあらゆる物質化現象ですし、宇宙の塵《ちり》が高次媒体の雛型に添って集まり、様々な天体が形成されたのも物質化現象です。物質化現象は、原因想念のレヴェルに起こされた宇宙としての意志が、波動干渉に因って瞬時にヴァイブレーションを下げて、最終的に物質レヴェルに現象化されるという点で、基本的に宇宙の創造過程と同じ仕組みが用いられます。

以前の章でも触れましたように、私達の多くの日常的な感覚では、物質が存在していることは恒常的な出来事に思え、物質が何もなかった所から突然現れたり、それまでは存在していたものが突然消えてしまったりすることの方が異常な現象として感じられますが、そもそも物質がこの世界に存在できる（物質レヴェルに媒体が表現されている）ということは、物質を構成している様々な粒子（超紐《ちょうひも》の考え方では、高速で運動するエネルギーの紐《ひも》に相当します）を表現するための、一切の自然法則がはたらき続けているからで、これらのうち、たったひとつの力（例えば、原子核を構成する陽子や中性子を結び付けている核力）でさえも、もしこの現象世界から引き揚げられてしまったとすれば、一瞬にしてこの物質世界は消滅してしまうということを、私達の多くは忘れてしまいがちです。再三繰り返しますが、この現象世界は、常に創造され続けているために恒常的に見えるのであって、それらを維持している力が存続している間だけ存在できる、束の間の現象に過ぎないのです。

物質化は、この創造原理のはたらく波動領域において原型となる想念を起こし、それを維持したまま意識のヴァイブレーションを下げて、物質レヴェルまで持ってくるだけの単純な操作で行われます。しかしながら、この波動領域で明確な想念をはたらかせることのできる大師は、全体の目的という必然性がない限り、人前で通常の自然法則を超える現象を見せることはありませんから、物質化現象を目撃できる機会はそう多くはありません。

シヴァ・マハアヴァタ―・ババジ大師は、現象を見せてほしいと願った弟子のラヒリ・マハサヤに、次のように語っています。

「真理は真面目な求道者のもので、物見高い野次馬のものではない。目で見せて人に信じさせることは容易なことだ。しかし、そこには魂の探究心の芽生える余地はない。感覚を超えた真理は未熟な唯物的懐疑《ゆいぶつてきかいぎ》主義を克服したものだけが発見し得るのだ」（「あるヨギの自叙伝」　三百二十四頁～三百二十五頁　ＳＲＦの承認により転載）。

「見て信じる者は幸いであるが、見ないで信じる者は更に幸いである」と言ったのはイエス大師ですが、彼が二匹の魚と五つの大麦のパンを増やして五千人の群衆に与えた時にも（ヨハネによる福音書　第六章　九節）、人々は奇蹟が起こったと喜んで、空腹が満たされるとそれで満足してしまい、霊的なパン、すなわち彼ら、彼女ら自身の内にも同じことのできる力が備わっているという真理には気が付かなかったのです。

また、あるヒマラヤ大師の元で物質化現象を学んだ人が、他の様々なサイキックな能力を持った人達と超能力合戦をやっていた時に、その場には黒山の人だかりができて、大勢の人達が取り巻きになったものの、普遍意識を顕現する段階まで付いて来た人は皆無《かいむ》に近かったという実例もありました。大師達がほとんどの場合、全ての人に内在する神の能力を示す目的では物質化現象を用いることがないのは、現象に興味を魅《ひ》かれる人達は、結局現象レヴェル（迷妄の世界）に留まってしまうという事例が、数多く繰り返されてきたからです。

それでは大師は絶対に物質化現象をして見せることはないのかというと、あらゆる制約を受けず、融通無碍《ゆうずうむげ》なる普遍意識には、必ず例外というものがあります。南インドのプッタパルティに肉体を置いていたバガヴァン・シュリ・サティア・サイババ大師は、子供の頃から飴《あめ》や鉛筆を物質化して友達にあげたり、チトラパティ川沿いの丘にあるタマリンドの木に、林檎《りんご》や無花果《いちじく》、マンゴーなどの違った果物を実らせたりして遊んでいました。

大師は肉体を離れるまでは、アシュラムを訪れた人達にビブーティと呼ばれる聖なる灰や、お守り等を物質化して与えていました。厳密《げんみつ》に言えば、大師は物質化現象とテレポーテーションを使い分けていたのですが、これは純粋な物質化には大きなエネルギーと並外れた集中力が必要とされるため、現象的には同じように見える方法で代用していたようです。しかしながらサイババ大師は手抜きをしていたわけではなく、ある日本人の帰依者に対しては「よく見ていなさい」と手の平を上にして目の前に差し出し、そこから筍《たけのこ》が生えるように仏像が顕れてくるという現象を見せています。それを貰った人が国内に持ち帰り、金属研究所で調べてもらったところ、X線で透視しても全体が完全に均質だったとのことでした。通常の方法で融《と》けた金属を鋳型《いがた》に入れて成型した場合に、細かい気泡が混じることは避けられないので、一体どのようにして作ったのか不明だという結果でした。その他、比重がアルミニウムよりも軽く、色は金色で、材質についても解らなかったそうです。

また、少し大がかりなテレポーテーションとしては、イエス大師が二千年前に架けられた十字架から採った木材で創ったという、ミニチュアの十字架をクリスチャンのヒスロップ博士に与えたことがありました。その際にサイババ大師は「探すのに苦労しました」と博士に語ったそうですが、後でこの十字架の放射線年代測定をしたところ、およそ二千年前のものであることだけは判明しています。

このようにサイババ大師は、他の大師達の間でも極めて個性的な表現をしていますが、それがどのような配慮の元に行われているかについては、色々な推測があります。

まずインド独特の宗教的な事情があること。彼のその転生（サティア・サイババ）での目的のひとつが平均的な人々の意識レヴェルをそれなりに引き上げることにあり、将来の地球上でプレマ・サイババとして相対的な未来世の彼ら、彼女らの解脱を視野に入れていること。物質的なもので満足する段階の人達には、欲しがるものを与えることもまた愛の表現であることや、そのことを通して大師が本当に与えたいものに気付かせる等々の理由が考えられます。実際、大師は普遍意識を顕現する段階の高弟達には別の接し方をしていました。

「あなた達の中に、息子がパンを求めるのに石を与え、魚を欲しがるのに蛇《へび》を与える者がいるであろうか」

「真《まこと》の愛については何も解っていないあなた達でさえ、自分の子供達に対する物の与え方を知っているならば、真の愛そのもので在る神は、御自分に求める人達に対して、一体どれほど佳きものを与えられるであろうか」（イエス大師　"Divine Healing of Mind and Body" P36, L-12 −L-17　日本語版「心身の心癒」六十八頁　第二話　三十三節〜三十四節　引用文の訳は著者）。

物質化現象と見た目では非常に紛らわしい現象として「品物の引き寄せ」という、幽界レヴェルの自然法則を用いたテクニックがあります。これは物質のヴァイブレーションを上げて原子を一時的に分解し、エーテル・レヴェルもしくはアストラル・レヴェルで移動させてから、目的の場所でヴァイブレーションを下げて、再び形を採らせるものです。この方法は、現象的には何もない所から物が突然現れてきたように見えますから、物質レヴェルの視点からは純粋な物質化現象と区別することができませんが、原理的には一種のテレポーテーションに過ぎません。

一度バラバラになった品物が元の形に戻ることが可能なのは、高次媒体の中に生じている、その品物を構成している物質原子の空間的配置を表現する波動が保たれていることと、比較的低い波動領域を使用して移動する場合には、中間媒体も形状を保ったまま空間を移動するために、これらの表現する原型に合わせて物質原子が再構成されるからです。こうした一連の作業は、熟練した人であれば自分の（個人的な）意志だけで行うことができますが、このような作業に慣れている幽界の存在が手伝っている場合もあり、何らかの事情でこうした幽界の存在の援助が得られなくなると、能力がなくなる人もいます。

この他にも比較的特殊な事例として、本来の創造過程を行使するのではなく、幽界のある波動領域に接触できる協力者を得て、サイキックな物質化現象を行った記録があります（「あるヨギの自叙伝」百八十八頁～百九十三頁で紹介されているアフザル・カーンの例）。この場合には、創造の起点となる波動領域に原因想念がありませんし、行使できる意思のエネルギーが有限であるために、現象化した物質の存続期間が短いという特徴があります。

幽体の潜在能力を発動させるためには、ある程度の集中力と確信、そして熟練が必要ですが、周囲の人達がこうした現象について理解していない場合には、それらの人達が造り出している疑いの（否定的な）想念に打ち勝つだけの、充分なエネルギーを作り出さなければ結果は生じません。覚者の場合には全く問題がありませんが、自我意識の人がこのような立場に置かれた場合、こうした圧力をクリアすることができずに、ついインチキをしてしまい、それがバレて現象そのものが否定されてしまうことがよくありました。

（6）その他の潜在能力

氣功術は意識を使って行うエネルギー操作ですが、通常は個人意識で行われますので、分類上はサイキックな能力ということになります。しかしながら氣功術を修練する人がその究極に至ると、自ら発したエネルギーが二十八星宿《せいしゅく》を周って戻ってくる雲遊周天《うんゆしゅうてん》のような、普遍意識でなければまず行うことが不可能な技もありますから、潜在能力は何であれ、その究極においては普遍意識の展開に至るということができます。なお、二十八星宿とは天球を黄道に沿って二十八等分したもので、東の蒼竜《そうりょう》は角《すぼし》、亢《あみぼし》、氐《とも》、房《そい》、心《なかご》、尾《あしたれ》、箕《み》。北の玄武《げんぶ》は斗《ひきつ》、牛《いなみ》、女《うるき》、虚《とみて》、危《うみやめ》、室《はつい》、壁《なまめ》。西の白虎《びゃっこ》は奎《とかき》、婁《たたら》、胃《えきえ》、昴《すばる》、畢《あめふり》、觜《とろき》、参《からすき》。南の朱雀《すじゃく》は井《ちちり》、鬼《たまほめ》、柳《ぬりこ》、星《ほとほり》、張《ちりこ》、翼《たすき》、軫《みつかけ》の、それぞれ七宿ずつに分けられます。

氣功を実践する場合、普遍意識の展開に因る全知全能の管理下においては、現象界におけるいかなる問題も生じることは有りませんが、それ以前の、個人意識で行うサイキックなエネルギー操作の場合には、本人や指導者が技術的に未熟であったり、生体エネルギーの法則に無知であったりすると、エネルギーをコントロールすることができずに暴走状態になることがあり、精神に異常をきたしたり、肉体を破壊したりすることがありますから、興味本位でエネルギー操作に深入りすることは、大きな危険を伴うものであることを警告しておきたいと思います。

これまでに挙げた潜在能力は、専門家の間で知られているもののうち、ごく一部に過ぎないもので、実際には人間の能力には無限の可能性があり、本章の初めのところでも述べましたように、基本的にはその人の想像し得るあらゆる現象は、何であれ自分の意志で実現可能であると考えて良いでしょう。地球のヴァイブレーションが次第に上昇するにつれて、エーテル・レヴェルおよびアストラル・レヴェル、そしてメンタル・レヴェルの媒体が活性化されてきたために、それまでは少数の人達の間にしかみられることがなく、しかも充分に発揮されることの少なかった様々な潜在能力が、次第に多くの人達の間に顕在化するようになり、意識や、それに伴う高次媒体の発達した子供達も次々と生れてきました。

このような状況の下では、子供の教育や人間の社会や自然界への対応に、それまでのような物質的視野に制約されたものの考え方を用いることは全く不可能になっていましたから、人間の意識の進化や高次媒体の活性化に因って生じる様々な潜在能力について、その背景の正確な理解と、適切な用い方についての智慧を持っていることが、不必要な混乱を避ける上で大変重要だったわけです。

潜在能力は原則としてはあらゆる人が平等に持っているものではありますが、本人が魂のレヴェルでその転生に際して用いることになる能力を予め決めており、その人の地上での役割に応じた潜在能力が、生れつき、もしくは人生上の適切な時期に自然に顕れてきます。

意識が進化して、魂が潜在能力を設定したヴァイブレーションを超えることができ、普遍意識が顕現されるようになると、転生に際しての魂の設定には影響を受けなくなり、あらゆる潜在能力を行使することができるようになりますが、この意識のレヴェルからは、魂の設定に間違いのなかったことが明確に理解されるので、それを変えようとする意図は生じなくなります。

CHANNELLING

第十五章　チャネリング

チャネリングとは「道を開く」という意味を持っている単語で、何らかの対象に意識を合わせて、それについての情報を得る精神活動の全てを含んでおり、広い意味では、食事をしてその味や香りを知覚することもチャネリングですし、この本を読んでその意味を理解することもチャネリングです。ただ、一般的に多く使われる意味としては、精神階層の住人や、地上に肉体を持っている人の想念に波長を合わせて、その内容を知覚することを指す場合が多いので、この章では後者を中心に、様々なチャネリングの仕組みとその問題点、陥《おちい》りやすい間違い等について解説していきたいと思います。

人の心を読み取ることは、相手と対面している時には、それほど特別な能力や技術を用いるわけではありませんから、潜在能力という程のことではないかもしれません。多少なりとも注意力を集中させることのできる人であれば、顔の表情や何気ない動作、声の調子等に現れる波動から、相手の考えや感情がある程度まで推測できることは、日常多くの方が経験されていることと思います。しかしながらこの状態というものは、相手の心の波動をそのまま観察しているわけではなく、自分の波動で参照している、つまり、観察している人の心の中にある観念の反映として見ているのであって、相手の心の中にあるものをそのまま観ているのではないということを、充分に理解しておく必要があります。これは自我意識によって相手を外側から見ている限りは決して避けることのできない現象で、もし相手が感じていることや思っていることをそのまま、真の意味で客観的に識《し》るのであれば、自我意識を鎮《しず》めて相手の内側から観る、すなわち、あらゆる参照波動を持つ普遍意識《ふへんいしき》を以って観察しなければなりません。

こうした真の意味での客観的な解説が実際に可能になるためには、自分の心の奥底にある潜在的《せんざいてき》な、あるいは顕在意識《けんざいいしき》で持っているあらゆる先入観を完全に手放すことができるようにならなければなりませんし、自分の心で感じている印象（主観）と事実の関係を徹底的に調べることによって、事実と自分の心が造り出した偽物《にせもの》との識別が完全に為されるように、心の中から偽物を排除する訓練を、長期間にわたって厳密《げんみつ》に、しかも数多く積み重ねて行くことが必要です。

読者の方々も日常生活で経験されていることと思いますが、母親と赤ちゃんや、特に仲の良い友人同士の間では、たとえ外側のコミュニケーションであったとしても、驚くほど相手の心が読める場合があります。これらは両者の間に共通の波動が多くあることと、そこに愛の在ることが極めて大きな要因になっています。また、アストラル体やメンタル体の発達している人が、自在に意識を集中させることができるようになると、今度はその場にいない人の心の状態をも主観的に知ることが可能になってきます。この場合には仮に相手が一度も会ったことのない人であったとしても、その人の名前や、その人を知っている第三者の幽体《ゆうたい》の波動を手掛りにして、本人を捉える（波動に同調する）ことができます。

このようにして得られる情報には質、量共に限界がなく、読み取る人の心、つまり意識レヴェルに因《よ》って制約を受けるだけですから、その人が現在直面している状況や抱えている問題、これまでにどのような人生を送ってきたかということ、更には過去生の様々な体験すらも拾ってくることが可能です。これは感情や思念を表現する精神波動には物質原子のような時空間を規定する波動が含まれていないために、特定の相手の心に同調（チャネル）するという作業が、時間や空間の制約を受けないからです。

このように物質レヴェルで表現された空間では遠く離れた、二人もしくはそれ以上の人達の間で想念のやり取りをすることを、一般にテレパシーと呼んで潜在能力のひとつとして扱いますが、実は全ての人が、日常生活の中でテレパシーを使っているという事実は余り知られていませんでした。よく言われるように、人間の心（機能的には高次媒体を指します）は送信機であり受信機であって、常に精神階層から様々な精神波動をキャッチし、また精神階層に自分の精神活動の反映である何らかの波動を放っています。群集心理などは、大勢の人達が同時に、共通の想念形態にチャネルしてエネルギーを増幅し、かつそれに囚われてしまう典型的な例ですが、実際のところ、他からの影響がない自分自身だけの考え等というものはまず存在しないのであって、何かある考えが浮かんだり、何らかの感情に動かされたとしても、それは自分では気付かずに外部から拾っている場合がほとんどなのです。自分自身でやっていると言えるのは、外から入ってきた情報に何らかの色付けをして、また外部に発信することくらいで、この点では二十一世紀初頭頃までの大半の地球人類は、外の世界から来る精神波動によって絶えず影響されていたと言うことができます。

それでは具体的な状況を取り挙げて、チャネリングの現象を見ていくことにしましょう。例えば誰かが、人生に絶望して死ぬことばかり考えていたとすると、その人の放つ波動は自分自身に止《とど》まらず、同じような心の状態（似た波動）の人達全員に影響を及ぼします。そして、たまたま（偶然ということはこの世界にはありませんが）ビルの屋上から飛び降りるか、それとも止《や》めようかという瀬戸際《せとぎわ》にいる人がこの波動をキャッチした場合には、ちょうど後ろから押してやったのと同じ効果をもたらすことになります。つまり、精神的自殺幇助《ほうじょ》という行為になるわけです。地上で修業中の人間であれば、心の中に何か良くない考え（正確には普遍意識からズレた表現）が思い浮かぶことはしょっちゅうあるはずですが、それを行動に移すことは良心もしくは世間体から踏み止《とど》まったにしても、心の中でそれについてあれこれ考えていると、精神階層にひとつの想念形態を造り出して、それにエネルギーを与え続けることになります。こうした想念形態はそれだけでも充分力を持ちますし、たくさんの人達が同じような考えを意識すると、ますますエネルギーを与えられて強化されていき、それにチャネルした誰かがその想念形態を造り出した人達全員の代表になって、想念のエネルギーを現象化する（実際にそれを行ってしまう）ということが非常に多くあるのです。

ニュースを賑《にぎ》わす様々な事件のうち、多くはその行為者単独の意思ではなく、彼もしくは彼女をそうさせるに至った想念のエネルギーがあり、それを造るのに協力した大勢の背景となる人達が存在するわけです。こうした精神的共犯者は、事件が起こると大抵の場合は犯人を非難する先鋒《せんぽう》に回り（自分の中にその波動があるため、出来事が否定的に見える）、犯人を自分や社会から切り離して否定することで、自分の心の中にある暗部と直面することを避けようとしますが、これこそが真実を観ることを妨げようとする、自我意識の造り出した巧妙な罠であることに私達は気付かなければなりません。二十一世紀初頭くらいまでの世の中の多くの人達は、自分の想念の及ぼす影響について余りにも知りませんでしたが、この例のように、自分では気が付かないうちに大きなカルマを造ってしまう場合がありますから、私達は自分の想念の在り方については、常に細心の注意を払っていることが必要です。

親子は共通の波動を多く持っているために、他人同士に比べると影響力が大きいので、このことについては特に気を付けなければいけません。例えば子供が病気をしたり、事故に遭《あ》ったりするのではないかというような否定的な想念を親が持つことは、子供への愛情であるどころか、呪《のろ》いを懸《か》けているのと同じであるということを、充分に認識しておかなければなりません。

ただ実際問題としては、否定的な想念を出すことがその人の習性になってしまっていたり、自分の心を主体的にコントロールできないために、不用意に否定的な想念を持ってしまったりするケースは、意識の発達途上ではよくあることですから、万一否定的な想念を持ってしまったり、それを言葉にして発してしまった場合には、直《ただ》ちにそのことに対する肯定的な想念を思い浮かべたり、後述するマントラを唱《とな》えて、否定的な想念が現象化する前に打ち消しておきます。このことが効果的なのには理由があって、否定的な言葉や想念はヴァイブレーションが低いために現象化するまである程度の時間が掛かりますが、肯定的な想念や真理を顕すマントラはヴァイブレーションが高いために、即座に前に出した否定的なエネルギーに追い付いて、エネルギーを無力化することができるためです。

ひとりの人間、すなわち普遍意識の個的表現が想念を発すると、それが肯定的なものであれ否定的なものであれ、意図的《いとてき》に何かに向けられたものであれ無意識に出されたものであれ、確実に想念を発した本人のところに結果が戻ってきます。それはちょうど、池の中に石を投げ込んだ時に四方に拡がって行った波紋が池の縁《ふち》で反射されて、石を投げ込んだ所に正確に集まってくることと似ています。これが想念に関するカルマの法則ですが、このカルマの法則により、否定的な想念を誰かに向けた時には、確実に自分が害を被《こうむ》ることになります。「人を呪わば穴二つ」という諺は、相手の墓と同時に自分の墓も掘る羽目になるという昔からの警句ですが、このことを実際にあった具体的な例を挙げて見て行くことにしましょう。

あるヒーラー（治療家）の元へ、ひとりの女性が訪ねてきて胸の痛みを訴えました。彼女はヒーラーの所に来る前にも幾つかの病院で検査をしてもらっていたのですが、どこの病院でも結果は何の異常もみられないということでした。このヒーラーには、霊的な視野から患者の病気の原因を探ることのできる指導霊が附いていました。その指導霊の説明に拠れば、この患者は職場の中にいる同僚の女性をひどく憎んでいたのですが、その女性が憎しみの念を全く意に介さなかったので、即座にその波動が患者に返ってきて、心臓の痛みを生じさせている、ということでした。このケースでは、始め患者がその事実を認めようとしなかったので、ヒーラーは患者にエネルギーを注ぎ込み、ヴァイブレーションを上げて、患者の顕在意識でこの事実関係がはっきりと見えるようにしました。それでもなお、この患者は抵抗を続けていたのですが、エネルギーが入ると心臓の痛みも極限にまで達するので、患者は遂に全面降伏をし、相手の女性を許すことで解決をみたのです。

この出来事はまた、たとえ誰かから否定的な想念を向けられたとしても、向けられた当人にその否定的な波動を受信する要素が全くなければ、害を被ることもないという、自然法則を立証する例にもなっています。この法則が存在しているために、心が完全に平安で愛一元《いちげん》（愛の他には何もないこと）の状態に在れば、精神波動のみならず、物質的にも、現象としての外界から害を受けることは一切なくなります。なぜなら、ひとりの人間の周囲の出来事は、その人の出している波動によって現象化されているからです。

交通事故のような、前の時代の多くの人達にとっては完全に物質的に見えた現象でさえも、精神的な原因（心の持つ波動）によって起こることが、時代と共に次第に理解されるようになってきました。例えば（総数ではなく）一定の人口当りの交通事故の発生率を見てみますと、一九八〇年代後半のイスラエルでは、同時代のアメリカに比べて約一千倍という、道路の広さや混み具合という要素を顧慮したにしても、極めて異常な数値が出ていました（一九八九年のＣＮＮニュースによる）。常に臨戦態勢にあった国民の不安や恐怖心、敵対心等の分離感が、このような現象をもたらす要因になっていたのです。

想念の持つ影響力に関して、もうひとつ注意しなければいけない点は、日常不用意に、自分もしくは他人の欠点について考えたり、言及したりすることです。例えば、ある人が働かずに賭《か》け事ばかりやっており、大酒飲みでたびたび暴力沙汰《ざた》を起こし、性的に無節操《むせっそう》で、周囲の人達や社会に対して悪意を持っていたとします。この人を普遍意識の視点から観れば、不調和として見える一切の出来事はマーヤ（幻影）であり、見る人と行う人の心の迷いが造り出したものであって、それらの幻のドラマを通して学んでいる魂《たましい》の神々しい姿だけが映るのですが、社会を構成する多くの人達の個人意識の視点からは、攻撃すべき材料は幾らでもあるわけです。しかしながら、この人物の欠点について考えたり、それを非難したりすることは、その人の助けにならないどころか、その否定的な想念、実際には存在していないものを認める行為が、本人の（実在していない）欠点にますますエネルギーを与え、それを強化して、抜き差しならない状態に追いやってしまうことを、私達は理解しなければなりません。

　これと同じことは、様々な問題を抱えて苦しんでいる人に接する場合にも、充分に考慮する必要があります。地上的な感覚では、苦しんでいる人に同情するのはあたかも善いことのように思われるかもしれませんが、否定的な感情や自分が酷い目に遭っているという考え方というものは、自我の心で造り出した迷妄《めいもう》ですから、これに外部の人が意識を合わせるという行為は、その迷いに更にエネルギーを注ぐことになります。こうした結果、本人の心の創作物に過ぎない苦しみがその人にとっては動かし難い事実であるという、間違った確信を深めさせることになってしまうのです。ですから同情というのは一見親切なようで、実際には足を引っ張り、地獄に突き落とすのと同じことなのです。

　実際のカウンセリングでは、いきなり相手の信じていることを頭から否定したりすれば、患者との信頼関係を築くのが難しくなりますから「同意はしていないことを気付かせずに、相手の話を愛情を注ぎながら聴く」というテクニックを身に付ける必要があります。

　ひとりひとりの人間が、人生上で遭遇する様々な出来事から苦しみを造り出すかどうかは、その魂の成長に関わる重要な転換点であって、その人が自分で苦しみを造り出している事実に気付かせることができれば真の助けに成りますが、闇雲《やみくも》に同情することは、その人の被害者意識をを増長させることがあり、他人や世の中に責任を転嫁《てんか》して、却《かえ》って迷いを増やすだけに終わってしまうケースが多々あるのです。従って正しく状況を観ることができ、真に愛の深い人の対応は、傍目《はため》には冷酷で不人情に見える場合がよくあります。このような状況で、もしもその人が霊的に向上するためのお手伝いをさせてもらうのであれば、その人の否定的な表現には決して意識を合わせないようにして、その人の実相である魂、もっと正確には大いなる生命で在る普遍意識を観るようにするか、もしくは本来表現されるべき調和した状態を思い浮かべて、肯定的なエネルギーをその人に注ぎ続けることが正しいやり方です。

ひとりの人間を通して魂が成長する過程では、本人や周囲の人達の自我意識に、その人の欠点を意識させないようにすることが極めて大切です。特に霊的な向上を目指している人達であるならば、自分や他の人達が行ってしまった未熟な表現に関心を持ったり、それについて評価したりしてはなりません。私達人間は肯定的なものであれ、否定的なものであれ、自分が意識を向けたものにエネルギーを与えて、それを現象化し、強化し、固定化する創造力を持っていますから、欠点を意識すればその欠点が更に強固なものになり、それを克服する過程を一層困難にしてしまうだけだからです。

そしてこの点は充分に注意して理解して頂きたいのですが、遍在《へんざい》する愛の中で欠点が見えるということは、見ている人もまた自我意識を働かせている迷った心の状態であるという背景を、正確に把握しておく必要があります。自分と他の人を区別することは勿論、誰かが自我意識に囚われていることを指摘したり、その人の意識の発達程度を詮索《せんさく》すること自体が、外側の出来事に関心を寄せている心の状態であり、相手と共に自分自身も、実在していない自我意識をしっかりと握りしめて、仲良く迷妄の世界に引き摺り込んでいるという実相をはっきりと識別できなければなりません。

このように私達は、全ての人に内在する創造力の原理を、状況に合わせて正しく使えるように成ることが非常に重要であるわけで、相手にも自分にも、お互いが神で在ることを実感させるような、真実を前提にした話をするように心掛けることが大切です。人と話をするときには、言葉は神が発するものだという真理を常に意識していれば、二人の内から共通の普遍意識が展開して、その会話は神の御業《みわざ》となるのです。このような事情であれば、私達がいかなる状況においても肯定的な想念を持ち続ける事が、どれ程賢明な選択となるかは説明するまでもないでしょう。肯定的な想念を持てば心は平安になり、心が平安で愛に満たされていれば普遍意識がその人を通して展開されるので、外の世界も自然に調和されるようになり、同時に世界全体、全宇宙に向かって愛と光に満ちた波動が放流されます。この愛の波動は、それに同調する人達の心をより一層平安にして、不調和な出来事を溶かし去り、事故を未然に防いだり病気の人を治すことさえあって、世界に対する比類なき奉仕をすることに成ります。

それではもう少し具体的に、ポジティヴ（肯定的）な波動がどのような良い結果をもたらすことができるかということを、実際にあった出来事を通して見てみることにしましょう。

ある人が瞑想をしている時に交通事故のヴィジョンが見えました（ヴィジョンとは、本書では高次の精神活動の際に生じる主観的な情報の全体を指しますが、ここではひとつの場面、もしくは光景という程度の意味です）。それは事故を起こした車の種類や外装の色、ナンバー・プレートまでがはっきりと見えるヴィジョンだったのですが、それを見た彼は即座に彼のやり方で「車を運転している人が守られますように」と祈りました。その瞬間に、ヴィジョンの中で車が黄金色の光に包まれていく様子が見えたのです。後になってもその体験が気になった彼は、瞑想していた場所と何か関係があるのではないかと考えて、彼が瞑想していた家（そのとき彼は、その家に客として滞在していました）に電話をしてきいてみると、その家の娘さんのお婿《むこ》さんが、車を運転している最中に居眠りをしてしまい、気が付いてみるとガードレールに擦《す》り付けただけで、安全に止まっていたというのです。更にそのお婿さんの乗っていた車の種類や色、そしてナンバーは、彼が瞑想中にヴィジョンで見たものと一致していたのです。

このような体験は、懐疑的な立場から見る人にとっては「偶然の中に主観的な意味を見出しただけだ」と思われるかもしれませんが、この話は証明のための根拠として採り挙げたわけではなく、霊的法則がはたらく時の具体例を示したに過ぎません。

実際、物質世界の概念や、物質レヴェルの現象だけを対象にした科学的な証明方法では、霊的法則を扱うことは不可能なのであって、彼の発した祈りのエネルギーが、最終的に車を止めるまでの一切の過程で、様々な波動領域のエネルギーの流れとして展開し、相互作用する様子の全貌《ぜんぼう》が、普遍意識においてのみ、パノラマのように展開されるのです。これは全体でひとつの作用を為すものであり、普遍意識においては一瞬にして了解できるものですが、有限かつ物質世界の固定観念に囚われている、論理的思考の意識レヴェルでは説明不可能なものです。従ってその正しい理解と判断は、普遍意識が読者の方々ひとりひとりを通して展開されることに因って為されるしかなく、ここでは原因と結果を示すだけに止《とど》めているわけです。

「真の祈りの価値を正しく評価することは、あなた達にはできない。霊的実相を表現するとき、言葉は全く無力である」（イエス大師 "Divine Healing of Mind and Body" P55, L38-39 日本語版「心身の神癒」百十七頁 第三話 九十節 引用文の訳は著者）。

人間は心が真の平安と愛の状態に在る時には、遠く離れた所にいる人でさえも、意志だけで守護する能力を持っています（普遍意識のレヴェルでは、距離は存在していないことを思い出して下さい）。

釈迦大師は「三千人に飯を盛るよりも、ほんの一瞬冷静でいなさい」という意味のことを仰せられていますが、例えば物質的なレヴェルでは、幾つもの会社を経営して馬車馬のように働いている人であったとしても、心がいつも不調和な想念で一杯になっていたとすれば、精神階層では世界中に禍《わざわい》を撒《ま》き散らしていることになります。ですから何もしていないように見えても、いつもニコニコして暮らしている人の方が、遥かに世の中には貢献しているということもよくあるのです。

科学上の発見や藝術《げいじゅつ》活動等、あらゆる種類の創造活動は、それぞれが対応する波動領域に反映されている宇宙の表現の原型に、直接地上の人が同調（チャネル）することに因って地上に降ろされたり、精神階層の存在者（指導霊等）が、明確な目的を持ってこれらの表現の原型を地上の表現者に伝える、能動的なチャネリングが用いられることが普通で、よくインスピレーションと呼ばれているものは、この過程で生じる主観的な感覚を指しています。

地上に表現されるあらゆる精神活動の原型は、広大な精神階層の対応する波動領域に、様々なヴァイブレーションの波動として既に表現されており、高次階層、すなわちより実相に近い波動領域になる程、多様かつ高度な表現様式を持っているために、相対的に低い波動領域での表現は、高い波動領域における表現の極めて制約されたコピーになります。従って高次の波動領域に在る、より創造の本源に近い原型から観れば、コピーのコピーのそのまたコピーというような関係の延長線上にある地上の表現は、ほとんど「塵《ごみ》」かガラクタのようなものに過ぎないのですが、その塵でさえも、地上世界では最高の藝術作品や科学上の大発見、深遠なる宗教や哲学の体系として評価されるのです。

創作活動に携《たずさ》わる人が並外れた高い波動領域にチャネルし、かつそれを地上の方法で適切に表現することができる場合には、言い換えれば、宇宙すなわち普遍意識がその人を通して表現すべきものに対して、完全な媒体となることが可能な時、その人を通して行われる表現は天才の仕事となります。

このようにして地上にもたらされた作品を鑑賞する人達は、地上とその表象が反映される波動領域に表現された音や色、形や味、言葉や数式等の波動を、自分の波動で参照して様々なイメージを造り出すわけですが、この作業はそれぞれの人のその時の意識レヴェルで行われるために、ひとつの主観を形成するに止《とど》まり、鑑賞者が普遍意識の観点に到達する以前には、彼もしくは彼女の知覚しているものは、精神階層に表現されている原型の極めて制約された一側面に過ぎません。このことが人によって、同じものを鑑賞しても違った印象を持つ理由であるわけです。また創作活動に携わっている当の本人でさえも、潜在意識から来るものによって動かされている場合には、本人が自分自身の仕事の全貌について自覚していないということも非常に多くあります。

実際の創作活動においては、精神階層に表現されている様々な精神活動の原型のうち、その時代のその分野で精力的に活動している人であれば誰でもアクセスできるような、比較的共通した波動領域に表現されているものであれば、空間的には離れた所にいる複数の人達によって同時に、もしくは異なった時期にチャネルされることも充分に有り得ます。

歴史上の特定の文化の伝播《でんぱ》等を研究している人達が見落としていたのはこの点で、文化は必ずしも地上を経由して伝わるとは限らず、複数の場所で似通った表現が別々に発生するということにも、必然的な理由があるわけです。

アレクサンダー・グラハム・ベルが一八七六年に電話機を完成した時、同様のものの試作に成功していながら、祝賀会を催していて特許の申請が遅れてしまい、歴史に残らなかった発明家がいたのですが、時代の状況が充分に整っていれば、それを誰が地上に降ろすかは、もはや時間の問題でしかないわけです。

またもう少しスケールの大きい現象として、日本で道元《どうげん》や栄西《えいさい》、一遍《いっぺん》や日蓮《にちれん》、親鸞《しんらん》や法然《ほうねん》といった人達が新仏教を起こした時期に、ヨーロッパでルネッサンスが始まる時期が続いていることは、精神階層の背景という点から注目してみると、大変興味深い要素を含んでいます。

このように似通った表現のルーツが精神階層の共通の原型であることがしばしばあり、更に正確に言うならば、あらゆる表現が唯一の生命の御業で在ることを考慮するならば、著作権等という概念も、個人の存在という錯覚から生じた迷いの産物に過ぎないわけです。しかしながら意識の未熟な段階では、外側にあるものの模《も》倣《ほう》を抑制して、自らの内より生じるオリジナルな表現に向けさせる点で、このようなヨーロッパ的な社会通念も役に立ってはいたわけです。

絵や彫刻など、物質を媒体とする藝術の表現は、その高次媒体にも作者が創作に関わった時の波動が記録されていますから、五官に知覚される表象だけで作品が表現されているわけではありません。藝術的感受性の鋭い人の場合には、このような作品の高次媒体の持つ波動を直接知覚して、その作品に深く入り込むことができますし、それほど敏感でない人であっても、アストラル体やメンタル体の波動領域で知覚した情報を潜在意識の部分では持っていますので、それが意識の表面に上がって生じさせる波動が、その作品に対する印象を方向付けることになります。特に作者が精魂を込めて制作に携わった作品には精神階層の存在（指導霊や天使達）が協力することも多いので、それだけ深く、高いヴァイブレーションが記録されますから、こうした目に見えない部分での強い影響力を持つことになり、この力が作品としての本来の役割を果たすことになるわけです。「聖母子像」はキリスト教を背景として、ルネッサンスの時代の画家には好んで取り挙げられたテーマで、特にレオナルド・ダ・ヴィンチの作品は教科書や図版などでよく見るものですが、著者が原画に対峙《たいじ》した時、額のアジュナ・チャクラ（チャクラについては後述します）がビリビリと感応するエネルギーを感じました。

十八世紀頃のイタリアのクレモナ地方では何人かの楽器職人の手による大変勝れた弦楽器が創られています。現代のメーカーもこれらと同質のものを造ろうと、昔は存在しなかった科学技術を駆使して、板の寸法を千分の一ミリ単位で測り、ニスの成分を百万分の一のレヴェルまで化学分析し、無響室で倍音の成分を測定したり、響板《きょうばん》の振動をレーザー光線を使って調べる等して、全く同じものを造ろうと試みたこともありましたが、完成したデッド・コピーを専門家に演奏してもらったところ「楽器としての品位に欠ける」という酷評をされてしまいました。これは、これらの弦楽器の重要な表現は測定器に掛かる物質レヴェルよりも高い波動領域にあることと、それらは制作者の意識の高さによって作られたものであるという背景が理解されていなかったからです。

偉大な藝術家が作品を創る時には、天使が手伝っているという考えがありますが、これは説明困難な精神階層の状況についての、ある程度適切な表現でもあります。藝術家が金銭欲や名誉欲を超越したレヴェルで「佳《よ》い作品を表現したい」という純粋な意志を持った時、全宇宙を司る唯一の生命は、その要請に応えて様々な波動流域に、その作品を完全ならしめるための必要な一切の表現を現象化します。この状況をキリスト教圏の人達が一般に持っているような「天使」という観念を含んだ参照波動で霊視《れいし》すると、実際に天使が手伝っている光景が見えますから、現象として表現された世界においては、そのような出来事があるといっても間違いではないわけです。いずれにしても、心からの純粋な想いによって発せられた意志に対して、宇宙が応えないということはありません。なぜならこのことは最も基本的な自然法則のひとつであるからです。

楽器の高次媒体、すなわち物質レヴェルよりも上の精妙な波動領域には、地上ならびに精神階層の制作者によるものだけではなく、その楽器を使用する演奏家や音楽の天使達に因って生み出されるコンサートの波動が次々と刻み込まれて行きますから、歴史の付いた楽器ほど多彩なヴァイブレーションを持っていることになり、実際の演奏に用いられた時に、聴衆の高次媒体すなわち精神に多様な効果を生じさせて音楽のイメージを引き起こしたり、精神階層の奉仕者を呼び寄せてスピリチュアルな演奏を行いやすくする力を持っています。

地上および精神階層で現象化される創造活動の原型は、基本的にはアーカシック・レコードとして存在する、原因想念の各波動領域への反映で、前述したようなその表現に対応する各階層の波動領域において、高次のものから低次のものへと順次至る、無限の下降連鎖があるのですが、当面私達の多くがチャネル可能な領域としては、感情的表現はアストラル・レヴェルへ、ひとつの考えや纏《まと》まった知識体系のような概念としての表現はメンタル・レヴェルへというように、それぞれが地上近くの対応する波動領域に反映されています。

ではここで、このような超高次階層からの下降連鎖のひとつのモデルとして、地上の言葉を使って、ある感情やひとつの観念を表現する場合を考えてみましょう。作家や詩人のような特別な才能を持っている人ならともかく、普通はどんなに工夫をしてみたところで、ちょうど、魂の転生の説明を行う際に用いたミラー・ボールのモデルのように、言葉では大きな全体の一側面を記述するのが精一杯であることが、容易に理解されるのではないでしょうか。より高次の波動領域に表現された精神活動の原型は、この関係を幾重《いくじゅう》にも重ねた延長線上にあると考えてよく、例えばより高次の精神活動のヴィジョンのたったひとつの側面が、ようやくある概念によって表現され得るといった程度のものです。たった一階層の違いでさえもこのように大きなものであるならば、無限のヴァイブレーションの彼方《かなた》に表現されている原因想念が、いかに想像を絶したものであるかということは、説明するまでもないでしょう。それはあらゆる精神活動のエッセンスであり、美の本質であり、永遠の時間の中で生成消滅を繰り返してきた無数の宇宙の、各天体に生れ、そして消えて逝《い》った総《すべ》ての文明の総決算で在る、無限の叡智《えいち》なのです。そして私達が普遍意識を自覚した時、すなわち自分と全宇宙とが一体で在り、宇宙にとって未知なるものは何ひとつ存在していないことを真に理解した時、この汲《く》めども尽きぬ叡智の泉が自分自身のもので在ったことに気付くのです。

智慧《ちえ》は、この叡智がある程度具体化したもので、常にその人の内側から啓示されます。これに対して知識は人や本、インターネット上などから得たもので、外側にあるものです。この違いが大変重要であるのは、人間は内から来る智慧によってのみ、自分自身の正しい判断を行うことができるからです。外部にある知識は参考にするのは良いことなのですが、書物やインターネット上の情報、あるいは人の意見に直接影響され、更には全面的に頼るようになって自分で考えることを放棄すれば、ある考えに影響されたり、別の考えを受け容れようとしたり、新しい情報が入るたびに振り回されることになって、迷いを増やすだけの結果となります。

諺《ことわざ》には「二兎《にと》を追うものは一兎《いっと》も得ず」という譬《たと》えがあると同時に「一石二鳥」があり、「君子危うきに近寄らず」があるかと思えば「虎穴《こけつ》に入らずんば虎児《こじ》を得ず」というように、外側の知識には様々に異なる状況に対して相反する表現がありますが、その人自身を通して内側から表現される智慧、すなわち普遍意識の表現は、その人の直面している特定の状況に完璧に合致したただひとつの方向を示すので、迷うということがありません。実際迷いというものが存在するのは自我意識だけなのです。およそ学問等とは縁《えん》のなかった昔のお母さんが、自信を持って子供を育てていたのに、大学で児童心理学を専攻した現代の母親が育児ノイローゼになったりすることがあるのは、この知識と知恵の関係をよく表しています。

羽仁もと子さんは、赤ん坊が授乳の時間でない時に乳を欲しがった場合の対処の仕方について「決まった時間になるまでは絶対に与えない」というのも、「欲しがる時にはいつでも与える」というのも、両方共に良いことではないとして、「与えるべきかどうか迷ってオロオロする」というのは最も良くないと言っています。（「おさなごを発見せよ」　羽仁もと子　著　婦人の友社）。

決まった時間以外には絶対に乳を与えないというのでは、赤ん坊が本当にお腹の空《す》いている時には実情を無視した対応になってしまいますし、欲しがる時にいつでも与えていれば、赤ん坊は本当に乳を必要とはしていないのに、甘えや感覚的な欲望の増長を覚えてしまうからです。ではどのように判断するのかというと、「赤ん坊が命の要求として乳を欲しがっているのかどうかを見極めて、与えるかどうかを決める」と説明していますが、これこそが母親の内側から来る智慧のはたらきなのであって、決して知識としてマニュアル化することはできないものなのです。

ひとりひとりの人生上におけるあらゆる判断の機会には、全能の叡智が宇宙全体の視野から決まるただひとつの正しい選択を、常に内側から示し続けています。そして私達がそれに気付くか否か、外側の世界の様々な迷妄（社会通念や他人の批判、自分自身の執着している固定観念や過去のトラウマ、利己的な都合）から、いかに自由になっているかの度合いによって、その人を通して表現される普遍意識の程度も決まります。全ての人に内在し、正しい判断を智慧として内から啓示し続けている普遍意識は、それがただひとつであるがゆえに、その展開は完全な調和という果実をもたらします。もしもひとりひとりがテンデンバラバラな自我意識によって判断を行うならば、その結果は葛藤《かっとう》と混乱にしかならないことは、歴史上で人間が関与した出来事を振り返ってみれば、一目瞭然《いちもくりょうぜん》ではないでしょうか。

普遍意識では現象として存在するあらゆるものが自分自身ですから、観察する意識レヴェルよりも下の波動領域に表現されているものは一切が視野に収まり、物質レヴェルや幽界レヴェルに表現されている全ての個的意識（これらの精神活動は精神階層で行われていることに注意して下さい）も、個々にとっての顕在意識と潜在意識の区別なく、その全体が丸観えに成りますし、守護霊、守護神の意識の中も観えています。

またこのようなスピリチュアルな観方とは別に、個的意識がサイキックな方法で誰かの意識に焦点を合わせて、その人が何を考えているかを読み取ったり、ひとつの想念の集合体、例えば一冊の本の想念形態にチャネルして、その内容を物質レヴェルでは読まずに知ったりすることも、対応する媒体の発達とそれを用いる訓練によって可能になります。本の想念形態にチャネルする場合には、想念のエネルギーにアクセスするわけですから、その意味を言葉で表す時にはチャネラー自身の表現になり、必ずしも本に書かれている言葉とは一致しません。また個人意識によるサイキックなチャネリングでは、アストラル体やメンタル体を使って外部の情報を波動として拾うため、観察する人の媒体が持っている参照波動に因って、意味の違い（主観）が生じることは前に述べた通りです。

これまでに挙げてきたチャネリングの例では、地上や地球圏の幽界、あるいは他の天体等の区別なく、当事者が無意識のうちに波動を同調させて想念のやり取りをしている場合と、受信者が意図的にある対象に意識を合わせる場合とがありました。これらの他に、幽界や他の天体の住人（地球外生命）等の様々な波動領域の個的表現や、稀《まれ》には普遍意識に覚醒している存在が、特定の地上の人間の媒体を通して、目的を持ってメッセージを送る場合があります。

こうした能動的なチャネリングには幾つかの異なった方法があり、その方法と受信する人（チャネラー）の意識構造、情報の伝達に使われる波動領域と送信する側の背景といった様々な事情が複雑に絡《から》み合って通信の内容を構成します。従ってチャネリングによって得られた情報を参考にする場合には、こうしたチャネリングの仕組みの充分な理解と、慎重な内容の識別が絶対に必要であることを最初に強調しておきます。

ひと昔前までは、チャネリングが可能なのは、霊媒《れいばい》体質と呼ばれる特殊な媒体構造を持っている人達に限られていた上、実際にチャネリングを行う上でも幾つかの危険が伴っていましたから、チャネリングに対しては慎重な、もしくは批判的な態度を取る人達も少なくもなく、こうした状況の中で、使命感に燃える大胆で勇気ある人達や、好奇心に動かされた軽率で無責任な人達が、色々な犠牲《ぎせい》を払いながらチャネリングの開拓をしてきた歴史があります。またキリスト教会では、初期の頃は神託《しんたく》を受ける霊媒と、教会を運営する聖職者が役割を分担していた時代もあったのですが、三百二十五年のニケーアの公会議が開かれたあたりから、聖職者が権力を握るのに邪魔だった霊媒を教会から追い出してしまい、霊媒を使ってメッセージを受けることが罪であると聖書に書き加えた事情があります（詳しいことは、下巻、第二十五章「宗教」を参照して下さい）。

人類は常に進化しているために、二十世紀の終りから二十一世紀の初め頃には、チャネリングは昔に較べると遥かに容易に行われるようになりましたが、これは能動側のチャネリング技術の向上と受信者の媒体が人類の進化と共に発達してきたためで、昔の霊媒体質の人と同じように、多くの人達の幽体のオーラが肉体のオーラより大きくなり、単純に情報を刻印することが容易になってきたことや、各媒体を繋ぐチャクラが活性化してきたこと等が大きな理由です。その後二十一世紀の終り頃には、肉体の眼で見たり、耳で聞いたりするのと同じレヴェルで、能動的なチャネリングも日常の出来事になって、地上的には離れた所にいる人が他の人の肉体を使ってメッセージを送ったりすることさえ（受信者が自覚しているかどうかは別にして）、珍しくはなくなってきたわけです。

それではチャネリングの具体的な仕組みについて、少し前の時代に多く見られた、霊媒を用いたチャネリングから詳しく見ていくことにしましょう。一般に霊媒体質と呼ばれていたのは、幽体が比較的大きく、肉体の濃密なオーラの外側に幽体やそのオーラがはみ出していて、外側から精神階層の住人が幽体を操作することができたり、エーテル体やアストラル体のチャクラが意識の発達とは無関係に開いたままになっていて、そこから外部の存在が自由に肉体の中に入ることができるような状態になっている人のことを言います。過去生や今生で無理なサイキック能力の開発をしたり、薬物やアルコールの中毒になったりすると、よくこのような状態になることがありますが、こういった霊媒体質は、覚醒時に幽体が肉体から離脱しやすい体質と同じように、どちらかと言えば不自然な、バランスの崩れた状態であることを知っておいて頂きたいと思います。この他に、体内からエクトプラズム（これについては第十四章〈空中浮揚〉の項を参照して下さい）を取り出せる体質の人は、物理現象の霊媒になることができます。

幽体は日常生活の中で普通に話をしたり、何かを行ったりする時の意識としてはたらいていますので、自分の肉体を思い通りに動かす作業には慣れていますから、幽界における外部の存在がこの幽体に働き掛けて、その人の肉体をまるで自分の身体のように動かすことが原理的には可能で、このような操作が行われることを一般にトランス状態と呼んでいます。幽体は同じ波動にいる幽界の存在者にとっては、ちょうど物質レヴェルにおける肉体と同じように実体のある存在で、機能的には地上の肉体のコントロール装置としての側面を持っていますが、他人の肉体を使用するためには、まずその人の承諾《しょうだく》を受けることがルールで、本人の意志を無視して肉体を使おうとするのは、意識の未熟な人達に限られます。


実際のチャネリングでは、能動側（通信を送る幽界の存在）と受動側（霊媒＝チャネラー）の幽体を重ねるか、肉体の所有者に通信の間だけ肉体の外に出て行ってもらって、代わりに通信を行う幽界の存在が肉体（正確にはエーテル体と肉体）に入るという方法が採られます。いずれの場合でも、幽界の存在が操作可能な媒体構造（霊媒体質）であることと、能動側の幽体と受動側の幽体が共通のヴァイブレーションを多く持っていて、双方の一体化が上手く為されること、そして受動側の個人意識が自分の肉体を支配する意志の力を弱めること、この三つが揃わないとチャネリングは上手くいきません。

他人の肉体を操作するというのはかなりの熟練が必要な作業で、このような異なる波動領域間で行われる通信の初心者が、霊媒の肉体を自在にコントロールできるようになるまでには、本人の適性や霊媒との相性、訓練の機会の多さや熱心さ等によって大幅に異なりますが、数年から、場合によっては数十年以上の訓練期間を要することがあります。従ってこのような形式によるチャネリングは、幽界の存在者であれば誰でもできるというわけではなく、まして肉体を離れたばかりの人達が、霊媒を通して次々と話をする等ということは有り得ないわけです。

特に内容に価値のある通信を送れるような進化した魂にとっては、こうした技術をマスターして通信を行うために、ヴァイブレーションを下げて本来の意識状態を制限した上で、長期間にわたって地上に近い（霊媒の幽体を操作できるような）波動領域に留まることは、本人（通信を送る側）の魂の自然な進化にとって必要な環境をその間は放棄しなければなりませんから、通信を送る側にとっても犠牲が大きく、他の方法が得られなかった時代に較べると、進化した魂が全体の目的のために、こうしたフルトランス状態のチャネリングを用いるケースは、次第に消滅していきました。

それでは今となっては古典的な方法とも言える、フルトランスによるチャネリングについて、もう少し詳しく見て行くことにしましょう。

二者の幽体を重ねる方法では、霊媒の幽体のオーラと能動側のオーラとを可能な限り一致させて、一体化、すなわち能動側の意志によって受動側の幽体および肉体が動作するような状況を一時的に作り出します。正確な通信を行う上では、この一体化が充分に為されることが絶対条件となりますが、通常の場合、地上に肉体を持っている霊媒がヴァイブレーションの調整をすることには限界がありますから、主に通信を送る能動側がヴァイブレーションを霊媒に近似させて、一体化を図ることが普通です。

この状態で能動側は、霊媒の潜在意識のどの部分にどのようにはたらき掛ければ、どんな言葉が出てくるかを考慮しながら通信を行いますが、幽体の操作の仕方によって、ひとつの単語が出てくる場合もありますし、纏まったひとつの観念が、霊媒の普段用の表現のスタイルで出てくることもあります。初心者が通信を行う場合、このような能動側と受動側の連係プレーが上手く行かないために、能動側の意図しない単語が次々と霊媒の口から出てきて、不正確でぎごちない喋《しゃべ》り方になることがありますし、ある程度訓練して滑《なめ》らかに話せるようになっても、霊媒の潜在意識に通信内容と関係のある強い固定観念があったりすると、ほんのちょっとした切掛けが引き金になって、霊媒がその固定観念について勝手に喋り出すようなこともあり、霊媒のコントロールは大変難しい作業となります。

フルトランスによるチャネリングの場合、通信を送る側は霊媒の肉体の濃密なオーラに取り囲まれているために、後述するような特殊な通信の手段（セミ・オーヴァー・シャドウ）を用いない限りは、外部とは隔絶された状態にあります。このために通信に必要な情報は、ひとつの想念の集合体のようなものにして霊媒の肉体の中に持ち込むのですが、当然のことながら、予め用意していない情報については答えることができません。この点が地上における普通の対話とは異なるため、事情を理解していない地上の人間から見ると、通信の相手が予期しない質問で混乱したり、きちんと答えられなかったりすることを、通信の相手の質が低いという判断に結び付けたくなるものですが、実際にはこうした通信の仕組み上、やむを得ないこともあるのです。

なお個人レヴェルのチャネリングではなく、全体の目的のために精神階層の比較的大きな組織が計画的に行うようなチャネリングの場合には、霊媒を操作する幽界の通信技術者に対して、相対的に高い波動領域を使って情報を送る経路を確保する技術がありますので、このような問題が生じることはありません。

通信の媒体となる霊媒の幽体は、アストラル・レヴェルおよびメンタル・レヴェルに、その人にとって固有の敏感な波動領域を持っていますから、通信の内容は霊媒の日常の精神活動の傾向によって脚色《きゃくしょく》されますし、チャネリングの場に同席した人達ひとりひとりの想念の影響も受けます。更には、その時代の雰囲気《ふんいき》も通信の質の大きな決定要因になっていて、例えば世界大戦中のように不調和な想念が多く、全世界的にヴァイブレーションが下っていたような時には、高度の霊的問題に関わるような内容のチャネリングは、非常に難しくなりました。またある恒星系（地球外）の情報源の場合、地球上にその恒星系の表現様式に近い考え方がほとんどなかった時代には通信が不可能だったため、自らの恒星系に属する魂を地球上に転生させると共に、通信を可能にし、かつその内容を地球上の人達が理解するのに必要なヴァイブレーションを地球圏の精神階層に創り出して、ある程度状況が調ってからチャネリングを始めたような経緯《けいい》もありました。

この他にも、チャネリングに際しては霊媒の精神的、肉体的コンディションや、時には食べた物の影響を受けることさえありますから、通信に関わる人達がみな良心的で真剣に行っている場合でさえ、通信の内容が変わってしまう可能性は常にあるのです。

チャネリングの際に、特に注意しなければならない問題のひとつに、チャネラーの潜在意識が持っている理解力の範囲や固定観念、ものの考え方の傾向によって、通信の内容が変わってしまうという現象があります。

あるチャネラーの場合、本人は優しく謙虚な人柄で、善意の中でチャネリングを行ってはいたのですが、そのチャネラーが若い頃に学んだアリス・ベイリー系の神智学《しんちがく》の知識が、硬直化した観念として彼のメンタル体の中にエネルギーを造っていて、彼がその考え方に強く囚われていたため、あらゆる情報がこの固定観念によって脚色されてしまい、周囲の人達に間違いの多い情報を提供して混乱させていた事例もあります。

また過去生の出来事が、通信の内容に色々な影響を与えることはよくあります。例えばレムリアとアトランティスの両文明のように、一方が他方を植民地支配していたり、互いに対立していた時代があると、お互いに相手の文明については好ましくない印象を持っていることが普通で、チャネラーやその情報源が過去生にどちらかの文明を経験していた場合、相手の文明に対して極めて強い偏見を含んだ解説をすることはよくあります。あちこちで戦争をしていたオリオン星系等は、相手になった星系の人達からは、当然よくない情報が提供されることになるわけで、この辺は地球上の過去の戦争体験者と状況としては極めて似ていると言えます。

後の方でも詳しく説明しますが、チャネリングの結果を取り扱う際には、それがどのような情報源からいかなる方法によってもたらされたものであれ、そのまま鵜呑《うの》みにする事は禁物で、常に細心の注意を払って内容を検討し、理性と内なる識別心を最大限にはたらかせて、その真偽を観定めることが不可欠となります。

精神世界に関心を持っている人達の中には、眼に見えるものや、器械による測定結果しか信じようとしない科学者を馬鹿にしている人がよくいるのですが、科学者は、譬え視野が物質世界に偏っていたとしても、事実の認識や、人に説明する際の客観的な正確さという点に関しては、非常に厳密な方法論を持っています。

これに対して精神世界に関心のある人達の中には、人から聞いた話や自分の感じたことを、きちんと確かめる手続きをせずに、自分の好みだけでそのまま事実として断定してしまうという、非常にいい加減で間違いの起こりやすい態度を持っている人が多いことを警告しておきたいと思います。

次にチャネリングの行われる背景について説明をしておきましょう。

幽界すなわち、まだ普遍意識を顕現《けんげん》していないレヴェルの精神階層には、大きな視野から観た必要性は全くなくても、地上とコミュニケーションを取りたがっている住人が幾らでもいるので、チャネラーを通して地上との連絡通路が開かれると、明かりに群がる虫のように、我も我もと通信の希望者が殺到して収拾《しゅうしゅう》がつかなくなってしまうことがあります。このため全体の目的に基づいた重要な通信を行う場合には、通信の全体を管理する支配霊（総合プロデューサーのような役割をします）が周囲に精神的なエネルギーのバリヤー（結界《けっかい》）を作り、不必要な人達が通信の邪魔をすることができないような処置を行います。

こうした特別な通信を行うための波動の場は、通信に関わる幽界の技術者がチャネラーと他の参加者の体内から抽出したエクトプラズム（エーテル体の成分が体外に出たものをこう呼びます）と、通信を送る側の生命質量（物質レヴェルではない波動領域の表現媒体）を混合し、より精妙な状態にしたものを材料にして作り出します。従って参加者のエクトプラズムの質や波動の調和が、通信の質を決定する上で極めて重要な要因になるわけで、そのため参加者は通信の支配霊と個々の指導霊の相談によって「選ばれる」ことになり、誰でも参加できるというわけには行きません。「心身の神癒」が地上に降ろされた時に、その連続講話に参加することを断られて文句を言った人がいたようですが、そのような利己的な波動を持っている人が、その場に相応しくないために断られたのは明白なことです。

このような全体の目的のために行われる大掛りなチャネリングには、通信を送る経路も普遍意識のレヴェルからチャネラーに至るまで何段階もの階層を経由することがあり、その他に個々の技術を要する通信作業や全体の管理のために、大勢の精神階層の人達が協力して当ります。前述したチャネリングでは、見物人を含めて総勢二十五万人にも上ったと伝えられています。

チャネリングも地上の科学技術と同じように色々と新しい試みがなされています。例えばエクトプラズムで発声器官を作って、チャネラーを通さずに直接地上に向かって話す（空気の振動を起こさせる）こと等も技術的には可能なのですが、エネルギーの消費が甚だしいので、この方法が用いられたことはそれほど多くはありませんでした。エクトプラズムは幽界の質量と物質のちょうど中間的な波動を持っているために、幽界から物質レヴェルに何らかの現象を起こさせる時に使われるもので、特に地上の物体をアストラル・レヴェルから動かしたり、肉眼で見える様々な形態を取らせたりする場合には、相対的に濃度の高いもの（ヴァイブレーションの低いもの）を大量に用います。しかしながら、元々は人間の肉体細胞に生命エネルギーを供給するための中間媒体として機能しているものですから、体外に出る量が多くなるとチャネラーの肉体の生命維持にとってはぎりぎりの状態になっており、しかもエクトプラズムは神経の構成要素ですから、電機や光による刺激に対しては極めて敏感な性質があって、それらの刺激がその場に生じないように、最新の注意を払わなければなりません。

物理現象の霊媒（チャネラー）が部屋を暗くするのはこのためなのですが、一九五六年にイギリスのノッチンガムで、こうした事情に無知な警官が乱入して、証拠写真を撮ろうとフラッシュを使用したために、トランス状態にあった霊媒のヘレン・ダンカンが昏睡《こんすい》状態になり、その三十六日後に死亡したケースがあります。

（"The Two Worlds of Helen Duncan" by Gena Brealey,「シルバー・バーチの霊訓」第七巻　二百十二頁〜二百三十七頁に、日本語訳の引用文と解説があります）。

この他、霊媒がトランス状態にある時には、通常は霊媒の潜在意識（この場合はエーテル体）で行っている、心臓の鼓動や呼吸、体温調節等の生理機能のコントロールを、幽界の存在（通信を行う当事者、もしくは補助役）が肩代わりする場合があって、これらの肉体を持たない存在がエーテル体の操作に未熟であったりすれば、即座に霊媒の肉体に危険が生じることになります。このようにフルトランスのチャネリングの場合には、単純に情報源やその内容に対する識別を行えば済むというものではなく、チャネリングの行為自体に様々な危険を含んでいますので、慎重な対応が望まれるわけです。もちろん、全体の目的のために行われる大大掛りなチャネリングの場合には、それぞれの専門分野における熟練した人達が集まって完璧な管理体制が敷かれますから、こうした危険の入り込む余地はなくなります。

フルトランスのチャネリングは、幽界側から見れば、肉体を持たない存在が地上と直接関わりを持つことのできる唯一の手段ですから、肉体がなければ果たすことのできない欲望を満たそうと機会を狙っている幽界の住人や、地上に何らかの表現をしようとチャンスをうかがっている存在が、霊媒体質の人を見付けて、本人の意思とは無関係にフルトランスの状態を造り出すことがあります。この状態が一般に憑依《ひょうい》現象と言われているもので、本来はルール違反になりますから、このようなことをするのは意識の未熟な存在に限られます。ただ厳密に言うと、憑依される方が相手のいる波動領域に意識を向けない限り、幽界の存在者は彼もしくは彼女の幽体を見付けることができませんから、意識的、無意識的に拘《かかわ》らず、自分で憑依されるような原因（不調和な想念）を造っていることも確かなのです。実際、能力を備えた人が、患者に憑依した幽界の住人を肉体から追い出そうと試みると、ほとんどの場合「私の意思ではない、この者が呼んだから私は来ただけだ」というような弁解をすることが知られています。

肉体の主権は、絶対的にその本来の使用者にあるというのが自然法則ですから、憑依した幽界の存在を肉体から追い出すには、肉体の持ち主が「自分は絶対に憑依などされるものか」という強い信念を持つだけで事足りるのですが、それだけの意志力があれば初めから憑依などされませんから、第三者の助けを借りて追い出すケースが比較的多くなります。こうした作業には何か特別なノウハウがあるわけではなく、憑依した存在と追い出す人（エクソシスト）の力関係によって単純に決まります。これはちょうど、無断で家に入ってきた人に「出て行け」と言ったら、言われた通りに出て行くかどうかということと同じで、相手の執着とこちらの力量との関係が勝負になるわけです。

この力関係というのは、決して大きな声を出したり、相手を脅《おど》かしたりするというような意味ではなく、双方に内在する神性をいかに発揮できるかということで、憑依した相手に対して、神の絶対的権威と愛をもって命令することが大切です。また、憑依した相手の迷いがそれほど深くない時には、他人の身体に憑依することが、その本人にとっても決してプラスにはならないことを丁寧に説明して理解させ、解決を見た場合もあります。それではこのような事例のうちで、著者の友人が体験したものを紹介しておきましょう。

ある夜、友人が寝ているると、身体に何となく重苦しい感じがして目が覚《さ》めます。しばらくして霊視能力がはたらくようになると、ひとりの人相の悪い男が自分に馬乗りになっているのが見えました。一体何のためにそんなことをしているのかと詰問したところ、彼がかつてその家に住んでいたことや、ある人物に恨みがあること等を話し始めます。友人は幾晩かにわたり、この肉体を持たない同居人のカウンセリングを続けていましたが、次第に気心が知れて幾分表情が柔らかくなったところを見計らって、いつまでも地上のことばかり考えていてはいけないことや、上の方には彼にとって、もっと住み心地の良い世界があること等を話して聞かせます。そして彼がふと上の方を見上げた瞬間、眩《まばゆ》い光が降りてきて、その同居人はそれ以来姿を消して（引っ越して）しまったのです。その時、彼の指導霊が彼を次の段階の生活の場に連れて行ったのですが、指導霊も本人が向上しようという気持にならない限り手が出せないために、友人の助けが必要だったわけです。

また著者がある人に憑っていた憑依霊と話をした時に、その憑依霊は比較的良心的で話の通じる存在だったので、マントラを教えてそれを唱えるように言ったところ、自分でマントラを唱え、ヴァイブレーションが上がって、憑依していた肉体から自動的に離れていった事例もあります。こうした対応はあらゆる方法の中でも最善のものと言えるでしょう。

このようなある意味「楽な」ケースとは違って、憑依した相手の執着が強く、なかなか肉体から離れようとしない場合には、患者に治療家が接したまま愛一元に成ることに因って、憑依された人の各媒体のヴァイブレーションを上げてしまうという、半《なか》ば強制的な手段もあります。ヴァイブレーションが高くなると、分離感を持っている存在は波動が合わないので苦しくなり、光を当てられた影のように、自分から逃げ出してしまいます。このやり方では追い出す人（エクソシスト）のヴァイブレーションが充分に高いことが絶対条件ですし、一度追い出すことに成功しても、患者が不調和な波動を完全に浄化してしまわないと、また憑依される可能性があるので、患者に対して忍耐強くカウンセリングを続けて、精神状態が調和する方向に持っていく必要があります。また、追い出された幽界の存在も迷ったままの状態でいるわけですから、また別の人を見付けて憑依する場合も多く、根本的な解決にはなっていないことも知っておいて頂きたいと思います。

かつてある霊能力のある人が、患者に憑依していた幽界の住人を肉体から追い出した際に、憑依していた存在から「あなたは神ですか」と聞かれたという、興味ある事例がありました。地上で肉体を持っている人間は、どんなヴァイブレーションの高次媒体を持っていようと、物質的ヴァイブレーションにいる私達にはちゃんと見えますが、幽界では自分よりもヴァイブレーションの高い幽体は見えないので、白い光と治療家の声だけが知覚されて、そういった印象を与えたようです。もっとも人間は普遍意識の顕現ですから、どんな人でも神であることは確かなのですが。

このように、憑依してくる幽界の存在が単独犯であったり、それが単に入れ替わっているだけの時には、治療家に充分な能力があれば、憑依してくる相手に対して有効な対処ができることも多いのですが、裏に組織的なエネルギーが絡んでいる時には、厄介な事態になることがほとんどです。

例えば、現象的には個々の憑依霊がやっているように見える時でも、その裏から二重、三重に憑依して操《あやつ》っている存在がいる場合があり、こういうケースでは個人レヴェルで対処するにはエネルギーが強過ぎ、しかも大抵の場合、こちらの考え方のパターンや弱点も知り尽くされていますので、ちょっととした隙に患者だけではなく、追い出そうとする治療家の心にまで偽物の想念（状況に対する誤った判断や、治療家と患者の間、もしくは周囲の人達に対する猜疑心《さいぎしん》、憑依霊に対する恐怖心等の分離感）を入れて、巧妙な罠《わな》を仕掛けてきますから、自分自身の想念でさえもそのまま信じることなく、常に識別をしていなくてはならなくなります。

下巻、第十八章「光と影の識別」で詳しく説明しますが、普遍意識から観れば、このような組織の存在や様々な策略も心が造り出した幻影であって、本来は何の力も実体もないものです。しかしながら、こうした幻影の影響をまだ受ける意識の発達段階にある人達、つまり、自分の意識を普遍意識に独占させて微動だにしない人（大師）や、自分と指導霊の間に何ひとつ介入する隙《すき》を与えない訓練のできている人でない限り、このような組織的背景に関わることは、大きな混乱を招くことを覚悟して頂きたいと思います。

それでは私達の多くは、こうした組織的な背景のある憑依霊の表現に対して、手を拱《こまね》いていなければないのかというと、そうではありません。私達は不調和な表現をする存在に対しては、一切関知する必要はありませんが、患者の幽体からそのような存在を引き寄せている波動を消すために、有効なマントラ（下巻、第二十三章で扱います）を唱えたり、ヒーリングやカウンセリングをしたり、有効な儀式に参加させたりすることができます。ただ、このような形での浄化は少しずつ、少しずつ効果が出てくるのが普通ですから、明らかな改善が見られなくても、忍耐強く、欠かさずに続けていくことがとても大切です。またこの過程では、本人に「良くなろう」という意志があることが必須で、自分で努力することをせずに治療家に依存しきっているような場合には、なかなか上手くいきません。

なお、地球の浄化が進んでヴァイブレーションが上昇してくると、もはや不調和な表現をする存在は地球圏の精神階層に存在することができなくなりますから、こうした現象がなくなるのも時間の問題であったわけです。

チャネリングには、前述したような通信を送る側が受け取る側の肉体を完全に支配するフルトランス状態を用いるものの他に、地上に肉体を持っている人のオーラに、必要な情報を波動で印象付けるという、より単純で簡単な方法もあります。この場合にはチャネラーの幽体のオーラが肉体のオーラよりも外に出ていることが必要ですが、地球のヴァイブレーションの上昇に伴う人類の意識の発達により、次第にこのようなチャネリングが増えていったという事情があります。この方法の場合、情報の送信者が受信者の幽体とほぼ同じヴァイブレーションにいる時には、操作は極めて容易に行うことができます。これに対し、送信者が相対的に高い波動領域にいる場合には、受信者の幽体が表現されているヴァイブレーションまで、直接チャネラーの幽体を操作するために降りてくることもないわけではありませんが、普通は通信霊と呼ばれる情報の仲介者が、異なる波動領域間の情報の伝達を行います。この方法で通信を行う場合、受信者の幽体のうち情報をチャネルする波動領域がその人の潜在意識に当る場合には、受信してからある程度時間が経過して、顕在意識の中にそのような考えが入りやすい状態になった時に、受信した情報が何となく頭の中に浮かんでくるという形になりますから、通信の手段としては大変に間怠《まだる》いものになってしまいます。

これが普通の人の場合ですが、その人の幽体が充分に発達していて、顕在意識としてはたらいている波動領域で情報を受信することができれば、その情報は使われる波動領域と受信者の参照波動に因って、絵画的なヴィジョンとなったり、具体的な言葉になったりして即座に知覚されますから、その情報を適切な手段によって表現し、記録するなり、他の人に伝えるなりすることができます。ここで例えば絵画的なヴィジョンを言葉によって表現しようとすれば、その人の解釈や表現のスタイルが当然入り込みますし、言葉として聞いた場合でも、チャネラーの潜在意識の中で言葉に変換されていることがありますから、通信の内容はフルトランスによるチャネリングの場合以上に、受信者の主観を反映したものになるということを注意して頂きたいと思います。

このようなオーラを利用するチャネリングの方法は、通信を送る側が特別な技術を必要としないことや、チャネラーの肉体に危険を及ぼす心配がないこと等、幾つかのメリットがありますが、通信を行う波動領域がチャネラーの顕在意識になっていることが必要ですので、チャネラーは日常的にそのような意識状態であるか、もしくは瞑想などによって顕在意識の範囲を拡大する必要があります。従ってこうした仕組みのチャネリングは、地球人類が進化して顕在意識の範囲が拡がっていったことや、幽体の発達している他の天体出身の人達の増加によって主流になっていきました。

この他にもチャネリングには、霊媒を喋らせるのではなく、手を動かして文字を書かせる自動書記もしくは御筆先と呼ばれるような古くからあった通信手段や、紙の上にインクを物質化して文字を顕す等、様々な方法があります。また比較的特殊なケースとして、チャネラーの視界（エーテル・レヴェルやアストラル・レヴェル）に文字を映像化して、それを書き取らせるといった方法が用いられたこともあります。

次にチャネリングの情報源の識別という大変重要な問題について説明をしたいと思います。チャネリングは何の準備もなく行った場合には、街角で道行く人達を片っ端から捕まえて話を聞いていることと、状況としてはほとんど同じであるということを最初に理解しておいて頂きたいと思います。

大勢の中には、人類の霊的進化の足を引っ張る目的で、奸計《かんけい》を持って嘘《うそ》をつく存在もいますし、このような霊的背景はなく、悪意があるわけでもないのですが、単純に悪戯《いたずら》が好きで地上の人を騙《だま》して喜ぶ輩《やから》もいます。また地上にもよくいるような、自分も何も分かっていないのに、やたらと人に説教したがる者（説教霊）もいて、偶然にアルベルト・アインシュタインやフリードリッヒ・ウィルヘルム・ニーチェに出逢うということ等は、まず期待できない相談であることを銘記して下さい。

グループ・セッションの場合、チャネリングの情報源は、基本的にチャネラーとその場に同席している人達が造り出しているヴァイブレーションに同調してくるわけですから、その人達の普段の生活、すなわち心で想い、言葉で話し、身体で行動している様子を冷静に観察してみれば、そのグループにチャネルしてきた情報源の見当は大体付くもので、利己的、排他的な言動をしている人達を通して天使や大師がメッセージを送ること等は、原理的に有り得ないわけです。

チャネラーを含めたチャネリングの場を構成する人達が真剣に真理を求めており、なおかつ奉仕の精神に満ちていて、仲間同士が和気藹藹《わきあいあい》としているような場合には、高い階層と同調する条件が揃っています。このような状況では、有益で深遠な情報が得られるだけでなく、エネルギー的にも大変に佳《よ》い影響を受けることになり、参加したメンバーの意識が高まると共に、周辺の地域にさえも大きなヒーリングの効果をもたらします。これとは反対に、チャネリングの場に不平や不満、罪悪感や敵意といった不調和な波動があったとすれば、当然それらの対応する波動領域にチャネルすることになります。このことは逆に言えば、不調和な波動を出さなければ、つまり参加者全員が愛と光に満たされていれば、不調和な領域の存在者からは一切手出しができないということでもあるのです。また参加者が誠意をもって毎日の仕事に当っており、謙遜《けんそん》で穏やかな性格であったとしても、自分で考えることを放棄し、メッセージの情報源、すなわち外側の権威に判断を依存するような心の傾向を持っていると、よく間違いが生じます。

それからある程度勉強の進んだ人の場合に、特に注意しなければならない点として「自分達は特別だ」という分離感、自己顕示欲や高慢の波動を少しでも持っていると、一番危険な領域に対してチャネルする格好の手掛りを提供することになります。進化の階段を登り詰めて、解脱まであと一歩のところまで来たにも拘らず、足を踏み外して転げ落ちてしまった多くの先輩達の失敗を、私達は貴重な教訓にしなければなりません。

チャネリングの情報源に関しては、たとえ「私は○○である」と名乗ったとしても、全くといってよい程当てにならないものであることを、肝に銘じておいて頂きたいと思います。情報源が本人しか知らないはずのことを知っていたとしても、精神階層では個人的な情報を入手する様々な手段がありますし、質問者の考えていることや過去の記憶を幽体のオーラから読み取ったり、稀にはアーカシック・レコードから情報を拾ってくることさえあるのです。

相手が過去に地上で逢ったことのある人であれば、その波動からある程度の識別をすることも可能ですが、自分は歴史上の有名人であるとか、天使や神々だと自称するような場合には、幽界の怪しげな情報源が使う常《じょう》套手段《とうしゅだん》ですから、まず疑って掛かった方が安全です。

前にも触れましたように、過去に肉体を去って現在精神階層での生活をしている人達は、それぞれの魂の進化の程度にも因りますが、通常は地上に肉体を持っているチャネラーの幽体を操作できる波動領域よりも、相対的に高いヴァイブレーションの世界で、より高度な表現を行っています。ですから地上でのリクエストに応えてチャネラーを通して語るためには、その魂の本来の表現領域において営まれている、歓喜に溢れる生活をいったん手放してヴァイブレーションを下げ、極めて表現の制約される、重苦しい波動領域にまで降りてこなければなりません。この過程には色々な困難があり、本人にとっても南の島での休暇の最中に仕事の現場に呼び戻されるようなもので、決して楽しいことではありません。また進化した魂になればなる程、その本来の階層において、生命の進化に関わる重要な仕事に携わっていることが普通ですから、それを一時的にでも中断することを考えれば、余程強い愛の動機があったり、全体的な視野から観た通信の必然性がない限りは、地上からの要求にホイホイと応じるわけには行かないのです。

その上チャネラーの幽体の操作というものは、前述しましたようにかなりの専門技術と熟練を必要とする作業ですので、仮に呼ばれた本人がヴァイブレーションを下げて降りてきたとしても、直に通信ができるというわけには行きません。これとは反対に、地上近くの波動領域にいつもウロウロしているような人達は充分に暇ですから、幽体の操作をマスターすることさえできれば、比較的容易に通信を送れる立場にあるわけで、結果として内容に価値のある通信は少ないということになってしまうわけです。実際には有名人を名乗る情報源が必ずしも影の勢力や悪戯者であるというわけでもなく、自分達の理解していることに気付いてもらいたい一心で、有名人の名前で通信を行った方がより関心を引き、説得力もあるだろうという、善意ではあるけれども深慮《しんりょ》があるとは思えないケースもあって様々なのですが、いずれにしてもチャネリングの情報は名前ではなく、その内容によって識別すべきものです。

第十章「メンタル・レヴェル」で説明しましたように、精神階層には地上に現象化される前の表現、すなわちこれから地上に起こる出来事が、原型としては既に表現されています。この原型は地上に現象化される際に、人間の自由意志に因ってかなり変化する上に、精神階層に反映されている時間は地上の時間の流れとは異なるために、日時を指定した予言は外れることも多いのですが、精神階層の住人にとっては、この原型が彼ら、彼女らにとっての現実として存在しているので、少なくとも地上の物質世界に意識を制約されている人達よりは自由に未来を見通すことができます。こうした事情の他に、観察者のヴァイブレーションよりも低い波動領域に表現されているものは、地上に肉体を持っている人達や、彼らを幽界から操っている人達の心の中でさえ読み取ることが可能ですから、例えばこれから起こるであろう災害や、世界にとって脅威《きょうい》になるであろう企《くわだ》てをしている人達が見えたとすると「このことを地上の人達に警告すれば、地上の混乱を防ぐために有効な手段が打てる」と考える幽界の人達がいたとしても不思議はありません。

このような危機感を持った人達は、真剣になって適当なチャネリングの受信者を探して「あなたには、世界を救う重大な使命がある」等とメッセージを送ってくるわけです。この状況は彼らの意識レヴェルでは確かにその通りなのですが、もっと高いレヴェルから観ている大師達の視野の中では、人類が厖大《ぼうだい》な歴史にわたって造り続けてきた幽界の不調和なエネルギーのうち、カルマとして最小限現象化されなければならない部分を除いて、地上に顕れてくる前に消し去るための完全な計画がありますし、様々な奸計《かんけい》を巡らせている未熟な人達の行為も、人類を進化させるためのひとつの手段として、全体の経綸《けいりん》の中で用いられることが解っています。また誰がどのような不調和な表現をしようと、最終的には宇宙の無限の叡智の顕れである自然法則のはたらきに因って、最善の結果に導かれることも明らかなので、個人の自由意志に基づいた表現はそのまま放っておかれるわけです。そしてこのような企てをする勢力と戦わなければならないと信じている人達も、自分達の自由意志で行動し、彼ら、彼女らもまた、全体の計画の中で必要な役割を演じることになるわけです。

かつて地球に表現されていた広大な幽界のヴァイブレーションの中には、地球の表現領域の移行に伴って根《ね》刮《こそ》ぎなくなってしまったところもかなりありました。こうした状況はその波動領域の住人にとっては世界の終末ともいうべき大事件になったわけですから、必死になって地上にメッセージを送ってきたりしたこともありました。しかしながら、太陽系レヴェルや恒星系レヴェルの普遍意識から観れば、その時点で宇宙全体をリセットする必然性は全くなかったわけですから、地球の表現領域の移行は、地球生命系や関連した恒星系の中で、分離意識を強く持った波動領域を消滅させて全体を統合するという進化の一過程、単なる表現領域の変化に過ぎなかったわけです。

精神階層では、その人の意識の届く範囲がその人にとっての世界の全てですから、チャネリングの内容を慎重に識別すれば、その情報源の属する波動領域の見当を付けることができます。地上は物質的ヴァイブレーションという、極めて制約された表現の領域ではあるのですが、この最低のヴァイブレーションにおいてのみ、様々な波動領域の人達が互いに出逢うことができ、また視覚的にも宇宙の彼方まで見ることができるという、大変面白い状況が創られています。例えば地上では適当な望遠鏡を使えば、誰でもアンドロメダ星雲を見ることができますが、精神階層でアンドロメダ星雲が自分の視野に収まるためには、二十一世紀初め頃の平均的地球人の進化段階からすれば、桁外れのレヴェルにまで進化しなければなりません。

この他にチャネリングの内容を検討する時に配慮しなければならない注意点として、精神階層では同じような考えの人達が共通の波動領域に集まっているために、地上よりも却《かえ》って視野が狭くなっている状況があるということが挙げられます。たとえ情報源が絶対的な確信を持って語る意見であっても、相対的なものの見方に過ぎないことは当然ですし、間違っていることもよくあるわけです。例えば、地上時代に転生（生れ変り）という概念を理解する機会のなかった人達は、肉体を離れてアストラル・レヴェルでの生活を始めても、転生に関する理解の欠如した人達だけで社会を構成することになります。こうした背景があるために、地上の人間がこのような波動領域の情報源とチャネルした場合には（チャネラーも同様の想念を持っているために引き寄せる）、精神階層の住民であっても、生れ変りという現象を否定することがあるわけです。

なお、このこととは別に、常在の普遍意識から観た場合には、転生は「現象我を自分であると錯覚している状態」つまり、意識の焦点が肉体もしくは幽体に制約されている状態でのみ知覚される現象であることが判りますから、覚者が「生れ変りは実在しない」と言う時、その意味は全く異なっています。イエス大師が「人は二度生れ変わってはならない」と言ったのも後者の観点からで「いつまでも迷妄の人生を繰り返すことなく、今生で解脱すべきである」という意味であり、現象として存在する転生を否定したわけではありません。

解脱していない人間の意識は幽界レヴェルにありますから、チャネラーが覚者でなければ、その情報源も原則として幽界レヴェルにあります。従って二十一世紀初め頃までの平均的な人類の進化レヴェルでは、地上で行われるほとんどのチャネリングの情報源は幽界にあったと考えてよいでしょう。こうした幽界レヴェルの情報源からのチャネリングでは、様々なヴァイブレーションの表現世界で生活している人達が、自分達の知っている範囲で判断したことを語っているに過ぎませんから、事情は地上で誰かの話を聞くこととさほど変わりませんし、前述したような理由で、ある意味では彼ら、彼女ら幽界の住人の方が視野を限られている部分もあるわけです。従って世の中に蔓延《まんえん》しているチャネリングの情報に判断を任せると、雑多な意見に振り回され、不必要に混乱させられるだけで終わってしまいますから、情報源が何であろうと、常に自分の最奥《さいおう》の識別心に因って慎重に判断をして、疑問のあるものは徹底的に排除する主体的な心構えが大変重要です。そしてその半面で、自分の理解を超えたものが宇宙には幾らでも存在しているということを認める謙虚さも、併せ持っていなければなりません。

フランシスコ・デ・ザヴィエルは、東方へ布教に赴《おもむ》くという意志が自分の心の内に顕れた時、それが多少嫌気のさしていた自分の現在の環境からの逃避ではないのか、あるいは名誉欲や自己顕示欲のためではないのかと徹底的に疑い、奉仕の仕事をしながら答えを求めて祈り続けた結果、ある時、絶対的な平安に心の中を満たされる体験をして、それが自分の天命であることを確信したのです。私達も彼のように慎重で、なおかつ意識を神に向け続ける熱心さがあれば、決して判断を間違えることはないでしょう。またたとえ間違えたにしても、現象世界の出来事には取り返しのつかないこと等は何も存在していませんし、どんな失敗も本人に色々な経験をさせることになって魂の成長に役立つわけですから、何ひとつとして無駄になることはありません。

チャネリングと非常に紛《まぎ》らわしいために注意しなければならない現象として、自己メッセージというものがあります。第十章で解説しましたように、精神階層では想念は何であれ、ひとつのエネルギーの集合体を造り出しますから、自分がこうあって欲しいと望んでいることや、こういうことが起きては困ると恐れていることは、該当する波動領域にその想念形態を造り、それを意識するごとにエネルギーを注いで強化していきます。このようにしてその想念形態がかなり明確なものになり、ある程度のエネルギーを持つようになると、何らかの拍子に意識が受け身の状態になった時に、その想念形態を造り出した本人に、まるで外部の誰かからのメッセージのような形で、情報がチャネルされることがあります。こういう場合、当の本人は自分の信じていることがメッセージとなって来るために、その情報を疑ったり、そのチャネリング自体を客観的に評価することはなかなか難しいので、こうした現象に惑《まど》わされてしまうことはよくあります。

それではこうした自己メッセージの例をひとつ挙げてみることにしましょう。

ある大師に強い憧れを抱いていた女性が、頻繁《ひんぱん》にその大師からメッセージを受けたと公言していました。ところが状況を客観的に観ることのできる高度な霊視能力を備えた人がリーディングをしたところ、その人のオーラには大師が接触した痕跡《こんせき》は何ひとつ認められなかったという事例がありました。このケースでは、その女性の大師への強い憧《あこが》れがその大師からメッセージを受けたいという願望になり、そのエネルギーが精神階層に蓄積されて遂に自己メッセージを現象化させてしまったわけです。

大師からメッセージを受けるということは、受信する当人が大師と同じ意識レヴェルに在るか、少なくとも情報の伝達に必要な範囲で、大師と共通のヴァイブレーション（コミュニケーション・チャンネル）を持っていることが前提になります。特に前者の場合には、チャネラーもまた大師であることになり、両者は共に普遍意識に在るわけですから、分離の生じる世界においてのみ存在している、個人から個人に向けて送られるような、普通の意味でのメッセージは存在しないことを理解して頂きたいと思います。

チャネリングにおいては、大師からのメッセージというものは極めて誘惑の強い要素で、それだけに惑わされることも多いのですが、過去に地上に化身した大師達は、当時でさえ個人という迷妄から解脱しており、現在では更に進化した大いなる意識となっていますから、普通の人が思い描いているようなパーソナリティ（現象我）ではないことを充分に理解しておく必要があります。また仮にこのような普遍意識とチャネルすることができたとしても、普遍意識が個人名を名乗るはずがありませんし、特定の誰かに対して名指しで指示をすることもありません。いずれにしても大師と共通のコミュニケーション・チャンネルを持てるということは、それなりの意識状態に受信者がいなければなりませんから、その人の普段の生活態度を観察すれば、偽物はすぐに馬脚を顕《あらわ》すものです。

通常チャネリング・セッションは地上に肉体を持っている参加者だけではなく、その人に縁のある背後霊団の個々のメンバーも参加することになりますから、チャネリングの内容が精神階層の参加者にとっても意義のあるような質の高いものである場合には、様々な階層の進化に対しても貢献することになります。精神階層ではヴァイブレーションの違う世界に住んでいる個的存在は、そのままでは波動が違うためにお互いが出逢う機会がないのですが、地上に肉体を持つ人間同士が出逢うことによって、背後霊団同士も出逢うことができ、結果として生じた縁によって相互の協力関係が発展して行きます。こうした事情があるために、本人が全く自覚していないにも拘らず、背後霊団の目的に奉仕する場合があって、その転生が終わって精神階層での生活が始まった後にそのことを感謝されて、びっくりするようなこともあるのです。

この他にも、背後霊団が特別な意図を持って、地上の人達を集めるようなケースがあります。例えば二十世紀の初頭、パリのモンパルナス、タンジーグ通りにあるアトリエ「ラ・リューシュ」には、当時まだ無名だったアメディオ・モディリアーニ、シャイム・スーティン、マルク・シャガールといった若き藝術家達が集まり、パブロ・ピカソや、詩人のジローム・アポリネール等も訪れていて、独特の藝術的波動を持ったエネルギー・チャンネルが構成されていました。日本では手塚治虫が住んでいた豊島区のトキワ荘に、十七歳で上京して転がり込んだ赤塚不二夫を始め、藤子不二雄A、F、石森章太郎といった錚々《そうそう》たるメンバーが同居し、園山俊二や、つのだじろうも出入りしていたそうです。トキワ荘の場合には、出版社や漫画家同士の都合も背景にあったようですが、このようなある意味では人為的とも言える現象とは別に、共通の波動を持った人達が集まるという現象は、あらゆる波動の人達が生活している地上においてもはたらいています。

この法則は全体の計画を成就《じょうじゅ》するためには欠くことのできないものでもありますが、同時にその人の持っている波動で、自分の内面にあるものを見せてくれるような相手や現象を引き付けますから、自分が信じていること（主観）を実証し、再確認するような体験が多くなります。このことは、自分の主観が様々な可能性のひとつでしかなく、理解の仕方の一側面に過ぎないという、全体との関係を把握する上では障害となることがしばしばありますので、解脱を目指す最終段階では充分に注意しなければなりません。

解脱に至る以前の意識状態にある人間は誰でも、多かれ少なかれ特定の観念やものの見方に囚われています。こうした制約のある意識状態では、自我意識は自分の見たいものだけしか見ようとしませんから、結果として本人の意識に知覚されるものは自分が信じているものであり、しかもこのような心の動きが更に、外の世界をその人の信じているように現象化する手助けをしますから、その人はますます自分の心で造り出しているものが客観的事実であるかのように錯覚することになります。

この現象はチャネリングに際してもいっそう顕著《けんちょ》に現れてきますから、チャネラーは自分の波動と共通する幽界の住人（相手もまた同じ迷妄に嵌っているわけです）と接触することが多くなり、そのメッセージはチャネラー本人の持っている偏見を更に強化するような内容になってしまいます。こうした事情は、自分ではチャネリングのできない人が第三者のチャネラーに依頼する場合でも全く同じで、質問者はそのチャネラーを（出逢う縁や好き嫌い等によって）自分の波動で選ぶわけですし、チャネリング・セッションにおいては、同席する質問者とチャネラーで造り出す総合的な波動が、チャネリングの情報源やメッセージの内容を大きく左右しますので、このような傾向を完全に排除することは困難だからです。従ってチャネリングはひとつ間違うと、自作自演で個人的な思い込みを日常生活以上に客観的事実であるかのように演出してしまうことになり、更に迷いを深めてしまう危険性も孕《はら》んでいるわけです。

普遍意識が自覚に至る以前の意識状態では、自我意識は様々な状況で自分の限られた経験に基づく観念を造り出します。こうした観念には何ひとつ真実が含まれてはいないのですが、人間の心は自分が感じていることにリアリティを与える性質があり、似たような状況に遭遇《そうぐう》したり、自分の信じていることを追証するような意見を聞いたりするたびに、同じ観念に意識を向けるようになると、その観念は次第にエネルギーを与えられて、ますますその人の心と結び付きが深く（チャネルしやすく）なります。いったんこうした状況が形成されると、人間が逆にその観念（精神階層では想念形態）のエネルギーに支配（憑依）されてしまうことがよくあり、あらゆる出来事をこの観念を通して見るようになってしまいます。こうして盲信状態が出来上がると、自分が信じたいと思うことを追認するような出来事に対しては「やはりそうだった」とそれを認めて自分の盲信を更に強化し、自分が信じたいと思うことの問題点を見せてくれるような出来事に対しては、都合の良いように解釈したり、無視したり、それが間違いだとか悪であると決め付けて排斥《はいせき》するようになるので、その人は事実を正しく理解するということが全くできなくなってしまいます。

イエス大師が「新しい葡萄酒《ぶどう》（ワイン）は新しい革袋に入れなければならない」（ルカによる福音書　第五章三十七節〜三十九節）と言ったのは、古い観念に囚われた心で真理を理解することはできないということを指摘したわけです。このことは精神世界のイロハであり、大抵の入門書には書かれていることですから、少しでもこの分野をかじったことのある人ならば知っているはずなのですが、そのような知識を持っていても、実際に日常生活でこのような自我意識のはたらく仕組みに注意し、自分の知覚しているものの一切が自分の心で造り出した主観であり、幻影に過ぎないということを、あらゆる瞬間において自覚している人は極めて少ないのです。私達の多くにとって克服しなければならない課題とは、個人意識（エゴ）が造り出している主観から自由に成ることですが、このような迷妄の生じる仕組みを完全に観抜いて、自分の主観が心の中に形造《かたちづく》られる過程を静かに眺めることができた時、その人の意識は普遍意識に在ると言ってよいでしょう。

普遍意識に因るチャネリングは特にオーヴァー・シャドウと呼ばれ、一般の幽界レヴェルの（情報の送信者と受信者が分離している）チャネリングとは区別されます。オーヴァー・シャドウは表現する者が覚者であるか、一時的にでも普遍意識と一体化することが絶対条件ですので、二十一世紀初頭までの地球人類の意識の進化段階ではその具体例は極めて少なく、ましてその通信の内容が一般に入手できる状態にあるものは、ごく僅《わず》かしかありません。オーヴァー・シャドウの場合には普遍意識がその情報源と成るわけですから、その内容の正確さ、質の高さは一線を画《かく》していますが、前述した理由により、情報源が現象我としての個人名を名乗ることはありません。

聖書の中にはパウロの著作にみられるように、明らかに個人意識によって書かれた部分（パウロが自分と他人を分離し、個々の人々について書いている表現が随所にみられます）と、古代の預言者がオーヴァー・シャドウに因って得られたヴィジョンを基にして書いた部分とが混在していますので、その違いを明らかにするために、具体的なオーヴァー・シャドウの実例を聖書から引用してみましょう。

旧約聖書「ダニエル書」の中に、バビロンの王ネブカデネザルが見た夢の意味を、ダニエルが解き明かす件《くだり》があります。王の見た夢とは次のようなもので、王の前に光り輝く像が立っており、その像の頭は純金、胸と両腕とは銀、腹と股《もも》とは青銅、足の脛《すね》の部分は鉄、足首から先は粘土でできています。そしてひとつの石が人手によらずに切り出されて、その像の鉄と粘土の足を打ち、粘土と鉄と青銅、そして銀と金は皆、粉々に砕けて風に吹き払われ、跡形もなくなります。そしてその像を打った石は、大いなる山となって全地に満ちるというものです（ダニエル書　第二章　三十一節～三十五節）。

読者の皆様の中には、ギリシャ神話の中にこれと似たような話があることや、ヒンズー教のサティア・ユガ（黄金の時代）、トレータ・ユガ（銀の時代）、ドワパラ・ユガ（青銅の時代）、そしてカリ・ユガ（鉄の時代）との関連を思い起こされる方もいらっしゃるかも知れません（これらのユガについては下巻、第二十六章「占星学」を参照して下さい）。

この夢は、地球生命系の極めて長い周期にわたる意識の進化の様々な段階を表現する、恒星系レヴェルの普遍意識の原因想念を、ダニエルが受信してヴィジョン化したものが元になっているのですが、これが書かれた当時のユダヤ人はバビロンの囚人でしたから、自分達の深遠な知識が他民族のものとならないよう、ヘブル人の学者でしか解読することのできない独特の暗喩《あんゆ》を用いて翻訳を行いました。従ってこの表現の真意を読み取れない人にとっては、聖書の文面でダニエルが語っている通り、金の頭はネブカデネザル王の王国であり、銀はその後に興《おこ》る少し劣った国を指し、更に青銅が象徴する国が台頭して全世界を治め、四番目に鉄のように強い国が立ち、それから粘土と鉄という分裂した国となり、最後に天の神がそれらを打ち破るひとつの国を建てる、というだけの意味になり、それに歴史上の様々な時代の国々を当てはめて理解したように錯覚するわけです。

賢明な読者の方々は、この話の中で人手に因らずに山から切り出されて像を打ち砕き、大きな山となって全地に満ちたひとつの石が、普遍意識を象徴していることに気付かれた事と思います。この内容からお判り頂けるように、オーヴァー・シャドウに因る表現には決して個人的要素が含まれることはなく、常に情報源の階層における普遍的課題のみが扱われるということを、特に心に留めておいて頂きたいと思います。
この他に、チャネラーが覚者ではない場合に正確な通信を行う方法として、肉体を持たない覚者が自らの幽体を中間媒体として用いることにより、普遍意識の情報を地上に表現するという手の込んだチャネリングの手段があり、これを間接的オーヴァー・シャドウと呼んでいます。この方法では、普遍意識として活動している進化した魂が、通常のレヴェルからヴァイブレーションを下げて地球圏の幽体を採り、チャネラーの幽体を操作できる波動領域で自分の幽体と重ね、理想的にはチャネラーの魂のレヴェルにまで一体化を行って、フルトランスの状態を作ります。この状況で操作する側が意識を普遍意識に向けると、普遍意識はその覚者と一体になったチャネラーを通して語ることができますし、中間媒体となっている覚者が現象我を表現して語れば、個人的問題（人生相談等）も扱うことができます。実際に聖白色同胞団がこの方法を使って地上に降した情報として、「シルバー・バーチの霊訓」がありますが、チャネラーのモーリス・バーバネルが地上に生を受ける以前から入念な計画が進められ、指導霊（シルヴァー・バーチ）が初歩から英語の勉強をしたり、チャネラーがまだ子供の頃から、意識の支配が弱まる睡眠中を使ってフルトランスの状態を作る訓練をしたりしています。いずれにしても、この方法を実際に用いるに当っては、筆舌に尽くし難い苦労があったようで、指導霊も二度とこのような試みをするつもりはないと語っています。

前述したように二十一世紀前半頃までの状況では、チャネリングの情報源はほとんど幽界にあると考えてよいのですが、こうした幽界レヴェルのチャネリングでは、情報源が名乗るかどうかに拘らず、最初はチャネラーや周囲の人達にとっては未知の誰かからメッセージが来るという形を採ります。こうしたメッセージの中には、肉体に閉じ込められている普通の人には知り得ない種類の情報が含まれていることも多いので、チャネリングの仕組みや精神世界の背景を知らない人達の中には、チャネリングの情報源を、神や天使、もしくは高度に進化した存在だと思い込んでしまったり、甚だしい場合にはチャネラーが教祖になって、宗教団体を造ってしまったことさえありました。

勿論、幽界レヴェルではあっても、相対的に高い波動領域にチャネルすれば有益な情報が得られることは幾らでもありますが、情報源の質が高い時には決して自分を拝《おが》ませたり、誰かに命令したり、他人を非難したりするようなことはありません。いずれにしても、チャネリングにおいて情報を「受け取る人」と「送る側」が存在しているという事実は、そこに分離（個別化）が生じているわけですから、それは普遍意識よりも低いヴァイブレーションにおいてのみ起こる現象であることに注意して頂きたいと思います。

宇宙に遍満《へんまん》する無限のエネルギーで在り、唯一の生命で在り、総てのものの本源で在り、この世界を創造した主体でも在る神は、決してチャネラーに懸《かか》ることはなく、普遍意識を通してのみ、全ての人に顕現します。この真実の状態では、全宇宙の全てを既に識っている自分自身が唯一存在するだけですから、ただ表現するだけであることを充分に理解して頂きたいと思います。従って全体である神が、自分自身と特定の人間とを分離して誰かに指示をしたり、個人的な内容のメッセージを語ったりすること等があるはずはなく、もしもそのような内容であれば、幽界の中でもかなり低いレヴェルの情報源であると判断して間違いありません。

「私が話したことの深遠なる本質を、あなた達は未だ把握できていない。普遍意識は決して求める事はしないし、要求する事もなく、命令もしない。普遍意識は顕現するだけである。何故なら普遍意識は、はたらくのは神であることを識っているからである」（イエス大師　"Divine Healing of Mind and Body" P58 L17-L21　日本語版「心身の神癒」百二十三頁　第四話　十四節　引用文の訳は著者）。

さて、これまでに述べた「無限の叡智から汲み出される智慧」と「個人の最奥での識別」、それに「オーヴァー・シャドウ」には何か違いがあるのでしょうか。実際これらは皆、普遍意識の個人を通した展開という点では本質的に同じものなのです。ではこのことに関連して「覚者とは何か」という微妙な問題について説明しておきたいと思います。

まず第一に、この種の世界にある程度関心のある人達が漠然《ばくぜん》と持っているような、覚者と迷っている人とを分ける明確な境界、悟《さと》りの一線等というものは存在していないという事実を理解して頂かなければなりません。もちろん至福に満たされ、それまで迷っていた状態の全てが理解される、衝撃的な普遍意識の体験というものは存在します。しかし、いったんこの普遍意識が自覚をしたからその人は覚者なのかというと、地上ではまた個人意識に戻ってしまう人の方が遥かに多く、次の普遍意識の体験まで何年も掛かったり、次の転生まで持ち越してしまうようなケースは非常に多くあります。

このような一時期的な普遍意識の体験はサヴィカルパ・サマーディと呼ばれ、意識が進化して頻繁《ひんぱん》にこのような意識状態に入ることが日常的になり、更には一日二十四時間、常に普遍意識を保ち続けることができるようになると、その状態をニルヴィカルパ・サマーディと呼びますが、いつでも自分の意志で自由に普遍意識の状態に入ることができるような発達段階に達しても、地上的な用件で物質レヴェルの現象に意識を向けている時に、ちょっとした不注意で自我、すなわち個人意識に惑わされてしまうことは幾らでもあります。

「あるヨギの自叙伝」の中には、ヨガナンダの師であるスリ・ユクテスワが拗《す》ねて、彼の師のラヒリ・マハサヤの更にまた師（パラム・グル）であるシヴァ・マハーアヴァター・ババジ大師に挨拶をしなかった場面や、ラヒリ・マハサヤが自分の話を友達に信じてもらうだけの目的で、シヴァ・マハーアヴァター・ババジ大師に肉体を物質化して現れるように求めた件等、偉大な魂でさえも自我意識に惑《まど》わされることがあるという、興味深い事例が描かれています。

あのイエス大師でさえ、教会から両替商や生贄《いけにえ》の鳩を売る人達を追い出した時には（マタイによる福音書第二十一章　十二節）、その霊的な意味は別にして、個人的な怒りの感情に燃えていたのです。参考のために附記しておきますと、当時のユダヤ人はローマ帝国の支配下にあったために、ローマの通貨との両替をしていたのですが、イエス大師のこの行為には「教会で商売をしてはならない」、つまり普遍意識にのみ独占させるべき神聖な場所（心）に、自我意識の様々な欲望を持ち込んではいけないという、象徴的な意味合いがあったわけです。

話が少し逸《そ》れましたが、どんな意識レヴェルに達した魂であっても、物質世界では百パーセント普遍意識のままで在ることはなく、反対にどんなに未熟な魂であったとしても、一瞬は自我を忘れることがあるので、普遍意識の展開がゼロであるということもまた有り得ないのです。人間よりは進化の前段階にある植物や鉱物が、普遍意識から分離して、全体における自分の役割を放棄するようなことは決してしないという事実や、天才ヨハネス・クリュストリフ・ヴォルフガンク・アマデウス・モーツァルトが、作曲においてはオーヴァー・シャドウの連続であったのに、私生活では自我丸出しであったこと等は、大変判りやすい例ではないでしょうか。

黎明（上巻）

2001年5月1日　初版第1版
2017年9月1日　新版第1版
2022年3月26日　新版第2版

［著者］
葦原瑞穂

［発行者］
籠宮啓輔
［発行所］
太陽出版

東京都文京区本郷3-43-8-101　〒113-0033
TEL 03(3814)0471　FAX 03(3814)2366
http://www.taiyoshuppan.net/
E-mail info@taiyoshuppan.net

装幀＝ケイエム・ファクトリー 宮島和幸
［印刷］株式会社 シナノ パブリック プレス
［製本］井上製本
ISBN 978-4-88469-908-6